"十二五"职业教育国家规划教材
经全国职业教育教材审定委员会审定

21世纪立体化高职高专规划教材·财经系列

新编市场营销

（第2版）

许春燕　王雪宜　主　编

電子工業出版社
Publishing House of Electronics Industry
北京·BEIJING

内容简介

本教材以培养学生营销职业能力为本位，基于营销工作过程，以任务驱动为主线，恪守实践性与职业性相结合的理念，遵循行动导向教学做为一体、课内外并举的原则设计教学方法，注重知识学习、技能培养与职业养成相结合，使教材内容体系与工学结合教学改革同步，潜移默化地引导学生获得与岗位能力要求相匹配的营销知识、技能、素养和理念。

本教材可满足培养一线应用型营销人才的需要，可作为高职、应用型本科院校，中职学校财经类专业市场营销课程的教学用书，也适用于财经类其他专业、人文社科类及理工类等相关专业，以及其他相关学历层次、企业培训等的市场营销课程教学。

图书在版编目（CIP）数据

新编市场营销／许春燕，王雪宜主编. --2版. --北京：电子工业出版社，2014.9
21世纪立体化高职高专规划教材. 财经系列
ISBN 978-7-121-24206-9

Ⅰ. ①新… Ⅱ. ①许… ②王… Ⅲ. ①市场营销学－高等职业教育－教材 Ⅳ. ①F713.50

中国版本图书馆CIP数据核字（2014）第199928号

策划编辑：贾瑞敏　张思博
责任编辑：贾瑞敏　　特约编辑：胡伟卷
印　　刷：三河市鑫金马印装有限公司
装　　订：三河市鑫金马印装有限公司
出版发行：电子工业出版社
　　　　　北京市海淀区万寿路173信箱　邮编　100036
开　　本：787×1 092　1/16　印张：18.75　字数：421千字
版　　次：2009年6月第1版
　　　　　2014年9月第2版
印　　次：2016年11月第3次印刷
印　　数：2 000册　定价：39.50元

凡所购买电子工业出版社图书有缺损问题，请向购买书店调换。若书店售缺，请与本社发行部联系，联系及邮购电话：（010）88254888。
质量投诉请发邮件至 zlts@phei.com.cn，盗版侵权举报请发邮件至 dbqq@phei.com.cn。
服务热线：（010）88258888。

前言

本教材自2009年6月出版发行以来，得到了教师同人、学生和读者的大力支持，在第2版即将出版发行之际，对业界专家、学者和广大师生给予本教材的厚爱和支持深表感谢！

本教材的编写，基于第1版教材的使用心得与体验，以及多角度征求和多方位听取来自制造、零售、保险、网络营销等行业专家的建议，特别是基于2013年以来如火如荼的网络营销实战的挑战和触动，于2013年1月正式启动。对于一位有着10年企业从业经历，并在高职院校市场营销教学讲台上又耕耘了13个春秋的我来说，在本教材的编写过程中，从对营销大师的营销圣经等最新营销著作的认真解读，到编写素材的海量浏览与筛选，到编写思路的重新构架与形成，再到咬文嚼字、逐字逐句地推敲、润色与编写，这不仅仅是一部单纯的再版教材，也是本人从事市场营销教学13年学习市场营销原理、跟踪市场营销实战的营销观察与思索的荟萃与总结，更是今后继续学习与跟踪市场营销的一个新起点。

本教材总体上进行了较大的充实与更新，具体如下。

1. 基于营销工作过程，兼顾营销知识、技能与道德养成，设计编写架构

根据教育部《关于全面提高高等职业教育教学质量的若干意见》（教高〔2006〕16号）及2014年全国职业教育工作会议及国务院印发的《关于加快发展现代职业教育的决定》系列指导文件精神，本教材以培养学生的营销职业能力为本位，兼顾营销知识教育、职业道德养成、技能培养。基于营销工作活动过程，本教材设计为11个模块，每个模块又以模块任务驱动为主线，通过同步观察、同步案例、同步模拟、同步提示、同步延伸、同步道德聚焦等大量即时“情境化”同步素材的引入，启发相关营销原理的思考、学习与认知，引导学生树立社会责任意识，恪守营销执业操守与道德伦理，着力培养职业能力与素养，助推学生可持续发展。

2. 内容体系与时俱进，与营销工作任务相结合，从实践性与职业性合一的角度采集修订内容

在当前呼唤社会公信力、以O2O为代表的移动互联网络营销实战不断颠覆传统营销模式的时代背景下，本教材贴近营销岗位需求，努力在保证营销一般原理完整性的基础上，及时吸纳业界最新营销实战观察、研究成果共识，内容上更侧重于对即时实战信息的关注，大量整合采纳了互联网营销思维的移动互联同步观察、同步道德聚焦等新视角、新观察、新思考，同时还增加了编者自行采编的实战观察素材，对第1版教材中的辅助素材进行了近乎100%的更新，同时对第1版原有的营销原理部分着重从整合营销、整合沟通等移动互联时代的新视野，进行了不少于30%的思路更新和内容的充实与完善，彰显出本教材在内容采编层面上的适应性、前瞻性、创新性。

3. 行动导向教学做为一体，与工学结合教学改革同步，助推学生过程性自主学习

本教材在注重“授人以鱼”的同时，更关注“授人以渔”，努力通过相关模块任务情境教学做为一体的教学设计与实施，促动学生在“同步观察”、“同步模拟”、“同步延伸”中自发思考与学习。每个模块先通过“模块引子”引发学生关注，思考本模块原理、理念、知识、技能，每个模块任务又单设“任务引子”，启发学生紧密结合营销实践思辨相关必备的营销理念、原理与职业养成，原理展开过程中又添加了大量同步实践辅助素材。每个模块的最后则通过“营销新观察”、“实务演练”，对本模块形成的营销理念、原理与职业养成进行应用、延伸、拓展、观察及思索。

通过上述系列“做中学，学中做”的教学做为一体的精心设计，潜移默化地引导学生学会并养成在观察中，在体验中，在研讨分享中自主、互动学习，获得与岗位能力直接相关的必备营销知识、技能、素养、理念，使其知道在实际岗位工作中“如何做”，“如何做会做得更好”，使其实现营销原理、理念、实务融会贯通，切实培养实践能力强、职业道德好、技能水平高的应用型营销人才。

本教材由威海职业学院许春燕、王雪宜担任主编，许春燕负责制定编写大纲及全稿的最终修订和统撰工作，王雪宜参与了大纲的研讨。北京信息技术职业学院苏兰君、北京商贸学校徐林、济南大学江丰沛担任副主编。威海职业学院钟永萍、林昕，广东省普宁职业技术学校肖艳红，江苏省徐州技师学院单小珂，唐山职业技术学院姚丽凤参与了相关内容的素材收集或部分内容的编写。具体的编写分工如下：模块1由许春燕、苏兰君编写，模块2由许春燕、江丰沛编写，模块3由许春燕、江丰沛、徐林编写，模块4、5、9、10、11由王雪宜编写，模块6由许春燕、徐林编写，模块7由王雪宜编写，模块8由许春燕、苏兰君编写。

本教材在编写过程中，学习、参考并借鉴了大量市场营销业界前辈和同人的有关文献及网络资源，并予以一一署名，受益匪浅，在此深表谢意！

由于编者水平所限，加之时间仓促，教材中疏漏之处在所难免，敬请读者朋友E-mail to：xchyan68@163.com，批评指正。

编　者

contents

目录

模块10 建立快捷便利的渠道策略 /230

模块11 制定有效的整合营销沟通策略 /255

模块1

树立现代市场营销观念

◆	学习目标
◆	模块引子
任务1.1	认知市场营销
任务1.2	选择市场营销管理哲学
任务1.3	开展科学营销管理
◆	在线链接
◆	营销新观察
◆	实务演练

市场营销是如此基本，以致不能把它看作一个单独的功能……从它的最终结果来看，也就是从顾客的观点来看，市场营销是整个企业活动。企业的成功并不是取决于生产，而是取决于顾客。

——［美］彼得·德鲁克

学习目标

知识目标

- 认知市场营销活动及其核心概念
- 理解市场营销的基本原理
- 熟悉科学营销管理过程
- 树立现代市场营销观念和社会责任营销观念
- 掌握移动互联网背景下的网络营销新模式

素养目标

- 树立营销者“做事先做人”的理念
- 提升营销者的职业道德与营销伦理，承担企业的社会责任

技能目标

能掌握和灵活运用现代市场营销观念，履行社会责任，敏锐观察营销现象，有效分析营销问题，遵循科学营销管理，比竞争者快捷、有针对性地开展营销活动

模块引子

"双十一"演变成全民消费狂欢节

11月11日，因为4个"孤单"的1，被形象地称为"光棍节"，随之而来的"光棍节消费"成为年轻人一种新的休闲方式。近年来，随着网络的热炒，这个略带"悲催"的小团体节日似乎已经约定俗成地成了一个社会性的狂欢日、消费日，"网购与'光棍'齐飞，消费共跟风一色"，从热火朝天的网购盛宴升级为网络、现实同步狂欢，"双十一"已经成为一种经济现象。

资料来源："双十一"搅动全民消费狂欢[EB/OL].(2013-11-12)[2014-05-11]. http://hebei.sina.com.cn/zjk/focus/2013-11-12/16293307.html.

想一想

1. "光棍节"为何演变成了全民消费狂欢节？
2. "光棍节"成为全民消费狂欢节，这场"人造狂欢节"快乐了谁？
3. 试想"光棍节"演变成"人造狂欢节"会经历怎样一个过程？

营销无处不在，人们日常所消费的各种产品都是营销的对象，各种营利性企业、非营利性组织及政府都有可能是被营销者或营销者。在21世纪全球化与新科技浪潮正在深刻地影响和改变世界的瞬息万变的市场环境中，掌握和树立移动互联背景下的现代市场营销观念，正确认识市场营销活动，是各类营销者成功开展营销活动的前提和基础。

任务1.1 认知市场营销

任务引子

未来实现"所见、所想即所得"

在"2013央视财经"论坛上，"指尖上的商机"分论坛聚集了众多互联网和移动互联巨头，他们均很看好移动互联这个"指尖上的商机"，认为其规模将是互联网规模的10倍。

京东集团创始人兼CEO刘强东认为，移动电商不只是传统电商的一个延伸，其实是对传统电商一个彻底的颠覆，他认为移动电商的发展分为3个阶段。

现在正处在移动电商的第一个阶段，这个阶段叫"所需即所得"。刘强东说："你拿个手机或Pad，需要什么东西，拿指头点几下，3小时之后就可以在北京收到货物。"

未来5年之内移动电商一定会进入第二个阶段，就是"所见即所得"。刘强东说："可以想象未来我们给母亲送件礼物，可以打开电视机、Pad或手机，所有的东西都是裸眼3D，可以把真实场景展示在手机里，而且可以不断地变换颜色、款式、大小，直到全家人都说这是妈妈穿得最美的一套衣服。妈妈做好一顿饭的时间你就可以准备好一套礼品。”

第三个阶段就是“所想即所得”。刘强东说：“我们已经在很多城市测试了‘10分钟收到货物’的效果，从你下单到收到货物是10分钟，当然这是快销品。如果你下班了，准备为自己的太太做一道菜，下地铁站的时候想到了家里的醋没有了，想象就可以了，10分钟之后京东就把你的醋送到了家门口。能达到效果是因为所有的设备都是跟感知相连的。”

资料来源：“指尖上的商机”将达互联网规模的10倍［EB/OL］.（2013-12-13）［2014-05-11］. http://jingji.cntv.cn/2013/12/13/ARTI1386941278358477.shtml.

任务认知

“市场营销”译自英文marketing一词，既可指一门学科，译为“市场营销学”；也可指一种经营活动，译为“市场营销”；还可理解为一种经营指导思想，称为“市场营销观念”。

1.1.1 市场营销活动

作为一种经营活动，市场营销主要是辨别和满足人类和社会的需要，并把社会和个人的需要变成有利可图的商机的行为。对市场营销所做的最简短的定义是“有利益地满足需求”。

通俗地讲，所谓市场营销，就是在不断变化的市场条件下，企业谋求以适销对路的产品、适宜的价格、快捷的渠道、适宜的沟通方式，比竞争者更为快捷、有效地通过交换满足顾客需求，实现消费者、企业、社会等多方利益共赢的综合性商务经营活动过程。

企业要确保能够满足需求的产品快捷、有效地传递到消费者或用户手中，必须要把营销活动从流通领域向前延伸至生产领域，即在生产活动开始之前要进行市场调研，并按照顾客的需求进行产品开发等，向后则扩展深入至消费领域，包括售后服务、消费感受等信息的收集和反馈等，如图1.1所示。具体地说，市场营销活动过程，包含市场调研、选择目标市场、产品开发、定价、分销渠道选择、促销活动、产品的储存与运输、销售及售后服务等一系列环节。

←—— …… ←------ 市场营销 ------→ …… ——→

产前活动　　生产　　　　消费　　售后活动

图1.1　现代市场营销活动

同步延伸

菲利普·科特勒在《营销管理（第14版）》中将市场营销定义为：“市场营销是这样一种社会过程，就是个人和集体伙同他人通过创造、提供、自由交换有价值产品和服务的方式以获得自己的所需或所求。”

资料来源：科特勒，凯勒. 营销管理［M］. 14版. 王永贵，译. 上海：格致出版社，2012.

为了便于理解，可以把市场营销的含义归纳为以下几个要点。

(1) 以消费需求为中心。企业的中心任务是通过市场交换满足顾客的需求，将顾客的需求转变为企业的盈利机会。

(2) 以营销组合为手段。强调企业运用整合营销策略满足顾客的需求。

(3) 以满足需要求利润。在营销活动过程中企业应兼顾消费者、企业和社会整体利益的平衡与协调，履行社会责任，谋求长远、可持续发展。

(4) 只要企业可以向社会提供的，且能满足消费的需求的几乎任何东西都可以成为营销产品。它们可以是实体商品，也可以是无形的思想、服务，或者是二者的组合。

同步提示

营销≠推销

市场营销源于销售，但不等同于销售、推销和促销。

科特勒指出："销售不是市场营销的最重要部分，销售是'市场营销冰山'的尖端。销售是企业市场营销人员的职能之一，但不是其最重要的职能。"

同步延伸

让销售变得多余

什么叫市场营销？是挨户上门推销吗？还是设计玉米片的包装？或是用免费玩具吸引顾客买欢乐套餐？或是购物时赠送积分卡？

科特勒说："人们经常把市场营销和销售混为一谈。不过德鲁克的《经营权威》里面一段话说得好，'市场营销的目标是让销售变成多余'，这就是说，如果你真能找到没有被满足的需求，并做好满足需求的工作，你就不用在销售上下太多功夫了。"

换句话说，市场营销的目的不是把已经生产的产品销出去，相反，制造产品是为了支持市场营销，因此，企业的制造、研发、采购和财务等其他职能部门都是为了支持企业在市场中的运作而存在的。

1.1.2 市场营销的核心概念

能否正确理解市场营销活动，取决于对相关核心概念的正确理解。

1. 需要

需要是指人类与生俱来的基本需要。科特勒称之为"个人没有得到某些满足的感受状态"。它们存在于人类本身的生理需要和自身生存状态之中，不是市场营销者所能凭空创造的。

2. 欲望

欲望是指想得到上述基本需要的具体满足物的愿望，是个人受不同文化及社会环境影响而表现出来的对基本需要的特定追求，如人们对自行车、经济车、豪华车等的愿望。

同步观察

这时装不匹配我的鞋子和首饰

当一家时装店的经理询问一位白领女士“为何不喜欢这款今年流行的时装产品”时，这位女士回答是“对不起，它无法匹配我的鞋子和首饰！”。

显然，这位经理从未意识到：时装企业的产品是否畅销，竟然受制于毫不相干的制鞋企业和首饰公司！

同步延伸

用中国人自己的生活方式，创造中国自己的产品

我们常常说当今美国企业在引领着世界消费的潮流，但本质上，是美国的生活方式渐渐主宰了世界。汽车、麦当劳、好莱坞……不管你对之爱也好、恨也罢，你都无法不受这种生活方式的影响。反过来，也正是由于中国人生活方式的贫乏，才使我们总是处在模仿美国生活方式的状态中，几乎是美国流行什么样的产品，中国企业就跟着生产什么样的产品，大多数中国企业所开发的产品总是处在模仿美国企业的状态。正如学者所说，中国社会目前面临的一大挑战是在美国生活方式的笼罩下获得独立。

中国人从来都不缺乏创造力，也不缺乏创造适合中国人自己的生活方式的能力。在全球化的进程中，创造中国人自己的生活方式才是中国企业逐渐崛起的根本。如果中国人的生活方式能够影响世界，那么代表中国人生活方式的企业产品自然也就能够走向世界。

资料来源：孙景华. 生活方式创造商业价值［M］. 北京：机械工业出版社，2009.

3. 需求

需求是指人们愿意，并有能力购买某个具体产品或服务的欲望。例如，同样想拥有一辆豪华车，但只有具有一定的购买力，该欲望才可能变成需求。

要理解顾客的需要和欲望，并不是简单的事情。当顾客说自己需要一辆“大功率”的除草机或一个“安静的”的旅店时，营销人员必须进行深入研究。我们可以从以下5种需要模型中加以分析。

（1）明确表述的需要（顾客想要一辆不是很贵的汽车）。

（2）真正的需要（顾客想要一辆使用成本很低的汽车，而不只是初始价格很低）。

（3）未明确表述的需要（顾客期望从销售者那里购买到优质的服务）。

（4）令人愉悦的需要（顾客希望获赠车载导航系统）。

（5）秘密需要（顾客希望朋友把自己当成内行）。

同步观察

富人玩车，穷人炫手机

奢侈品可以分为两种：一种叫绝对的奢侈品，一种叫相对的奢侈品。前者是多数消费者的绝对购买力达不到的，如名车、豪宅等；后者则如同名牌服装、苹果手机、名烟名酒等，消费者的绝对购买力基本都能达到，但并不是所有人都愿意花钱消费。

“富人玩车，穷人炫手机”，名车需要支付能力，手机需要的是支付意愿。相对的奢侈品一般都在老百姓的支付能力之内，缺的是支付意愿，并且最好是有重复消费的意愿。

资料来源：杨江涛. 奢侈品也快消［EB/OL］.（2013-11-11）［2014-05-11］. http://www.globrand.com/2013/568825.shtml.

4. 市场

市场的概念由来已久，其最基本的含义是买卖双方交易的场所，如菜市场、服装市场、美国市场等。经济学上认为市场是买卖双方交换关系的综合。从市场营销的角度看，则把交易双方的卖方视为行业、产业，而把买方视为市场，如图1.2所示。

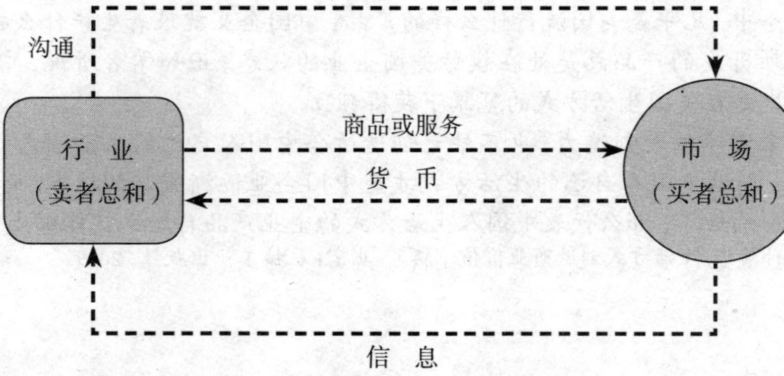

图1.2　营销视野的市场认知

科特勒指出，“市场由一切具有特定欲望和需求，并且愿意和能够以交换来满足这些需求的潜在顾客所组成”，“市场规模的大小，由具有需求、拥有他人所需要的资源，并且愿意以这些资源交换其所需之物的人数而定”。通常用如下等式表示市场构成三要素：

市场=人口+购买力+购买欲望

式中，“人口”是指对产品有现实或潜在需要的人，是构成市场的最基本要素；“购买力”是指消费者购买商品或服务满足某种需要的支付能力；“购买欲望”是指消费者购买某种商品或服务的动机、愿望。当3个要素同时具备时，就构成该商品或服务的现实市场；当后两个要素不能同时具备时，就只能称其为潜在市场；而一旦这些条件都具备，则潜在市场就可转化为现实市场。

根据购买者的身份，可以将整个市场分为消费者市场、生产者市场、中间商市场及包括政府市场在内的非营利组织市场。根据产品的对象与用途，可以将整个市场分为消费品市场、生产资料市场、资金市场、技术市场、信息市场和服务市场等。

同步观察

移动互联，O2O线上线下商机无限

O2O（online to offline）是2013年以来电商领域最热的话题。

在PC互联网时代，人在移动的过程中往往是离线状态，但在移动互联网的环境下，人可以随时是在线状态。业内人士看来，移动互联网状态下的商业的理想状态是：消费者可以在线上消费，在线下提货、修改尺码、退换货；或者说在线下体验以后，在线上做更多的比较，做更多的款式的搭配，做更多的情景的展示，最终让消费的决策变得更容易。

对于一个淘宝用户来说，多次购物及搜索已经形成了基于个人消费偏好的数据，如服装的风格、款式、尺码、颜色等。一旦该用户走进一个线下商场，商场根据该用户在线上累积的数据直接推送适合用户的服装及配饰，甚至用地图的方式呈现给用户每个商品的位置。因此，各种订餐类应用、卡券类应用都在想方设法将线上用户引流到线下商户。有迹象表明：传统业态的互联网化将迎来一轮爆发季。业界认为，商家想要实现线上线下的完全融合，就会面临着巨大的对商业流程的改造过程。

资料来源：阿里巴巴急推来往意在O2O：微信带来危机感[EB/OL].（2013-10-28）[2014-05-11]. http://news.xinhuanet.com/info/2013-10/28/c_132836245.htm? prolongation=1.

5. 产品

产品泛指企业能够向社会提供的、能满足人类需要和欲望的任何事物。产品可以是衣物、视频、住房、汽车等有形产品，也可以是教育、娱乐、家装设计、金融服务等无形服务，更可以是信息、创意、经验和技能等更广泛的无形产品。

6. 顾客价值与满意

顾客价值是指消费者能得到的与所付出的比率，可以看作质量、服务和价格的组合。消费者在获得利益的同时也要支付成本。利益包括功能利益和情感利益，成本包括金钱成本、时间成本、精力成本和体力成本。如果顾客所获得的利益大于成本，就会感到满意。因此，顾客满意取决于产品的感知使用效果，而这种效果又与顾客的期望有关，如果感知与期望的效果不一致，顾客就不满意。

7. 交换、交易

交换是指以提供某种东西作为回报换取所需之物的过程。人们通过交换来满足各种需要或欲望。企业只有通过交换，在满足消费者需求的同时实现产品或服务的价值，并获得利润，才能求得生存和发展。交换是企业市场营销活动的核心。

交换不仅是一种现象，更是一种过程。买卖双方一旦达成交换协议，交易就会产生。交易是达成意向的交换，交换可以看作一个过程，而交易更侧重于结果。

任务1.2　选择市场营销管理哲学

任务引子

营销3.0时代的十大成功秘诀

通过审视营销的基本原则，深化对营销的全面认识和理解，我们发现有10个秘诀可以帮助企业融合营销和价值观。

秘诀一：热爱你的顾客，尊重你的竞争对手。

秘诀二：善于察觉变化，随时准备好做出变革。

秘诀三：捍卫你的品牌，永远明确自己的目标。

秘诀四：消费者千差万别，努力满足你的最佳客户。

秘诀五：永远以合适的价格和包装提供产品。

秘诀六：随时待命，主动寻找潜在消费者。

秘诀七：抓住消费者的心，和他们一起成长。

秘诀八：无论经营哪种业务，记住你是在提供服务。

秘诀九：学会从质量、成本和交付三方面改善业务流程。

秘诀十：广集信息，慎下结论。

资料来源：科特勒，卡塔加雅，塞蒂亚万.营销革命3.0——从产品到顾客，再到人文精神[M].毕崇毅，译.北京：机械工业出版社，2011.

任务认知

市场营销管理哲学（marketing management philosophy），又称为营销观念，是企业在一定时期处理企业、顾客和社会三者利益关系的基本经营指导思想和原则。

在营销学100余年的发展历程中，企业的营销观念经历了从“以产定销”的“以生产为中心”转变为“以销定产”的“以顾客为中心”的演变过程。

同步模拟

有问题我们负责

某日，某购物广场顾客服务中心接到一起顾客投诉，顾客说从该商场购买的“苗苗”酸牛奶中喝出了苍蝇。投诉的内容大致是：顾客吴小姐从商场购买了“苗苗”酸牛奶后便去了一家餐馆吃饭，吃完饭吴小姐随手拿出酸牛奶让自己的孩子喝，自己则在一边跟朋友聊天。突然听见孩子大叫：“妈妈，这里有苍蝇。”吴小姐循声望去，看见小孩喝的酸牛奶盒里（当时酸奶盒已被孩子用手撕开）有只苍蝇。吴小姐当时火冒三丈，带着小孩来商场投诉。正在这时，有位值班经理看见便走过来说：“你既然说有问题，那就带小孩去医院，有问题我们负责！”吴小姐听到后，更是火上加油，大声喊：“你负责？好，现在我让你去吃10只苍蝇，我带你去医院检查，我来负责好不好？”边说边在商场里大喊大叫，并口口声声说要去

"消协"投诉，引来了许多顾客围观。

该购物广场顾客服务中心经理听到后马上前来处理。假如你是这位经理，将会如何处理这一事件？

1.2.1 传统市场观念

在卖方市场条件下，以企业生产为中心，以产定销，企业擅长生产什么就生产什么、销售什么。这种观念在20世纪初至20世纪50年代主导以美国为代表的西方企业的经营思想。

1. 生产观念

生产观念是指重生产、轻市场，也称生产导向，认为消费者喜欢那些随处可以买得到，而且价格低廉的产品，主张"我会做什么，就生产什么"。企业的经营重心在于大量生产，致力于提高生产效率和分销效率，降低成本，扩展市场。20世纪初，亨利·福特的"我只生产黑色的T型车"是这个时期生产观念的经典写照。生产观念一般产生于明显供不应求的市场环境。

2. 产品观念

产品观念认为消费者喜欢那些质高量、多功能、有特色的产品，主张"我们会做什么，就努力做好什么"。此观念提倡企业应致力于生产高值产品，并不断加以改进，相信只要产品有特色，自然会顾客盈门。"酒香不怕巷子深"、"一招鲜，吃遍天"等都是这个时期的产品观念的生动写照。此观念一般产生于供不应求的卖方市场环境。如果企业过分迷恋自己的产品，就可能导致"营销近视症"。

3. 推销观念

该观念认为消费者一般不会主动选择和足量购买某一产品，企业产品的销售量和企业的销售努力成正比，主张"我们卖什么，顾客就买什么"。此观念提倡企业应致力于积极的销售和推广活动，采用各种可能的强力刺激手段和方法，诱导消费者产生购买行为。此观念一般产生于买方市场逐渐形成的市场环境。

在现代市场经济条件下，推销观念被大量用于推销保险等非渴求品，或者用于产品过剩时。

同步观察

销售不是搞定客户，而是做好自己

无论喜欢与否，在这个"永不休眠"的世界里，每9个人里就有1个人从事销售工作，但另外8个人也同样在销售，人人都是销售人。如今，传统销售已走向没落，传统的针对"问题"的销售变成了针对"人"的销售，把商品从"解决问题的产品"变成了"让人满意的服务"，可见我们正处在非销售的销售的勇敢新世界中。在这个日益崛起的全新销售时代，每个人每个小时都有24分钟的时间来打动他人，说服他们放弃自己的某样东西，交换我们拥有的某样东西。如今，我们不再需要锁定合同的“成交大师”，而是需要能够探知新机会、打动并影响他人的说服者。最富成效的卖家，无一不是先服务，再销售。对于销售而言，更重要的不是搞定客户，而是做好自己。

资料来源：平克. 全新销售：说服他人，从改变自己开始[M]. 闾佳，译. 杭州：浙江人民出版社，2013.

1.2.2 现代市场营销观念

20世纪50年代以后，买方市场逐渐形成，以消费者为中心的营销观念开始主导以美国为代表的西方企业的经营思想。20世纪70年代以后，伴随着西方企业国际化步伐加快、竞争加剧、环境污染、非法使用劳工等社会问题，导致到了20世纪90年代企业责任运动在西方兴起，社会营销观念开始主导企业经营。

1. 市场营销观念

市场营销观念（marketing concept）是以消费者为中心的观念，主张“顾客需要什么，就生产和销售什么”，奉行“顾客至上”，将管理重心放在善于发现和了解目标顾客的需要，从而比竞争者更有效地提供满足目标市场需要的产品或服务。

按照市场营销观念，市场不是处于生产过程的终点，而是起点；不是供给决定需求，而是需求引起供给；哪里有需求，哪里才有生产和供给。目标市场（target market）、顾客满意（customer needs）、整合营销（integrated marketing）和盈利能力（profitability）为其四大分支。

同步观察

追回一只鸡，得杀掉一头牛

有多高的维权成本，就有多少人选择沉默。消费者不是不想维权，而是迫于无奈。

蒋先生购买9元的洁面乳受骗后，打官司历时3个多月，为18元的赔偿而付出了3 000多元交通费和误工费等损失，却未得到法院的支持（见图1.3）。

资料来源：天呈. 追这回一只鸡，得杀掉一头牛[N/OL].（2013-03-20）[2014-05-11]. http://whb.news365.com.cn/tzmh/201203/t20120320_314107.html.

图1.3　消费者维权难

2. 社会营销观念

企业社会责任（corporate social responsibility，CSR），是指企业在创造利润、对股东承担责任的同时，还要承担对员工、消费者、社区和环境的责任，强调企业在生产经营过程中对人的价值的关注，强调对消费者、环境、社会等其他利益相关者的责任和利益的兼顾与平衡。履行企业社会责任和营销道德伦理，作为国际竞争的普世价值，已经成为国际社会普遍接受的企业行为准则，可见，企业已进入全面责任竞争时代。

2010年11月1日，国际标准化组织（ISO）正式发布了主题为“启动梦想——共担责任，实现可持续发展”的ISO 26000（《社会责任指南》），这是继ISO 9000和ISO 14000之后，国际标准化组织发布的第3个国际标准，也是首个国际社会责任标准。ISO 26000的颁布意味着国际社会责任探讨的焦点已经从“是否应该实施”国际社会责任标准转移为“如何实施”国际社会责任标准。ISO 26000特别强调各种形式或性质的组织，不仅是企业或经济组织，其他组织如学校、医院、学术团体、中介机构或一般意义上的政府机构等，都要尊重人权、关心员工、爱护环境、公平竞争、保护消费者、为社会及社区的可持续发展作贡献。

中国社会各界逐步认识到积极承担相应的社会责任与实现经济效益最大化具有高度的一致性，遵循社会责任国际标准是企业提高持续竞争力的内在要求，也是作为“世界工厂”的中国企业无法规避的选择。中国企业必须认清这场席卷全球的“道德革命”的实质，从战略高度转换竞争战略战术，提升责任竞争软实力，谋求在有限的资源和激烈的竞争中实现可持续发展。

营销1.0、2.0和3.0时代的综合对比如表1.1所示。

表1.1　营销1.0、2.0和3.0时代的综合对比

	营销1.0时代 产品中心营销	营销2.0时代 消费者定位营销	营销3.0时代 价值驱动营销
目标	销售产品	满足并维护消费者	让世界变得更好
推动力	工业革命	信息技术	新浪潮科技
企业看待市场方式	具有生理需要的大众买方	有思想和选择能力的聪明消费者	具有独立思想、心灵和精神的完整个体
主要营销概念	产品开发	差异化	价值
企业营销方针	产品细化	企业和产品定位	企业使命、愿景和价值观
价值主张	功能性	功能性和情感化	功能性、情感化和精神化
与消费者互动情况	一对多交易	一对一关系	多对多合作

资料来源：科特勒，卡塔加雅. 营销革命3.0——从产品到顾客，再到人文精神［M］. 毕崇毅，译. 北京：机械工业出版社，2011.

道德聚焦

儿童模仿《喜羊羊》被烧伤，制作方被判担责

2013年4月6日，因模仿动画片《喜羊羊与灰太狼》中的情节，江苏东海县8岁和5岁的两个孩子被同伴绑在树上点火烧成重伤。被严重烧伤的孩子一方将点火同伴及动画片制作方广东原创动力文化传播有限公司告上法庭，请求判两被告赔偿前期医疗费264 000元。2013年12月18日，江苏省连云港市东海县人民法院对此案一审宣判，并通过官网直播了宣判过程，动画片制作方广东原创动力文化传播有限公司承担15%的赔偿责任。此判决引发了社会的广泛关注。

灰太狼点火煮小羊、烤羊肉串，这样的情节到底在800多集的《喜羊羊与灰太狼》中出现的频率有多高？原告法律援助律师特意进行了统计：仅灰太狼就被平底锅打了9 544下，

被电了1 755次，被煮了839次，其他的还有推下悬崖、拿刀砍杀、打群架……根据动画情节，它是打不死、烧不死、电不死的。原告律师认为，未成年人具有超强的模仿力，而且还具有创造性，尤其是动画片中的暴力情节，因此，3个孩子对动画情节的模仿是造成惨剧的根本原因。

被告公司举证证明，《喜羊羊与灰太狼》是国家主管机关公布的优秀国产动画片，始终强调惨剧发生是因孩子模仿《喜羊羊与灰太狼》，与动画情节没有必然联系。法院认为，被告公司制作以营利为目的的动画片，传播对象主要是未成年人这个特殊群体，应受到未成年人权益保护相关法律法规制约，应主动严格审查不宜未成年人的情节和画面，并负有提示风险、警示模仿的注意义务。

综合案情，法院认为虽然动画片的制作发行经过了行政许可，但实际上造成了损害的客观后果，被告公司未尽应有的义务，对损害事实存有过错，应该承担相应的侵权责任。法院一审判定点火被告儿童的法定监护人赔偿原告损失的60%，即157 000元；原告监护人自行承担25%；《喜羊羊与灰太狼》的制作公司承担15%的责任，即39 252.39元。

资料来源：孙莹. 儿童模仿《喜羊羊》被烧伤，法院判制作公司担责15%［EB/OL］.（2013-12-18）［2014-05-11］. http：//china.cnr.cn/xwwgf/201312/t20131218_514435488.shtml.

1.2.3 市场营销观念的新发展

进入21世纪，企业面临着前所未有的激烈竞争，新的时代、新的竞争格局，必然促使企业营销观念进一步深化和发展。

1. 大市场营销

大市场营销是指企业为了成功地进入特定市场，需要综合运用其自身可以施加影响的经济的、政治的、心理的和公共关系等手段，以赢得若干参与者合作的活动过程。

2. 关系营销

关系营销认为企业营销是一个与顾客、竞争者、供应商、分销商、政府机构等多方利益相关者发生互动作用的过程，谋求与利益相关者建立、发展并保持长期互利的关系是企业营销活动的核心和成败的关键。

开展关系营销时，企业必须注重以下几方面的关系：一是建立、保持并加强同顾客的良好关系，善于创造新顾客、留住老顾客；二是注重与供应商、分销商、竞争者等关联企业的关系，通过战略联盟增强企业竞争力；三是与政府及公众团体协调一致，善于做好社区营销；四是内部营销先于外部营销，搞好企业内部员工之间的关系。

同步模拟

新商场开业，大妈广场舞是赶还是留

某CBD一家大型商场即将开业。该商场门前有一块开阔的小广场，社区物业专门划定该广场为非停车区，不允许任何车辆驶入。每天晚上，社区居民大妈们都会自发到小广场做广场操、跳广场舞，已经持续2年了。商场开业在即，消息一经传出，大妈们开始猜测，一旦商场开业，她们是否还能在小广场做操、跳舞。

对于这家商场来说，如果继续为社区居民大妈们保留场地，不允许外来车辆进入，势必影响客流；如果开放停车，又会“端”了大妈们持续2年的跳舞场地，这样势必会惹恼他们。

如果你是该商场市场部门有关负责人，你将如何处理？

3. 绿色营销

绿色营销是指企业开展营销活动应以环境保护为要旨，以满足消费者的绿色需求为中心和出发点，把消费者的需求与企业利益和环保利益三者有机地结合起来，从产品设计、生产、销售到使用，整个营销过程都要考虑到资源的节约利用和环保利益，做到安全、卫生、无公害，达成人与自然的和谐相处。

同步延伸

ISO 14000环境管理体系

ISO 14000是由国际标准化组织（ISO）环境管理技术委员会顺应国际上对环境保护日益重视、强调可持续发展的大趋势而制定的一套对所有组织强调环境管理一体化、预防污染与持续改进的环境管理系列国际标准。

该标准以环境为管理对象，以社会公众为相关方，结合环境管理和经济发展来规范企业和社会团体等所有组织的环境行为，强调最大限度地合理配置和节约资源，减少人类活动对环境的影响，改善环境质量，保持环境与经济的共同协调与可持续发展。

与ISO 9000相比，ISO 9000的管理对象是质量，而ISO 14000的管理对象则是环境；ISO 9000的相关方是顾客，而ISO 14000则有着更多的相关方，如公众、社会、政府、消费者、员工、经营者及绿色和平组织等；ISO 9000强调持续地符合要求，而ISO 14000更加注意持续改进。

实施ISO 14000，满足顾客及各种公众绿色消费的需要，是市场竞争的需要，有助于增强企业形象、提高企业管理水平、增强企业软竞争实力，是企业避开国际贸易中的“环境壁垒”，从而获得进入国际市场的绿色通行证。

4. 全球营销

全球营销理念要求企业必须彻底打破以国界、区界划分国际市场与国内市场的传统认识，强化竞争全球化、资源全球化、顾客全球化的全新经营理念，善于借助网络等现代化的信息技术手段了解和掌握国际市场发展动态，以全球市场的观点来制定和实施市场营销战略战术。美国众多企业正是利用全球化发展的契机，形成了新世纪的跨国集团及运营模式，如研究中心在硅谷，广告策划在纽约麦迪逊大街，制造基地在东南亚，财务公司在中国香港等。

5. 文化营销观念

文化营销观念认为，在企业的整个营销活动过程中，文化因素渗透于其始终，主要表现在两个方面。一是商品中蕴含着文化。商品不仅仅是有某种使用价值的物品，同时，它还凝聚着审美价值、知识价值、社会价值等文化价值的内容。二是经营中凝聚着文化。在营销活动中尊重人的价值，重视企业文化建设，重视管理哲学，已成为当今企业营销发展的新趋势。

同步观察

倾注人文关怀，提升旅游地产文化创意能力

一个没有爱、没有自由和尊重的房子充其量只是一个身体或商品的大仓库。在现代社会，人们对于旅游地产的感知绝不仅是一个短暂停留的空间，更是关于生活的无限遐想：可以感受身处其中的乐趣，可以感受温馨的生活情调，可以感受浓郁的文化氛围……

强调人文关怀是对人本身的一种尊重。旅游地产应以倾注人文关怀为目标，“软”“硬”兼施，营造宽松的经营环境，提升商业地产的物业服务，以人性化、细节管理、定制服务为软性竞争力，将温情融汇于日常管理与服务的每一个环节。

资料来源：旅游地产的文化创意能力［EB/OL］. 主题地产微群，2013-11-24.

6. 网络营销

帮助个体和群体保持互联互动的科技的出现，标志着参与化时代的到来。在参与化时代中，人们在消费新闻、观点和娱乐的同时，也主动创造着它们。新浪潮科技使人们从被动的消费者变成了产销者，即生产型消费者，如图1.4所示。

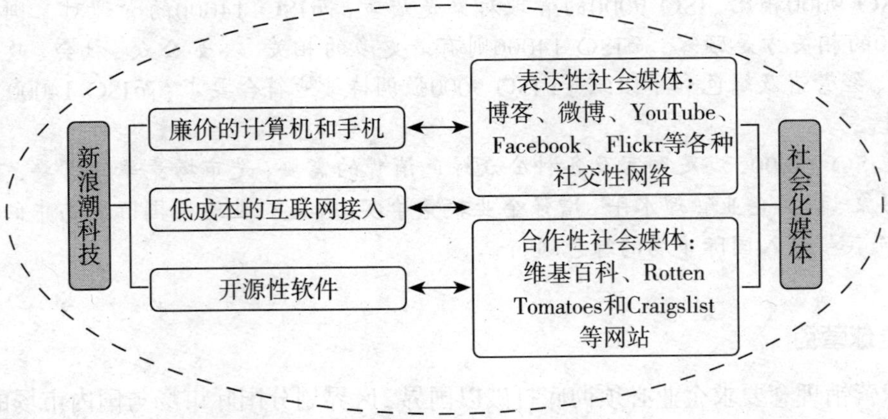

图1.4 消费者参与时代的到来

网络营销是以互联网为载体，以符合网络传播的方式、方法和理念实施营销活动，谋求通过营销理念和网络技术手段，实现对目标顾客的精准营销。网络营销产生于20世纪90年代，发展于20世纪末至今。网络营销产生和发展的背景主要有3个方面，即网络信息技术的发展，消费者价值观的改变，激烈的商业竞争。

根据推广方式的不同，网络营销包括搜索引擎营销（SEM）、E-mail营销、社会化媒体营销、博客营销、微博营销、病毒式营销等多种模式。

同步延伸

搜索引擎营销

一个用户对遥控玩具产生兴趣，他可能是想购买遥控玩具的买家，也可能是经营遥控玩具的销售商，或者是某个生产商在对这个领域做市场调研。作为遥控玩具厂商，如果自己的企业信息出现在搜索结果中，就可以利用这个机会让这个潜在用户发现自己企业的信息。简单地说，企业利用这种被用户检索的机会实现信息传递，这就是搜索引擎营销（见图1.5）。

图1.5　搜索引擎营销

搜索引擎营销（search engine marketing，SEM），是基于搜索引擎平台的网络营销，利用人们对搜索引擎的依赖和使用习惯，在人们检索信息的时候尽可能将营销信息传递给目标客户。搜索引擎营销的基本思想是让用户发现信息，并通过（搜索引擎）搜索单击进入网站、网页进一步了解他所需要的信息。

搜索引擎营销包含5个基本要素：信息源（网页）、搜索引擎信息索引数据库、用户的检索行为和检索结果、用户对检索结果的分析判断、对选中检索结果的单击。对这些因素及搜索引擎营销信息传递过程的研究和有效实现就构成了搜索引擎营销的基本内容。

搜索引擎优化设计的主要目标有两个层次：被搜索引擎收录，在搜索结果中排名靠前。

搜索引擎营销的主要实现方法包括：竞价排名、分类目录登录、搜索引擎登录、付费搜索引擎广告、关键词广告、TMTW（tell me tell world）来电付费广告、搜索引擎优化（搜索引擎自然排名）、地址栏搜索和网站链接策略等。

同步观察

湿营销

凭借着网络时代的信息碎片，地球已经变成一个村落，过去的企业爆炸式宣传早已落伍。从B2B到B2C再到C2C，互联网上的湿营销正在通过淘宝、支付宝，乃至类病毒等方式，在每一个终端冲击着消费者的眼球和消费欲望。

在这片信息的汪洋大海中，人们开始像小水泡一样聚合成熟悉、信任的小圈子，湿营销就是一个能够打入这些小圈子的新兴营销模式。专业媒体《成功营销》将其解释为：所谓湿营销，是指凭借互联网上的社会性软件来聚合某个群体，并以温和的方式将其转化为品牌的追随者，赋予消费者力量，鼓励他们以创造性的方式贡献和分享内容，从而影响商家的新产品开发、市场调研、品牌管理等营销新战略。

当消费者通过各种工具找到所需要的信息之后，新媒体渠道要做的就是运用这些信息将消费者从某个社会性渠道吸引到企业的网站或实体企业里去。如今的网络社区已经没有人在“使用”什么东西了，一切都和“创造”有关。如下新媒体渠道可以帮你进行参与或创作。

① 博客：可以通过它来发布看法，引起评论，引导消费倾向。

② 微博：可以使用微博来分享短小的消息，进行联系，并建立网上社区。

③ 播客：可以使用播客来制作与自己品牌、产品有关的音频或视频，吸引消费者参与评论，并转发圈子。

④ 社交网站：可以通过社交网站创建群组，分享相片，商业交际，查看个人资料。

⑤ 共享网站：可以通过共享网站上传视频、图片、幻灯片，如果做得好，人们就会将其镶嵌到自己的渠道里。

⑥ 用户自生成内容：可以是文本、图片、音频和视频等，是人们未经企业的许可自发为其品牌创造的内容。这些内容或者是对企业产品的效仿，或者是他们的个人看法，或者仅仅是把企业的东西和其他东西糅合在一起所形成的新事物。

⑦ 维基：维基百科创立了一个可以让无数人对内容进行创建、调整、改变和争论的空间。

⑧ 窗件：这是一个小型应用程序，可以添加在现有的网站、博客上，或者下载到桌面上。它可以和社交网站实现链接，让你在观看内容时了解你关注的人都在阅读什么。

资料来源：中国建材网，http：//info.bm.hc360.com/2010/10/091045230842.shtml，2010-10-09.

同步案例

万科新街坊APP，“三好”服务社区

2013年7月，万科·良渚文化村新街坊智能化社区APP正式启动，成为全国首个社区APP。万科新街坊APP由五大服务体系构成：①物业沟通，包括社区通知与物业服务信息推送；②业主互动，包括社区组织及业主自己组织的活动；③社区购物，包括商家优惠、订餐、订房、预约家政服务；④实名认证，即只有业主才能使用社区活动，保证社区运用的专属性和安全性；⑤园区生活，包括商业、文化、休闲、交通、医疗和教育六大系统资讯。

作为首个社区APP，新街坊是万科线下物业“三好”服务理念在线上的延伸。在移动互联网背景下，新街坊推动社区服务模式的升级无疑让人们迈向“梦想家园”又走近了一步。虽然与万科后期的APP“住这儿”相比，新街坊设计的思维更多是B2C的思维，而后期的“住这儿”更具有C2B设计思想，更加接近万科的以业主为中心的“好服务”标准，但从房地产物业服务的升级视角来看，这并不妨碍新街坊在互联网时代下对社区生活服务模式的里程碑式的贡献。

资料来源：2013十大创新营销APP［EB/OL］. 微成交微群，2013-12-13.

7. 饥饿营销

饥饿营销是指通过实施欲擒故纵的策略，以及调控产品的供求，引发供不应求的假象。消费者都有一种好奇和逆反心理，越是得不到的东西越想得到。于是企业的策略对消费者的欲望进行了强化，而这种强化会加剧供不应求的抢购气氛，使饥饿营销呈现出更强烈的戏剧性和影响力。

道德聚焦

1分钟售罄，华为被指饥饿营销遭质疑

2013年12月25日上午10：00，华为荣耀3C开售。11：05华为荣耀官方微博发消息称：千元顶配飙机神器荣耀3C在华为商城、京东商城首批现货已全部售罄，第二波现货玩命备货中。华为没有公布销量，但却透露消息称，第二批开售时间为2013年12月31日（见图1.6）。

自华为2013年12月17日启动预约以来，荣耀3C创下高达千万部的预约量，但是此次没能购买成功的用户认为华为是在模仿小米，搞期货饥饿营销，华为因此而遭到众多网友的质疑及谩骂。

资料来源：荣耀3C 1分钟售罄 华为被指模仿小米饥饿营销[EB/OL].（2013-12-25）[2014-05-11]. http：//it.21cn.com/market/a/2013/1225/16/25718405.shtml.

图1.6　华为官方微博发消息

8. 口碑营销

口碑营销是指企业有意识或无意识地生成、制作、发布口碑题材，并借助一定的渠道和途径进行口碑传播，以满足顾客需求、实现商品交易、赢得顾客满意和忠诚、提高企业和品牌形象为目的而开展的计划、组织、执行、控制的管理过程（见图1.7）。这种由“用户告诉用户”的口碑营销和其他传统营销手段相比，具有成本小、产出大、效率高、风险低等特点。很多家喻户晓的数百年的品牌并不曾做过任何形式的广告宣传，就是通过口碑相传延续至今。

图1.7　网络口碑营销

同步观察

利用SNS社区的朋友去做口碑营销

在人人网每个用户的朋友圈中，有大学的朋友、高中的朋友、初中的朋友，甚至小学的朋友，这些朋友又有自己的朋友圈。以某人为信息发源点，请他的朋友帮助转载网站的推广信息，只要软文足够给力，提供的信息确实有价值，那么将网站推广出去的效果是非常好的。例如，做化妆品的淘宝网店，就可以请人制作一段化妆的视频传到网站上，视频的标题一定要极具吸引力，视频中加上网站的引导链接，然后分享到SNS上，再请朋友们帮忙转载，一旦视频传播出去，带来的流量是非常惊人的。

资料来源：口碑营销方法，让你的网络营销更精彩[EB/OL].（2013-04-05）[2014-05-11]. http：//www.vgnm.net/2012/iwom_0405/978.html.

9. 病毒式营销

病毒式营销是指在互联网上，利用用户口碑传播的原理，传播速度可以像病毒一样迅速蔓延，是一种高效的信息传播方式。而且，由于这种传播是用户之间自发进行的，因此，几乎是不需要费用的网络营销手段，常用于进行网站推广、品牌推广等。

同步案例

Contagion的病毒广告牌

传统的营销模式有时作用并不突出，如果可以打破传统，创意可能得到病毒式传播。

华纳兄弟加拿大分公司、Curb传媒及广告代理商Lowe Roche共同对新片《世纪战疫》（Contagion）进行宣传推广。该片讲述了一种神秘的通过空气传染的致命病毒席卷全球的故事。他们聘请了一组微生物学家及免疫学家给一块广告版注射了青霉素、霉菌及色素细菌。这些细菌在光照和温度的控制下慢慢生长，最终拼成了电影的名子，随后把这块由细菌构成的广告版放在多伦多一家废弃商店的窗户上（见图1.8）。虽然一部分人对这个广告牌感到不适，但是这个创意却吸引了大量媒体的关注，获得了媒体大奖，并成为启发同行的源泉。John Laramie是纽约户外广告创业公司Adstruc的CEO，他表示："这个创意很酷。它很可能是某个人想到的疯狂创意，但是从策划到执行都非常成功。"

图1.8　Contagion病毒广告牌

资料来源：网络营销：十大成功病毒营销案例解析[EB/OL].（2013-03-26）[2014-05-11]. http：//tech.qq.com/a/20120324/000097.htm.

10. 体验营销

体验营销是营销者站在消费者的感官、情感、行动等角度上，让消费者通过看、听、用、参与等手段，充分刺激和调动其感官、情感、思考、行动、联想等感性因素和理性因素，从而去体验消费者的购买理念、购买程序、购买心理和购买原动力，重新定义、设计营销方式。体验营销强调消费者的参与性和接触性，强调引起消费者的“情感共振”，如图1.9所示。

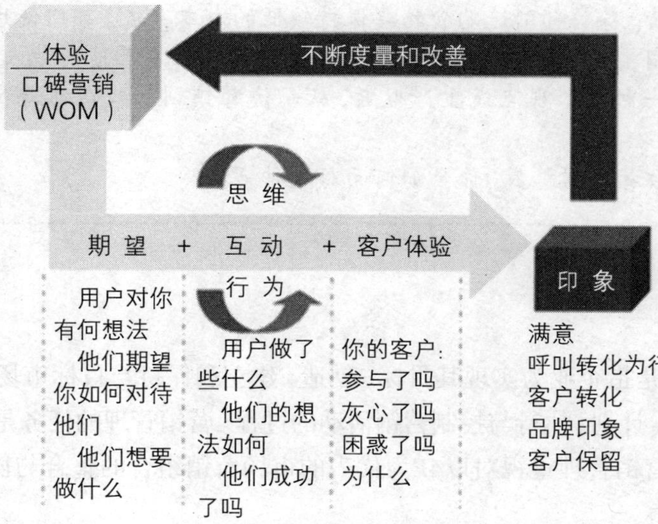

图1.9 体验营销的相关因素

同步观察

定制家具“影院式感官”愉悦体验

越来越多的聪明商家正在努力将消费者的购物变成一种能够使其兴趣盎然的活动。例如，在一些定制家具的卖场，有悦耳的音乐、免费的饮料和点心、独特的视觉效果、专业的家居顾问服务、直观的现场计算机3D设计、服务人员温馨的微笑等，使顾客体验购物的惬意。

对于卖场的展厅，门头的装修要有特点，广告内容和画面要简洁、有美感，霓虹灯在晚上的时候要亮起来。展厅里面的装修基调要符合中国人的审美观，并富有品牌特色。店内要设立服务区，配置高清等离子电视、计算机等，放在店铺入口处，让顾客感到专业的服务，还可设立一个投影体验区，配置投影仪、投影幕、沙发、茶几，再配置上音响，播放比较舒缓的音乐，让顾客在休息、等候之余能够欣赏到各种成功的案例，也可看到自家空间的设计方案，还可以现场指挥快速修改，这种闲适和愉悦是非常有震撼力的。

在夏天时，展厅的空调在营业时间须全天开放，展厅光线较暗的地方，灯光一定要打开。橱柜店铺如果能够在视觉、听觉、味觉等方面同时打动顾客的心，提供给顾客愉悦的综合感官体验，延长顾客的驻店时间，那么销售也就变成比较轻松的事情了。

资料来源：体验式经济时代来临[EB/OL]. 微成交微信，2013-12-14.

任务1.3 开展科学营销管理

任务引子

营销副总裁的尴尬

一个欧洲大航空公司的营销副总裁期望增加该公司的航运份额。他的战略是通过供应较好的食物、清洁的座舱和受过较好训练的机舱乘务员来增加顾客满意度，但是他无权处理这些事情。备餐部门选购食物要保持较低的成本，维修部门使用清洁服务要保持较低的清洁费用，而人事部门雇用人员也不考虑其能否友善地为他人服务。因此，这些部门通常采取一种成本观点或生产观点，从而使营销副总裁在创造和整合营销组合中处于窘境。

如果你是这位营销副总裁，你会如何面对这种窘境？

任务认知

市场营销管理是指企业为实现其目标，创造、建立和保持与目标市场之间的互利交换关系而进行的分析、计划、执行与控制营销活动的过程。营销管理的任务是对产品和服务的需求的管理；市场营销管理重视对以4P为代表的市场营销组合的整合与协调，以实现期望的目标。

1.3.1 市场营销管理的任务

市场营销管理的基本任务是为达到企业目标，通过营销调研、计划、执行与控制，来管理目标市场的需求水平、时机和构成。

市场营销管理的本质是需求管理，包括对需求的刺激、促进及调节。

（1）需求刺激，是指依靠引人注目的产品设计、独特的促销手段、合理的价格，以及其他战略来激发消费者购买企业产品的愿望。

（2）需求促进，是指企业设法让顾客很容易购买到他所需的产品。

（3）需求调节，是指均衡全年的需求或减少某一产品或服务的营销（降低总需求）。

具体而言，营销管理者的任务在于面对不同的需求状态善于开展适应性营销，如表1.2所示。

表1.2 不同需求状态下营销管理的任务

需求类型	需求状况分析	营销任务
无需求	目标市场对产品毫无兴趣或漠不关心	开发性营销 刺激消费欲望
潜在需求	现有产品或劳务尚不能满足的、隐而不现的需求状况	开发性营销 将潜在需求变为现实需求

（续表）

需求类型	需求状况分析	营销任务
否定需求	绝大多数人不喜欢，甚至愿意花一定代价来回避某种产品的需求状况	扭转性营销　将负需求转变为正需求
下降需求	市场对一个或几个产品的需求呈下降趋势的需求状况	恢复性营销　扭转需求下降
不规则需求	市场对某些产品（服务）的需求在不同季节、不同日期，甚至一天的不同钟点呈现出很大波动的需求状况	协调性营销　平衡需求水平
充分需求	某种产品或服务的需求水平和时间与预期相一致的需求状况	维持性营销　确保现有需求水平和顾客满意程度
过量需求	某产品（服务）的市场需求超过企业所能供给或愿意供给水平的需求状况	降低性营销　降低需求水平
有害需求	市场对某些有害物品或服务，如烟、酒、毒品、色情电影和书刊等的需求状况	抵制性营销　减少需求水平

1.3.2 市场营销管理过程

市场营销管理过程是指企业为实现目标、完成任务而发现、分析、选择和利用市场机会的管理过程。概括地讲，一个完整的市场营销活动管理过程包括分析市场机会、选择目标市场、设计市场营销组合、管理与控制商场营销计划4个步骤。

1. 分析市场机会

市场机会就是未满足的需要。为了发现市场机会，营销人员必须广泛收集市场信息，进行专门的调查研究。除了充分了解当前情况外，还应该按照经济发展的规律，预测未来发展的趋势。

营销人员不但要善于发现和识别市场机会，还要善于分析、评价哪些才是适合本企业的营销机会（就是对企业的营销具有吸引力的，能享受竞争优势的市场机会）。市场上一切未满足的需要都是市场机会，但能否成为企业的营销机会，要看它是否适合企业的目标和资源，是否能使企业扬长避短，发挥优势，比竞争者或可能的竞争者获得更大的超额利润。

2. 选择目标市场

企业选定符合自身目标和资源的营销机会以后，还要对市场容量和市场结构进行进一步分析，确定市场范围，无论是从事消费者市场营销还是从事产业市场营销的任何企业，都不可能为具有某种需求的全体顾客服务，而只能满足部分顾客的需求。这是由顾客需求的多样变动性及企业拥有资源的有限性所决定的。因此，企业必须明确在能力可及的范围内要满足哪些顾客的要求，首先进行市场细分，然后选择目标市场，最后进行市场定位。

3. 设计市场营销组合

市场营销组合是指企业用于追求目标市场预期销售量水平的可控营销变量的组合。营销组合中包含的可控变量很多，可以概括为产品、价格、地点和促销4个基本变量，如图1.10所示。

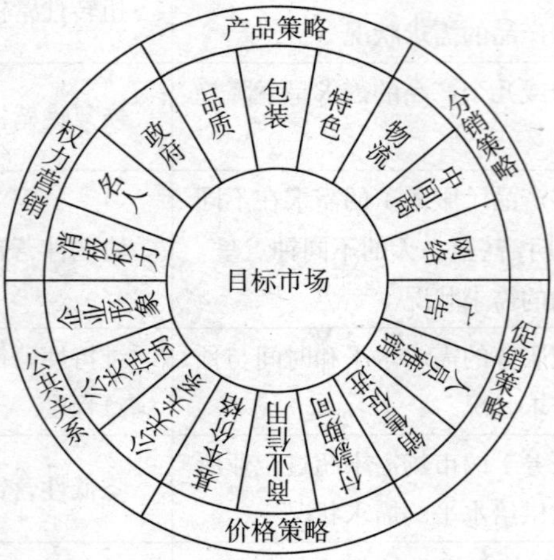

图1.10 4P营销组合

（1）产品（product）是指企业提供给目标市场的货物和劳务，包括产品质量、外观、式样、性能、品牌、型号、服务和保证等。

（2）价格（price）是指顾客购买产品时的价格，包括价目表所列的价格、折扣、折让，以及支付期限、信用条件等。

（3）渠道（place）是指企业使其产品进入和达到目标市场所进行的种种活动，包括渠道选择、仓储、运输等。

（4）促销（promotion）是指企业宣传介绍其产品的特点，促进目标顾客来购买其产品所进行的种种活动，包括广告、人员推销、营业推广、公共关系等。

对企业而言，市场营销组合因素具有可控性、动态性、复合性和整体性的特点，即企业根据目标市场的需求和自身拥有的资源状况，自主选择和调整产品结构、产品价格、分销渠道和促销方式，但这种自主权要受到自身资源、战略目标及各种环境因素的影响和制约。

同步提示

市场营销组合理论发展

1960年，美国著名的市场营销学家麦卡锡提出了4P营销理论，奠定了市场营销的基本理论框架。所谓4P营销理论，是指企业在开展市场营销活动的过程中，通过对可控因素即产品、价格、渠道、促销的计划、组织与实施，对外部不可控因素做出动态的积极反应，从而实现其占领某个目标市场的营销目的。

20世纪80年代，美国北卡罗莱纳大学教授罗伯特·劳特朋提出了4C营销理论。所谓4C营销理论，是指企业在营销活动中，必须瞄准消费者的需求，考虑消费者所愿意支付的成本及消费者购买的便利性，与消费者进行充分沟通的一种营销理论。相比之下，4C组合更注重以消费者需求为导向。

4P与4C营销组合的比较如表1.3所示。

表1.3　4P与4C营销组合的比较

类　别	4P营销组合		4C营销组合	
阐释	product 产品	产品，包括产品线、产品定位等	customer 客户	瞄准消费者需求，生产消费者所需要的产品
	price 价格	价格体系，包括各个环节价格策略	cost 成本	考虑消费者愿意付出的价格而不是从成本角度考虑
	place 渠道	渠道体系，包括渠道设计与管理策略	convenience 便利	考虑消费者如何便利地购买产品
	promotion 促销	促销策略，包括产品流通过程中的每个对象	communication 沟通	企业应积极与客户沟通，建立新型的利益关系
出发点	企业		消费者	
营销重心	消费者请注意		请消费者注意	
时间	20世纪60年代中期		20世纪90年代初期	

4. 管理与控制市场营销计划

只有有效地执行计划，才有可能实现企业的战略目标。管理与控制市场营销计划是营销过程中极其重要的步骤。

（1）组织与执行市场营销计划。市场营销计划是企业整体战略规划在营销领域的具体化，是企业的一种职能计划。其执行过程包括5个方面。

① 制订详细的行动方案。为了有效地实施营销战略，应明确营销战略实施的关键性决策和任务，并将执行这些决策和任务的责任落实到个人或小组。

② 建立组织结构。不同的企业其任务不同，需要建立不同的组织结构。组织结构必须与企业的自身特点和环境相适应，规定明确的职权界限和信息沟通渠道，协调各部门和人员的行动。

③ 设计决策和报酬制度。科学的决策体系是企业成败的关键，而合理的奖罚制度能充分调动人的积极性，充分发挥组织效应。

④ 开发和合理调配人力资源。企业的任何活动都是由人来开展的，人员的考核、选拔、安置、培训和激励问题对企业至关重要。

⑤ 建立适当的企业文化和管理风格。企业文化是指企业内部人员共同遵循的价值标准和行为准则，对企业员工起着凝聚和导向作用。企业文化与管理风格相联系，一旦形成，对企业发展会产生持续、稳定的影响。

同步案例

某快消品企业年度营销计划

（注：此案例属虚拟案例，仅供参考）

一、计划概要

2014年，本公司要继续保持销售和利润的高速增长，销量目标为10万吨，目标销售额为10亿元，利润目标为1亿元，均比2013年增长50%。这一目标实现的途径是，继续扩大北方根据地市场家庭消费市场和注重营养保健人群的销量，以及对华东、西南三省（市）（上海、江苏、四川）新市场的开拓，同时用“热了更好喝”创造一个饮料消费的“冬季市场”（把淡季变成旺季）。因此，本年度的营销费用预算为1.5亿元，比2013年增长60%（费用率比2013年增长2%），增长部分主要用于开拓新的地理市场和创造“冬季市场”的广告宣传。

二、营销状况

（一）市场需求状况

营养型饮料（包括水果饮料、植物蛋白饮料、茶饮料和液态奶）约占整体饮料市场的20%，即160亿元，其中植物蛋白饮料约占整体饮料市场的5%，即40亿元，预计未来几年营养型饮料（及植物蛋白饮料）均将以年30%左右的增长率增长。营养型饮料的主要消费者是大中型城市及沿海发达地区中小城镇的老人、少年、儿童和青年女性，因为随着人们收入的增长，消费场所已由餐饮娱乐场所发展到家庭小宗购买（成箱、大包装），人们（及家长）希望饮料不仅能够解渴、好喝，而且要有营养，有保健功能更好，但不是特别在意，也不是购买植物蛋白饮料的主要诱因。对本公司来说，最大的问题是杏仁露的口味南方人很难习惯，说服南方人接受此口味是一个需要耐心的艰苦任务，而且这个任务还不确定是否能够和值得去完成。

（二）行业及本公司（品类）的销售和利润状况

从饮料行业及本公司过去几年的销量、价格、边际利润和净利润表中（表略）可以看出，整体饮料市场以年均20%的增长率增长、营养型饮料市场以年均30%的增长率增长，但边际利润和净利润却以10%的比率下降，因此，如何控制价格降低和费用成本提高将越来越重要。

（三）竞争状况

本公司面临的主要竞争对手是碳酸饮料的两大国际品牌A公司和B公司，水饮料市场的两大国内全国性品牌C公司和D公司，营养型饮料的一大全国性品牌E公司和三大北方区域性品牌F公司、G公司和H公司，而后四者既是竞争对手，又是与本公司共同开拓营养型饮料市场和打击低价仿冒者的同盟军。以上7家主要竞争对手的基本情况和本年度预计计划详见附表（表略）。

（四）分销状况

本公司的渠道模式一是要继续优化各地区、各渠道的一级批发商网络，并帮助和督促其提高营销素质；二是要继续加强对A、B类零售商的管理，即深度分销；三是对部分要求直供的大型连锁超市实施直供试点，但供货价格要比一般渠道高2%，这20%可留作对直供连锁超市的店头推广、促销费用。另外，还要留出1%的机动渠道促销资源和1%的年底渠道奖励。

（五）客观环境状况

随着人们收入的提高，饮料，尤其是营养型饮料的家庭消费将越来越多；但随着技术和设备的引进，茶饮料和液态奶的市场份额将高速增长。对本公司来说，前者将带来机会，后者将带来威胁。

三、机会与问题分析

（一）机会与威胁分析

1. 机会

（1）消费者越来越重视饮料的营养价值。

（2）家庭饮料消费市场快速增长。

2. 威胁

（1）茶饮料和液态奶市场份额的快速成长。

（2）渠道冲突造成的渠道利润降低有一定的解决难度和风险。

（3）南方市场的口味习惯障碍很大。

（4）仿冒品低价抢夺市场。

（二）优势与劣势分析

1. 优势

（1）北方市场品牌和销售网络有较大的根据地优势。

（2）上市后的资金优势。

（3）量大后包装物成本降低优势。

（4）本饮料"热了更好喝"的独特卖点优势（作为竞争者的同类产品大多不能热了喝，个别可以热喝的品牌也未提出此卖点），很可能创造一个独有的"冬季市场"。

2. 劣势

（1）本公司不熟悉即将要进入的华东市场和西南三省市场，而且尚未制订出有效的说服南方人接受杏仁口味的方案。

（2）尚无家庭大包装产品线。

（3）各地区一线办事处普遍缺乏足够的宣传推广经验，而且总部也没有一个称职的广告代理来全面协助。

四、目标

（一）财务目标

（1）15%的税后年投资收益率。

（2）10%的净利润。

（3）1.2亿元的现金流量。

（二）营销目标

1. 销售量10万吨。

2. 销售额10亿元（税后）。

3. 1.2%的市场份额。

4. 15%以内的营销费用率。

5. 品牌知名度，北方市场达到70%，南方三省（市）场达到20%。

6. A、B类零售店数量提高20%，效率（单店年均销售额）提高30%。

7. 销售价格与去年持平。

8. 顾客投诉处理百分百满意。

五、营销战略战术

（一）目标市场

(1) 家庭市场。

(2) 注重营养保健的老人、少年、儿童和青年女性。

（二）品牌定位

品牌定位为营养保健型饮料，冰了、热了更好喝。

（三）产品线

铁罐196 ml×24纸箱装，马上考虑未来是否应增加铁罐和利乐纸大包装产品线。

（四）价格

价格比同类非名牌产品高出15%；比355 ml装碳酸饮料（替代品）单罐价高10%。

（五）分销

重点通过一级深度分销，将A、B类零售店覆盖率提高20%、效率提高30%，并且试点部分连锁超市直供，年中和年末各留出1%的渠道促销奖励资源。

（六）销售队伍

销售人员数量提高30%，新人优先选择刚毕业的中专以上毕业生，1个月时间上岗前培训，同时加强对办事处经理在广告宣传与市场推广方面的培训，薪资制度不变，加强全指标考核而不仅仅是销量考核，仍保留20%左右的年底机动奖金比例。

（七）广告宣传

广告预算提高30%，重点做“家庭”篇和“热了更好喝”篇。

（八）销售促进

促销预算增加40%，重点用于店头推广、赠品（包括对餐饮场所赠送热饮机）和免费品尝活动。

（九）市场研究与信息系统

增加50%的费用，用于市场研究、情报收集和内部信息系统建设。

六、行动计划

（略）

七、预计损益表

详细损益表（略）中的“目标”栏也有说明，特别说明的是要在总费用预算中留出10%的机动费用，以应对市场变化。

八、控制

各级营销管理部门及负责人负有年度计划与预算控制的责任，事先应对年度目标及费用预算按产品、地区、时段进行分解，并在实施过程中严肃评估、修正和工作监控，以保证年度计划与预算目标的实现。

（2）控制市场营销计划。在营销计划的执行过程中，可能会出现一些意想不到的问题，这就需要一个控制系统来保证营销目标的实现。营销控制主要有年度计划控制、盈利能力控制、效率控制和战略控制。

① 年度计划控制是企业在本年度内采取制定标准、绩效测量、因果分析、改正行动等控制步骤，检查实际绩效与计划之间是否有偏差，并采取改进措施，以确保营销计划的完成。

② 盈利能力控制。运用盈利能力控制来测定不同产品、不同销售区域、不同顾客群体、不同渠道及不同订货规模的盈利能力；帮助管理人员决定各种顾客群体活动是否扩展、减少或取消。控制指标有销售利润率、资产收益率、存货周转率等。

③ 效率控制包括销售人员效率控制、广告效率控制、促销效率控制和分销效率控制。通过对这些环节的控制，以保证营销组合因素功能执行的有效性。

④ 战略控制是企业采取一系列行动，使实际的市场营销工作与原规划尽可能一致；在控制中通过不断的评审和信息反馈，对战略进行不断的修正。战略控制必须根据最新的情况重新评估计划和进展，对企业来说，这是难度最大的控制。

在线链接

1. 中国营销传播网，http：//www.emkt.com.cn/
2. 《销售与市场》第一营销网，http：//www.cmmo.cn/
3. 中国市场营销教育网，http：//www.cmat.org.cn/
4. 企业社会责任中国网，http：//www.csr-china.org/
5. 联想企业社会责任网站，http：//csr.lenovo.com.cn/

营销新观察

社交媒体营销的未来指向

2013年底，只有不到30个全职员工的新兴社交产品Snapchat拒绝了Facebook给出的30亿美元的收购条件，让业内为之震惊。Snapchat也成为了目前互联网行业最具争议的产品。

任何产品都逃不过自然的生命周期，除非这个产品成为一个活的有机体，拥有自己的繁殖系统，能自我进化，否则都有一个兴衰的过程。目前来看，腾讯表面上通过微信延续了手机QQ的使命，但微信是新生的，并非手机QQ的自我进化。Facebook同样也无法避免这个过程，它可以在细微处再造，可以收购Instagram扩大自己的社交产品线，但无法重塑自我。

图1.11　社交媒体营销的未来指向

既然新社交网络的产生是必要的，那么未来的社交网络究竟指向何方（见图1.11）？

1. 移动为先，用数据说话。

大多数“90后”觉得一个微信就足够了，不习惯用QQ，用QQ仅是为了在工作中和同事或客户交流方便。可见，未来的社交网络一定是移动为先，它的核心受众都在移动端，市场渗透潜力巨大，被人们接受的速度比历史上任何一个技术都更快。而那些PC上的社交网络产品将会被边缘化，因为它们仅是为了某种便利才不得已被使用，从中寻找存在感。

无论是QQ空间、人人网，还是微博、微信，都是一个熟人或生人之间社交的圈子。现在越来越多的社交媒体信息流中后边跟随的评论不再是清一色的厌恶，而是开始多了很多对产品表示感兴趣的评论，至少是对产品本身的评论，受众群体对这种广告形式已经开始有了习惯养成，对广告的厌恶情绪变成了对相关信息的关注。技术的进步开启了营销行为向精准的日益贴近，而社交媒体所产生的大数据内容，正是这一行为实现的有效根基。

受众在社交媒体上所体现的上网特点，因其选择众多、贴近生活而更加反映其自身特点，对这一领域的数据进行分析在实现广告有效投放上至少不会比在搜索、购物中反映的效果差。关注用户在社交媒体上的行为，通过检测数据，在客户允许下获得的第三方数据，对于用户行为习惯的推测准确性更有保障。但一个很重要的问题在于用户的隐私保护及社交媒体对于自身数据的保密。

2. 多维度内容展现，用内容营销。

智能手机上众多的感应器为移动端的社交网络多维度展现内容提供了天然的优势，通过地理位置、摄像头、环境感应等收集的数据应该为社交网络所用，突破“朋友圈”一个维度，随时随地为人们提供多维度的内容，扩大人们的视野。

在各种社交媒体上，无论用户对各类营销口号如何冷嘲热讽，但在各大品牌官方账号下的评论却很少有无关的排斥，而是对产品或活动本身的关注与评论，这也是内容即广告的魅力之处。同时，官方账号的存在，更集中了对品牌本身的关注者。

越来越多的资金充足的广告主开始喜欢原生广告的形式。在视频、事件、报道等各种形式的帮助下，品牌的内涵得到了挖掘与延伸，互联网在时间和空间上的无限可延展性让这些内容有了更多的表现机会。社交媒体上的官方账号让品牌的宣传有了一个常规、有效的渠道。据国外媒体报道，到2017年，社交媒体广告支出预期将达到100亿美元，而原生广告在其中的比例至少为40%。

在美国科技博客Business Insider上的报告显示，品牌广告主试图在移动、PC上做跨平台推广营销，而通过原生广告实现PC端与移动端媒体内容间无缝式融合显得合理而实际。同时，根据AdRoll提供的数据，Facebook信息流中的广告点击量是传统网页侧栏广告点击量的49倍，而单次点击成本较后者低54%。这份报告还指出，图片和视频分享应用也可以提供有效的原生广告形式，而图片因为比文字更加形象、比视频更加简洁，所以成为互联网最常见的分享内容。

当然，官方账号的运营本身也需要大量精力，很多品牌广告主惯性地将这种运营工作外包给了广告公司，广告公司也乐于接受这种易见成效的宣传工作。但官方账号作为自身形象的社交媒体窗口，其象征意义与气质体现需要更熟悉品牌、更有感情基础的人士才能做好。同时，增强与用户的互动，甚至在产品设计和开发中鼓励消费者参与其中，提供建议和想法，也是加强品牌与消费者关系最有效的方式。

同样，即使作为传统媒体的电视节目，在其推广中，社交媒体也有着重要的作用。曾创下收视纪录的节目《爸爸去哪儿》，很多用户就是被社交媒体上的信息吸引而成为忠实观众的，而移动端也成为很多用户收看节目的主要视频工具。

3. 挖掘账号价值。

社交媒体作为或垂直或综合的网上社会缩影，账号就是用户在网络上的替身，而用户行为则是用户在现实中的缩影，甚至比现实中的表现更为本质，对于社交媒体营销价值的挖掘，以及品牌经营和广告的推广，其意义不言自明。

很多社交媒体都推出了与其他网络应用的账号互通服务，即用户可以通过一个账号登录几乎全部自己感兴趣的网站和App等。在社交媒体中，微博、人人、微信等都推出了账号的支付功能，这是互联网、金融融会贯通的体现，也是社交媒体对商业的有力切入。

社交媒体通过自身不断的技术挖掘，让基于移动端的社交媒体可以针对自身用户的特点提供更为个性化的营销行为。例如，在一键支付上，移动端的支付就比PC端的更普遍。同时，用户在使用移动端媒体时，与手机使用的同步性，让短信确认这一简单有效的支付安全措施更加便利，也更容易实现。在关注实际应用中可以发现，这种便捷安全的支付方式可以为产品在营销中带来更多的购买者，虽然不可避免地造成消费者在一定程度上的冲动型消费，但对于产品的营销价值却是有目共睹的。而对于常用社交账号的通联，在降低了用户记忆成本的同时，让品牌官方网站可以更加有效的利用社交媒体作为入口，并获得用户的忠诚度，同时，对于品牌产品的推介也提供了便利。而这种便利由于指向关注品牌官网用户，其推介有效性也可以大大提高。

4. 把控制权交给用户。

未来的社交网络应该是去掉中心化的，每个人都是自己内容的拥有者，有权决定自己内容的“生杀”大权，这将使人们与社交网络之间建立独立和更强大的情感联系。给用户控制权，用户就会有更多的精力和时间投入到这个社交网络中来。Snapchat的兴起也许正是迎合了用户对控制权的追逐，用户可以选择图片和视频消失的精确时间，这就是把控制权体现到了极致，是把控制权交给用户后用户参与性高的最佳印证。

5. 私密交友。

在微博等公开社交网络盛行的环境下，隐私问题给人们造成困扰。自私密交友软件鼻祖Path流行起来后，国内互联网创业者和互联网巨头相继在私密社交领域布局，如新浪的密友、腾讯的QQ情侣等。虽然目前国内的私密交友类App还没有出现寡头，但在人们越来越注意隐私的环境下，私密交友的生长环境将越来越好。

资料来源：根据微成交微群《社交媒体的营销意义》与《未来的社交网络指向何方》汇编.

实务演练

1. 演练内容

（1）考察2013年葛兰素史克事件。

（2）选择身边熟悉的医药企业，考察、分析目前主导医药企业的主流市场营销理念。

2. 演练目的

（1）明确市场营销观念的种类。

（2）分析国内医药企业在不同时期的经营指导思想所反映的市场营销观念类型。

（3）把握不同市场营销观念的出发点、优缺点，以及适用范围。

(4)分析给出国内目前医药企业应该奉行的市场营销观念趋势。

3. 演练要求

(1)小组学习，共同关注、研讨，完成医药企业主流市场营销观念分析报告。

(2)认真学习，并明确不同市场营销观念的内涵及其在企业营销工作中的作用。

(3)特别关注葛兰素史克事件对医药营销的深远影响。

(4)运用市场营销相关基本原理，对医药行业不同企业的经营思想进行分析，比较各种营销观念的出发点和优缺点，以及适用范围。

(5)要求教师在实战实施前给予必要的指导，并在学生相互交流的基础上给予点评。

4. 演练步骤

1)把学生分成若干小组。

2)案头搜索，浏览、关注葛兰素史克事件始末。

3)到当地药店或制药企业，实地调查其药品营销模式，考察其奉行的营销观念。

4)小组研讨，撰写考察报告，展示、陈述、答辩相关考察结论。

5. 演练考核

(1)理念与技能

考察市场营销观念类型种类的完整性，不同市场营销观念的出发点和优缺点的正确性、不同市场营销观念的适用范围，对当前市场环境下主导市场营销观念的判断。

(2)逻辑与规范性

逻辑顺畅，格式规范，版面、礼仪得体。

模块2

监测市场营销信息

没有调查，就没有发言权。

——毛泽东

学习目标

知识目标

- 明确市场调研的重要性
- 掌握市场调研的步骤与原则
- 领会实施市场调研活动的要领
- 学会整理和分析调研数据
- 学会撰写市场调研报告

素养目标

- 养成尊重数据的真实性、不提供假数据的调研操守
- 遵守依法采集和使用信息、尊重被调查对象的隐私和商业秘密的调研伦理与道德

技能目标

能根据企业营销活动信息需求，按照科学的调研步骤与原则，灵活运用市场调研技巧，设计可行的调研方案，有效实施调研活动，并整理分析调研数据，制作出有效的调研报告

模块引子

凭感觉，还是靠调研公司提供的资料做决策

《非常营销》是一本据说在娃哈哈非常流行的书，在书里有这样的描述：关键词是直觉。有人问娃哈哈董事长宗庆后：你们推出每个新产品的时候是通过什么样的决策机制和程序来进行的呢？他的回答是：就是靠我的感觉，我觉得该做什么了，就开始做。那人又问：那你不做调查和分析吗？那你不会犯错吗？宗庆后的回答是："现在有的调查公司调查出来的资料是假的，而且也不能代表真正的现实情况，你给他们那么多钱，最后都不知道花到哪里去了，还不如我自己的感觉来得比较敏锐和准确一些。"宗庆后进一步解释说："这个直觉是靠长期的经验积累下来的，是通过长期的调查研究得出来的。"

资料来源：宗庆后. 成功背后的商业悖论[EB/OL].（2013-01-18）[2014-05-11]. http://finance.sina.com.cn.

想一想

1. 通常，企业在哪些情况下需要做调研？
2. 当需要对市场信息进行调研时，企业是自己做调研，还是外包给营销调研公司做？
3. 企业自己做调研与请调研公司做有何不同？
4. 为什么"现在有的调查公司调查出来的资料是假的"？
5. 怎样才能确保营销决策所依据的市场信息与调研活动是真实有效的？

今天，面对高度不确定性的市场营销环境可能会带来的机遇与威胁，只有那些致力于及时、全面、有效收集、使用相关市场信息的企业，才可能比竞争者快捷、有效地满足目标市场需求。因此，持续地跟踪和监测市场营销信息发生、发展与变化的信号，是当今企业快速响应营销环境的变化、建立与持续保持竞争优势的基本，在数字化大数据时代尤其如此。

任务2.1　确定市场调研目标

任务引子

无数次揣摩人心，无数次打磨产品

一句"送礼就送……"被他说了15年，但背后是他观察了整整4个月的平民生活；一款网游被他用京剧韵白的腔调送上了行业顶峰，但少有人知道他打了20多年的电子游戏；一个对银行的投资让他赚进几十亿元，但没有人看到他晚上还跑到银行大楼下面去考察这个金融企业的"勤奋度"。史玉柱有一种疯劲儿，但你要将这疯劲儿与他的"大胆"和"忽悠"联系在一起，确实错了，熟悉他的人说他实际上胆子很小，并且不善论述。史玉柱每做一个产品之前，都害怕顾客的反应。因此他成功的原因很简单，就是对人心的无数次揣摩和对产品的无数次打磨，其深度和精度堪称达到了疯狂的程度。

资料来源：史玉柱——巨人网络[J]. 销售与市场·渠道版，2013-08: 4.

任务认知

市场调研活动是企业为解决特定营销问题的需要，系统地设计、收集、记录、整理、分析及研究相关市场营销信息的情报、数据、资料，报告调研结果，为制定营销决策提供依据的信息管理活动。完整的市场调研活动一般包含5个主要步骤，如图2.1所示。

图2.1 市场营销调研的步骤

调研目标的定义指导着整个调研活动，通常是调研过程中最难的一步。往往管理层知道销售额急剧下滑了，但却不知道问题产生的真正原因。调研目标的定义一般包括如下内容。

2.2.1 定义市场调研问题

定义市场调研问题，就是明确要解决哪些特定问题。这就决定了调研题目和内容。

调研人员应从实际出发，进行全面分析，首先要对调研项目所处行业的宏观环境进行总体分析，明确行业总体发展趋势及其机会与威胁，接下来分析企业的微观环境现状及自身优劣势，根据轻重缓急、问题层次，找出当前企业所面临的主要问题，将其中迫切需要解决的问题作为调研要解决的问题。

2.1.2 确定市场调研内容

确定市场调研内容，就是明确为解决特定营销问题需要调研获取哪些市场信息。

市场信息是市场调研活动的内容，泛指有关市场经济活动的各种消息、情报、数据和资料的总称，包括影响和制约企业营销活动的所有宏观和微观营销环境相关因素的信息，如表2.1所示。

表2.1 市场调研内容

宏观环境市场信息	微观环境市场信息
政治法律环境信息	目标市场需求信息
经济技术环境信息	产品信息
社会文化环境信息	竞争对手信息
地理气候环境信息	中间商信息
……	……

2.1.3 定义目标被访者

定义目标被访者，就是要严格界定调研对象的含义，并明确与其他有关现象的区别，筛选出无效的或有可能影响调研有效性的非目标调查人员，有效甄别目标被访者。例如，本人或身边亲属家人近3年是否有过相关行业、企业从业经历及其年龄、性别等因素，都可以帮助有效定义目标访问对象。

任务2.2 制订市场调研计划

任务引子

某市居民购买保险意向市场调研计划书

一、调研背景

随着居民可任意支配收入的增加，如何让手头的闲余资金增值保值，成为百姓关心的话题。为使保险公司能够有的放矢地推广保险产品，T保险公司特开展此项购买保险专题调研。

二、调研目的

通过本次调研，了解某市居民购买保险现状及购买保险意向，找出在购买保险过程中购买者所关注的信息及公司存在的问题，为公司相关保险产品的营销推广策略设计提供参考。

三、调研内容

本次调研主要包括如下内容。

1. 居民购买保险现状。

(1) 有无购买保险产品。

(2) 买或不买的理由。

(3) 购买保险的信息渠道。

(4) 影响购买保险决策的因素。

(5) 保险索赔等保险消费过程中遇到的问题。

2. 了解居民购买保险意向。

(1) 对目前购买保险收益的满意状况。

(2) 重新选择购买保险的方向(期望购买保险)。

(3) 对各类保险的综合评价。

四、目标被访者的定义

作为一项探索性调研，按照是否具有代表性、针对性、有效性等原则，甄选本次专题调研的目标被访者。

（1）25~60周岁的该市常住居民。

（2）在过去3个月内未接受或参加过任何形式的相关保险产品市场调研。

（3）本人或亲人没有在保险公司工作的经历。

五、调查方法

采用街头拦截面访调查和抽样调查的方式。

（1）在该市随机抽取10个抽样点。

（2）调查员采取等距抽样法甄别符合条件的样本。

（3）本次调研所需要的样本量设计为300个。

六、具体安排

（1）访员安排。由T保险公司的业务代表作为访员完成，市场部事前须对访员进行专门的培训。

（2）调研时间安排。（略）

（3）调研地点安排。（略）

（4）调研预算安排。（略）

七、质量控制与复核

为保证调查质量，拟成立质检项目小组，对问卷质量进行审核，实行一票否决制，即如果发现调查员的一份问卷作弊，该调查员的所有问卷都作废，并扣发调研津贴。

八、数据输入与处理

参与此项目的所有数据输入及编码人员，将参与问卷的制作与调查培训，并在输入过程中抽取10%的样本进行输入复核，以保证输入质量。数据处理采用SPSS软件进行。

九、报告提交

由T保险公司市场部向公司提交调研报告书一份及所有原始问卷，并提供包括调研报告、原始数据、分析数据和演示文稿在内的电子问卷一套。

任务认知

制订具有可行性的调研计划，给出与解决特定问题、实现调研目标相匹配的计划与安排，是确保调研有效实施的前提与保障，通常以市场调研计划书或调研方案的形式体现。一项有效的调研计划具体包括以下几方面的内容。

2.2.1 明确市场调研类型

调研目标不同，调研问题和调研内容不同，与之匹配的调研类型也会有不同的选择。按照市场调研的功能，市场调研通常分为探索性调研、描述性调研、因果分析调研3种，如图2.2所示。一般来说，企业应先进行探索性调研，然后再进行描述性调研或因果分析调研。

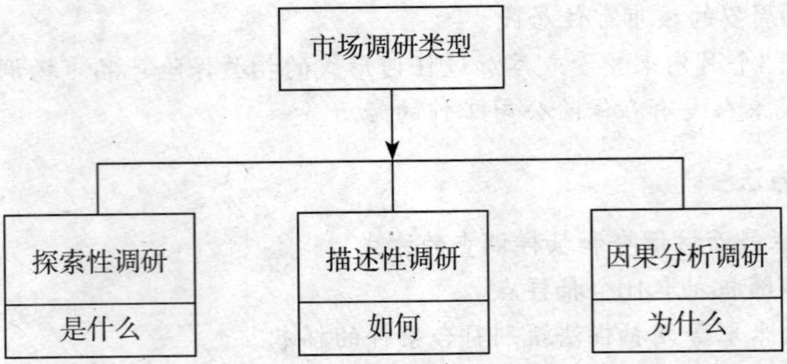

图2.2 市场营销调研类型

1. 探索性调研

它是为了界定调研者所要进行的某项调查的定性及其调查对象各种变量的关系而进行的调查，解决“是什么”的问题，用于定义问题和提出假设，通常调查范围较窄，调查程序简易。

2. 描述性调研

它侧重于市场状况的客观反映，目标是更好地描述市场营销问题，回答“如何”的问题。

3. 因果分析调研

它的目的是识别与发现变量之间的因果关系，回答“为什么”的问题。

2.2.2 选择资料来源

市场信息的获取，可以从企业内部数据库中取得，也可以从企业外部采集竞争情报，还可以通过政府、行业组织、中介等相关组织机构取得。在实践中，企业通常先采用案头调研方式收集二手资料，当案头调研所得资料不准确、不完整、不可信时，或者案头调研不能得到需要的调研资料时，就需要实施实地调研，进行一手资料的收集，如表2.2所示。

表2.2 市场调研信息资料来源

调研方法	资料类型	来源渠道类别	来源渠道细目	取得方式
案头调研	二手资料（已有的资料、数据、信息等）	资料库	调研员储存资料	查询、交换、购买、索取、委托等
		经营活动记录	企业技术、生产、营销、财会等实时经营活动数据	
		企业档案	会计记录、销售报告、其他数据资料	
		企业内部专家	技术、营销、财会、法律等专家	
		企业管理者	各层级管理人员	

（续表）

调研方法	资料类型	来源渠道类别	来源渠道细目	取得方式
实地调研	一手资料（需要实地调研采集的资料、数据、信息等）	利益相关企业	竞争者、供应商、中间商等	查询、交换、购买、索取、委托等
		组织机构	图书馆、政府机构、商会等行业组织、消费者组织、外国使团、国际组织等	
		各类中介	新闻媒介、新媒体、出版社、研究所、银行保险等金融机构	
		文献资料	文献目录、工商名录、贸易统计资料、报纸和期刊、综合性工具书等	
		数据资料供应者	专业数据库与网络等	
		企业外部专家	行业专家	
		营销调研公司	各类第三方企业	

2.2.3 选择调研方法

调研目的、调研内容、调研类型等相关因素不同，选择的调研方法也会不同，如图2.3所示。一般的调研项目会选择一种主要的调研方法；复杂的调研任务一般会综合采用多种调研方法。为准确、及时、全面地取得市场信息，在通常情况下，先实施案头调研后，再实施实地调研。

随着信息技术、互联网和移动互联网及视频等传感器的发展，以及为消费者越来越广泛的使用，消费者生活轨迹正在变得数据化，网络调研、定向跟踪消费行为已经成为精准的调研方法，传统的问卷调研、留置调查、邮寄调查等方法和手段已经难以取得今天的“数据人”消费者的配合。

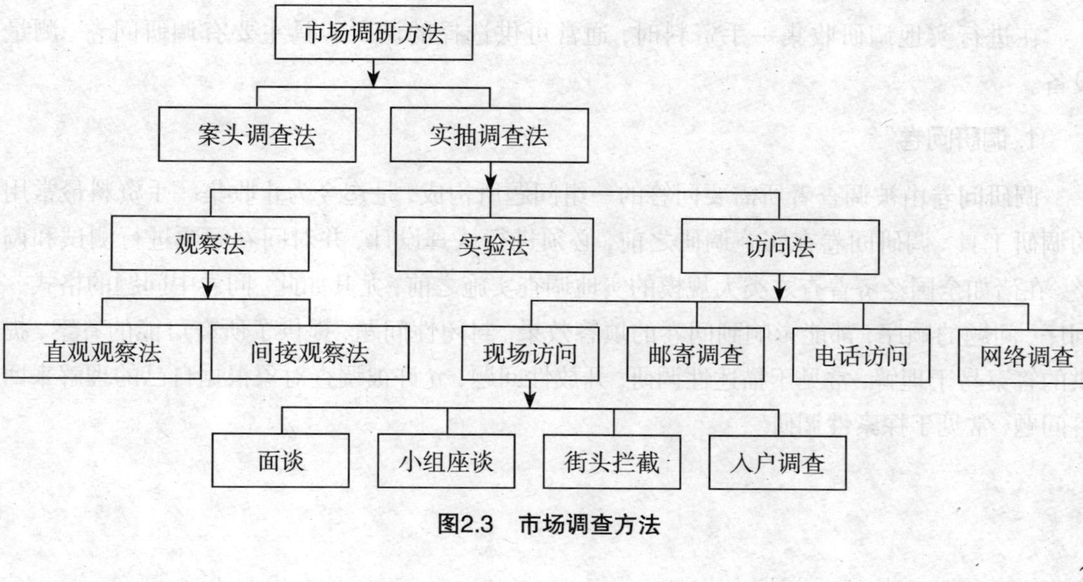

图2.3　市场调查方法

同步提示

神秘顾客调查

“神秘顾客”是由经过严格培训的调查员，在规定或指定的时间里扮演成顾客，对事先设计的一系列问题逐一进行评估或评定的一种市场调查方式。访员是以“顾客”身份进行调查，“神秘顾客”访问员本身就是企业的客户或潜在客户，只是带着一种更为专业的眼光来看待服务体验过程。这种方法多用于餐饮、娱乐、零售行业中。

同步观察

数据驱动，定向跟踪消费者痕迹

在“数据人”时代，企业不仅能够追踪到消费者的痕迹，还能够定向到消费者个人。当一些电商网站给你发送与你密切关联的邮件时，当你用手机上网后，显示几乎与你相匹配的浏览标签时，你不必惊讶，其实你已被定向了。对于商家而言，在目前的技术条件下，可以将你曾经的网络行为和通过手机的行为，与你的个人信息，如网络ID、账号、邮箱、手机号等关联，从而发现特定的你的特定行为。它们是怎么做的呢？例如，电商企业们可以通过你的注册邮箱与你之后的购买行为，分析到你的购买模式。广告商们可以通过你唯一的手机串号及你携带手机后所到的场所，以及你在手机上的浏览行为，来找到你的特殊之处，形成属于你的拼图。之后就开始做大数据分析了。阿里巴巴、京东正在做这样的事情，它们先追踪平台上消费者在各个商家的浏览和购买等行为，在此过程中，将消费者归类，分析出每个消费者属于哪种需求类型，购买周期多长等。而百度则通过全面追踪受众的兴趣点、搜索关键词、浏览主题词、到访页、网站等，进而将受众特征全方位、立体化的呈现，找到特定消费者的需求特点，为商家的广告投放服务。

资料来源：赵辉.“数据人”驱动商业时代到来[EB/OL].（2013-11-01）[2014-05-11]. http://www.iceo.com.cn/com2013/2013/1101/272184.shtml.

2.2.4　选择调研工具

在进行实地调研收集一手资料时，通常可供选择的调研工具主要有调研问卷、测量设备。

1. 调研问卷

调研问卷由被调查者所需要回答的一组问题所构成，是迄今为止收集一手资料最常用的调研工具。调研问卷在实施调研之前，必须进行认真设计，并对问卷问题进行测试和调整，在诸如全国经济普查之类大规模的实地调查实施之前，尤其如此。问卷中问题的格式、词序、问题的顺序，都能影响到问卷的填答效果。封闭性问题，提供了所有可能的答案，提供的答案易于理解，常见于描述性调研；开放性问题，允许被调查对象根据自己的理解来回答问题，常见于探索性调研。

同步提示

问卷设计应注意的问题

1. 调研问卷说明要简单明了，能够打动人心。

2. 问题描述具体、明确，避免使用“经常”、“一些”等不确切、容易引起歧义的词。

3. 避免提断定性问题，如“您一天玩几次游戏？”。应先添加一条过滤性问题，如“您玩游戏吗？”，如果回答“是”，可继续提问，否则就终止提问。

4. 避免引导、暗示被调查者的可能性提问，如“被动吸烟会导致肺癌，您同意这个观点吗？”。

5. 避免提令被调查者难堪和禁忌的敏感问题，包括风俗习惯忌讳、个人利害关系、个人隐私问题等，如“您是否有婚外性关系？有过多少次？”。

6. 避免提笼统、抽象或不确切的问题，如年龄、收入、家庭人口等，应明确限定。

7. 避免提一问多答的问题，以免使被调查者无从回答，也会给统计处理带来困难。

8. 问卷中每一个问题均有明确的目的，必须明确为什么要提出，将用来做什么样的分析，如何编码和分析。

9. 最大限度地保证信息质量。问题的表达和顺序有利于启发被调查者，问题要使人感兴趣，并易于回忆，要避免那些难以回答、浪费时间、使人感到窘迫的问题。

10. 要做到文字简洁，问题流畅。

资料来源：调查问卷设计时应注意的问题[EB/OL].（2013-03-23）[2014-05-11]. http://www.36http://bbs.pinggu.org/thread-1399371-1-1.html.

2. 测量设备

近年来，各种新科技测量工具越来越多地被用于检测消费者行为上。例如，电流计、视速器、眼动仪及皮肤感应器、脑波扫描器、全身扫描器等，都能够用于消费者行为的反应检测上。有些研究者测量消费者在网上冲浪时眼球的运动和大脑的活动，以判断是哪一个广告能引起消费者的注意。

2.2.5 设计抽样计划

决定使用何种调研方法与调研工具后，接下来需要根据调研项目的特点，设计适合调研项目的抽样计划，确保调研样本具有代表性，能充分反映目标调查总体的情况。

1. 明确抽样对象

抽样总体由调研对象总体构成，其具体范围由调研目的和调研特性所确定，抽样原则是确保目标总体中每个人都有一个相同的被抽取机会。

2. 选择样本大小

样本大小对调研结果的准确性有一定的影响，样本越大，调研结果越可靠，但是样本越大调查费用就越高，因此，样本量要兼顾调研费用、调研时间、允许的抽样误差等因素来确定。

3. 确定抽样方法

采用概率抽样时，每个目标群体内的成员被抽取的概率是相同的，但由于成本太高或花费时间过长，因此，通常采用非概率抽样，即使很难预测这种方法的误差。不同的抽样方法在成本、时间限制、精确度和统计性质上存在着很大的差异，最终取决于研究项目的需要。

2.2.6　安排调研实施人财物计划

1. 访员安排

访员安排主要是指调研的组织管理，调研项目组的设置，调研人员的选择与培训等。

2. 地点安排

地点安排要根据调查范围和难易程度全面统筹安排调查地点。

3. 时间安排

时间安排是指将各阶段的工作任务和起止时间进行规划，其目的是使调研工作能及时开展、按时完成。

4. 费用安排

费用安排要根据调查范围和难易程度全面考虑各阶段的费用预算，避免预算不足而影响调研的实施。

任务2.3　实施市场调研活动

任务引子

谁来实施调研

并非只有预算充足和设立营销部门的大公司才能执行营销调研，在一些小型公司里，每个人都可以实施营销调研，甚至包括对公司的顾客进行调研。小型公司通常可以雇用企业外部的专业调研公司实施调研，也可以有创意地使用费用不多的其他方式来执行调研。例如：

（1）委托学生或教师设计营销调研问卷；

（2）利用互联网进行调研；

（3）观察竞争对手；

（4）与专业合作伙伴（调研公司、广告公司、分销商、供应商等）分享信息。

大多数公司使用多种资源实施营销调研来研究所从事的行业、竞争对手、顾客和渠道决策。一般来讲，公司的营销调研预算会占公司销售额的1%~2%，其中大部分支付给公司所委托的专业调研公司，它们可以分为3种类型。

（1）综合服务调研公司。这类公司收集消费者信息和商业信息，并以收费的方式出售这些信息，如尼尔森公司。

（2）定制化服务营销调研公司。这类公司接受客户委托，执行关于特定研究内容的项目，提供项目设计和报告服务。

（3）专业化服务调研公司。例如，现场执行调研公司，专门为其他公司提供实地访问服务。

资料来源：科特勒，凯勒. 营销管理［M］. 14版. 王永贵，译. 上海：格致出版社，2012.

搜一搜

1. 企业自己实施调研与委托专业调研公司实施调研有何不同？哪个更有优势？
2. 一个合格的调研员需要具备哪些职业能力与素养？
3. 目前国内有哪些专业调研公司？这些调研公司各自的服务特色和专长领域是什么？

任务认知

调研数据的收集通常会受到许多不确定性因素的干扰，同时也是花费最多、最容易出错的阶段。调研实施过程中常常遇到的问题大致包括：一是受访者拒访；二是受访者持有偏见；三是访问员不遵守职业道德，不诚实提供调研信息，或者提供虚假调研信息。组织者需要密切关注调研实施过程的每一个环节，从如下几方面入手确保调研有效实施。

2.3.1 实施调研培训

调研培训对于提高数据收集的质量非常重要，确保所有调研员以同样的态度对待问卷，保证收集的数据具有一致性。调研培训一般包括常规培训和项目培训。

1. 常规培训

（1）调研职业操守培训。让调研员明白他们在整个调查实施过程中的重要性，在调研过程中自始至终都应该保持得体的礼仪与沟通素养，恪守诚实、客观、认真、负责的工作态度和作风，严守时间与调研纪律，服从主管的统一领导和部署，认真、保质实施调研作业，确保调研的真实性、有效性。

（2）调研职业道德培训。不弄虚作假，尊重被访者，严守访问机密，不通过任何可能的方式泄露调研数据信息，保证资料不被丢失，不得在访问过程中从事推销、经营、拉赞助及其他与本调查无关的活动等，是每个调研员都必须遵循的调研职业道德。

（3）调研技巧培训。例如，如何自我介绍、如何询问、如何追问、如何有效地面对拒访等基本的访问原则和技巧。

2. 项目培训

首先是要向调研员介绍项目背景，说明调研的目标、问题、方法、工具、技术及时间、地点等的实施安排与要求，进行质量标准及其他与调研有关的事宜说明。

同步案例

某保险公司调研培训手册

注意：勿在调查问卷及卡片上涂写，注意事项记在自备笔记本上。

1. 基本情况及要求。

（1）调查对象：购买过中国人寿保险的客户。

（2）调查内容：中国人寿保险公司营销员的服务行为、服务态度和服务质量。

2. 保险公司介绍保险业务情况及注意事项。

3. 调查过程及要求。

（1）提前一天打电话，预约访问时间及地点，每天暂定为5个，实际发放6份问卷。要求：

① 每个调查对象如果联系3次及以上不在的，可放弃；

② 语言诚恳热情，表述清楚，减少拒访（开场白见问卷）；

③ 说明自己的身份、姓名及来意，说明调查结束后将赠送小礼品，约定时间，问清地址及联系方式（做好记录）；

④ 如不能按时访问，应及时电话告知，另约时间；

⑤ 带好证件和物品，包括问卷、文件夹、调查卡片、地图、调研所简介、调查证、圆珠笔和礼品。

（2）调研要认真，严格按问卷进行，出示卡片，一问一答，不要问卡片上没有的问题。访问时衣着整齐，记住市场调研所的电话，可以留一份给被访者。调查结束后赠送礼品，如遇障碍或不符合礼品赠送要求的，不要赠送。调查结束后，检查一遍问卷，看是否有漏答的题。

① 每天早上8点出发，晚7点在448号房间回收问卷、座谈，领取问卷、礼品。

② 礼品务必送到，如调查对象确实不收，则将礼品交回，并说明原因。

③ 问卷填写方式：由调查员提问、填写，不允许被调查对象填写，部分问题应向调查对象出示调查卡片；划“O”，封闭独立，不连笔；字体清楚端正。

④ 访问注意：衣着整洁，彬彬有礼，自信微笑，谈吐大方，不卑不亢。

⑤ 注意交通安全和人身安全。

⑥ 调研过程中如有问题，及时打电话联系。调查对象如有问题可以让其电话询问。

资料来源：山东大学威海营销管理研究中心，2008-10-12.

2.3.2 控制调研质量

调研培训之后，就进入了市场信息采集阶段。为实现调研目标，需要全程控制调研质量，通常由专设的质量审核员或调研项目督导负责调查复核、质量检查与监管工作，对调研的问卷设计、信息采集、数据分析等调研活动的每个环节与步骤，实施严格的全程质量控制措施。

任务2.4　分析市场调研数据

任务引子

大数据运用中的问题

传统的市场研究包括定性研究和定量研究，以座谈会为主的定性研究受制于主持人的访谈技巧；以街头拦截访问为主的定量研究虽然以严谨的抽样理论为基础，但同样不能完全代表总体的客观情况。而大数据时代革命性的调研方法为市场研究人员提供了以“隐形人”身份观察消费者的可能性，超大样本量的统计分析使研究成果更接近市场的真实状态。

与此同时，大数据时代的新方法、新手段也带来了新的问题，一是如何智能化检索及分析文本、图形、视频等非量化数据；二是如何防止过度采集信息，充分保护消费者隐私。虽然目前仍然有一定的技术障碍，但不可否认的是大数据市场研究有着无限广阔的应用前景。

资料来源：大数据时代的市场研究方法［EB/OL］.（2013-10-26）［2014-05-11］. http://www.ciotimes.com.

任务认知

市场调研所收集到的数据资料是分散的、零碎的、不系统的，必须进行再加工整理分析，才能为管理者进行有效决策提供依据。

2.4.1　整理市场调研数据

市场调研数据整理是根据市场分析研究的需要，对市场调研获得的大量原始资料进行审核、分组、汇总，或者对二手资料进行再加工的工作过程。其任务就是对所收集的零散的资料进行加工整理，借助各种综合指标，对调查对象内部规律、相互联系、结构关系做出概括性的说明。市场调研数据处理应遵循准确性、目标性、及时性、全面性、核查性、系统性原则。一般来说，数据采集提供了信息原材料，数据整理提供的则是信息初级产品。

1. 审核调研数据

审核调研数据是指对大量问卷或调查表等原始资料，按照齐备性、完整性、正确性、时效性进行审核，检查调研数据的完整性和数据质量，剔除填写不完整、超过时限等问题的差错问卷或调查表。通常对不合格问卷的处理方式包括返回给现场工作人员以获得更好的数据，填补缺失值或丢弃不合格问卷。

2. 编辑调研数据

编辑调研数据是为了提高问卷数据的准确性和精确性而进行的再检查，目的是筛选出问卷中看不清楚、不完整、不一致或模棱两可的答案。

3. 分组调研数据

分组调研数据是指根据事物内在的特点和调研任务的要求，按照某种标志，将所研究的对象总体划分为若干组别，使组与组之间有差别性，而同一组内的各个单位之间保持同质性的一种整理分析方法。分组的目的在于可以划分数据的类型，分门别类使数据资料具有条理化，可以揭示现象内部结构、分析现象之间的依存关系。分组包括选择恰当的分组标志，确定简单分组还是复合分组形式，确定组数、组距、组限等步骤与内容。

4. 编码调研数据

编码调研数据是为每个问题的每种可能的答案分配一个代码，通常是一个数字。如果问卷中全部都是结构性问题，或者非结构性问题很少，那么实际上问卷本身已经预先编码了，只要按照问卷上的编码编辑即可。如果是访谈提纲式的非结构性问卷，那么为非结构性或开放式问题编码就要困难得多。

5. 汇总调研数据

如果采用调研问卷或调查表等形式采集数据，就需要把编码数据转录到计算机内。如果数据收集通过网络等电子手段采集的，转录就省略了。如果采用键盘转录，就可能产生输入错误，因此有必要检查、复核数据库的全部或部分内容。

2.4.2　分析市场调研数据

分析市场调研数据是指运用所选择的数据分析方法和软件，对输入的数据进行统计处理和分析，得出符合调研要求的分析结果。数据分析结果生成之后，可将其自带的数据格式进行存储，同时也可利用常见的数据格式进行输出，以供其他系统或写调研报告使用。实践中常用Excel、SPSS等软件进行数据分析。

任务2.5　制作市场调研报告

任务引子

市场调研报告是企业进行市场经营决策时的重要参考依据，因此，在撰写市场调研报告时一定要实事求是，如实反映情况和问题。调查结论要明确，切忌模棱两可、含糊不清。整个报告要简明扼要，重点突出。一般性调研报告的文字要通俗易懂，尽量少使用专业词汇，同时要注意避免引起误解。

情境认知

市场调研报告是整个市场调研成果的表现形式，为营销决策提供所需信息和依据支持。制作市场调研报告通常包括如下步骤与环节。

1. 制作报告封面

制作封面时首先要注意排版设计的美观度，还应把调研题目、调研项目委托单位、调研机构名称、汇报日期写在封面上。此外，从美观的角度考虑，最好把与调研项目相关的一张美丽图片放在封面上。

2. 制作报告目录

目录是为了便于读者快速了解调研报告的内容。在Word文档中生成目录需要选择“插入”|“引用”|“索引和目录”|“目录”命令。目录在定义时应包含以下4个部分的标题和页码：①章节目录；②表格目录；③图形目录；④附录。

3. 描述调研背景

简单描述项目所在行业的宏观背景，所在企业的微观背景，以及做这个调研项目的目的和原因。

4. 描述调研实施情况

在进行项目执行情况概述时，要包含两部分的内容：一部分是调研项目的具体实施情况（如实施方法、实施时间和地点、人员安排、问卷回收情况等）；另一部分是有关本次调研被访者基本情况的描述（如性别、年龄、职业、收入等）。

5. 撰写调研基本结论

这是调研报告中篇幅最大的部分。在这一部分中，要对调研中发现的基本事实资料进行有组织、有重点、层次分明的陈述。为了便于客户理解有关文字说明，可选择重要且简单明了的数据分析图表插入相应的叙述内容中，过分复杂冗长的图表则列入附录部分。

6. 给出小结与建议

小结是对调研基本结论的总结和提炼。建议是在每个小结的基础上给出的，它是关于项目下一步改进和实施过程中将要运用的一些营销策略及方法。建议的提炼和写作一定要体现可操作性，要与项目的可执行性相吻合，切勿空泛。从调研性质方面看，研究报告是不提供建议和对策的，因此是否撰写这部分内容，完全由研究人员自己决定。但是，随着市场调研业务竞争越来越激烈，研究人员主动提出建议以提高用户满意度的情况越来越普遍，因此，这一部分正在逐步成为研究报告的构成内容之一。

7. 制作附录

附录是对报告正文的补充或更为详细的专题性说明，这部分内容通常包括调研报告中引用的数据资料、统计报表、资料的分类统计数据，研究方法的详细说明，以及获取二手资料的参考文献等。

同步案例

2007年中国MP4市场学生消费行为调查报告

一、市场概述

在中国MP4市场上，学生市场成为厂商的必争之地。但是，厂商如何能获知学生用户的消费行为特征及需求倾向呢？为给厂商提供参考，在2007年暑假到来之际，消费调研中心ZDC（中关村在线）对学生MP4消费行为进行了调查。

二、调查样本概述

1. 学生用户所占样本分布。

在本次调查过程中，共回收总样本量3 500份，几乎涵盖了所有行业。其中，学生用户所占比例接近整体市场的1/4，达到24.4%，如图2.4所示。

2. 学生消费者实际用户与潜在用户的对比。（略）

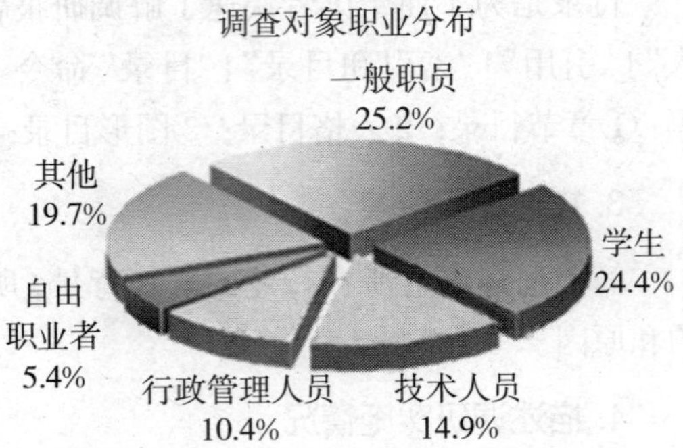

图2.4 调查对象职业分布

三、实际学生用户的购买倾向

1. 购买产品品牌偏好。（略）
2. 实际用户色彩偏好。（略）
3. 产品特征调查。

（1）价格调查。实际用户购买产品价格区间分布对比如图2.5所示。

调查显示，由于学生消费群体很少有收入，这使1 000元以下的MP4在学生中占据七成以上的比例。1 000元以下的产品在学生消费群体中最具市场竞争力。

（2）容量分布调查。（略）

（3）屏幕尺寸大小。（略）

4. 购买渠道调查。（略）
5. 质量问题及体现。（略）

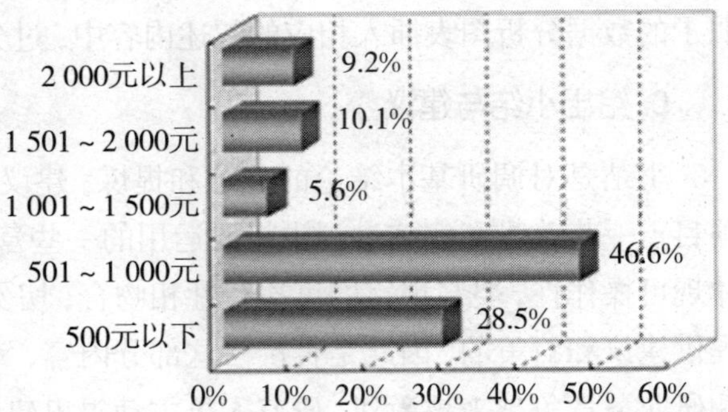

图2.5 实际用户购买产品价格区间分布对比

四、潜在学生用户购买偏好调查

1. 潜在用户对产品的认识程度。（略）
2. 购买产品注重因素调查。（略）
3. 计划购买产品品牌如表2.3所示。

表2.3　计划购买产品品牌

优先选择品牌分布			次优先选择品牌分布		
排名	厂商	分布比例	排名	厂商	分布比例
1	爱国者	21.8%	1	爱国者	22.1%
2	苹果	21.6%	2	纽曼	17.3%
3	纽曼	18.3%	3	苹果	12.7%
……	……	……	……	……	……

调查显示，潜在用户优先选择的十大品牌依次为爱国者、苹果、纽曼……

4. 购买偏好调查。

（1）色彩偏好。（略）

（2）价位分布。（略）

学生群体中潜在用户与实际用户购买产品价位对比如图2.6所示。

对比可见，二者在分布上存在以下主要特征：首先，主流价位不变，中低端占有率萎缩；其次，中端价位占有率提升，1 001~1 500元表现最为突出。

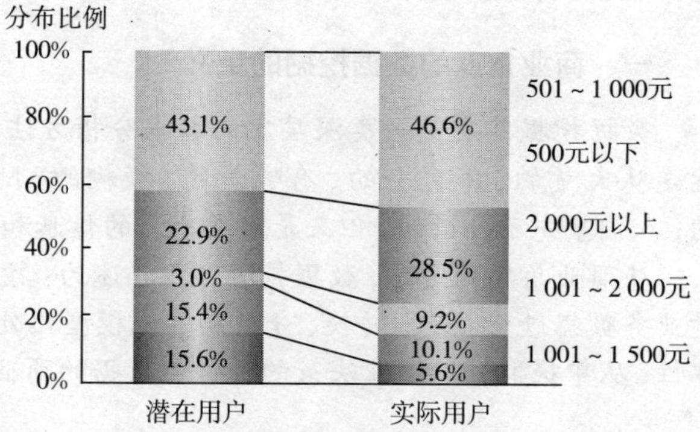

图2.6　学生群体中潜在用户与实际用户购买产品价位对比

（3）容量倾向。（略）

（4）屏幕尺寸选择。（略）

5. 渠道调查。

（1）获知信息渠道。（略）

（2）购买渠道。（略）

（3）购买时间分布。（略）

五、MP4市场预测及分析

通过本次市场调查，ZDC（中关村在线）对MP4在学生市场的发展状况做出以下预测。

1. 学生消费潜力巨大，市场膨胀在即。（略）

2. 学生用户对价格的敏感度相对较高，MP4市场将迎来降价高潮。（略）

……

资料来源：侍文叶. 价格决定购买MP4市场学生消费行为分析——2007年中国MP4播放器市场学生消费行为调查报告[EB/OL].（2013-05-31）[2014-05-11]. http://zdc.zol.com.cn/57/570205.html.

在线链接

1. 中华人民共和国国家统计局网，http://www.stats.gov.cn/
2. 中国市场信息调查业协会网，http://www.camir.org/
3. 索福瑞媒介研究有限公司（CSM）网，http://www.csm.com.cn/
4. 中国连锁经营协会网，http://www.ccfa.org.cn/index.jsp/

5. 中商情报网，http：//www.askci.com/

6. 中华市场调研报告网，http：//www.cmrr.com.cn/

营销新观察

数据挖掘，实现定向营销

目前，由于各行业业务自动化的实现，商业领域产生了大量的业务数据，而其中真正有价值的信息却很少，因此，从大量的数据中经过深层分析，获得有利于商业运作、提高竞争力的信息，就像从矿石中淘金一样，数据挖掘因此而得名。采集数据不再单纯是为了分析研究，而是为商业决策提供真正有价值的信息，进而获得利润。

一、商业角度的数据挖掘的定义

数据挖掘其实是一类深层次的数据分析方法。从技术角度看，数据挖掘（data mining）就是从大量的、不完全的、有噪声的、模糊的、随机的实际应用数据中，提取隐含在其中的，人们事先不知道的，但又是潜在有用的信息和知识的过程。

从商业角度的定义，数据挖掘可以描述为：按企业既定业务目标，对商业数据库中的大量业务数据进行抽取、转换、分析和其他模型化处理，揭示隐藏的、未知的或验证已知的规律性，从中提取辅助商业决策的关键性数据的商业信息处理技术。

二、数据挖掘的商业应用

1. 数据挖掘解决的典型商业问题。

目前，在很多领域，数据挖掘都是一个很时髦的词，尤其是在银行、电信、保险、交通、零售（如超级市场）等商业领域。数据挖掘所能解决的典型商业问题包括数据库营销（database marketing）、客户群体划分（customer segmentation&classification）、背景分析（profile analysis）、交叉销售（cross-selling）等市场分析行为，以及客户流失性分析（churn analysis）、客户信用记分（credit scoring）、欺诈发现（fraud detection）等。

2. 数据挖掘在市场营销中的应用。

数据挖掘技术在企业市场营销中的应用，是以市场细分原理为基础，基于"消费者过去的行为是其今后消费倾向的最好说明"的基本假定，通过收集、加工和处理涉及消费者消费行为的大量信息，确定特定消费群体或个体的兴趣、消费习惯、消费倾向和消费需求，进而推断出相应消费群体或个体下一步的消费行为。据此，对所识别出来的消费群体进行特定内容的定向营销。这与传统的不区分消费者对象特征的大规模营销手段相比，大大节省了营销成本，提高了营销效果。

商业消费信息来自市场中的各种渠道。当消费者用信用卡消费时，商业企业就可以在信用卡结算过程中收集商业消费信息，记录下消费者进行消费的时间、地点，感兴趣的商品或服务，愿意接受的价格水平和支付能力等数据；当用户在申办信用卡、办理汽车驾驶执照、填写商品保修单等其他需要填写表格的场合时，用户的个人信息就存入了相应的业务数据库；企业除了自行收集相关业务信息之外，还可以从其他公司或机构购买此类信息为己所用。

这些来自各种渠道的数据信息被组合，应用超级计算机、并行处理、神经元网络、模型化算法和其他信息处理技术手段进行处理，从中得到商家用于向特定消费群体或个体进行定向营销的决策信息。例如，当银行通过对业务数据进行挖掘后，发现一个银行账户持有者突然要求申请双人联合账户时，并且确认该消费者是第一次申请联合账户，银行会推断该用户可能要结婚了，它就会向该用户定向推销用于购买房屋、支付子女学费等长期投资业务。

三、数据挖掘构筑竞争优势

当今互联网时代，越来越多的商家通过数据挖掘定向跟踪目标消费者行为，向消费者发出与其以前的消费行为相关的广告信息、推销材料等，实现1:1客户沟通和定向营销，构筑独有的竞争优势。美国运通公司（American Express）有一个用于记录信用卡业务的数据库，数据量达到54亿个字符，并在不断更新。运通公司通过对这些数据进行挖掘，制定了“关联结算优惠”的促销策略，即如果一个顾客在一个商店用运通卡购买一套时装，那么在同一个商店再买一双鞋，就可以得到比较大的折扣，这样既可以增加商店的销售量，也可以增加运通卡在该商店的使用率。再如，美国的读者文摘出版公司运行着一个积累了40年的业务数据库，其中容纳有遍布全球一亿多个订户的资料，数据库每天24小时连续运行，保证数据不断得到实时的更新。正是基于对客户资料数据库进行数据挖掘的优势，使读者文摘出版公司能够从通俗杂志扩展到专业杂志、书刊和声像制品的出版和发行业务，极大地扩展了自己的业务。

基于数据挖掘的营销对我国当前的市场竞争也很具有启发意义，我们可以经常看到繁华商业街上一些厂商对来往行人不分对象地散发大量商品宣传广告，其结果是不需要的人随手丢弃资料，而需要的人并不一定能够得到。如果做家电维修服务的公司向在商店中刚刚购买家电的消费者邮寄维修服务广告，卖特效药品的厂商向医院特定门诊就医的病人邮寄广告，肯定会比漫无目的的营销效果要好得多。

资料来源：何玺.大数据时代的数据挖掘[EB/OL].（2013-11-28）[2014-05-11]. http://column.iresearch.cn/u/hexiaini235/624660.shtml.

实务演练

1. 演练内容

根据目前消费者的养生需求及企业自身实力，威海A公司计划开发红参产品打入市场。请以小组为单位，对红参产品市场开展调研，制作红参产品市场调研报告。

2. 演练目的

认识营销信息对企业的重要性，掌握常用的市场调查方法，掌握调研方案、调研问卷设计技巧，培养独立策划和组织实施市场调查活动的能力，掌握调研数据的处理和分析技巧，学会撰写市场调查报告。

3. 演练要求

（1）根据调研目的，明确所需营销信息内容，合理设计调研项目。

（2）根据项目选择适宜的调研方法和调研工具。

（3）做好调研组织和控制，确保调研数据信息全面、客观、真实，保证调研质量。

(4)按照规范格式撰写调研报告。
(5)团队汇报答辩时注意礼仪等细节。
(6)在整个调研过程中教师应给予必要的指导与点评。

4. 演练步骤

(1)组建3~5人的任务小组，进行任务研讨与分工。
(2)到图书馆或通过网络进行案头调研，收集二手资料。
(3)到相关商场或相关企业、社区等场所，实施红参产品实地调研。
(4)小组分工整理、分析调研数据信息。
(5)小组撰写市场调研报告，并提交。
(6)小组汇报、展示调研报告，并答辩。

5. 演练考核

(1)理念与技能

所做调研方案、调查报告具有可行性，能为红参产品市场开发提供决策参考。

(2)逻辑与规范性

逻辑顺畅，格式规范，版面、礼仪得体。

模块3

分析市场营销环境

企业能够而且应当影响自己所在的营销环境，而不应单纯地顺从和适应环境。

——［美］菲利普·科特勒

学习目标

知识目标

- 了解市场营销环境的构成和特点
- 理解市场营销环境对企业营销活动的影响和作用
- 掌握SWOT市场营销环境分析方法
- 掌握企业捕捉商机与躲避环境威胁的应对环境策略

素养目标

- 养成即时跟踪监测营销环境信息的习惯
- 练就敏锐洞察市场信息与捕捉商机的能力

技能目标

认知市场营销环境要素与营销活动的动态适应关系，能有效描述影响企业服务于其顾客的能力的环境因素，有效分析人口、经济、政治、文化、自然环境的关键变化，尤其能根据移动互联技术环境的主要变化趋势，结合企业自身的资源和能力，寻找企业机会，躲避环境威胁，适时适应动态营销环境的变化

模块引子

可口可乐社交机器人，“分身有术”新体验

生活模式总是随着时代的发展而不断地改变，技术和情感是其中不变的经典主题。

想象一下，如果今天小伙伴们都去参加疯狂的派对，而某人却由于种种原因不能到场，这是件多么遗憾的事情！可口可乐推出了一款社交机器人，可以帮助不能参与派对的“骚年们”（意指少年们）也能够尽情的享受派对的乐趣，只要有一台联网计算机和一个摄像头，待在家就可以操控社交机器人。每一个机器人都有一个摄像头和屏幕，使用者可以通过视频的方式与朋友面对面交流。更有趣的是，还可以通过操控它，与好朋友们一起玩耍，一起跳舞，甚至还可以一起躺在草坪上晒太阳。

可口可乐社交机器“分身有术”，提供了一种过往不可能实现的新体验。这种“非现场”的社交互动虽然真实效果有待评估，但对于资深宅男、超级忙碌者、慢性医疗患者、残障人士等人群的生活无疑是一种有益的助燃剂。可口可乐社交机器人体现了营销无处不在的特点，在交互式、体验式的新经济时代，可以吸引大量消费者眼球，有利于进行口碑传播和娱乐营销。

资料来源：可口可乐社交机器人，派对新宠儿！[EB/OL].（2013-10-16）[2014-05-11]. http://www.globrand.com/2013/561982.shtml.

想一想

1. 在新经济时代，人们的生活方式有哪些新的变化？
2. 如何理解“可口可乐社交机器人体现了营销无处不在的特点”？
3. 可口可乐社交机器人能否改变碳酸饮料是不健康的垃圾食品的消费观念？
4. 在新经济时代，人们的举止言行是否可以为所欲为？

正所谓“物竞天择，适者生存”，在移动互联新经济时代，企业比以往任何时候都更需要持续跟踪、监测、把握各种环境力量的变化趋势，立足创新，适时先变，快速响应营销环境变化，趋利避害地开展营销活动。

任务3.1 认知市场营销环境

任务引子

密切关注消费者在移动环境下的需求

到2017年，世界上85%的地区会被3G网络覆盖，超过一半的地区将被4G网络覆盖（据索尼爱立信的预估数据）。30亿的智能手机用户带来的数据流量将是目前的15倍。对于越来越多的消费者而言，最重要的“屏幕”将是其口袋中的设备。

个性化、海量数据、环境信息和定位服务，移动设备所提供的这些功能将是洞悉消费者内心的窗口，这也正是营销者一直苦苦追寻的。而品牌能否被消费者接受，取决于营销者能否把握消费者在移动环境下的需求。无论以哪种方式衡量，目前的努力都还远远不够。

任务认知

3.1.1 市场营销环境的含义

凡是直接或间接影响和制约企业营销活动及其目标实现的各种相关因素和力量，统称为市场营销环境。其中，与企业紧密相连、能较为直接地影响企业服务目标市场能力的因素和力量，包括企业本身、市场营销渠道企业自身、顾客、竞争者及社会公众等企业利益相关者，被称为微观营销环境。而作用于各项微观环境，影响企业营销活动的不可控制的社会性的力量和因素，被称为宏观营销环境，通常包括人口、经济、自然、科学技术、社会文化、政治法律等因素。

市场营销环境因素如图3.1所示。

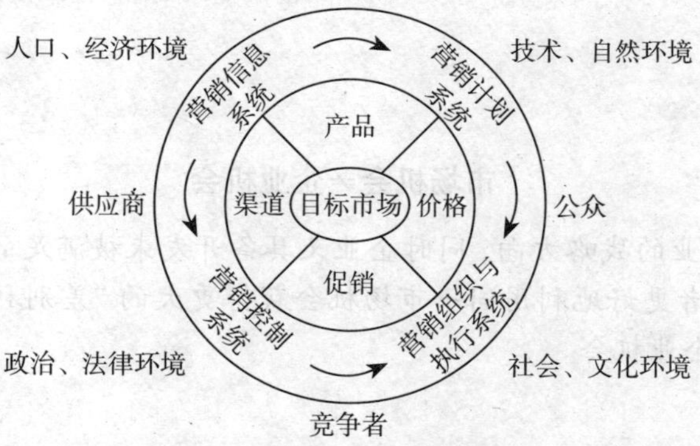

图3.1　市场营销环境因素

3.1.2 市场营销环境的特点

不同的环境因素对企业营销活动的影响和制约不尽相同，同样的环境因素对不同的企业所产生的影响也会大小不一，但总体而言，营销环境普遍具有下列特点。

1. 不可控性

营销环境不以营销者的意志为转移，对企业营销活动的影响具有动态性、强制性和不可控的特点。企业无法摆脱环境的制约，也无法控制市场营销环境，只能在特定的市场营销环境中谋生存与发展。

2. 差异性

不同企业所处不同的国家或地区之间，政治、人口、经济、文化等宏观环境存在很大差异；不同企业的竞争态势等微观环境也千差万别，同时，同一环境因素的变化对不同企业的影响也会不同。

3. 相关性

某一环境因素的变化往往会引起其他因素的互动变化。同时，企业的营销活动往往要受多个环境因素的共同制约，如企业的产品开发，就要受制于国家的环保政策、技术标准、消费者需求特点、竞争者产品和替代品等多种因素的制约。

3.1.3　营销环境对企业营销活动的作用

市场营销环境通过给企业提供机会或构成威胁而影响营销活动。

1. 市场机会

市场机会，是指对企业营销活动富有吸引力的领域。在这些领域中，企业拥有竞争优势。环境机会对不同的企业有不同的影响力，企业在每一特定的市场机会中成功的概率，取决于企业是否具备实现营销目标所必需的资源，是否能比竞争者利用同一市场机会获得较大的“差别利益”。

同步提示

市场机会≠企业机会

只有那些符合企业的战略方向，同时企业又具备开发未被满足的需求所必需的资源和能力，并且能比竞争者更好地利用同一市场机会获得更大的“差别利益”和“竞争优势”的市场机会，才可能是企业机会。

2. 环境威胁

环境威胁是指环境中不利于企业营销的因素的发展趋势对企业形成挑战，对企业的市场地位构成威胁。例如，随着国内外对环境保护需求的提高，面对某些国家实施的“绿色壁垒”，某些生产不完全符合环保要求的产品的企业无疑面临着严峻的挑战。

面对营销环境对企业营销活动可能的影响和作用，企业必须建立环境预警系统，持续地跟踪和监测环境，以适时、能动地调整自身的市场营销组合策略，快速适应环境的变化，以求得自身的生存和发展。

3.1.4　环境威胁和市场机会分析

市场环境分析常用SWOT分析法，SWOT分别是4个英文单词的首字母：优势（strength）、劣势（weakness）、机会（opportunity）和威胁（threat）。SWOT可分为两部分：一是SW，主要用来分析内部条件；二是OT，主要用来分析外部条件，如表3.1所示。利用这种方法可以从中找出对企业有利的、值得发扬的因素，以及对企业不利的、要避开的东西，发现存在的问题，找出解决的办法，明确以后的发展方向。

表3.1　某技术公司SWOT分析后的战略选择

战略 内部因素 / 外部因素	优势（S）	劣势（W）
	1. 区位优势明显，交通便利； 2. 非金属矿产资源比较丰富； 3. 城市用水富余； 4. 产业门类多，要素条件好； 5. 能源供应充足，工业用地广阔； 6. 特色农畜产品资源丰富	1. 主导资源枯竭，传统产业衰退； 2. 地方财政困难，公共服务差； 3. 生态环境脆弱，环境污染严重； 4. 企业装备老化，工艺落后，经营困难，改革成本高； 5. 经济发展的支撑面太窄； 6. 职工下岗失业，城市贫困人口增多
机会（O）	S–O组合战略	W–O组合战略
1. 西部大开发战略的实施，东北老工业基地改造政策的延伸，列入全国首批资源枯竭转型城市； 2. 经济全球化背景下资源配置的范围扩大； 3. 将享受甘肃“中部隆起”战略的优惠政策； 4. 面临沿海地区产业向内陆转移的有利时机	1. 增长型战略； 2. 评价：资源枯竭，靠有色金属开采、冶炼兴市已不现实，此战略不可取	1. 扭转型战略，即转型战略； 2. 评价：顺应一体化趋势，借助国家和甘肃省优惠政策，抓住国家产业转移的机遇，积极进行经济转型，是可取战略
威胁（T）	S–T组合战略	W–T组合战略
1. 周边省区的纷纷崛起，传统产业优势地位丧失； 2. 环境要求提高，企业入住园区成本加大； 3. 国际金融危机到来，招商引资困难	1. 多元化战略； 2. 评价：依靠自身优势抓住机遇，争取国家支持，承接产业转移，培育主导产业和支柱产业，是可取战略	1. 防御战略，即维持原有产业发展现状； 2. 评价：因为资源枯竭，维持原有现状比较困难，此战略不可取

3.1.5　企业市场营销环境分析及对策

分析评价市场营销环境，目的是制定应变对策。

1. 应付环境威胁的对策

（1）促变策略。例如，因木材资源减少，威胁到木器加工企业的生产，企业可主动与林业部门联营，实现林业生产、木材供应、木器生产一条龙。木器加工企业扶植林业生产，增加木材资源供应，就是一种促变对策。

（2）减轻策略。减轻策略即企业主动调整营销计划，改变经营战略，去适应市场环境变化，减轻环境威胁的严重程度。例如，面临木材资源短缺的企业，还可以改进木材加工工艺，增用辅料或代用材料，减少木材消耗；也可以开展综合利用，提高木材利用率，以减轻资源短缺带来的困难。

（3）转移策略。该策略包括3种转移：一是产品转移，即将受到威胁的产品转移到其他市场；二是市场转移，即将企业的营销活动转移到新的细分市场上去；三是行业转移，即将企业的资源转移到更有利的新行业中去。木器加工企业可以抽出部分资金转移到其他部门，实行多元化经营；也可以全部转产，或者全部采用新材料代替木材作原材料。

2. 把握市场机会的对策

（1）及时利用策略。当市场机会与企业的营销目标一致，企业又具备利用市场机会的资源条件，并享有竞争中的差别利益时，企业就应当机立断，及时调整自己的营销策略，充分利用市场机会，求得更大的发展。

同步提示

谨慎把握市场机会

美国著名市场学学者西奥多·莱维特曾告诫企业家们，要小心评价市场营销机会。他说："这里可能是一种需要，但是没有市场；或者这里可能是一个市场，但是没有顾客；或者这里可能有一个顾客，但没有推销员。"他的告诫说明机会决策必须准确地预测市场需要和估价企业的能力，不然，只从表象出发，难免会导致决策失误。

（2）待机利用策略。有些市场机会相对稳定，在短时间内不会发生变化，而企业暂时又不具备利用市场机会的必要条件，这时，企业可以积极准备，创造条件，等待时机成熟时再加以利用，逐步到位。

（3）果断放弃策略。营销市场机会十分具有吸引力，但企业缺乏必要的条件，无法加以利用，此时，企业应做出决策，果断放弃。

任务3.2 分析宏观营销环境

任务引子

天津小客车限号限行，市民抢车像买水果

2013年12月15日晚，天津市政府突然宣布了《关于实行小客车总量调控管理的通告》。该通告自2013年12月16日零时起实施，天津市内将实行小客车限牌、限行措施，并规定在16日之前，已经交付全款，并得到车辆销售统一发票或已经支付订金并签订小客车购销合同，经公证机构认证为真实、合法的单位和个人可以直接缴纳车辆购置税，并办理车辆登记上牌，无须申领指标证明文件。

限牌令让天津的李女士忍不住惊呼了一声："我的天呐，我太英明了！"从毫无购车意向到买车上牌，她只花了3天时间，简直就像"买苹果"一样买车。就在此前一天，她刚刚为自己几乎是抢来的那辆十多万元的福特牌汽车选好了牌照号。

"有购车意向的朋友请抓紧最后的6小时。"在官方消息发布之前的当日傍晚，天津市北辰区申隆捷豹路虎4S中心就发布了"紧急提示"和"抢牌热线"，并宣布通宵营业。一位销售顾问说："只要是买现车，今晚交款，今晚开出发票，我就保证您能上牌。"当晚通往天津几大主要汽车贸易市场的马路都出现了拥堵，可以选号的网上车管所也无法登录。跟灯火通明、消费者持币抢购的汽车销售店一样，天津空港二手车交易市场也迎来了"疯狂星期天"，人们排起了长队。一位办理车辆过户的工作人员平时周日休息，当天下午却突然被喊去加班，因为二手车过户系统到当天24时将关闭，并执行新的政策。

资料来源：张国. 天津小客车限号限行，突然公布或防囤积二手车[EB/OL].（2013-12-16）[2014-05-11]. http：//career.youth.cn/zxzx/201312/t20131216_4389198.htm.

任务认知

宏观营销环境通常对微观环境中的各种力量造成市场机会和环境威胁，如图3.2所示。

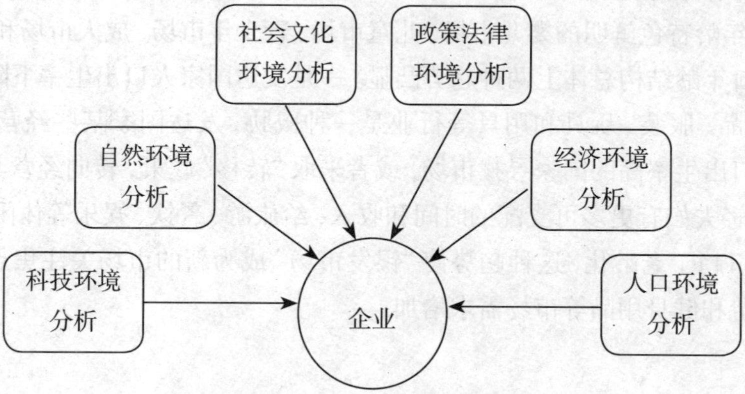

图3.2　宏观环境因素

3.2.1　人口环境

宏观营销环境主要通过人口的数量和结构来影响市场的规模和内涵。

1. 人口数量

人口数量决定市场的规模和潜量。企业如果要在某一个国家、某一个地区开展市场营销活动，首先要关注所在国家或地区的人口数量及其变化。目前，世界人口总数已超过70亿人，预计21世纪中期将达到90亿人（见图3.3）。2010年第6次全国人口普查显示我国总人口达到13.7亿人。全球人口持续增长意味着市场需求的增长，但只有在保证购买力的前提下，人口增长才意味着市场的扩大。

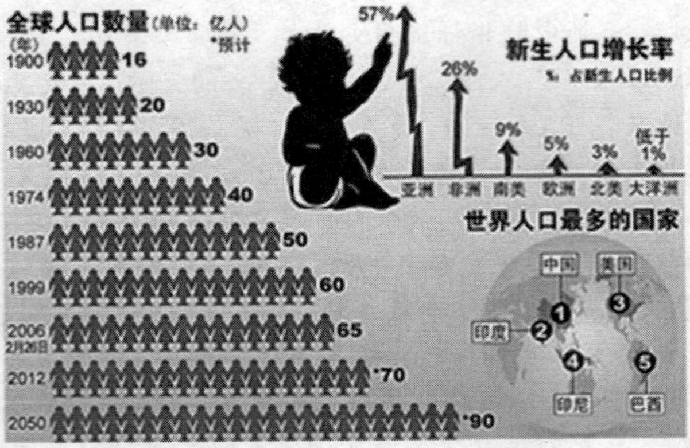

图3.3　世界人口增长趋势

2. 人口结构

宏观营销环境主要通过人口的性别结构、年龄结构、家庭结构、教育与职业结构，以及人口地理分布结构等来影响市场的需求内涵和需求结构。

（1）性别结构。性别不同，消费需求就会有差异，购买习惯和行为方式也有所不同，因此，市场上就会出现男性用品市场和女性用品市场。一般来说，女性偏向于购买服装、化妆品、家庭生活用品及孩子的用品等商品，耐用品、大件商品则习惯于由男性决策购买。

（2）年龄结构。儿童对玩具感兴趣，老人则对保健品及医药品感兴趣，不同年龄结构的人就形成了年龄特色鲜明的婴儿市场、儿童市场、青少年市场、成人市场和老年市场等。

目前，人口年龄结构总体上两种趋势凸显。一是发达国家人口出生率下降，这种趋势一方面对儿童食品、服装、玩具和用具等行业是一种威胁，发达国家某些经营儿童用品的企业，或者到人口出生率高的国家寻找市场，或者采取“转移”政策，转向经营其他业务；另一方面使许多年轻夫妇有更多可支配的时间和收入，给旅游、餐饮、娱乐等休闲业提供了发展机会。二是人口趋于老龄化，这种趋势使“银发市场”成为新的市场关注焦点，使老年医疗保健用品、旅游和健身用品等市场需求增加。

同步观察

保险公司投资，养老社区迎契机

截至2013年底，我国60岁以上老年人口突破2亿人，预计2033年将超过4亿人。到2020年，老年消费在社会总体消费中将达3.3万亿元，2030年将达到8.6万亿元。有分析认为，随着我国老龄化社会的逼近和养老方式、养老观念的变化，养老地产领域的养老社区将成为险企业务的一个重要方向，政策的支持也将给相关项目带来利好。

2013年底，我国政府对保险等投资主体建设养老社区释放积极信号，对险企投资养老社区项目构成了利好性刺激，推动了更多险企布局。北京市民政局称，对社会资本新建、扩建的养老机构，政府对每张床位的补贴将由原来8 000~16 000元的市级支持提高到20 000~25 000元，区级将按照1:1的比例配套支持。同时，政府对社会办非营利性养老机构的运营补贴标准，也将由原来的每人每月200~300元提高到每人每月300~500元。随着补贴力度的加大，未来或许可以看到更多险企进入北京养老社区市场。

资料来源：李超. 保险公司投资，养老社区迎契机[N/OL].（2013-12-29）[2014-05-11]. http://invest.10jqka.com.cn/20131229/c563133009.shtml.

（3）家庭结构。随着职业妇女的增多，单亲家庭和独身者的涌现，除了典型的传统家庭结构，单身成年人住户、两人同居者住户及集体住户等非家庭住户增加是我国目前家庭结构变化的一个特点，与之相关的商品或服务需求必将应运而生。

同步观察

非家庭住户呼唤与之适宜的商品或服务

非家庭住户主要有3种。

① 单身成年人住户，包括未婚、分居、丧偶和离婚独居者。这种住户需要较小的公寓住宅、较小的食品包装和较小而适用的家具、日用品和陈设品。

② 两人同居者住户，这种住户是暂时同居，需要较为便宜租赁的家具和陈设品。

③ 集体住户，即由大学生、外来打工者等多人集中居住在一起共同生活的住户。企业应注意这种住户的特殊需要和购买习惯。

（4）教育与职业结构。一般来说，受教育程度较高的职业消费者，购买商品追求高雅、美观、时尚，对名牌商品、计算机、报刊、书籍、高级娱乐、旅游等方面的购买需求较多，并且对相关商品的包装和附加功能也有一定的要求；而教育程度相对低的职业消费者，购买商品时偏重于追求价廉、实用。

（5）人口地理公布结构。

① 人口地理分布格局不同，所处地理环境、气候条件、自然资源和风俗习惯等差别明显，市场需求差异显著。我国城乡之间，东部沿海地区与中部、西部地区，在众多产品及服务的需求内容及消费结构上，都有明显的差异。

② 人口地理迁移现象突出。

一是从农村流向城市。2010年全国第6次人口普查显示，我国居住地与户口登记地所在的乡镇街道不一致，且离开户口登记地半年以上的人口为261 386 075人，与2000年第5次普查相比，同比增长81.03%，显示了人口流动更加频繁的特点。

人力资源和社会保障部发布的中国2011年人力社保事业发展统计公报显示，截至2011年，我国农民工数量达2.5亿人（见图3.4），其中外出农民工约1.6亿人。大量农民工问题的出现给我国政府和城市管理带来了巨大的

图3.4 中国农民工总数超2.5亿人

压力，同时也给迁入城镇在交通等基础设施建设，以及住宅、医疗、子女上学就业、餐饮、培训等方面的配套开发开启了巨大的市场商机。

二是内地人口向沿海经济开放地区流动，促使城市和发达地区市场迅速增长。另外，在西方国家及我国的部分大城市，还出现了人口从城市流向郊区，由此产生出许多"卫星城"的现象。伴随着人口的城市化和区域性转移，同样也潜藏着巨大的市场商机。

3.2.2 经济环境

经济环境泛指企业生存、发展所依托的经济发展水平、经济形势、收入和购买力水平、消费支出结构等经济因素，其中收入因素和消费结构是经济环境分析的主要内容。

1. 经济发展水平

经济发展阶段高的国家和地区，着重投资精密、自动化程度高和性能好的生产设备；在重视产品基本功能的同时，比较强调款式、性能及特色；大量进行广告宣传及营业推广活动，非价格竞争较占优势；分销途径复杂且广泛，制造商、批发商与零售商的职能逐渐独立，连锁商店的网点增加；分销路线的控制权逐渐转移至中间商，大零售商崛起并最终控制分销路线。

2. 经济形势

在经济繁荣时，需求旺盛，企业投资增加，雇工增多，产品供应充足；在经济萧条时，需求低迷，企业投资压缩，失业增多，产量削减。

3. 购买力水平

购买力是构成市场和影响市场规模大小的重要因素。购买力大小则由消费者收入、支出和储蓄等因素所决定。

（1）消费者收入。消费者收入直接影响市场容量和消费者支出模式，从而决定购买力水平。研究收入常用如下指标。

① 人均国内生产总值（GDP），是指在一个国家或地区，所有常住单位在一定时期内（如一年），按人口平均所生产的全部货物和服务的价值，超过同期投入的全部非固定资产货物和服务价值的差额。国家的GDP总额反映了全国市场的总容量、总规模；人均GDP则从总体上影响和决定了消费结构与消费水平。

② 个人收入，是指城乡居民从各种来源所得到的收入。各地区居民收入总额可用以衡量当地消费市场的容量；人均收入的多少反映了购买力水平的高低。我国各级统计部门每年采用抽样调查的方法，取得城镇和农村居民家庭平均每人全部年收入等数据。

③ 个人可支配收入，是指从个人收入中减除缴纳的税收和其他经常性转移支出后，所余下的实际收入，即能够用以作为个人消费或储蓄的数额。

④ 可任意支配收入。在个人的可支配收入中，有相当一部分要用来维持个人或家庭的生活及支付必不可少的费用。只有在可支配收入中减去这部分维持生活的必需支出，才是个人可任意支配收入，这是影响消费需求变化的最活跃的因素。

同步观察

“中国大妈”买黄金像买白菜

“中国大妈”是2013年网络上引用美国媒体调侃国内中年女性大量收购黄金引起世界金价变动而来的一个新兴名词。《华尔街日报》甚至专创英文单词dama来形容“中国大妈”。“中国大妈”对黄金的购买力导致国际金价创下2013年内最大单日涨幅。

2013年4月国际金价大跌，“中国大妈”疯狂抢金一战成名，她们与资本大鳄的角力被无限放大。此后，黄金又在2013年4月12日和4月15日经历了一次震撼暴跌，直接从1 550美元/盎司（约合人民币307元/克）下探到了1 321美元/盎司（约合人民币261元/克），导致“中国大妈”纷纷被套牢，引起恐慌。“中国大妈”现象的发生，虽然说明了国内生活水平的提高，但是在投资上也需要进行合理的引导，而不是盲目地进行投资。

（2）消费者支出模式和消费结构。国际上通常用恩格尔系数来衡量一个国家和地区人民生活水平的状况。其计算公式为：

恩格尔系数（%）=食品支出总额/家庭或个人消费支出总额×100%

恩格尔定律表明，随着一个国家或地区收入水平的提高，其居民平均收入中（或平均支出中）用于购买食物的支出所占比例（即恩格尔系数）会下降。换言之，一个国家或地区的居民生活越贫困，恩格尔系数就越大；生活越富裕，恩格尔系数就越小。恩格尔定律还表明，除食物支出会下降外，衣着、住房、日用必需品等的支出，也同样会在不断增长的家庭收入或总支出中，其所占比重上升一段时期后，呈现出递减趋势。与此同时，旅游、继续教育等的支出比例则会增加。

同步延伸

衡量国民生活水平的一般经济指标

1. 人均GDP。

它是衡量一个国家人民生活水平的一个标准。其计算公式为：

人均国内生产总值=总产出（即GDP总额，社会产品和服务的产出总额）÷总人口

2. 恩格尔系数。

根据联合国粮农组织提出的标准，恩格尔系数在59%以上为贫困，在50%~59%为温饱，在40%~50%为小康，在30%~40%为富裕，低于30%为最富裕。

3. 基尼系数。

它是指在全部居民收入中，用于进行不平均分配的那部分收入占总收入的百分比，是国际上用来综合考察居民内部收入分配差异状况的一个重要分析指标。基尼系数为0，表示收入分配完全平等；如果系数为1，则表示收入分配绝对不平等。收入分配越是趋向平等，基尼系数越小；反之就越大。联合国有关组织规定，基尼系数：如果低于0.2，表示收入绝对平均；在0.2~0.3，表示比较平均；在0.3~0.4，表示相对合理；在0.4~0.5，表示收入差距较大；在0.6以上，表示收入差距悬殊。通常把0.4作为收入分配差距的“警戒线”。一般发达国家的

基尼指数在0.24~0.36，美国偏高，为0.4。

（3）居民储蓄和信贷。储蓄和信贷水平会影响一定时期的需求总量，改变市场需求构成。

居民储蓄的形式，可以是银行存款，可以是购买债券，也可以是手持现金。较高的储蓄率会推迟现实的消费支出，加大潜在的购买力。我国人均收入水平虽不高，但储蓄率相当高，银行储蓄存款余额长期增长，国内市场潜在规模巨大。

信贷的主要形式有短期赊销、分期付款、消费贷款等。消费信贷使消费者可用贷款先期取得商品使用权。消费信贷的规模与期限在一定程度上影响着某一时限内提供信贷的住宅等现实购买力的大小。

3.2.3 社会文化环境

社会文化主要指一个国家、地区的宗教信仰、价值观念、生活方式、风俗习惯、伦理道德、教育水平和语言文字等的总和。社会文化主要通过影响消费欲望而对企业的营销活动产生影响。社会文化因素主要包括价值观念、风俗习惯、宗教信仰、亚文化群和社会阶层等。

1. 价值观念

它是指生活在某一特定环境下的多数人对客观事物的普遍态度或看法。东方人强调和谐、协作、共识；相反，西方人则注重个体、独立自主、创造精神。不同社会环境下的人们，价值观念差异明显，企业的营销策略也应各有不同。

2. 风俗习惯

西方国家的人们以超前性、享受性消费为主流，而我国人民长期以来形成积蓄习惯，注重商品的适用性。美国人讲究准时；匈牙利人忌讳数字13；日本人忌讳数字14，忌荷花、梅花的图案，也忌用绿色；我国壮族忌食牛肉。不同的国家、不同的民族，有着不同的社会习俗和道德观念，从而会影响和制约人们的消费方式和购买偏好，进而影响着企业的经营方式，营销者应善于问俗知禁，有针对性地开展营销活动。

同步案例

阿拉伯国家为什么欢迎巴西冻鸡

欧洲一位冻鸡出口商曾向阿拉伯国家出口冻鸡，他把大批优质鸡用机器屠宰好，收拾得干净利落，只是包装时鸡的个别部位稍带点血，就装船运出，不料这批货竟被退了回来。而且退货原因不是质量有问题，只是他的加工方法冒犯了阿拉伯国家的风俗禁忌。原来，阿拉伯国家人民信仰伊斯兰教，规定杀鸡只能用人工，不许用机器；只许男人杀鸡，不许妇女伸手；杀鸡要把鸡血全部洗干净，不许留一点血渍，否则便被认为不吉祥。

巴西冻鸡出口商吸取了欧洲商人的经验教训，特别注意充分尊重对方的风俗习惯等特殊要求。巴西冻鸡出口商对阿拉伯国家出口冻鸡，在屠宰现场内严格按照阿拉伯国家的加工要求，不用机器，不用妇女，杀鸡后把血渍全部清除干净，并精密包装。巴西冻鸡出口商还邀请阿拉伯进口商来参观，并获得了它的信任，使巴西冻鸡迅速打进了阿拉伯国家的市场。相反，欧洲冻鸡恰恰因为忽视了营销环境，而失去了阿拉伯市场。

3. 宗教信仰

世界各国各地区信仰宗教的人们越来越多。宗教是影响人们消费行为的重要因素之一，不同的宗教在思想观念、生活方式、宗教活动、禁忌等方面各有其特殊的传统，将直接影响着人们的消费习惯和消费需求。企业营销者应尊重宗教信仰，不可触犯宗教禁忌，应适应不同宗教人们的特殊需求。

4. 亚文化群

它是指职业、年龄相近、消费偏好相同的人群，如青少年、知识分子等，他们之间有着相似和相同的消费欲望和购买行为。企业应注意调查研究亚文化群的消费需求特点，有针对性地制定适宜的营销策略。

同步观察

我是“90后”，我为农民工代言

用的是时下最流行的iPhone5手机，戴的是价值1万多元的足金项链，但切割机一响，装修活儿又开始了，满屋的粉尘让人无法睁眼，布满灰尘的肩头与色彩艳丽的手机形成对比，这就是出生于1994年，标准的“90后”男孩迟磊的生活。以往外来务工者“扛着重重包袱匆匆穿梭街头”的印象彻底被他颠覆了。

迟磊自高中毕业后，由于无法扭转心理那股“每天向父母伸手要钱的别扭劲儿”，他自愿放弃学业随父亲从老家安徽农村来郑州做了一名装修工、水电工、木工、油漆工……来到郑州后，面对这些从未想过要干的活，虽说心里极不情愿，但自小就性格倔强的他，依旧认认真真、一点点埋头苦学起来。用他的话就是“活是脏，不过挣钱还行，一天工钱两三百呢。”

同时，渴望融入城市和享受现代城市文明的心理让他的生活显得格外丰富。灰头土脸的工地、新潮时尚的溜冰场、喧嚣激情的KTV……处处可见他的身影。来郑州一年后，在朋友的帮助下，他如愿成了溜冰场里的一名员工。随着溜冰技术越练越好，他又成为场地中的一名助理教练，每月能为他带来近3 000元的收入。

他重复最多的一句话就是：“我一定会通过自己的努力，在郑州早日买房、安家。”对于儿子既辛苦又新潮的生活方式，迟磊的父亲感触很多：“我年轻的时候挣了钱啥都不舍得买，现在的孩子消费起来大手大脚，时代真的变了。”而迟磊却说：“现在是年轻人的天下，我们需要艰苦奋斗，更需要生活品质。”

资料来源：我是“90后”，我为农民工代言[N/OL].（2013-12-27）[2014-05-11]. http://news.hexun.com/2013-12-27/160955823.html.

5. 社会阶层

它是指全体社会成员按照一定等级标准划分为彼此地位相互区别的社会集团。同一社会集团成员之间在态度、行为模式及价值观等方面具有相似性，不同集团成员存在差异性。

同步观察

中国，脆弱的中产家庭

王建平和他的妻子淑娥在中国算是相对富裕的一对夫妇了。现年52岁的王建平是一个公路设计专家，与他同龄的妻子曾是一名会计，7年前因为身体原因退休了。目前，他们有相当于1.6万美元的家庭年收入，在中国吉林省拥有一套三居室住房，还支付了儿子去清华大学学习电气工程的学费，在一家国有银行里有相当于5万美元的存款。

在尽管储蓄利率只有3%，而通货膨胀率达6%，甚至更高的情况下，以养老金为主要收入的王太太说："我们不愿意今天花明天的钱。"除了把月收入的近2/3存放到银行里，王家人找不到更好的选择。他们害怕把钱投到波动剧烈的股票市场，法律严格限制了他们在海外投资，他们也没有以其他方式把资金转移到境外的能力，更没有充足的资金或足够的勇气去参与房地产投机。和很多中国人一样，王家人存款是因为他们担心飞涨的食品价格和高昂的医疗费用，同时也为能否给儿子买一套房而担心。

资料来源：中国，脆弱的中产家庭[EB/OL].（2012-10-08）[2014-05-11]. http://economy.caixin.com/2012-10-08/100444199.html.

3.2.4 科技环境

对人类生活最有影响力的就是科学技术。作为营销环境的一部分，科技因素不仅直接影响企业的生产与经营，同时还与其他环境相互依赖、相互影响。科技环境的影响主要体现在4个方面。

1. 技术是一种"创造性的毁灭力量"

每种新技术都会给某些企业创造新的市场机会，因而会产生新的行业，同时，还会给旧行业造成威胁，使旧行业受到冲击甚至被淘汰。例如，塑料业的发展在一定程度上对钢铁业造成了威胁；激光唱盘技术的出现，夺走了磁带的市场，等等。

同步观察

指尖上的伤机与商机

2013年3月，一个中国移动将向微信收费的传言席卷中国，也将电信运营商受到移动互联网巨大冲击的事实摆在了台面上。然而中国移动面临的挑战远不止如此，如在3G网络的搭建上落后于中国联通，进而未能取得苹果手机的代理合作。虽然中国移动市值第一的地位没有受到撼动，但要保持"带头大哥"的优势所必备的持续的增长力又在何方？同样受困于移动互联的还有曾经的手机巨头诺基亚。近3年来，诺基亚已多次裁员，并计划在2013年底裁员1万人，其手机的产品线也大规模收缩。中国网友甚至戏称，现在只有砸核桃的时候，才会想起曾以坚固耐用著称的诺基亚了。而腾讯公司董事局主席马化腾在手握移动互联时代最热门应用——微信的同时仍表示，面对移动互联，谁都要打起十二分精神。

资料来源：指尖上的伤机与商机无限[EB/OL].（2013-09-02）[2014-05-11]. http://jingji.cntv.cn/2013/09/03/VIDE1378139671461117.shtml.

2. 新技术有利于企业改善经营管理

近年来，科技发展速度更快，以微电子为中心的新技术革命正在兴起。许多企业在经营管理中使用计算机、传真机等设备，这对改善企业经营管理、提高经营效益起了很大的作用。

道德聚焦

“中式卷烟”提名科技奖备受争议

给香烟增加香味，到底是科技的进步还是诱人的毒药？

2012年，可以提高卷烟香味和口感的“中式卷烟特征理论体系构建及应用”的技术项目，由国家烟草专卖局提名2012年度国家科学技术奖候选名单。在科技部网站公示后，卫生部、控烟组织、民间协会等都公开反对，尤以30名院士联名发表公开信反响最为热烈。舆论认为，“中式卷烟”及我国中草药卷烟危害性不比普通卷烟少，同样具有致癌性和成瘾性。国家科技进步奖主要奖励先进科学技术成果，而烟草技术能评科技奖实在是匪夷所思。而在此之前，关于烟草类的研究，10年间已7次获国家科技奖。

公示显示，该技术已经用于红云红河、湖南中烟等近10个烟草企业，从而提升了产品质量和市场适应性，此前近3年累计实现新增销售收入1 700多亿元。但很多国家都禁止在烟草制品中添加各种添加剂。专家表示该项“中式卷烟”技术添加中草药，引诱香烟消费，违反了我国已经参与的《烟草控制框架公约》，如果入围国家科学技术进步奖，则违背了《中华人民共和国科学技术进步法》第二十九条“禁止危害国家安全、损害社会公共利益、危害人体健康、违反伦理道德的科学技术研究开发活动”。如果科技项目缺乏科学伦理，就不应该有这样的技术，因此烟草参选科技奖涉嫌违法。

数据显示，我国是全球最大的烟草生产国、消费国和受害国，全国有3亿人以上吸烟者，还有7.4亿人受到二手烟危害，每年有120万人死于和烟草相关的疾病。烟草创造的价值远远不及引发疾病的医疗费用，但是近10年来，中国烟草消费不但没有下降，反而增加了41%。

2012年度国家科学技术奖受理项目在当年5月2日结束公示，备受争议的“中式卷烟特征理论体系构建及应用”推荐部门国家烟草专卖局提出不继续参加评审。

资料来源：丁华艳. 控烟协会向科技部致函，反对卷烟提香技术候选科技奖[EB/OL].（2014-04-01）[2014-05-11]. http://finance.cnr.cn./gundong/201203/t20120331_509367209.shtml. 商西.“中式卷烟”退出参评国家科技奖[EB/OL].（2012-05-05）[2014-05-11]. http://epaper.jinghua.cn/html/2012-05/content_786247.htm.

3. 新技术影响零售商业结构和消费习惯

新技术会影响零售商业结构和购物人的消费习惯。在许多发达国家、发达地区，出现了“电视购物”这种在家购物方式。此外，人们还可以在家中通过计算机电话系统订购车票、飞机票、船票和影剧票等，企业也可以利用这种系统来进行广告宣传、市场调研和推销商品。

4. 产品寿命周期缩短

新技术不断出现与更替，使许多行业的多数产品寿命周期有明显缩短的趋势。企业的营销防线应有适当的调整，并做出长远发展的对策。

3.2.5 自然环境

自然环境的变化会给企业造成环境威胁和市场机会，目前自然环境方面的主要动向表现在3个方面。

1. 某些自然资源短缺

从总体上看，我国资源丰富，但人均占有量较少，基本属于资源短缺的国家。另外，近年来现代化城市用水量增加较快，对工农业企业是一种威胁。面临此类问题，企业必须寻找替代品，以降低原材料消耗，避免威胁加剧。

2. 环境污染日益严重

人口、资源、环境三大问题是世界上众多国家都在面临的大问题。特别是发达国家，随着工业化和城市化的发展，环境污染程度日益加剧，这种情况一方面对那些造成污染的行业和企业是一种威胁，它们在社会舆论的压力和政府的干预下，不得不采取措施或引进新技术来控制污染；另一方面，这种情况也给控制污染环境的包装等行业和企业提供了新的市场机会。

同步观察

环保：政策助跑

图3.5 政策助跑环保

2013年，各种环境污染问题频现，尤其是雾霾。日益恶化的空气环境引发了全社会的高度关注，政府部门也在治理上再三加码（见图3.5）。

2013年8月11日，国务院发布《关于加快发展节能环保产业的意见》（以下简称《意见》），要将节能环保产业打造为国民经济新的支柱产业。同年9月12日，国务院又发布了被称为史上最严的大气治污标准《大气污染防治行动计划》。

各种政策措施的出台，使钢铁、水泥等高排放行业受到一定限制，"钢贸钱殇"在2013年初引发巨大震动，泡沫破后留下"一地鸡毛"，受环保政策影响的钢铁行业将面临更高的成本挑战，但同时也有助于环保、新能源等新兴产业的加速发展。按照《意见》的规划，节能环保的年产值将维持在15%以上，到2015年，总产值达到4.5万亿元。

资料来源：2013年不可忽视的9大行业关键词[EB/OL]. 北大纵横微群，2013-12-20.

3. 政府干预不断加强

许多国家的政府先后都对自然资源管理加强了干预，但是，政府的此项干预往往又与企业的经营效益相矛盾。例如，为了控制污染，政府要求企业购置昂贵的控制污染的设备，但企业认为此项投入会影响企业的经营效益。如果政府按照法律和合理污染标准严格控制的话，有许多企业就要关、停、转，这势必影响工业的发展。无论是政府还是企业，都要重视生态环境保护，通过产业结构调整等方式发展绿色产业、绿色消费、绿色营销。

另外，能源供应、交通运输、通信条件、商业网点的布局和发展等基础设施因素环境，无疑也会增强或削弱一个国家或地区市场开发的吸引力。

3.2.6 政治法律环境

政治法律环境因素包括国家和企业所在地区的政局稳定状况，执政党推行的基本政策，政府制定的一系列法律法规，以及影响政策、立法和舆论的各种社会团体等因素。

1. 政局稳定状况

政府换届，主要领导人的更替，战争、自然灾害对政局的影响等，这些都直接或间接地对企业的市场经营活动产生重大影响。

同步案例

战争带来的商业机会

第二次世界大战前，世界经济危机爆发，在人们相信世界末日为期不远的一片狂乱之中，奥纳西斯用他全部的财产购买了在当时被人们认为是最不景气，且注定要遭难的海上运输工具——轮船。因为他深信，一旦世界经济复苏，就离不开运输，他投下的本钱就会像热带植物一样狂长，利润就会滚滚而来。奥纳西斯盼望的好日子终于来了，第二次世界大战爆发了，战争给那些拥有水上运输工具的人带来了神奇的机会，奥纳西斯的轮船一夜之间变成了浮动金矿。到第二次世界大战结束时，他这个“机缘船东”已置身于希腊，并加入拥有“制海权”的巨头行列。

资料来源：王方华. 市场营销学［M］. 上海：上海人民出版社，2007.

2. 经济体制与政策

经济体制是一个国家政策制定和调整的依据，随着经济体制的变革而变化的是国家基本政策，这些基本政策包括人口政策和产业政策等。就产业政策来说，国家确定的重点产业总是处于优先发展的地位，处于重点行业的企业自然增长机会就多。

同步观察

高端白酒等行业受到政策新规影响而“降温”

随着中央关于改进工作作风、密切联系群众的“八项规定”、“六项禁令”及地方跟进措施逐步出台，2013年的高端消费市场受到政策新规的影响而“降温”，部分酒店生意锐减，高端白酒滞销。岁末年初原本是各类会展、团拜、答谢活动的高潮期，但部分企业感受到了“寒意”。除了酒店、餐饮和白酒，花卉、旅游等行业也不同程度地受到了影响。

3. 经济法规法令

为了保证国内经济的良好运行，各国政府都颁布了相应的经济法律来制约、维护、调整企业的经营活动。相对于政策而言，法规法令具有相对的稳定性。企业知法、守法是为了更好的发展。同时，企业可利用所掌握的法律来维护自身的正当权益。

同步观察

中国《消费者权益保护法》20年以来“首修”，适度向消费者倾斜

中国最高立法机关——全国人大常委会于2013年10月25日通过了修改后的《消费者权益保护法》（以下简称《消保法》），并于2014年3月15日——国际消费者权益保护日施行。这是自该法1993年颁布后的首次修改。

修改后的《消保法》最重要的理念是进一步体现了公平与效率并举，更加注重公平；体现了规范与发展并举，更加注重规范；体现了契约自由和契约正义同等关注，更加注重契约正义；体现了平等、善待消费者与经营者，同时旗帜鲜明地向消费者适度倾斜的立法理念。

修改后的《消保法》针对消费领域出现的新情况、新问题，明确了网络购物“无理由退货制度”，赋予网购消费者“后悔权”；强化了经营者的义务；进一步发挥消费者协会的作用；加重对违法经营的惩罚等。

修改后的《消保法》规定，经营者采用网络、电视、电话、邮购等方式销售商品，消费者有权自收到商品之日起7日内退货，且无须说明理由；同时明确了退货运费由消费者承担。有了“后悔权”，让消费者真正地买到自己需要的商品或服务，有助于督促商家在开展活动时“有一说一”，自觉杜绝虚假广告和虚假宣传，还可以督促商家集中精力提高自己的产品或服务的质量，成为真正受消费者喜欢的商家。

修改后的《消保法》对经营者“知假售假”的行为做出如下处罚规定：一是对经营者提供商品或服务有欺诈行为的，处罚从现行规定的“退一赔一”提高到新修改的“退一赔三”；二是对明知商品或服务存在缺陷，造成消费者或其他受害人死亡或健康严重损害的，除追究刑事责任外，还明确受害人有权要求经营者赔偿损失，并有权要求所受损失两倍以下的惩罚性赔偿。所谓的“损失”，不仅包括人身伤害损失、财产损失，还包括精神损害。

修改后的《消保法》针对个人信息保护规定，经营者收集、使用消费者个人信息的，应当遵循合法、正当、必要的原则，明示收集、使用信息的目的、方式和范围，并须经消费者同意。

资料来源：中国消费者权益保护法20年“首修”[EB/OL].（2013-10-28）[2014-05-11]. http://www.npc.gov.cn/npc/xinwen/lfgz/2013-10/28/content_1811772.htm.

4. 社会群众团体

社会群众团体是指为了维护某一部分社会成员而组织起来的，旨在影响立法、政策和舆论的各种社会团体。例如，1985年，经国务院批准成立的中国消费者协会，在维护消费者权益方面发挥了很大作用，得到了广大消费者的信任。社团组织的活动会对企业的经营活动产生一定的压力和影响。企业营销者既要善于应付消费者保护运动的挑战，又要善于捕捉消费者保护运动所提供的机会。

任务3.3　分析微观营销环境

任务引子

有一条从小港口开往火车站的公交车线路，要么因为线路短，要么因为人少，客运公司仅安排101、102两辆中巴来回对开。开车的是两对夫妇，坐车的大多是长期在水上生活的船民，一进城往往是一家老少。

101号的女主人很少让船民给孩子买票，即使是一对夫妇带几个孩子，她也只要求船民买两张成人票。有的船民过意不去，执意要给大点的孩子买票，她就笑着对船民的孩子说："下次带个小河蚌来，好吗？这次就让你免费坐车。"

102号的女主人恰恰相反，只要有带孩子的，大一点的要全票，小一点的也得买半票。她总是说，车是承包的，每月要向客运公司交多少钱，哪个月不交足，马上就干不下去了。船员们也理解，几个人就掏几张票的钱，因此，每次也都相安无事。

请分析101号车与102号车在3个月后的经营结果。如果你是102号车车主，针对101号车车主的营销策略，在这样的经营环境下，你会采取怎样的营销策略？

任务认知

企业的微观营销环境主要由企业的供应商、营销中介、顾客、竞争对手、社会公众及企业自身等组成，如图3.6所示。企业是通过与这些利益相关者的相互协作、竞争、服务和监督开展市场营销活动的。

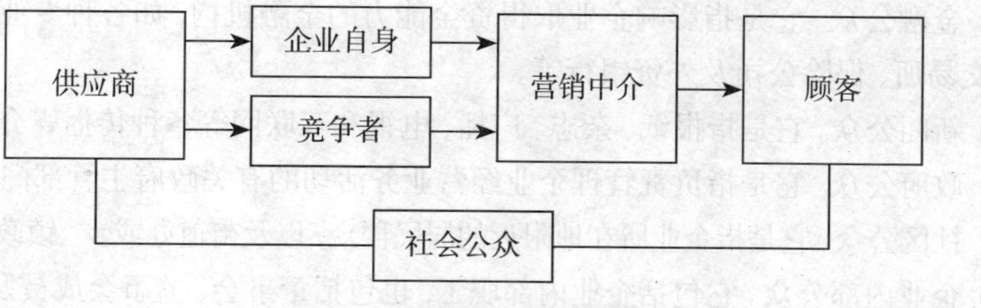

图3.6　企业的微观环境因素

1. 供应商

供应商是指向企业及其竞争者提供生产经营所需的原材料、零部件、能源、劳动力、资金和信息等资源的公司或个人。通常意义上的供应商指原材料、零部件、商品等的提供商，它们供应的价格、品种及交货期，直接制约着企业产品的成本、利润、销售量及生产进度安排。供应商的威胁手段一是提高供应价格，二是降低供应产品或服务的质量，从而使购买商企业利润下降。如果供应行业集中由几家公司控制，又无替代品竞争，供应商讨价还价能力就要强些。企业应着眼长远，谋求和赢得与供应商长期合作共赢。

2. 企业自身

企业在制定决策时，首先要考虑的是企业各主要职能部门之间的分工与协作，营销部门要与生产制造部门、供应采购部门、人事部门、财务部门、研究与开发部门等密切协作，共同研究制订年度和长期计划；其次要考虑企业最高管理层的意图，接受最高层的智慧和指导，以高层决策为依据，制订市场营销计划，并报最高管理层批准后执行。

3. 营销中介

营销中介是协助公司推广、销售和分配产品给最终买主的那些企业。它们包括中间商、实体分配公司、营销服务机构及银行、保险公司、信托投资公司等。

4. 顾客

顾客是企业产品或服务的购买者，是企业服务的对象。无论顾客是个人、家庭，还是组织机构（包括其他企业和转售商）和政府部门，也无论顾客是否与企业同在一个国家或地区，企业开展营销活动始终都要以顾客的消费需求为核心，去发现需求、满足需求。

5. 竞争者

在市场经济和经济全球化背景下，竞争对手不仅来自本国市场，也可能来自其他国家和地区，甚至行业内外的一些企业也可能通过替代品的生产而参与竞争。从产品的替代性分析，竞争者可分为品牌竞争者、属类竞争者、形式竞争者和愿望竞争者4个层次。

6. 社会公众

社会公众是指对企业实现其市场营销目标构成实际或潜在影响的任何团体或个人，大致包括以下6种。

（1）金融公众。它是指影响企业取得资金能力的金融机构，如各种专业银行、投资公司、证券交易所、保险公司及外资银行等。

（2）新闻公众。它是指报纸、杂志、广播、电视和互联网等各种传播媒介。

（3）政府公众。它是指负责管理企业经营业务活动的有关政府主管部门。

（4）社区公众。它是指企业所在地附近的居民群众，以及街道办或乡、镇政府工作人员。

（5）企业内部公众。它包括企业内部职工，也包括董事会、监事会成员及经理人员。

（6）社团公众。它是指消费者权益保护组织和环境保护组织等群众团体。

公众可能有助于增强一个企业实现自己目标的能力，也可能削弱和妨碍这种能力。企业应着眼于长远，处理好与相关利益公众的关系。大多数企业都建立了公共关系部门，专门筹划与各类公众的建设性关系。公共关系部门负责收集与企业有关的公众的意见和态度，然后发布消息、沟通信息，以建立信誉。

在线链接

1. 中国政府网，http：//www.gov.cn/

2. 国家发改委，http://www.sdpc.gov.cn/

3. 中华人民共和国商务部，http://www.mofcom.gov.cn/

4. 中华人民共和国国家统计局，http://www.stats.gov.cn/

营销新观察

柳传志卖桃：民企做农业的条件成熟了

联想控股现代农业板块佳沃推出的水果产品猕猴桃，被称为“柳桃”。面对互联网和农业这两个不相干的领域，联想的思路是什么？中国农业未来蕴藏着哪些机会？柳传志指出，中国农业必须从农业、农村和农民3个方面谈起，而且现代农业企业需要在资本、市场及互联网上都有所涉及。

一、看农业：整体认知，如何进入

1. 现在做农业的条件成熟了。

中国的农业技术与发达国家相差很大，因此，现在做农业有空间，而且在食品上，为了吃到安全食品，相当大一部分人愿意为品牌付出溢价。从主观上来讲，联想有能力去投资，且不急于求回报。

2. 农业政策：目前利好消息更多些。

中共十八届三中全会对土地确权流转的规定是农业利好消息。另外，减少政府审批，让市场的力量充分发挥作用，为我们在用全球化视野购买国外的资源和国外技术等方面带来了很大的方便。

二、看农村：要懂得与农村基层组织合作盈利

联想农业对地方政府来说，能帮助其带动产业发展。农民因为流转了土地而拥有了一块租金收入，该收入比种粮食所得的收入还要多，而且还能从事一些农事作业的活动，能多挣一份工资。“其实每个地方政府都给我们很多的支持，对产业有带动，给农民有增收。”柳传志说。

三、看农民：现代农业模式下农民们可能的生活方式

土地流转和现代农业公司是国家可能提倡的一种形式。企业农户就是一个农民，去城里经商的农民，土地出租给某一个负责人，这家人家凑够有一千亩，我们跟他对接，由于我们的利润主要从那边来的，这样的话他这地方产生盈利的空间就比以前自己做一小块他就要大得多。另外其他的人，也许搬到城里面去以后，那就纯粹的土地这块收租金，生活上都会有提高。

四、农业如何在互联网发展过程中获利

互联网出现以后，对人们以前传统的营销方式有哪些突破？孝敬老人，送朋友，是拎着水果去好，还是给一千元水果票好？票随时可拿到手，通过互联网订购，通过快递，因此当然是票好。

把产品做好，怎么样用新的思维去考虑聚人气？要在网站上建一个卖水果的网站，关键

就是你卖出去以后，怎么能够及时送到，水果的质量是不是确实能保证。

柳传志说："最先想到这点的是服务业和消费品行业，服务业和消费品行业之所以这么想的原因，是因为在中国做这个行业，比较不容易受到外边风浪的打击。要做大宗商品，未必用互联网，无论是商家，包括供应商之间的大宗商品交易还是人和人之间面对面的交易。像马云他们通过做淘宝卖东西，光棍节卖东西，但是悄悄地铺开一张网把金融产品做出来了。做了这个，其实在为别的东西布局，这些东西都是值得像我们这样的企业考虑的。"

五、资本运作：农业的产业并购与上市盈利

"佳沃"是联想农业的总品牌，下面可能会有子品牌。做现代农业一定要有农业规模。要做成一个诚信农业，做成一个让人认为是放心的产品本身。在联想（控股）上市，得有一个市值，有一个提供利润的行业，它是联想的一级火箭，农业是二级火箭，要连续每年的利润都能有所增加，就得有二级火箭跟三级火箭，而农业在上市以后是释放利润的。

资料来源：柳传志卖桃：民营企业做农业的条件成熟了[EB/OL]. 对话老板微群，2013-12-14.

实务演练

1. 演练内容

选取当地市场分额最大的医药连锁企业，考察在当前移动互联背景下O2O对当地医药零售业带来的挑战与机会，分析其应对策略。

2. 演练目的

引导学生学会识别营销环境因素及其对企业营销活动可能带来的影响，善于捕捉环境威胁与企业机会，积极应对，呼应环境需求，有针对性地开展市场营销活动。

3. 演练要求

（1）小组学习，共同关注、研讨，完成本埠最大医药连锁企业营销环境考察分析报告。

（2）要求学生认真学习和掌握营销环境各种因素及其主导趋势与作用。

（3）要求教师在实战实施前给予必要的指导。

4. 演练步骤

（1）把学生分成若干小组。

（2）案头搜索，浏览、关注医药连锁相关经营法律法规等宏观、微观环境因素。

（3）深入该药企当地药店，实地观察、访问相关人员，了解其销售现状和消费者的反应。

（4）小组研讨，撰写考察报告，展示、陈述、答辩相关考察结论。

5. 演练考核

（1）理念与技能

考察市场营销环境理解的准确性、完整性、针对性，不同营销环境因素的影响表现，当前市场环境下主导的环境影响因素及其应对策略判断与应用。

（2）逻辑与规范性

逻辑顺畅，格式规范，版面、礼仪得体。

模块4

分析消费者购买行为

营销是没有专家的，唯一的专家是消费者，就是你只要能打动消费者就行了。

——巨人网络董事长兼CEO 史玉柱

学习目标

知识目标

- 理解消费者市场和影响消费者购买行为的主要因素
- 了解消费者购买行为的类型
- 识别消费者购买决策过程

素养目标

- 善于应用技术手段监测、跟踪消费者行为
- 树立尊重消费者个人隐私的职业操守

技能目标

能根据消费行为模式，有效考察影响消费者购买行为的各种因素，挖掘消费者的需要，并能根据消费购买过程不同阶段的消费行为特点，制定有效的营销策略，促进消费者的购买决策的产生

模块引子

"波澜壮阔"的2012年

2012年是一个容易被记住的年份，不仅有"末日预言"，还有"波澜壮阔"的经济生活。人们遇上了比娱乐新闻还好看的电商大战，遇上了"双十一大塞车"钱都花不出去的尴尬，还有消费者在微博上与企业的各种"死扛"。一边是对消费市场的大好预期，另一边是被新技术手段武装起来、"手眼通天"的消费者，企业身在其中无所适从。在一个消费时代变革到来的时候，在如此瞬息万变、复杂多样的市场环境下，要想在中国消费市场取得成功，企业必须回归根本，以消费者为中心，更好地研究消费者的需求和购买行为。

没有消费者就没有商业，现代营销观念的核心是以消费者为中心。德鲁克曾经指出"商业的唯一目的是产生消费者"。汤姆·彼得斯（Tom Peters）也指出"顾客是重要的创新来源"。对消费者行为的分析和研究一直是企业和各种专业机构调查的重点，企业通过了解消费者的需求和决策过程来改变营销策略，甚至寻求产品创意。

资料来源：2013消费重思考电商冬天来临春天渐近[EB/OL].（2013-02-20）[2014-05-11]. 中国电子商务研究中心，http://b2b.toocle.com/detail-6084284.html.

想一想

1. 被新技术手段武装起来、"手眼通天"的消费者，其消费行为有哪些变革？

2. 消费者在微博上与企业的各种"死扛"，反映出当今互联网背景下，消费者与商家的关系发生了哪些变化？

3. 在移动互联背景下，企业如何才能有效监测、跟踪消费者行为？

消费者行为是指消费者个人或群体所经历的选择、购买或使用产品、服务、创意或经验的过程。消费者购买行为过程包括确认消费需求、寻求消费信息来源、评估选择、购买决策、购后行为5个阶段。

营销的目的是影响消费者对组织及其销售品的看法和反应。为了影响消费者购买行为的内容、时间、方式，营销者首先要明白为什么会产生这样的购买行为。为此，营销者需要了解影响消费者行为的因素及其购买行为过程，并考察消费者的购买行为，这样才能有效地根据消费行为需求，有针对性地施加诱因，刺激和引导消费者的购买行为。

任务4.1　挖掘消费者的需要

任务引子

健身市场需求日趋个性化

随着国民收入水平的提高，旨在提高身体健康水平、愉悦心情、提高生活品味的健身活动，成为许多消费者保持生命活力和身体健康的生活方式。不同年龄、性别、职业、收入、教育程度、居住区域、社交范围等的健身群体，在健身需求、兴趣、理念、爱好等方面各有不同。女性多青睐于健身操、瑜伽、舞蹈、形体训练等健身形式，男性则多喜好器械训练、各种球类活动；青少年更愿意进行足球、篮球等团体运动训练，中老年健身则需要避免太剧烈的运动。健身行业专门针对青少年、中老年、半职业运动爱好者、女士和男士等不同消费者的健身项目指向性将更加明显，分众将更加具体。目前已经出现的针对儿童运动开展的无菌沙儿童游乐园，针对婴儿开展的婴儿游泳练习班，都是指向性明显的新兴健身项目。随着消费者的健身娱乐需求在数量、质量、结构、层次方面不断呈现差异，个性化的健身方式必然成为未来健身行业的新潮流。

资料来源：2013—2014健身消费市场流行趋势[EB/OL].（2012-07-06）[2014-05-11]. http://www.xfrb.com.cn/newsf/2012/07/06/1341544514.htm.

任务认知

人的行为受动机支配，而动机是由需要引起的。当一个人的某种需要提升到足够的强度时，就会成为动机。人人都有潜在的需要和欲求，但唯有在他们受到激发时才会导致实际行为。企业要善于挖掘消费者的需要，了解消费者的需求，并有针对性地激发消费者的购买动机，推动购买行为的产生。

4.1.1　理解消费者购买行为模式

消费者行为是指消费者在寻求、购买、使用、评估和处理预期能满足其需要的产品和服务时所表现出来的行为。消费者行为分析是企业制定营销策略的基础。研究消费者行为的模式有很多，其中最具有代表性的是刺激-反应模式，如图4.1所示。

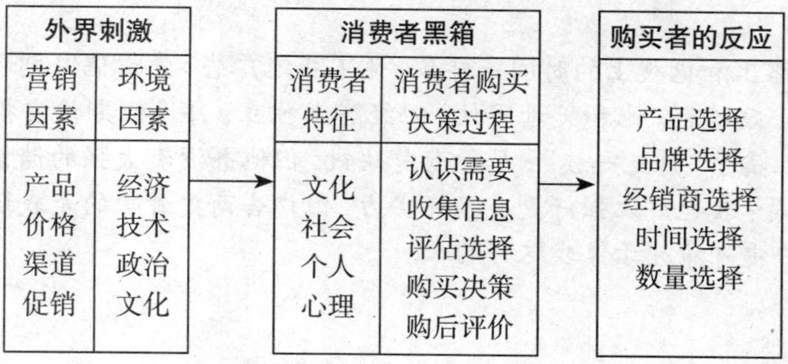

图4.1　刺激-反应模式

同步延伸

7O研究法，研究消费者购买行为

消费者的购买行为具有较大程度的可诱导性。消费者在购买什么产品，何时、何地购买等方面有较大的选择性，企业要用心去体会和研究消费者的需求和欲望，从消费者的购买行为中辨别市场机会。对消费者行为的研究，可利用7O研究法，内容如下。

该市场由谁构成？（Who）购买者（Occupants）。

该市场购买什么？（What）购买对象（Objects）。

该市场为何购买？（Why）购买目的（Objectives）。

谁参与购买行为？（Who）购买组织（Organizations）。

该市场怎样购买？（How）购买行为（Operations）。

该市场何时购买？（When）购买时间（Occasions）。

该市场何地购买？（Where）购买地点（Outlets）。

由于7个英文单词的首字母都是O，所以称为7O研究法。

4.1.2　分析消费需求

需要是指个体在生活中感到缺乏，产生一种不平衡或缺失感，而力求满足的一种内心状态。当消费者对以商品和劳务形式存在的产品产生了要求和欲望时，就产生了消费需求，消费需求是包含在人类一般需要之中的。消费需求具有如下基本特征。

1. 多样性

消费者的收入水平、文化程度、职业、性格、年龄、民族和生活习惯不同，爱好和兴趣会多种多样，对于商品和服务的需求也是千差万别、丰富多彩的。

同步观察

新一代消费者

27岁的宁檬发现自己与22岁的强仔已经存在“代沟”。作为一名普通白领，宁檬刚刚结婚，正在为第一套房子还贷，并且准备攒钱买车，喜欢在商场打折时购物；而收入只有他一半的强仔，却非ESPRIT和JACK&JONES等品牌不买，脚上是800元以上的耐克鞋，已经换了五六部手机。

强仔花在网络上和电视上的时间一样多，他不拒绝广告，爱看偶像剧和大片，排斥一切文艺片和历史剧、政治剧。他和父母同住，但经济上独立，每逢假期便安排出游计划；虽有好几张银行卡，但属于“月光一族”；尽管老是缺钱，但他并没有太强的储蓄意识。

宁檬的困惑是：我也许比强仔更有经济实力，但广告商更青睐的是我还是他？而强仔的答案是：商家也许更寄希望于像我这样的人。

2. 发展性

随着社会经济的发展，消费者的生活水平不断提高，对商品和服务的需求从数量、质量和品种上都在不断地发展。一种需要被满足了，又会产生新的需要。许多潜在的消费需求，不断地变成现实的购买行为，改变着消费者的生活方式。

同步观察

网络购物——新的生活方式

在网上买书，在网上买衣服，在网上买家电，在网上买化妆品，在网上订餐，在网上买机票……对一些年轻人来说，网购不仅是时尚，它渐渐成为了一种生活方式。

“刚开始是在网络上看中某款服装后，我们会到商场里找实物试穿，如果试穿效果好，再到网上下单购买，到后来连商场也不逛了，网上那么多家店，比逛商场还过瘾呢，我每天都要上去看一看。”这已经成为当下很多年轻人的购物方式了。一些上班族，平日里工作忙碌，因此时常上网买家居日用品，甚至从网上预订旅游计划。

在网络营销受到重视、网民消费观念转变等因素的影响下，不少商家纷纷打破单一经营模式，在传统渠道外开拓网络渠道，以寻求新的销售增长点。传统商家对网络渠道的应用不断深入，传统渠道和网络渠道正在加速融合。

3. 层次性

消费者的消费需求是有层次的，一般来说，总是由低层次向高层次逐渐延伸和发展。当低层次、最基本的生活需要被满足后，就会产生高层次的社会需要和精神需要。

房地产市场需求层次分析如图4.2所示。

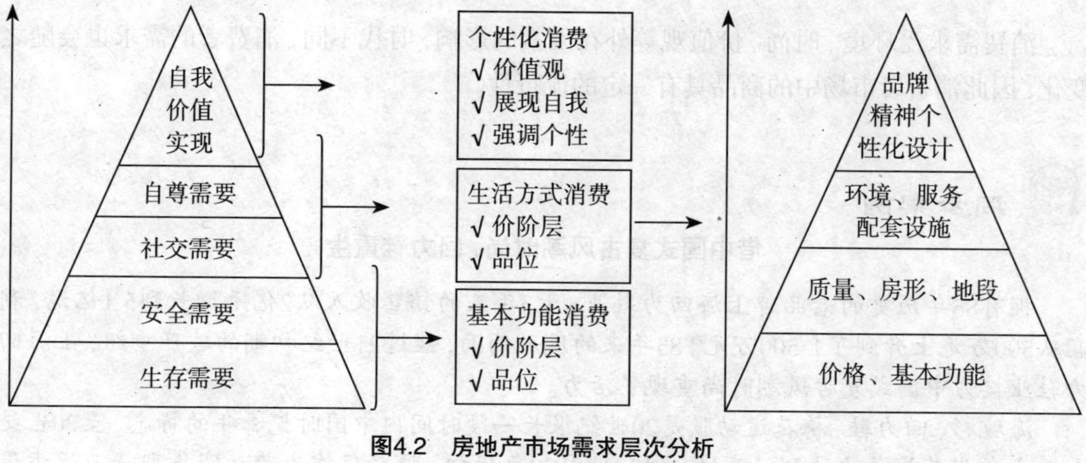

图4.2 房地产市场需求层次分析

同步观察

奢侈品走俏二、三线城市

2012年9月28日，无锡一年一度的“金秋购物节”拉开大幕，其中的重头戏——奢侈品折扣展隆重登场。本次购物节奢侈品种类丰富，折扣也颇给力，爱马仕的丝巾、迪奥的香水、阿玛尼的西服、古驰的皮包、普拉达的鞋子、巴宝莉的风衣……几乎所有的国际一线大牌都能在这里找到。当季货一般是专柜的8折，过季品甚至低至4~6折，尽管事前没有做任何广告和宣传，奢侈品的特殊魅力还是吸引了不少高端买手，乃至平民消费者的热切目光。

据无锡市商务部门消息，2009—2011年，先后有60多个国际知名时尚品牌扎堆入驻无锡。其中，2009年夏，以高贵著称的爱马仕江苏首家门店落户无锡大东方百货，标志着这个城市的奢侈品消费迈上一个新的台阶。

“经过几年培育，国内已经出现了一个稳定的奢侈品消费人群，他们已经不需要靠购买高端品牌的低端产品显示身价，而是追求更有价值的消费体验。”据无锡一家奢侈品护理店主反映，这两年，她就亲眼看着自己的客人，把皮包从万元左右的LV换成了十几万元的爱马仕。另一个变化是，从专卖店到折扣场，一些原本只属于明星的限量款、纪念版商品，咨询和购买的顾客也明显多了起来。

资料来源：马薇．无锡折扣展折射新动向：奢侈品投资“露头”二线城市[N/OL]．(2012-09-29)[2014-05-11]．http://www.js.chinanews.com/news/2012/0929/46703.html.

4. 周期性

消费是一个无止境的活动过程，一些消费需要在获得满足之后的一定时间内不再产生，但随着时间的推移还会重新出现，并具有周期性。

5. 流行性

消费需求受环境、时尚、价值观等外在因素的影响，时代不同，消费者的需求也会随之变化，因此消费者市场中的商品具有一定的流行性。

同步案例

借中国式复古风潮时尚，回力鞋重生

拥有85年历史的老品牌上海回力鞋业，近3年来的销售收入从2亿元增长到5.1亿元，利润从500万元上升到了1 500万元。85年来的风风雨雨，经过21世纪初期的破产重组，上海回力鞋业接力中国式复古风潮时尚重现了活力。

海魂衫、回力鞋、梅花运动服是20世纪很长一段时间内中国时髦青年的标志，至20世纪七八十年代其影响力达到了高峰。但20世纪90年代初，胶鞋厂作为劳动密集型产业逐步退出市场，国内消费市场对回力球鞋的印象也逐渐变成了“劳防鞋”、“民工鞋”。

自2008年始，欧美一些影星玩起了复古花样，不少人穿着回力、飞跃等帆布胶鞋在公众场合露面，一时间，欧美市场刮起一股中国帆布胶鞋风潮，回力鞋的身价一路飙升，从2欧元一直卖到了50欧元的“天价”，权威时尚杂志ELLE为回力鞋追根溯源，使其正式进入欧美时尚圈。随后，回力迅速调整了自身的定位，品牌总定位为“体育品牌”，细分产品定位为

“时尚运动”、“健康运动”和“专业运动”。品牌的魅力自此开始彰显。2009年，回力联手4所高校开展“创新回力，畅想世博产品创意设计巡展活动”；2010年9月，回力鞋业在老企业旧址开了第一家旗舰店。经典与时尚的碰撞，点燃了市场对于老品牌的感情，“事件营销”与“回力情结”两大策略，使上海回力鞋业在最短的时间内在全国开设了几百家销售门店。

资料来源：回力鞋重生　中国式复古风潮源自时尚新营销[EB/OL].（2013-03-11）[2014-05-11]. http://www.soxu.cn/news/229692823668.html.

6. 替代性

在市场上，某种商品的销售量减少，而另一种在消费上可以替代的商品销量往往就会增加。例如，数码相机销量增长，导致光学相机销售量的减少。企业需要及时把握消费需求变化趋势，及时调整产品结构及组合。

同步观察

3D打印机的未来，将要替代几乎所有制造业吗

只需要一个想法、一些材料、一台3D打印机，就可以把你脑中的一切想法转化成实体。从原理上看，3D打印机可以打印一辆车、一栋房子、一只胳膊，甚至一块猪肉，可以满足个性化、定制化的各种要求。这项在欧美快速发展的技术已被美国《时代》周刊列为“美国十大增长最快的工业”，英国《经济学人》杂志则认为“它将与其他数字化生产模式一起推动实现第三次工业革命”。

“3D打印机将来不是要取代某一个制造业，而是要取代几乎所有的制造业”，世界首个公布3D打印机开源数据信息的科学家、英国工程学家阿德里安·鲍耶表示，“未来你想要什么，只需下载图纸，按一下‘打印’键，就可以去喝咖啡听音乐了，剩下的所有事，就统统交给打印机”，“在不久的未来，也许我们可以拥有一个没有工厂、没有商店的世界，大家都是设计师，人人都是制造商，只要身边摆一台3D打印机，你就可以得到你想要的东西”。

在与新能源、互联网等构成了第三次工业革命的3D打印机数字化的制造技术普及后，会使直接从事生产的劳动力占整个生产总成本的比例越来越小。

资料来源：崔文杰. 3D打印机，或将无所不能[N/OL].（2013-09-20）[2014-05-11]. http://zqb.cyol.com/html/2012-09/20/nw.D110000zgqnb_20120920_3-12.htm.

4.1.3 洞察消费动机

动机是指引起和维持个体活动，并使之朝一定的目标和方向进行的内在心理动力，是人产生某种行为的原因。

1. 消费动机研究

在实践中，研究顾客购买动机并非一件简单的事情，原因有：第一，顾客的动机往往是多种多样的，除了最主要的以外，有的则深藏不露；第二，同一动机还可能引起多种购买行为。消费者购买商品的动机是多种多样的，而且很复杂。

消费者购买某种商品的动机十分复杂，研究消费行为动机的理论主要有需要层次理论、双因素理论、精神分析论、内驱力理论和认知论等。

同步延伸

马斯洛需要层次理论

美国行为科学家马斯洛（A. H. Maslow）提出的"需要层次理论"认为，人活着总会有需要，需要是有层次的，由低到高分为5个层次（见图4.3），即生理需要、安全需要、社交需要、尊重需要、自我实现需要，它们是动机产生的基础和源泉。只有低一级层次的需要得到满足后，人才会寻求高一级层次需要的满足。在某一个特定阶段，会有一种主导动机支配人的行为。一个人只有在占优势的生理需要得到满足后才会表现出更高层次的需要。

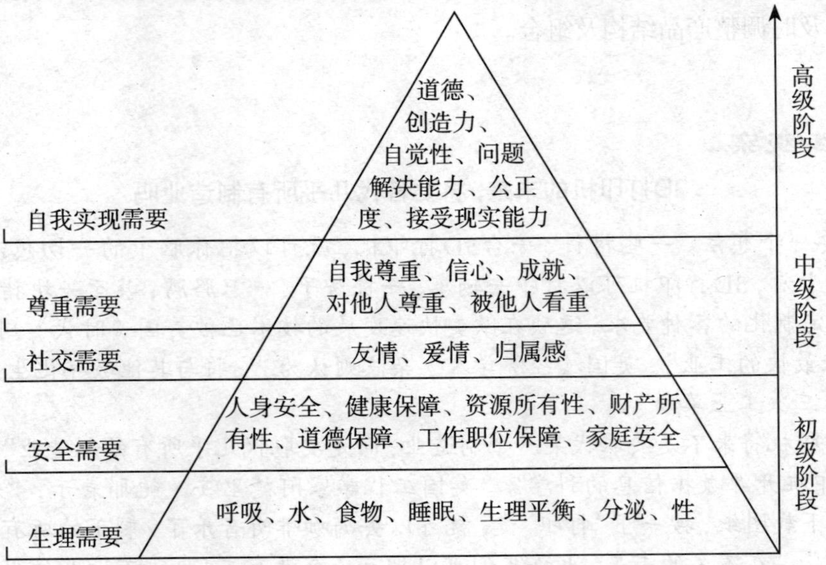

图4.3 马斯洛需要层次理论分析

同步观察

日本服装需要层次与消费行为

在"穿着"这个领域，高档的名牌货和突出个性的休闲服更多的是适应了人们"尊重的需要"与"归属和爱的需要"，同时，一些服装企业回归到"满足消费者最简单的需要"，也成功抓住了消费者的"感觉"。

在日本服装消费市场，主要存在着两种消费趋势：世界顶级名牌塑造成功形象和特色休闲服装张扬个性，这两种购买分别满足了顾客消费心理坐标的两端。这个时候，他们身上的衣着不仅是保暖、美观的实用品，还是一种"个人符号"，具有了意义不凡的象征意义和表现能力。

顶级名牌服装与日本消费者，特别是年轻一代崇尚欧美时尚的消费习惯有着密切的联系。当某人穿上顶级名牌服装，意味着他能够承受得起如此高的消费，代表他的经济实力不凡；同时也代表着他可能是上流社会的精英之一，成功人士一个。

特色休闲服装与当今消费者追求"个性特征"的理念直接相关。市场上充斥着各色各样价格档次相近的服装，消费者的选择余地极大。此时，通过差异产品，体现出自己的个性与品味，成为人们凸显自身的一种方式。

另外，日本的其他服装企业，如UNIQLO，打的则是“生理需要”牌，即穿UNIQLO既不会显身份，也不会掉价，但是自己会觉得很舒服自在，它强调的是消费者自身的穿着感觉，是商品本质属性的回归。因此，与UNIQLO相对较低的品牌附加值相对应的是较低的价格水平，但是通过规模生产和严格的质量管理，在同是低价的服装系列中，它又是以优质取胜。

同步延伸

双因素激励理论

美国行为科学家弗雷德里克·赫茨伯格（Fredrick Herzberg）提出的“双因素激励理论”认为，动机被分为保健和激励两种因素，保健因素是指那些能够避免个体产生不愉快和不舒服感觉的因素，而激励因素是那些能够帮助个体成长和发展的因素。保健因素是消费者购买的必要条件，激励因素是魅力条件，在有选择余地的情况下，如果消费者对保健因素不满意，就肯定不会购买；但是仅仅对保健因素满意，也不一定会购买，只有对激励因素也满意才会购买。必要条件和魅力条件随着时代、消费动向和产品寿命周期的不同而发生变化。一般而言，质量、性能和价格等属于保健因素，情感和设计等属于激励因素。

例如，家长为孩子购买玩具，玩具的质量就是一个保健因素，如果某品牌玩具的质量不过关，家长是肯定不会选择该品牌的产品的；但如果这个品牌仅仅质量好，家长也不一定会选择，但如果该品牌还宣传其产品能够开发孩子的智力，那么家长选择的可能性就会大很多。

2. 消费动机类型

一般将消费者的购买动机分为以下几种：求实动机、求廉动机、求新动机、求美动机、求名动机和求便动机等。

同步观察

消费者购买药品的心理动机

进入药店购物的顾客由于职业、年龄、身份、文化程度、兴趣、爱好、脾气秉性和经济条件各不相同，因此会有不同的购买行为。作为一个药店营业人员，要想通过良好的服务来增加顾客，首先必须要了解顾客，把握不同顾客的购买动机和心理特征。

消费者购买药品的心理性动机一般分为如下两种。

（1）理智动机，也称合理的购买动机，即顾客所能考虑到的某种药品的长期费用，顾客在比较了包括价格、耗费、药效、售后服务、可靠性、使用寿命等花费和获益之后，才决定是否购买。

一般来说，在大型消费品和耐用消费品购买活动中理智动机所起的作用要远比在日用消费品购买活动中所起的作用大。同样，在价格昂贵的药品的购买活动中理智动机所起的作用也比常用药品如感冒药的购买活动中所起的作用大。

（2）感情动机，也称带有感情色彩的购买动机。比较常见的感情动机表现有：舒适、省力、健身、美的享受、自尊或自我满足、效仿或炫耀、占有欲、交际欲、恐惧或谨慎、好奇心或创造欲、责任感等。购买药品的顾客的感情动机相对较为单纯，但药店营业人员如果想把顾客购买的动机搞清楚，也需要仔细观察其行为举动，仔细揣摩其心理。

资料来源：于长江．中国药店店长实战：把握顾客的购买动机［EB/OL］．（2013-07-31）［2014-05-11］．http：//manage.org.cn/Artide/200307/339.html.

任务4.2　开发消费者的信息渠道

任务引子

当消费者的需求被唤起之后，可能会去寻求更多的信息。消费者通过收集信息来熟悉市场上的一些产品及其特征，并为下一步的评估做出准备。假设你是一名想要购买平板电脑的消费者，请你站在消费者的角度分析你将会从哪些渠道收集相关的产品信息？企业又应该怎样更好地开发这些信息渠道，使其更好地传递给消费者呢？

任务认知

当消费者产生了购买动机之后，便会开始注意收集与需求相关的信息，以便进行决策。通常，消费者积极寻求相关信息，希望能利用这些信息做出决策，但他们也可能被动地获得信息。

消费者所需要的信息主要包括：哪种产品或服务能满足需求，价格如何，从哪里买到，怎样购买等。营销人员要善于监测、跟踪消费者的信息需求，开发有针对性的信息与渠道。

4.2.1　洞察消费者的信息来源

（1）经验来源。此类信息指消费者从自己亲自接触、使用该商品的过程中得到的信息。

同步提示

信念与态度

信念是人们对某种事物所持的看法，顾客的信念往往基于经验，有时候也基于知识或感情。信念形成对消费者的态度有很大影响。态度是人们对事物或观念长期持有的认识、评价和感受，导致人们对某一事物产生或好或坏、或亲近或疏远的感情。它呈现为稳定一致的模式。例如，有的人对某种商品的态度是积极的、肯定的，有的则是反感的、抵触的。通常情况下，改变消费者的态度是很困难的，需要付出较高的代价。当然，企业可以通过广告宣传、人员促销、公关等营销活动去影响和改变消费者的态度。

消费者在购买和使用商品过程中形成的信念和态度，反过来影响人们的购买行为。

（2）个人来源。此类信息是指家庭成员、朋友、邻居、同事或其他熟人所提供的信息。这种来源主要是指“相关群体”当中的基本群体和直接群体带来的建议和影响。

同步提示

相关群体

相关群体（reference groups）就是对某个消费者的态度或行为有着直接或间接影响的一切群体。消费者的相关群体由具有某种共同特征的若干消费者组成。

相关群体包括直接的、有形的影响者，如朋友、同事和邻居等，称为主要群体或基本群体；也有较为正式但日常接触较少的组织群体，如一些宗教组织，称为间接群体；还有些消费者虽然不属于上述某种群体，但非常认同和赞赏该群体的价值观和行为方式，渴望归属于该群体，如仰慕影视明星、体育明星、领袖伟人等，称为向往群体或崇拜性群体。

相关群体对消费者行为的影响如下。

（1）示范性，即相关群体消费行为和生活方式为消费者提供了可供选择的模式。

（2）仿效性，即相关群体的消费行为引起人们的仿效欲望，影响人们对商品的选择。

（3）一致性，即由仿效而使消费行为趋于一致，相关群体能产生某种令人遵从的压力，影响消费者对商品及品牌的选择。

相关群体对消费者购买不同商品的影响是有所区别的。一般来说，如果消费者购买引人注目的产品，如汽车、服装等，则受相关群体的影响较大；如果购买不太引人注意的产品，如洗衣粉、食盐、日用工业品等，则受相关群体的影响较小。

同步案例

沃尔沃“林书豪中国行”

2012年初，当沃尔沃签约林书豪的时候，他正处于备受关注的时期，作为一位睿智、敏捷的领袖型球员，其阳光、健康的形象，低调、高品位的特质代表了进取型精英的风范，也与沃尔沃车主形象高度契合；林书豪在成长过程中坚持不懈、厚积薄发的精神，与沃尔沃汽车的品牌精髓相得益彰。对沃尔沃来说，它正在经历“林书豪式”的成长，致力于成为世界最受尊敬的豪华车品牌。

当然，再坚实的契合度和内涵，如果不为人所知也毫无意义。于是，沃尔沃首先极力促成林书豪来华，利用这一契机，通过沃尔沃官方微博第一时间独家发布了这一信息，预料中的第一轮传播热潮由此掀起；而在此后的整体传播中充分借助各类新媒体的新特性，并将之有机的结合，完全打通了各类媒体的通路，形成了最终的传播合力。

借助国内最大的微博平台——新浪微博，以类似于篮球赛对抗的形式，沃尔沃成功推出了林书豪与李书福的微访谈，并吸引了众多粉丝、各类新媒体及传统媒体的关注。而对相应的线下落地活动的内容及视频等，沃尔沃进行了不同形式的包装，通过BBS、SNS及微博等渠道，掀起了多次的传播热潮。同时，在这些传播中以文字链接等方式，在各个媒体之间形成通路，实现了整体传播的无缝对接，不仅有效地扩大了影响力，将覆盖率最大化，同时带来了极佳的多次传播效应，使得沃尔沃的品牌内涵及产品特质获得了最佳的传达。

沃尔沃的目标就是要实现品牌内涵及产品特质信息的最大化传播，形成广泛而深入的影响。为此，它率先使用了新浪微博平台的“微访谈”这一新产品，为众多粉丝创造了零距离接触林书豪和李书福的机会，并通过他们的形象、个性及智慧的碰撞，直观展示了沃尔沃的品牌内涵及产品特质，从而带动了门户、平媒等的主动跟进，同时借助这一新形式，与众多网友的微博进行实时互动，对信息进行多层面的传播，形成立体式的巨大扩散效应。与此同时，沃尔沃还通过“达人秀”这样的节目植入，为整体传播提供了极为丰富的内容资源，其后更是利用各类网络红人及BBS、SNS等实现再次扩散，由此掀起了新一轮的传播热潮。

此次“Volvo—林书豪中国行”的整体传播最终实现了121 805 518元的广告价值，投入产出比则为1∶28；同时实现了1 550 119人次的有效互动，而实际达到的人次超过了1.5亿。整个传播期间，与沃尔沃相关的众多关键词的百度搜索指数上升了234%~600%。

资料来源：技术驱动的营销革命——2012年度创新营销十大杰出案例（上）[J/OL].（2012-11-13）[2014-05-11]. http://content.businessvalue.com.cn/post/8105.html.

（3）商业来源，是指营销企业提供的信息，这是消费者获取信息的主要来源，其中包括广告、推销人员的介绍、商品包装和产品说明书等提供的信息。

同步案例

Smart+京东，“双赢”推广

300辆Smart在89分钟内销售一空！相当于每半分钟销售一辆Smart，这个数据甚至超越了2010年Smart经典的淘宝团购案例，销售速度高达其2倍。除此之外，几千个销售线索在活动中被收集并提供给经销商。这个活动打破以往广告活动的ROI（return on investment，投资回报率）纪录，ROI高达1∶89。

奔驰选择京东作为Smart限量版网上销售的阵地。2012年2月10日至19日，首先是电视户外网络预热，结合微博为活动造势；随后，Smart在5个重要销售城市的影院展出，同一时期，Smart在中国当红的娱乐节目“非诚勿扰”中出现。2012年2月20日，在Smart正式销售时，奔驰采取了每推迟1小时购买价格增长36元，预售阶段购买还会额外奖励1 000元京东抵用券的营销策略。

京东正式声明将销售Smart限量版的微博一经发出便引起转发17 000次，网友评论的关键词中以“喜欢”、“不错”、“霸气”等褒义词为主，而京东和Smart这两个品牌的提及率也很高，可以说这一活动造就了“双赢”的理想效果，使得Smart和京东的曝光率都提高不少。活动的成功无疑要归功于前期的各种宣传预热，以及在社交网络上的造势，另外在电商平台销售汽车也是引起网友们大量讨论和传播的新颖点。

资料来源：刘萍. 盘点2012年口碑营销成功案例[EB/OL].（2013-02-22）[2014-05-11]. http://www.socialbeta.cn/articles/case-2012-wom-marketing.html.

（4）公共来源，是消费者从电视、电影、广播、报纸杂志等大众传播媒体所获得的信息。

同步案例

苹果营销手段：媒体宣传和植入广告

在2012年的苹果与三星的专利案上，苹果营销总监席勒表示，苹果在推出新产品的时候，已经不需要再做任何广告了。苹果只用了两种营销手段：一个是媒体，通过媒体散布有关于产品的积极评论，为产品造势；二是植入广告，让产品经常出现在电视节目和电影中。他表示，这种报道比广告更有效，根本就没有必要再去打广告了。

据报道，苹果在2007年刚推出iPhone时，媒体都在积极地为其造势，以至苹果有段时间根本没打任何广告。席勒在谈到iPhone时表示，2007年1月该产品推出后，以及该产品当年晚些时候上市时，苹果都决定暂时不买任何广告。席勒称苹果不需要打广告，并念了几个有关iPhone和iPad的好评。他解释说，这样的报道比广告的效果更好。他还透露苹果有一位员工跟好莱坞联系紧密，因此苹果的产品经常会出现在荧屏和银幕上。

席勒称苹果因为广泛的媒体关注而受益，这些战术并非出人意料，因为所有人都曾在电影或电视节目中看到过iPad和MacBook被当作道具使用的场景。其实，苹果的营销方法就是人们常说的“口碑效应”。好产品大家都会口口相传，自然就会有好口碑，无论是明星还是普通消费者就都会乐于购买和宣传。好口碑就是最好的广告。

资料来源：苹果营销手段：媒体宣传和植入广告[EB/OL]．(2012-08-07)[2014-05-11]．http://www.meihua.info/today/post/post_6f746924-428b-48d1-ac85-94badbd0756d.aspx.

4.2.2 了解不同信息来源对消费者的影响程度

一般来说，消费者经由商业来源获得的信息最多，其次为公共来源和个人来源，最后是经验来源。但是，从消费者对信息的信任程度看，经验来源和个人来源的信任程度最高，其次是公共来源，最后是商业来源。研究认为，商业来源的信息在影响消费者购买决定中起告知作用，而个人来源则起评价作用。营销人员应通过市场调查了解消费者的信息来源及何种来源的信息最有决定作用，以便开发相关的信息渠道。

同步观察

社交媒体与消费者行为

在美国，社交媒体平台的整体使用量正在不断增长，无数消费者每天都要登录Facebook、Twitter和Pinterest（Pinterest是全球最大的图片社交分享网站）等社交平台去顶贴、发表推特和钉图片。零售商和品牌厂商也越来越关注社交商务。

1. 移动的崛起。

移动的崛起意味着消费者可以随时随地进行比价及向好友寻求中肯的建议。总体来说，移动在社交媒体吸引的消费者时间中所占份额已经达到40%；其中，Facebook的移动业务在消费者时间上所占份额已经超过50%，Pinterest的份额也达到了48%。

据社交商务平台Addshoppers统计，Facebook和Pinterest在社交媒体产生的电子商务销售总额中所占份额之和已经超过了56%。由于品牌厂商越来越关注社交媒体，加上移动市场的蓬勃发展，因此必然会使社交媒体抛弃传统的显示广告商业模式而转向新兴的社交商务模式。

2. 可视化网络的兴起。

很多网站如Tumblr、Pinterest、Instagram和Wanelo等汇集了各种不同的购物观念，它们已经成为引领时尚的排头兵。例如，移动目录公司Zmags的一项调查结果表明，63%的网购消费者声称他们打算使用网络目录，35%的网购消费者声称他们打算使用Pinterest来辅助购物。

3. 人口统计。

美国年轻消费者已经习惯了在网上购物，而且他们倾向于将智能手机和平板电脑当作一种重要的购物工具来使用。Pinterest的大多数用户的年龄都在30~49岁，这个年龄段的消费者通常已经拥有了相当的财力，而且女性偏多。商家们知道，女性通常控制着服装、家庭消费品和礼品等家庭开支项目的钱袋子，这正是Pinterest最关注的几类商品。

资料来源：社交媒体如何驱动社交电商崛起［EB/OL］.（2013-07-04）［2014-05-11］. http：//tech.qq.com/a/20130804/002799.htm? pgv_ref=independent.

4.2.3 设计信息传播策略，开发有效的信息渠道

营销人员除了利用商业来源对消费者传播信息外，还要设法利用和刺激公共来源、个人来源和经验来源，也可以多种渠道同时使用，以加强信息的影响力或有效性。

同步观察

微信营销

微信，在2011年1月21日发布了第一个版本，它是腾讯旗下的一款语音产品，是当前比较火爆的手机通信软件，支持发送语音短信、视频、图片和文字，还可以群聊。相信喜欢体验移动APP的用户的手机里都会有这么一款应用。

2013年1月15日，在距离微信2周年还差几天的时候，其用户达到3亿人。业内预计，到2013年底，微信的用户可能会突破5亿人。一些嗅觉灵敏的企业也关注到了这样一个庞大的群体，想方设法让数亿微信用户掏腰包来消费，微信迅速成为了一个极具影响力的网络交互平台。微信营销是网络经济时代企业对营销模式的创新，是伴随着微信的火热产生的一种网络营销方式。微信不存在距离的限制，用户注册微信后，可与周围同样注册的"朋友"形成一种联系，还可以订阅自己所需的信息，而商家则通过提供用户需要的信息，推广自己的产品。微信一对一的互动交流方式具有良好的互动性，精准推送信息的同时更能形成一种朋友关系。基于微信的种种优势，借助微信平台开展客户服务营销也成为继微博之后的又一新兴营销渠道。

道德聚焦

行为定向惹出的争议

行为定向（behavioral targeting）的兴起使企业能够在网上追踪目标顾客行为，并发现广告和目标顾客之间的最佳匹配。追踪个人的互联网使用行为依赖Cookies这种能够随机分配

存储在用户计算机硬盘上的数字、代码和数据的技术，从中能够发现用户访问了哪些网站，花费了多少时间，浏览了哪些产品，输入了哪些搜索词句等。

多数行为定向在谷歌、AOL这样的大型网络公司或类似的大型网络服务运营商的网站上进行。这些在线广告网络，在与其相关的网站上使用Cookies来追踪顾客的活动。新顾客在微软网站上注册Hotmail免费邮箱时，会被要求输入公司或用户名、年龄、性别、邮政编码等。虽然微软必须认真保护顾客隐私，但还是可以给自己的广告客户提供行为定向信息。

行为定向的支持者认为行为定向能使顾客能看更多的相关的广告，但顾客也能明显感受到广告上的网上追踪。因此政府监管者正在考虑行业监管是否足够，是否需要用法律来约束。

资料来源：科特勒，凯勒. 营销管理[M]. 14版. 王永贵，译. 上海：格致出版社，2012.

任务4.3 推进消费者的购买评估选择

任务引子

假如你是想要购买平板电脑的消费者，已经从各种渠道收集了关于平板电脑的产品信息，接下来你会对这些信息进行评估，以便做出决策。你将从哪些方面评估选择呢？企业又应怎样推进消费者的评估选择呢？

任务认知

消费者在获得他认为够用的信息后，就会根据这些信息和一定的评价方法对产品加以评价，并决定选择。因此，营销者要善于根据消费者的评价行为特定，推进消费者购买评估决策。

1. 提供产品属性

产品属性是指产品所具有的能够满足消费者需要的特性。产品在消费者心中表现为一系列基本属性的集合。例如，下列产品各自应具备的属性如下。

冰箱：制冷效率高，耗电少，噪声低，经久耐用。

计算机：信息存储量大，运行速度快，图像清晰，软件适用性强。

药品：迅速消除病痛，安全可靠，无副作用，价格低。

宾馆：洁净，舒适，用品齐全，服务周到，交通方便，收费合理。

在价格不变的条件下，一个产品有更多的属性将更能吸引顾客购买，但是会增加企业的成本。营销人员应了解顾客主要对哪些属性感兴趣，以确定本企业产品应具备的属性。

2. 强化品牌信念

品牌信念指消费者对某品牌产品的属性和利益所形成的认识。每一个品牌都有一些属性，消费者对每一属性实际达到了何种标准给予一定的评价，然后将这些评价连贯起来，就构成了他对该品牌优劣程度的总的看法，即他对该品牌的信念。营销人员应了解消费者对品牌的信念，提升本企业品牌形象。

3. 增强效用价值

效用价值指消费者对某品牌每一属性的效用功能应当达到何种标准所提出的要求，或者说，该品牌每一属性的效用功能必须达到何种标准他才会接受。营销人员应了解消费者的效用标准，增强本企业品牌的效用价值。

同步观察

空调消费者的购买选择

根据中国统计信息服务中心舆情监测平台和百度定向检索统计数据表明，2013年一季度空调行业中消费者网民的关注重点是外观、功能、质量、服务。关注4项重点指标的网民相对均衡，其中关注空调外观的网民占29.4%，位居重点关注指标之首；关注功能、质量、服务的网民分别占25.7%、23.6%、21.3%。根据统计数据显示，2013年一季度消费者关注指数TOP10的空调品牌分别是：格力、海尔、大金、美的、奥克斯、志高、海信、格兰仕、科龙、三菱。其中，海尔空调取代美的空调跃居空调品牌关注排行第二位，大金空调品牌关注指数首次跻身前三，值得关注。

另外，空调的耐用性、节能性、可靠性、创新性、安全性，都是空调消费者重点关注的质量内容。售后服务质量是空调消费者选购的重要参考指标，保修年限长短、是否全国联保、享受三包服务都成为网民选择空调品牌的衡量指标。

通过对2013年空调新品网民关注指数进行统计分析发现，海尔帝樽空调凭借独特的外观造型、领先的技术创新，位居2013年一季度同等价位空调柜机关注指数排名第一，关注网民占全网网民的20.9%。

资料来源：CSISC——中国空调行业消费者行为研究报告［EB/OL］.（2013-04-22）［2014-05-11］. http://biz.cnr.cn/sytj/201304/t20130422_512421587.shtml.

任务4.4 促进消费者的购买决策

任务引子

某日，旅游公司的业务经理小王接待了一名想要外出旅游度过年假的李萍女士。李萍的个人背景是：32岁，已婚，广西人；毕业于中国某名牌大学，现在是一家跨国公司的市场发展经理（已在该公司任职5年），已在广州丽江花园拥有一套三居室；英文流利，月入18 000元，有20天的年假，现在准备去度假。另外，李萍的丈夫也是一名职位较高的白领人士。

假设旅游公司可选择的地方有：澳洲/新西兰、泰国（普吉）、三亚、韩国、欧洲、九寨沟、大理/丽江、西藏、新疆。请分别扮演小王和李萍进行对话。在对话过程中，小王要引导李萍做出合适的旅游计划购买决定。

任务认知

消费者经过产品评估后会形成购买意向，但不一定会导致实际购买。营销者要善于适当施加营销刺激，促进消费者购买行为的产生。

同步提示

消费者购买行为的类型

消费者购买行为既有简单的，也有复杂的，它们之间的购买决策有很大区别，一般越是复杂的购买决策，牵涉消费者的考虑和参与就越多。西方市场营销学专家以消费者的参与程度和品牌的差异程度为基础，将消费者购买行为划分为以下4类。

1. 习惯性购买行为。

对于价格低廉、经常购买、品牌差异较小的产品，消费者不需要花时间进行选择，也不需要经过收集信息、评价产品特点等复杂的过程。因此，这种购买行为最简单，消费者只是被动地接受信息，出于熟悉而购买，也不一定进行购后评价。针对这种购买行为类型，市场营销者可以用价格优惠、电视广告、独特的包装等方式鼓励消费者试用、购买及连续购买。

2. 需求多样化购买行为。

有些产品品牌差异明显，但消费者并不愿意花长时间进行选择和评估，而是不断变换所购产品的品牌，这样做并不是因为对产品不满意，而是为了寻求多样化。针对这种购买行为类型，市场营销者可采用销售促进和占据有利货架位置等办法保障供应，鼓励消费者购买。

3. 化解不协调购买行为。

有些产品的品牌差异不大，消费者不经常购买，在购买时又有一定的风险，因此消费者一般要比较、研究，只要价格公道、购买方便，消费者就会购买。购买之后，消费者也许会感到有些不协调或不够满意，在使用过程中，会了解更多的情况，并寻求种种理由来减轻、化解这种不协调，以证明自己的购买是正确的。经过由不协调到协调的过程，消费者会有一系列的心理变化。针对这种购买行为类型，市场营销者应注重运用价格策略和人员推销策略，选择最佳销售地点，并向消费者提供有关产品评价的信息，使其在购买后相信自己做了正确的决策。

4. 复杂购买行为。

当消费者购买一件贵重的、不常买的、有风险的，而且非常有意义的产品时，由于产品的品牌差异大，消费者对其缺乏了解，因此需要有一个学习的过程，以广泛了解产品性能、特点，从而对产品产生某种看法，最后决定是否购买。对于这种复杂的购买行为，市场营销者应采取有效的措施帮助消费者了解产品性能及其相对重要性，并介绍产品的优势及其给消费者带来的利益，从而影响购买者的最终选择。

4.4.1 关注他人态度

例如，消费者决定购买A牌手提电脑，但是家人不同意，他的购买意向就会降低。他人态度的影响力取决于以下3个因素。

(1) 他人否定态度的强度。他人的否定态度越强烈，影响力就越大。

(2) 他人与消费者的关系。他人与消费者的关系越密切，影响力越大。

(3) 他人的权威性。他人对此类产品了解的专业水平越高，影响力越大。

需要注意的是，消费者在购买活动中可能扮演不同的角色，尤其是一些以家庭为单位的消费者，营销人员最关心决定者是谁。一般来说，家庭中日用品的购买决策由妻子做出，而耐用消费品的购买决策由丈夫做出或由家庭成员讨论后做出。

同步提示

消费者参与购买决策的角色

消费者在购买活动中可能扮演下列5种角色中的一种或几种。

① 发起者，是第一个提议或想到去购买某种产品的人。

② 影响者，即有形或无形地影响最后购买决策的人。

③ 决定者，即最后决定买与不买、买什么、买多少、怎么买、何时与何地买等整个购买意向的人。

④ 购买者，即实际执行与卖方商谈交易条件、去商店选购等购买决策的人。

⑤ 使用者，即实际使用或消费商品的人。

消费者以个人为单位购买商品时，这5种角色可能同时由一人担任；以家庭为单位购买时，这5种角色往往由家庭中的不同成员分别担任。研究消费者在购买决策中扮演的角色，以及其角色的地位与特性，有助于营销人员妥当地安排营销策略，较好地实现营销目标。

4.4.2 考虑意外情况

营销人员应该了解到，顾客一旦决定实现购买意向，必须做出以下几种决策。

(1) 产品种类决策，即在资金有限的情况下优先购买哪一类产品。

(2) 产品属性决策，即该产品应具有哪些属性。

(3) 品牌决策，即在诸多同类产品中购买哪一品牌。

(4) 时间决策，即在什么时间购买。

(5) 经销商决策，即到哪一家商店购买。

(6) 数量决策，即买多少。

(7) 付款方式决策，即是一次付款还是分期付款，是现金购买还是其他方式购买等。

消费者的购买意向是以一些预期条件为基础而形成的，如预期收入、预期价格、预期质量和预期服务等，如果这些预期条件受到一些意外因素的影响而发生变化，则消费者的购买意向就可能改变。例如，预期的奖金收入没有得到，原定的商品价格突然提高，购买时销售人员态度恶劣等都可能导致顾客的购买意向改变。

同步延伸

找对接触点，营销事半功倍

接触点营销，即抓住与客户接触的关键时刻进行营销。通过接触点营销及管理，使这些同顾客接触的关键时刻变为客户满意的时刻。客户在进入下一个接触点之前必须经历一系列的反应，而且每一个接触点都不能忽略。因此，接触点营销的关键在于提供能让潜在客户满意的价值，这在很大程度上决定了客户最终是否购买。

保时捷应该是许多人心中的梦幻逸品。会买或买得起它的消费者，他们的生活状态无疑应该是：多金、高调、不在意被注意……一般来说，这类价值不菲的商品的购买决策，都不会是没来由的突发奇想，而是经过深思熟虑、再三比较、探听、赏车、亲自试驾后的结果。

而这群目标对象去哪找？最简单的方法就是拍一部电视剧或平面广告，选择他会收看的媒体播放，用令人热血沸腾的广告让他上钩。只是，被这些大众媒体上的一则广告“砸”到的人，往往是一群消费不起的普通大众，也就是说即使有人看到了广告，绝大部分的人，也许一辈子也不会成为其消费者。当然，不是说奢华品牌不需要在大众媒体上投放（这样做还是有其策略上的意义），而是一旦已经是知名品牌之后，这样做是不是最有效的方法？

加拿大的保时捷经销商Pfaff想到了一个好点子，去高级住宅区挨家挨户地发广告。去豪宅区发广告不特别，特别的是为每一户定做了独一无二的“一辆Porsche 911停在你家门前”的广告。摄影师，一部Porsche 911，一台计算机，一部打印机，就这样，工作人员真的把车停在你家门口，由专业摄影师操刀，找一个最美的角度拍照，制作出史上绝无仅有，只为你定制的广告，然后用打印机印出，亲手送到你家信箱。这些大户人家，应该没人不识得保时捷为何物吧！何需大费周章地沿街拜访只为了投递一张广告！对目标消费者来说，从来就没少见过一个登在Fortune杂志上的保时捷广告，但可能他们没想过：如果一辆Porsche 911停在自家门前，会是什么样的绝妙风景！

就是这样的用心，找到对的接触点，用有创意的沟通方法，就可能引起他的赏车意愿，不但省了大笔的广告费，目的也达到了。据说，这样做的成效极高，有32%的住户预约赏车。

资料来源：找对接触点，营销事半功倍[EB/OL].（2012-07-31）[2014-05-11]. http://www.damndigital.com/archives/65727.

任务4.5　跟踪消费者购后行为

任务引子

35个紧急电话

一天，一位名叫吉埃丝的美国记者来到日本东京，在奥达克余百货公司买了一台唱机，准备送给住在东京的婆婆作为见面礼。然而回到住处后，她发现机子没装内件。吉埃丝顿时火冒三丈，并迅速写了一篇新闻稿《笑脸背后的真面目》。

第二天一早，吉埃丝正准备出门，一辆汽车赶到她的住处，从车上下来两个人，经自我介绍后得知是奥达克余百货公司的副总经理和职员。两人一进客厅便俯首鞠躬，副总经理亲手送上一台新的完好唱机，另附一张唱片和一盒蛋糕。面对惊愕的吉埃斯，副总经理打开记事簿，里面的一份备忘录记载了事情经过。原来前一天下午，公司售货员清点商品时，发现错将一台空心货样卖给了顾客。售货员立即上报了此事，经理得知后非常重视，马上召集有关人员商议。当时只有两条线索可取：顾客的名字和一张标有"美国快递公司"的名片。根据这两条线索，奥达克余百货公司展开了一连串大海捞针式的行动，打了32个紧急电话向东京各大饭店查询，但都没有结果，于是又打电话给纽约的美国快递公司总部，直到深夜才查到该顾客家里的电话，接着打电话给顾客的父母，从那里得知了顾客在东京的住所。这期间，一共打了35个紧急电话。

这一切让吉埃丝深受感动，她立即重写了新闻稿，题目叫《35个紧急电话》，高度赞扬了奥达克余百货公司的行为。

资料来源：35次紧急电话[J/OL].（2009-09-14）[2014-05-11]. http://bbs.foodmate.net/thrtad-304449-1-1.html.

任务认知

消费者购买商品后，通过自己的使用和他人的评价，会对自己购买的商品产生某种程度的满意或不满意。消费者对购买的产品是否满意，将影响其以后的购买行为。

有研究指出：如果一个顾客不满意，平均会向11个人传播他这种不愉快的经历。营销者应采取有效措施加强售后服务，保持与顾客联系，提升顾客满意度。

同步观察

请给消费者一个购买国产奶粉的理由

2013年3月1日起，中国香港婴幼儿配方奶粉限购令正式实施，每人每日只能购买2罐奶粉，仅半个月时间，在购物网站上代购港版奶粉价格一路飙涨3成。2013年3月以来，从香港对婴幼儿配方奶粉实施限购令，到荷兰超市全面限购奶粉，又传新西兰奶粉减产价格面临涨价，中国宝宝的口粮问题牵动着每一个家庭敏感的神经。

部分年轻爸妈对在国内买进口奶粉不太放心，便走上"海淘"路——通过国外购物网站直接在线网购洋奶粉，再通过国际快递或转运公司寄回国内。事实上，从"海淘"奶粉兴起，到欧美多国通过各种手段限购或限制出口奶粉的整个过程中，本土奶粉厂商一直没能表现出足够的竞争力。

中投顾问发布的《2010—2015年中国奶粉市场投资分析及前景预测报告》显示，我国0~3岁的婴幼儿有7 000多万个。其中，每年的新生儿约1 750万个，而6个月大婴儿的母乳喂养率只有67%左右，再加上母乳不够需要奶粉补充的，每年婴幼儿奶粉市场的需求量非常大，从而市场发展空间也大。在如此巨大的商机面前，国产奶粉却失去了竞争力。若非国产奶粉食品安全问题频出，消费者怎会劳心劳力"海淘"奶粉？如今，国外"奶源"断了，国内奶粉厂商是否该争口气，狠抓安全关，从而重塑本土奶粉的形象？

资料来源：财经观察：国产奶粉被国人抛弃［EB/OL］. 腾讯财经，http：//finance.qq.com/zt2011/gcnf/index.htm? pgv_ref=aio.

1. 跟踪购后使用和处置

消费者在购买所需商品或服务之后，会进入使用过程，以满足需要。营销人员应当关注消费者如何使用和处置其所购买的产品。

2. 关注购后评价

消费者通过使用和处置过程会对所购产品和服务有了更加深刻的认识，检验自己购买决策的正确性，确认满意程度，作为以后类似购买活动的参考。如果消费者对产品有不满意感就会影响以后的购买行为。如果他们对产品满意的话，则在下一次的购买中，极可能继续采购该产品，有不满意感的消费者的反应则截然不同。

企业经常衡量消费者的满意程度是一种明智之举，不应等到消费者不满意时才有所作为。大约96%的有不愉快感的消费者从不向企业讲他们遇上的问题，因此应该建立一个系统，鼓励顾客提意见。用这种方法，企业能了解自己做得怎样及如何改进。

3. 监测购后行为

顾客对产品的评价会形成其对产品的信赖、忠诚或是排斥态度，决定了相应的购后行为。如果消费者信赖该产品，就有可能重复购买同一产品，并推荐给周围人群；反之，消费者会抱怨、索赔、抵制或不再购买，并劝阻他人购买，向有关部门投诉等。企业应当采取有效措施减少或消除消费者的购后失调感。

同步观察

售后服务成家电网购的软肋

“省时省力还省钱”的网络购物给消费者带来了不一样的购物感受和实惠。而随着网购方式的迅速发展，上网淘货也从服装、食品、书籍等日用商品拓展到了家用电器的领域，从电水壶、豆浆机、吸尘器到液晶电视、滚筒洗衣机、双开门冰箱，消费者都能在网络上寻得它们的踪影。

在网购家电日渐盛行的当下，不少消费者都遇到过所购货品被延期发送，收到的货品受到损坏，以及家电商品的售后服务难有保障的情况。虽然网购家电占据的市场份额越来越大，但对网购家电的投诉也呈现出逐年增长的趋势。有不少消费者反映在网购家电时，遭遇过一系列使用和维权的难题。最常见的两类问题是：售后客服“打太极”，拖延时间；商城制定霸王条款，绑架用户权益。

资料来源：网购家电投诉居高不下售后服务是关键［EB/OL］.（2013-01-04）［2014-05-11］. http：//washer.ea3w.com/135/1358108.html.

在线链接

1. 中国消费者网，http://www.12315.com/
2. 中国消费网，http://www.ccn.com.cn/
3. 消费日报网，http://www.xfrb.com.cn/
4. 中国质量万里行，http://www.315online.com/
5. 315热线，http://www.315rx.com/

营销新观察

口碑营销

口碑营销是指企业努力使消费者通过亲朋好友之间的交流将自己的产品信息传播开来。对企业来讲，以口碑传播为途径，对产品或服务满意的消费者主动告知他人，也是一种免费的广告形式。这种方式成功率高，可信度强。从企业营销的实践层面分析，口碑营销可以引发企业的顾客对其产品、服务及企业整体形象的谈论和交流，并激励顾客向其周边人群进行介绍和推荐。

口碑营销是值得信赖的营销方式之一，在市场营销中被广泛应用。尤其是在如今社会化和互联网高速发展的时代，消费者的沟通更多的是使用网络，这使人们的虚拟距离缩短。越来越多的信息交流、资源互换的出现，也使企业被人们提及的次数越来越多，企业的形象也被放大很多倍，这时候企业口碑越来越受到重视，口碑营销也在企业营销策略中变得举足轻重。

2012年8月9日是新加坡的国庆节，依照惯例每年都会推出一首官方国庆主题歌曲，2012年推出的是“爱在晨曦中”（Love at First Light）。不过，它的风头被曼妥思薄荷糖抢走不少，曼妥思在国庆节的前一周发布了一支自己创作的国庆歌曲“国庆之夜”（National Night），鼓励国民以一种新方式来庆祝节日：为新加坡造人。这首R&B歌曲旨在宣传曼妥思新推出的一款主题薄荷糖“我爱新加坡”（I Heart SG）。

不断下降的出生率一直是新加坡的难题。据2011年《美国中央情报局世界概况》估计，新加坡出生率仅为7.72‰，处于全世界最低水平。而移民政策又不为本地人认可，于是，国庆日除了政府领袖出席盛大巡游和阅兵表演之外，也是宣传多生孩子的主论坛。

虽然曼妥思创作的“国庆之夜”未必能获得保守人士的欢迎，却广受年轻人喜爱。由于极具“病毒性”，一经推出迅速流行于网络，在YouTube上有近40万次的点击量，将近新加坡官方国庆歌曲的一半。曼妥思这次借势新加坡国庆节日发布的歌曲视频吸引了众多年轻人的眼球，而这些人正是曼妥思产品的核心用户。客户群定位准确、病毒视频传播、借势营销，这3点使营销活动获得了成功，并使曼妥思在消费者中的口碑及形象持续升温。

1. 口碑营销的5T原则。

① 谈论者（Talkers）。谈论者是口碑营销的起点。企业首先需要考虑谁会主动谈论你？是产品的粉丝、用户、媒体、员工、供应商，还是经销商？口碑营销往往都是以产品使用者的角色来发起，以产品试用为代表。

② 话题（Topics）。它是指给人们一个谈论的理由。是产品、价格、外观、活动，还是代

言人？其实口碑营销就是一个炒作和寻找话题的过程，总要发现一点合乎情理又出人意料的噱头让人们，尤其是潜在的用户来“说三道四”。

③ 工具（Tools）。如何帮助信息更快的传播？用网站广告、病毒邮件、博客，还是BBS？企业不仅需要对不同渠道的传播特点有全面的把握，信息的监测也是一个重要的环节，从最早的网站访问来路分析，到如今兴起的舆情监测，口碑营销的价值越来越需要一些定量数据的支撑。

④ 参与（Taking Part）。它是指参与到人们关心的话题讨论中，也就是鼓动企业主动参与到热点话题的讨论。其实网络中从来不缺话题，关键在于如何找到和产品价值和企业理念相契合的接触点，也就是接触点传播。

⑤ 跟踪（Tracking）。如何发现评论，寻找客户的声音？这是一个事后监测的环节，很多公司和软件都开始提供这方面的服务。相信借助于这些工具，商家会很容易地发现一些反馈和意见。

2. 口碑营销的形式。

① 经验性口碑。它是最常见、最有力的形式，通常在任何给定的产品类别中都占到口碑活动的50%~80%。它来源于消费者对某种产品或服务的直接经验，在很大程度上是在经验偏离消费者的预期时所产生的。

② 继发性口碑。营销活动也会引发口碑传播，最常见的就是继发性口碑，即当消费者直接感受传统的营销活动传递的信息或所宣传的品牌时形成的口碑。这些消息对消费者的影响通常比广告的直接影响更强，因为引发正面口碑传播的营销活动的覆盖范围及影响力相对来说都会更大。

③ 有意识口碑。例如，营销者可以利用名人代言来为产品发布上市营造正面的气氛。但对制造有意识口碑进行投资的企业不多，部分原因在于其效果难以衡量。

3. 策划口碑营销的关键。

① 品质或服务要有保证。口碑营销不是靠创意取胜，也不是靠炒作来一鸣惊人，而且用户的口碑可以是正面的，也可以是负面的，如果仅仅靠炒作，最后很可能都会变成负面的传播。一个良性的口碑营销应该建立在产品品质和服务有保障的前提下，这样才能形成持久而正面的口碑效应。

② 品牌结合。在策划口碑营销时，不管是引爆点也好，还是策动的话题也罢，一定要与品牌有机结合，不能是生拉硬拽，与品牌毫无关系。

③ 正面口碑。口碑营销最后引发的一定是正面口碑，不能适得其反。这就需要企业在策划阶段应注意对风险的控制，多准备几套应急方案。

④ 口碑要经得起推敲。不管方案如何策划，一定要经得起推敲，不能遭人诟病。

实务演练

1. 演练内容

（1）关注大学生群体喜欢通过网络购物来购买服装等商品的消费行为。

（2）熟悉天猫和凡客诚品两个购物网站，考察、分析影响大学生网络购物行为的因素。

2. 演练目的

帮助学生理解影响大学生消费行为的各种因素，进而帮助学生学会分析实战中的消费行为，制定相应的营销策略，指导市场营销活动有效开展。

3. 演练要求

（1）要求学生认真学习并明确影响消费者购买行为的因素。

（2）要求学生特别关注网络购物行为对未来企业营销策略的深远影响。

（3）要求学生运用消费行为分析的相关基本原理，对天猫和凡客诚品两家企业的营销策略进行分析，比较两家企业从消费者的需求出发所实施的营销策略的优缺点。

（4）要求教师在实战实施前给予必要的指导，并在学生相互交流的基础上给予点评。

4. 演练步骤

1）明确消费者网络购物行为的影响因素。

2）组织学生到实验机房，打开天猫、凡客诚品网站，分别注册账号，搜索自己感兴趣和较为热门的服装。

3）实际模拟和操作购物过程，把握消费者购买决策的过程。

4）分析给出影响大学生网络购物行为的原因及表现。

5. 演练考核

（1）理念与技能

考察整合营销沟通影响因素的完整性，不同整合营销沟通手段的出发点和优缺点，当前市场环境下营销传播和沟通的特点。

（2）逻辑与规范性

逻辑顺畅，格式规范，版面、礼仪得体。

模块5

分析产业市场购买行为

公司并非从事采购，他们是在建立关系。

——［美］查尔斯·S. 古德曼

学习目标

知识目标

- 有效确认产业购买者的需要，识别产业购买参与者的角色
- 掌握促进产业购买决策的关键因素
- 领会如何跟踪产业市场购后行为

素养目标

- 善于根据后工业时代的特点，分析影响产业市场购买的因素
- 树立利用合法、有效的手段促进产业购买决策的职业操守

技能目标

通过确认产业购买者的需要，从而识别出产业购买参与者的角色，并根据不同的角色提供相应的产业市场供应信息，进而促进产业购买决策，最终对产业市场的购后行为进行跟踪

模块引子

雾霾治理催生投资机遇

2013年2月，北方多个城市再次被雾霾所笼罩（见图5.1），受此影响，雾霾治理等环保产业受到了投资者的强烈关注。这是一个很大的市场机遇，但这个“蛋糕”怎么切，还要看政府相关政策的落实情况。多位行业分析师表示，从长期而言，此次雾霾天气反映了转变经济发展方式，优化升级产业结构已经到了刻不容缓的地步。2012年10月29日，环保部、发改委、财政部联合发布《重点区域大气污染防治“十二五”规划》（以下简称“规划”）。该规划是我国首部综合性的大气污染防治专项规划，八大防治重点工程“十二五”总投入约达3 500亿元。

图5.1　雾霾天

在污染可能继续恶化的情况下，政府可能推出应急措施，强化措施，研究新措施等多重治理手段。国金证券研究报告显示，目前从各地区及相关部门对雾霾事件的态度和出台政策来看，对于环保产业的政策导向将持续向好，结合规划看，行业空间巨大。

相比对整个行业未来发展空间的乐观分析，也有业内人士提醒，由于国内产业化基础很薄弱，国内环保类公司在技术上与国外早几十年起步的同类公司存在较大差距，同行业间竞争日趋激烈、投资进度低于预期等也可能给行业发展带来一定障碍。以PM2.5的监测设备为例，目前国内80%以上的PM2.5监测设备均来自国外。环境治理为整个行业带来“大蛋糕”，但企业要吃到这块“蛋糕”，必须要练好“内功”，提升自身的技术实力。同时，目前国内的环保类上市公司与地产、钢铁、煤炭等传统产业的龙头公司相比，企业规模太小，大部分是在做细分行业，抵御风险的能力较差，上下游产业链无法有效打通。

资料来源：杨波，王平原雪，吕骞. 雾霾治理催生投资机遇谁来切分3 500亿“大蛋糕”[EB/OL].（2010-02-01）[2014-05-11]. http://finance.people.com.cn/stock/n/2013/0201/c67815-20399461.html, 2010-02-01.

想一想

1. 营销环境的不断变化催生新的市场机会，企业的营销对象除了个人消费者之外，还可以满足哪些市场的需求？

2. 市场与消费者市场相比有哪些特点？影响产业市场购买的因素有哪些？

企业的市场营销对象不仅包括广大消费者，也包括各类组织机构。这些组织机构构成了原材料、零部件、机器设备、供给品和企业服务的庞大市场。与消费者市场相比，组织市场的需求与购买行为有着明显的差异，企业必须了解组织市场尤其是产业市场及其购买行为特点，才能有针对性地开展营销活动。

任务5.1 确认产业购买者的需要

任务引子

PM2.5监测设备市场将迎来爆发式增长

2012年底至今，雾霾的大规模爆发，不断地侵扰着我国多个城市。“两会”后，社会对于环境保护和节能减排的呼声开始高涨。北京遭遇空气质量6级污染，大部分区域的空气质量指数（air quality index，AQI）一度达到极值500，PM2.5指数濒临“爆表”（所谓“爆表”，就是检测设备的指标达到或超过了最大允许范围）。我国中东部大部分地区被雾霾笼罩，由此引发了相关行业的广泛关注，对PM2.5危害的治理已经迫在眉睫。环保人士认为，环境监测设备的生产企业有望迎来高速增长的景气周期。

“十二五”规划中明显加大了对环保的投资和对污染企业的治理力度。环境保护部副部长吴晓青曾表示，“十二五”期间，国内要建设近1 500多个PM2.5监测点位，前期投入将超过20亿元。可见，随着环境监测点的不断增加，环境监测设备的生产企业有望迎来高速增长期。

未来一二年，国内PM2.5监测设备市场将迎来爆发式增长，业内人士按照国内现有监测点的数目来计算，预计2012—2015年，国内将有3 000多台的需求量，到2015年对污染物监测的设备投入总额将超过200亿元。

国内生产PM2.5的企业表示，从数据来看国产PM2.5环境监测设备跟国外该产品相比基本上没有太大差别，都是实时报数。可以看出，国产设备能够经得起考验。相关人士称：“2013年国产设备市场份额会有一个较大的提升，这要看国家的投入情况，希望未来会向国内产品倾斜。”

请根据所给资料，分析中国PM2.5监测设备的需求状况和未来市场的需求趋势。

资料来源：各地雾霾天气引爆PM2.5监测设备市场需求[EB/OL].（2013-01-14）[2014-05-11]. http://news.machine.com.cn/show-79112/.

任务认知

产业市场（industry market）又称工业品市场或生产资料市场，是组织市场的一个组成部分，是指为满足工业企业生产其他产品的需求而提供劳务和产品的市场。组成产业市场的主要行业是农业、林业、渔业、采矿业、制造业、建筑业、运输业、通信业、公共事业、金融业和服务业等。

5.1.1　产业市场的特点

产业市场与消费者市场具有相似性，二者都有人为满足某种需要而担当购买者角色，制定购买决策等共同点。然而，产业市场在市场结构与需求、购买单位性质、决策类型和决策过程及其他各方面，又与消费者市场有着明显的差异。与消费者市场相比，产业市场具有以下特点。

（1）购买者的数量较少，购买规模较大。在产业市场上，购买者绝大多数都是企业单位，但购买者的数量必然比消费者市场少得多，购买规模却大得多。而且，由于企业的主要设备若干年才买一次，原材料、零配件则根据供货合同定期供应，为了保证本企业生产的顺利进行，企业总是要保证合理的储备。因此，企业的每一次购买总是批量采购，而且在产业市场上的绝大部分产品都是由少数几个买主购买。而且，由于资本和生产集中，许多行业的产业市场都由少数几家或一家大公司的大买主所垄断。

同步案例

当美国固特异公司销售备用轮胎给最终消费者时，虽然其潜在市场包括美国上百万正在使用轿车的车主，但固特异公司在产业市场的命运却取决于能否从几个主要的汽车制造商之一那里获取订单。因此，固特异公司在产业市场上的购买者主要是通用汽车公司、福特汽车公司、克莱斯勒汽车公司和美国汽车公司等。

（2）产业市场的购买者往往集中在少数地区。例如，美国半数以上的产业购买者都集中在纽约、加利福尼亚、宾夕法尼亚、伊利诺斯、俄亥俄、新泽西和密执安7个州（石油、橡胶、钢铁工业企业在地区上更为集中）。农产品的产地也很集中，大部分农产品都是少数几个州生产的（烟草、柑橘等农产品的产区更为集中）。正因为这样，企业把产业用品卖给产业购买者的费用就可以降低。在我国，工业客户主要集中在东北、华北、东南沿海一带。

（3）产业市场的需求是引申需求。产业购买者对产业用品的需求，归根结底是从消费者对消费品的需求引申出来的。

同步观察

后工业时代B2B营销怎么“玩”

2013年4月，工业品分销商科通芯城首次公开募股（initial public offerings，IPO）的新闻震惊了行业内外，一家工业品电商在互联网电商圈和资本圈的迅速蹿火，这在三四年前还是难以想象的。之所以引起剧烈反响，一是因为这则消息证明了大众群体和B2B企业的距离在快速缩短，消费者也开始有意识地关注消费端背后的产业链；二是因为经过前两年B2C从大热到泡沫破裂，资本急于寻找出路，因此，以工业品为主的B2B产业成为了最新的资本投资热点。

在后工业时代，B2B涉及的不再仅仅是企业和企业层级之间束之高阁的生意，随着个人消费端对企业决策的反响越来越强，现在的B2B营销领域正发生着三大革命。

第一个是技术革命，在互联网的助推下，B2B营销正从以产品为导向转入以服务为导向；第二个是转型革命，为了在同质化中保持竞争力，B2B公司开始关注企业文化和品牌的培育，并注重构建互联网人才和公关人才体系，企业也不再满足于旧有的客户和产品架构，而是力图通过发现现有产品的市场空间、未开发的需求、新的使用者来保持持续发展；第三个是市场营销领域的革命，B2B公司不再满足于传统的想法，只关注大企业的选择和交易，它们正在采用新的框架、理论、模型及概念来维护与终端消费者的关系，建立合作伙伴联盟，甚至针对单个客户提供更具个性化的服务。

在三大革命趋势的影响下，大量B2B企业开展自发研究，形成了新的营销体系，主要围绕以下3个方面进行。

① 从单纯的卖产品转变为提供解决方案。针对用户的具体需求提供包含技术产品组合的解决方案。例如，巴斯夫公司推出的"统一油漆店"，其产品和服务套装就是汽车涂料业方案创新的一个实例，每种套装都是根据某家汽车公司和工厂的非常具体的要求而设计的，具有产品和服务"一站式"的采购特征，为客户节省了大量成本。

② 从拼价格演变为提升行业价值。从整个产业链的实际需求出发提供方案，以解决具体的问题，为整个产业链创造价值。例如，我国长期处于上游10万家大型IC元器件供应商和下游500万家中小企业制造厂之间缺乏对接渠道的产业链缺失中，国内首家IC元器件自营电商科通芯城立足于此，通过线上自营分销模式，尝试给上游品牌商和下游采购用户建立平等的对话桥梁，从而接上产业链缺失的重要一环。

③ 大众渠道成为企业营销入口。随着移动互联网尤其是社交媒体的成长，绝对数量的用户在互联网社交媒体上的停留时间不断延长，销售企业将产品信息通过移动互联网或社交媒体推送给目标企业决策层或采购员正成为更加有效的方法。

因此，企业不再只是关注传统渠道终端，而是越来越注意用户在互联网上的关注和搜索行为。例如，通用电气（GE）做的虽然是飞机、火车等工业2B生意，其目标受众本应是企业决策者和政府官员等高端人群，但其营销策略却一直走"亲民"路线，自2011年3月开通了新浪官方微博以来，已得到大量白领用户的关注，@GE中国的博文内容也努力兼具创意和互动性，力求在各个阶层、行业的人中建立起可亲的形象。

资料来源：后工业时代B2B营销怎么"玩"[EB/OL].（2013-04-03）[2014-05-11].慧聪IT网，http://info.it.hc360.com/2013/04/031630702162.shtml，2013-04-03.

（4）产业市场的需求是缺乏弹性的需求。在产业市场上，产业购买者对产业用品和劳务的需求受价格变动的影响不大。例如，汽车生产者不会因为汽车轮胎的涨价而少购进轮胎。造成这种现象的主要原因是产业市场的需求取决于其生产工艺过程与生产特点，企业在短期内不可能很快变更其生产方式和产品种类。此外，如果原材料的价值很小，而这种原材料成本在制成品的整个成本中所占的比重就很小，那么这种原材料的需求也缺乏弹性。再如，金属鞋跟价格的上涨，不会影响金属鞋跟的需求水平。但是，在这种情况下，制鞋商要看哪个金属鞋跟制造商的产品价廉物美，然后决定从哪里进货。

（5）产业市场的需求是波动的需求。产业购买者对于产业用品和劳务的需求比消费者的需求更容易发生变化。在现代市场经济条件下，工厂设备等资本货物的行情波动会加速原料的行情波动。如上所说，产业市场的需求是引申需求。消费者需求的少量增加能导致产业购买者需求的大量增加。这种必然性被西方经济学者称为加速理论。有时消费者需求只增减10%，就能使下期产业购买者需求出现200%的增减。因为产业市场的需求变化很大，所以生产产业用品的企业往往实行多元化经营，尽可能增加产品品种，扩大企业经营范围，以减少风险。

同步观察

2013年初，国内钢材市场价格出现较大幅度的上涨，预示着全年的需求情况将好于2012年，由此引发供求关系很大的改善。2013年中国钢材需求形势向好，其中三大显著变化尤为重要。

① 2013年我国经济呈现提速，预计GDP增速8%以上，接近9%。在整体经济提速格局中，房地产市场升温尤为明显，成为推动钢材需求的一匹“黑马”，应当引起格外关注。

② 2013年全国固定资产投资提速，不仅来自于房地产市场升温，还来自于国家主导的交通、民生等方面投资力度的增强。作为抵御外部需求环境恶化、刺激国内需求、稳定经济增长的重要举措，固定资产投资提速不仅明显增加了建筑钢材需求，还会大量派生工程机械、家居装修、家用电器、机械设备、物流工具等制造业需求效应，增加其生产用钢材需求。制造业与固定资产投资历来为我国消耗钢材的最主要行业。上述两大行业的持续回暖，势必奠定2013年我国钢材需求的坚实基础，使其增长水平显著超出2012年的幅度。初步测算显示，上述两大耗钢行业的回暖，使2013年我国钢材需求至少增加3个百分点，相当于增加2 000万吨左右的粗钢需求量。

③ 市场预期转变，信心明显增强，不仅存在于住宅市场，在整个钢铁产业链也有体现。现在人们对于后市行情普遍乐观，认为最糟糕的时期已经过去。这种乐观情绪支配经营决策，因此会出现厂家与贸易商谨慎补库、提价、惜售、投机性购买等行为，导致中间需求膨胀。如果价格进一步上涨，上述行为将更为大胆，还会引发低库存企业的恐慌性抢购。在这种氛围下，投机资金大量涌入，期、现货市场上金融性、投机性、囤积性购买行为大量增加，将导致中间需求进一步膨胀。

资料来源：中国钢材价格网，http://www.zh818.com/html/2013/1/18/5279778.html.

（6）专业人员购买。由于产业用品特别是主要设备的技术性强，企业通常雇用经过训练的、内行的专业人员负责采购工作。企业采购主要设备的工作较复杂，参与决策的人员比参与消费者市场多，决策过程更为规范，通常由若干技术专家和最高管理层组成采购委员会，领导采购工作。

同步案例

某公司采购人员责任处罚条款

① 对采购技能达不到应有水平的工作人员，可调离相关的岗位。在采购工作的各个操作岗位中，有不少岗位对采购工作的质量和效果有非常重大的影响，采购从业人员的操作技能如果达不到应有的要求，就会影响到采购工作质量，甚至造成采购结果丧失客观公正性。因此，对不能胜任岗位工作需求的，特别是经常造成废标的工作人员，一定要将他们从相关岗位上撤换下来，调整到其他岗位上。

② 采购工作人员的道德素质存在问题的，要责令其离岗学习。对那些因为工作人员的职业素质差而造成废标的，如收受贿赂、搞钱权交易、吃拿卡要等，最好的办法就是从加强他们的素质教育入手，在具体措施上，可暂停他们的工作，让他们离岗学习。如果从业人员发生了重大违法乱纪问题，则必须要依法追究他们的纪律或法律责任。

资料来源：责任追究谁[N]. 政府采购信息报，2008-07-08.

(7) 直接购买。产业购买者往往从生产者那里直接采购所需产业用品（特别是那些单价高、有高度技术性的机器设备），而不通过中间商采购。

(8) 互惠。产业购买者往往这样选择供应商：你买我的产品，我就买你的产品。这种习惯的做法叫互惠。互惠有时表现为三角形或多角形。例如，假设有A、B、C三家公司，C是A的顾客，A就可能提出这种互惠条件：如果B购买C的产品，A就购买B的产品。

(9) 产业购买者往往通过租赁方式取得产业用品。机器设备、车辆和飞机等产业用品单价高，通常用户需要融资才能购买，而且这类产业用品的技术设备更新快，因此企业所需要的机器设备等有越来越多的部分不采取完全购买方式，而是通过租赁方式取得。

同步提示

租赁方式的种类

在现代市场经济条件下，租赁形式有7种。

① 卖而后租。这是指一个公司为了取得资金，将其厂房、土地、设备等卖给租赁公司（包括银行所属的租赁公司和独立的租赁公司），同时与租赁公司签订租赁合同，继续使用。这种形式大多在国内租赁中被采用，在国际租赁中也偶尔被采用。

② 服务性租赁。对于计算机等更新较快的设备往往采用这种形式。用户可以根据自己的需要来规定租期，在租赁合同中通常列有“可撤销”条款，即用户有权在租赁合同到期前撤销合同，退回旧设备或另租更先进的设备。因为现代技术更新迅速，如果在租赁合同中没有这种条款，租用者就不能及时地以新设备替换旧设备，这对租用者是很不利的。此外，租赁公司还提供设备维修、人员培训、保险和纳税等服务。

③ 金融租赁。其一般的服务程序是：用户先直接与制造商洽谈，选好自己需要的设备（一般都是单价高的大型设备），然后要求租赁公司从制造商那里购买设备，同时与租赁公司签订租赁合同。金融租赁和服务性租赁相比，有以下不同点。第一，用户不得在租赁合同期满前撤销合同。第二，合同期满时，用户所支付的租金总额必须等于设备的投资总额。因此，合同期满时，租赁公司就可以收回对设备的全部投资并包括利润，而租用者就可以取得设备的所有权。第三，在合同规定的租期内，租赁公司不提供任何服务。在国际租赁中，通常采取金融租赁，用户通过这种形式取得长期国际贷款，利用外资，引进技术设备。

④ 综合租赁。大银行附设的租赁公司，为了给其资金寻找出路，往往采用这种租赁形式。综合租赁的特点是：第一，租赁公司出租的设备种类繁多，从汽车、飞机、轮船、计算机、工作母机到电视机、空调机和生活娱乐设备，几乎无所不包；第二，在国际租赁中往往把设备同补偿贸易、加工装配结合起来。

⑤ 杠杆租赁。在租赁公司财力不足，没有钱购买用来出租的价值很高的大型设备的情况下，往往采取杠杆租赁，即租赁公司以这种设备为抵押品从银行借一部分资金来购买这

种设备，租给用户，以后由用户按期向银行支付租金，替租赁公司偿还银行贷款。因此这种形式又称为代偿贷款租赁。这种形式的最大优点是用户能租到价值很高的大型设备，得到大量资金融通，因而是一种很有发展前途的租赁形式。

⑥ 供货者租赁。这是指供货者（制造商）为了取得资金，将其设备卖给租赁公司，同时租赁原设备，转租给用户。

⑦ 卖主租赁。这是制造商或其经销商借助出租来推销其价值高、不易脱手的大型设备的一种方法。在国际租赁中，发达国家的大银行、大公司可以通过国际租赁来推销其过剩产品和输出过剩资金。而租用者（特别是不发达国家的用户）则可以通过国际租赁来利用外资，引进先进技术设备，发展本国经济，扩大出口。

5.1.2 产业市场购买的特点

1. 购买过程的特点

（1）供求谈判时间长。工业品的购买涉及厂房、建筑、能源、机器、设备、交通工具、各种规格型号的原材料、各种辅助设备和标准件等，投入的资金大，有的设备使用时间长，购买者不仅考虑设备的物质寿命，而且要考虑技术寿命和经济寿命，导致谈判协商时间长。

（2）高尖技术设备和定制设备的购买，一般是供需双方直接见面商谈。

（3）原材料及次要的小设备、标准件，一般通过批发商、零售商购买。

（4）购买次数较少。例如，设备一次购入，使用多年；原材料、标准件按企业预先制定的经济订购批量和采购次数进行采购或一次合同分批分期交货；生产者客户比消费者客户要少。

（5）需要提供产品服务。部分工业产品，如工业锅炉等大型设备的购买需要提供技术服务，才能激发购买者的购买动机。

（6）在工业品的质量和供应时间上有一定的要求。工业品的质量直接影响着生产者产品的质量，工业品的质量要符合化学的、物理的性能要求。供应时间是保证生产者进行正常生产经营的条件，既不能推迟，也不能过早。

（7）生产者购买决策复杂。工业品的购买不是由采购人员一人所能决定的，它通常要根据计划提出的品种、规格、型号、材质、数量和期限购买物资，有关技术要求、货款的支付还要同主管领导、工程技术人员、财会人员和厂长商榷之后才能最后决定。

除此之外，购买过程还有购买的批量大、金额大等特点。

同步延伸

如何做好采购工作

采购是企业中重要的环节，跟生产、销售是同等重要的，它们相互依存。采购并不仅是买，还是连接企业生产和满足顾客需要之间的媒介。采购或多或少地参与并推动了企业经营的一些其他职能，包括生产、批发、技术、分配、销售等。

那么，采购员的日常工作流程是什么？如何才能做好采购工作呢？

① 确定公司需求。采购员根据本公司的经营战略需求制定采购策略，初步掌握内部客户需求、外部供应市场、竞争对手和供应基地等方面的概况，通过采购作业找到合适的供应资源，满足企业在成本、质量、时间、技术等方面的综合指标。

② 调查市场信息。采购员根据市场价格的实际情况，不管是重要材料或是零星材料，都要先做市场调查，了解市场信息，掌握市场动态，对信誉差的供货商进行调整，对调查得到的信息进行整理，经分析和比较后，对能诚实守信、提供质优价廉材料的供货商建立档案，确定为采购对象，这就基本建立了稳定的供货渠道。这样既能采购到质优价廉的材料，又能降低采购成本，更能保证原材料质量的稳定。

③ 在询价、比价、比质、议价过程中选定供货商。采购员在收集信息之后，就要确定企业相关材料或产品的供货商。确定供货商是在一系列的价格讨论过程中完成的，这是一个不可分割的过程，也是一个采购过程中最为关键的一个环节，它直接影响着企业在成本、质量和技术等各方面的综合要求，特别是企业的利润空间。同时，这也是最难把握的一个环节，需要采购员在质量与成本之间进行权衡和协调，尽量寻找质优价廉的供货商，以确保企业在长期发展保持声誉的同时，获得最大的利润空间。

④ 严格要求自己，廉洁自律。因为采购的工作零星、量大、繁琐，因此对采购员的自身素质要求很高，特别是思想道德素质。

⑤ 索样、订购与协调沟通。索样，是对产品或材料样品质量的首次检验，这也是采购流程中不可缺少的一部分，采购员要特别注意最终的确认环节。另外，在订购这一环节会涉及很多法律问题，因此需要采购员掌握必要的法律常识，在签订合同的过程中一定要严格遵循法律程序，切不可把人情和法律混为一谈。对于在货物供应过程中的协调与沟通，采购员也要按照之前的订购合同来办，做到有法律可参照，有合同来约束，以防受骗上当，被人钻了法律的空子。

⑥ 检收和付款。对货物的验收和付款是采购作业的最后一个环节，这也是顺利的采购行为完成的一个标志。如果货物按照合同要求按期到货，并且质量过关，就可以对其付款；如果出现了法律纠纷，可以向公司请示是与供货商协商处理还是以法律途径解决。

一个好的采购员，要多方面了解供应商，在对其非常了解之后，才能用最合理的价格买到最好的东西。

2. 购买行为的特点

（1）购买的目的性。生产者购买的目的是生产出市场需要的产品。要根据市场的需求量，确定生产量，进而决定所需购买的数量。采购的物资既不能多，也不能少，否则都会影响生产者的经济效益。

（2）购买的理智性。生产者所购买的工业品必须考虑质量、品种、规格、价格、供货期及售后服务。如果某几种工业品质量与功能相似，生产者会购买价格低的产品；在质量上，则需购买符合技术特性要求的生产设备和原材料。生产者的购买是技术性很强的理智性业务活动，涉及由生产者的产品质量而引起的人身安全、假冒伪劣产品等法律问题，因此不可轻易购买。

③ 购买的组织性。购买的组织性是指企业内部的组织体系。生产者购买产品时要根据每个购买组织自身的目标、政策、程序、组织结构及组织系统的要求而进行。营销者应当了

解生产者（购买者）企业组织体系结构，了解有多少人参加购买决策，哪些人参加购买决策，购买标准是什么，购买者企业有哪些政策会影响购买行为。

④ 购买的集团性。一项重大工业品的购买，往往由一个集团来决定，它通常由许多具有不同地位、权力和职能的人组成，如质量管理者、采购申请者、使用者、财务主管、工程技术人员及经理等。他们的购买心理与期望各不相同，往往会导致决策的矛盾及决策过程的复杂化。

⑤ 个人动机性。因为参加购买决策的每一个人的年龄、收入、受教育程度、职业、个性及对风险的态度不同，导致每个人的购买动机不同。营销者要善于抓住和正确引导购买动机，使营销工作顺利进行。

⑥ 购买的环境性。生产者购买产品受当时的经济、技术、政治环境及文化、竞争环境的影响，其中最主要的是经济、技术环境，也就是经济、技术前景因素的影响。

同步观察

工业品网络采购成新宠

我国工业品市场已成为世界上发展最快的工业品市场之一，工业经济正进入高速增长阶段，工业品行业正呈现出更大的发展空间。工业品采购涉及品种多，技术复杂，流通渠道多，价格不规则波动，采购周期长等，使企业在采购过程中面对很多棘手的问题，如暗箱操作、回扣、关系采购、内幕交易等。这些采购行业的潜规则，让一些人非法牟取了大量灰色收入，同时也让企业的采购成本大幅增加、利润空间不断下降，同时也对整个行业的发展产生了极大的危害。

随着电子商务的普及、发展，电子商务网络采购走进了人们的视野，尤其是近些年来网络采购的发展和完善，使传统采购的劣势更加凸显出来，企业更加希望通过新兴的互联网和电子商务平台进行物资采购，这样不仅可以提升传统采购业务，规范采购管理，更能提高采购效率，降低采购成本。据研究表明，网络采购可以降低70%的采购费用，降低5%~15%的产品成本，这也是企业采用网络采购的核心动力。

① 网络采购价格"阳光"。传统工业品采购是由一个卖家从报价到洽谈，最终成交，价格无法控制，并且受制于人，同时会给暗箱操作创造机会，使企业利益受到损害。而网络采购采取的是价格公开、公示，网购的卖家是不会给买方回扣、红包、"油水"的，网购卖家提供的优惠折扣券也仅局限于网络采购，不能兑换现金；而且网购还能够进行全网比价，货比三家之后再下单采购，避免了传统采购中对工业品价格行情不了解而导致的采购成本的增加。

② 网络采购流程"阳光"。企业采购的工业品都属于大宗商品，而且专业化的工业品的集散地都处于偏远地区，因此，企业的采购人员都要进行实地采购，采购流程繁琐，周期长，同时还要人工处理大量的资质文件，这就势必会滋生人情采购、利益回扣等灰色收入。而网络采购把订单提报、采购方案、合同等采购环节固化在系统中，实现了采购流程的公开化、系统化、透明化。企业通过电子商务建立了直接的业务联系，减少了中间环节，从而形成了一体化的信息传递和处理系统，有助于净化工业品市场，建立起公平竞争、规范有序的市场环境。

③ 网络采购质量"阳光"。工业品行业是一个特殊的行业，设备质量及可靠性对企业的生产非常重要。目前，国内有几家工业品电子商务网站，如阿里巴巴、慧聪等综合性的B2B网站。B2C网站也有做得不错的，如综合类的京东商城、苏宁易购，还有中华自动化这样专业性的工业自动化商城。

网络采购为企业提供了一个全天候、全透明、超时空的采购环境，实现了采购信息的公开化，缩短了供需距离，避免了人为因素的干扰，简化了采购流程，降低了采购成本，提高了采购效率，是一种适应时代发展的先进采购模式。从某种角度来说，网络采购是企业的战略管理创新，是促进行业健康、良性发展的一剂良药。

资料来源：慧聪it网，http：//info.it.hc360.com/2012/09/191659670730.shtml.

任务5.2　识别产业购买参与者的角色

任务引子

假如你是深圳某大型医疗设备公司的一名推销员，现正忙于γ射线立体定位治疗系统产品的推销工作。一天，你在网上浏览信息时发现了威海某专科医院恰好在网上发出的采购γ射线立体定位治疗产品的招标广告。为了能把握住这一难得的商机，你决定赴威海开展产品推销。可是当你费了好大周折找到该医院专管医疗设备采购的科长，向他说明来意并向其介绍产品时，该科长竟以一句"这件事我做不了主，你找其他人吧"将你推出门外。接着你又先后找了该医院的外科主任、立体定位治疗产品的医务使用负责人、医院副院长（专管药品、设备、材料采购等事务）、医院营销采购代表等进行产品介绍，但都没有推销成功。请根据以上情境描述，分析该医院采购中心中的上述被拜访人员所扮演的角色。

任务认知

在产业用户采购产品的过程中，参与决策过程的所有人员组成一个采购中心，他们具有共同的采购目标，并共同承担采购决策的风险。因此，企业要研究采购中心的参与者，识别参与者的角色，并确定谁是最终决策者。其中，采购参与者包括以下5种不同的角色。

（1）使用者（users）。他们是所要采购物品的实际使用者，通常采购某种物品的要求是由他们首先提出来的，他们在决定物品的规格型号上有直接作用。

（2）影响者（influencers）。他们是企业内外直接或间接影响采购决策的人，协助确定产品规格和购买条件，影响供应商的选择，其中技术人员是特别重要的影响者。

（3）采购者（buyers）。他们是具体执行采购任务的人员，负责选择供应者，并与之谈判签约。在比较重要的采购工作中，通常还有企业的高层管理人员参与。

（4）决策者（deciders）。他们是企业里有权决定采购项目和供应者的人。在日常的采购中，采购者就是决策者；在复杂的采购中，决策者通常是企业的主管。

(5) 控制者(gatekeepers)。他们是可控制信息流向的人员，可控制外界与采购有关的信息流入企业。例如，采购代理往往有权阻止供应商的推销人员同产品使用者或决策者见面，还有技术人员，甚至秘书人员，也可以控制信息的流向。

需要说明的是，并不是所有的企业在采购任何产品时都必须有上述5种人员共同参加决策。一个企业的采购中心的规模和参与人员，会因欲购产品种类的不同和企业自身规模的大小及企业组织结构的不同而有所区别。例如，企业欲购一条生产流水线和一些日常办公用品，前者由于其技术性强、价格较高，因而参与决策的人较多，采购中心的规模较大；而后者因其技术性和价格都没有特殊之处，属于普通购买，因此其决策者可能就是采购者，采购中心人员较少，规模也较小。在一些企业中，采购中心成员只有一个或几个人，而在另一些企业，则由数人或数十人组成，有的企业还设有专管采购的副总裁。

识别产业购买参与者角色的关键是了解一个企业采购中心的组成人员，他们各自所具有的相对决定权，以及采购中心的决策方式，以便采取富有针对性的措施。

同步延伸

如何识别潜在客户的购买影响力

在营销中常见的问题是，营销人员精心准备的营销方案，潜在客户却并不关心或兴趣不大。在这种情况下，营销人员就需要好好地反思了，究竟是哪个环节出了问题？作为优秀的营销人员，需要善于识别内部影响力、外部影响力及对采购中心不同角色的影响力的正确判断，为推进营销进程扫清障碍。

① 内外部影响力。所谓内部影响力，就是指那些影响购买决策者做出某种判断或选择的自身的因素，如性格特点、爱好、教育背景等。而外部影响力则是指那些不受购买决策者自身因素的影响而对其做出某种判断或选择所产生影响的因素，如外部环境、供需关系及宏观经济、大政方针政策等。潜在客户的外部影响力比较分散，且随时间、地点的不同而不同。通过大量的研究发现，潜在客户的外部影响力构成要素主要有职位、工作年限、公司规模、参照群体、潮流趋势、竞争关系、供需状况、宏观经济、政策导向等。

② 采购中心。所谓采购中心(buying center)，其实是一个非正式的跨部门决策单位，其主要目标就是获取、分享和处理有关采购的信息。采购中心的成员可以分为不同的角色，并且分别对采购中心做出采购决策的不同阶段产生不同的影响。营销人员需要明白，采购中心的成员往往由具有不同背景和身份的人组成，如何协调这些成员在某些采购问题上的分歧，对于营销人员的成功营销意义重大。通常情况下，决策越重要，所有上述采购中心的不同角色共同抉择的可能性就越大。

③ 寻找关键人物。采购中心的组成与运作的动态性、复杂性，使采购中心的任何一个成员都有可能成为营销人员的合作伙伴或营销瓶颈。优秀的营销人员能够在与潜在客户的采购中心接触的有限时间内，迅速地识别出那些对推进营销进程具有影响力的关键人员，并努力与之建立良好的业务关系与个人关系。

④ 寻找更多的支持者。营销人员除了与采购中心中不同角色的人员打交道外，还需要与更广泛范围内的不同人员打交道，重要的是营销人员要善于寻找，并界定同盟者。这里的同盟者可能是潜在客户公司的员工，也可能是与潜在客户有着直接或间接关系的人员，他

们拥有的权力与影响力可能是不同的。

此外，营销人员还要善于寻找魅力四射的影响者。研究发现，每个公司中都会存在一个由魅力四射的影响者所构成的“影响力焦点”。魅力四射的影响者通常不在于他们的行政级别，在公司的各个层面都能发现他们的踪影，他们经常接近高层管理者，但仍然保持低调并从容工作。

资料来源：罗平. 如何识别潜在客户购买影响力［N/OL］.（2005-01-10）［2014-05-11］. http：//tech.sina.com.cn/it/2005-01-10/1505499203.shtml.

任务5.3　促进产业市场购买决策

任务引子

推销员王军销售一种家庭用的食品加工机，他努力工作，却收效甚微。以下是他的一些推销经历，试分析其失败的原因。

① 王军连续数次去一家百货商场推销，采购经理每次都详细了解产品的性能、质量、价格、维修和各项保证，但是拖了数月还是不表态是否购买，总是说：再等等。王军认为采购经理无购买诚意，就放弃了努力。

② 王军经过事先调查，了解到某超级市场的购买决策者是该店的采购经理和商品经理。他先找到采购经理做工作，采购经理详细了解了产品的性能、质量、价格和服务后同意购买。轻松地过了这一关，王军很高兴，又找到商品经理介绍产品。商品经理听后沉吟未决，王军为了尽快促成交易，就告诉他，采购经理已经同意购买。不料商品经理一听这话就说：“既然采购经理已经同意，就不用再找我了。”这笔眼看就要成功的生意又泡了汤。

王军失败的原因是什么？应如何正确促进产业市场购买决策？

任务认知

5.3.1　影响产业市场购买决策的因素

产业市场用户的购买行为在一定程度上要比消费者市场的购买行为更为复杂，因为他们更理性，参与购买决策的人更多。影响产业用户采购决策的主要因素可归纳为以下几点。

1. 环境因素

市场环境和经济前景对产业的发展影响甚大，从而也必然影响到产业用户的采购计划。例如，当经济前景欠佳，风险较大时，产业用户必然要减缩投资，减少采购量，这时供应者只有降价到一定程度，才有足够刺激，使客户愿意购买并承担一定的风险。原材料的供给状况是否紧张，也是影响产业用户采购的重要环境因素。一般企业都愿购买并储存较多的紧缺物资，因为保证供应不中断是采购部门的主要职责。此外，技术、法律和竞争等环境因素的变化，也都会影响产业用户的采购，营销者应密切注意这些因素，设法将环境威胁转化成营销机会。在我国，国家政策的变化是影响产业投资的一个重要环境因素，这也是企业最难预测和掌握的一个因素。

同步观察

我国塑料管材行业将要迎来黄金时代

近年来，在我国宏观经济快速发展的拉动下，我国塑料管材行业得到了高速的发展。由于塑料管材在节能、节地、节水、节材方面具有明显的优势，预计到2015年我国塑料管材生产总量约为1 320万吨。随着“十二五”规划的出台，我国城镇化进程也将逐年加速推进，城镇化水平每提高1%，需新增城市用水量32亿立方米，因此，塑料管材产量仍有望保持年均15%左右的复合增速。

近十年来，塑料管材发展十分迅速。塑料管材在生活和工业应用中，以其环保、安全而越来越受青睐，发挥着重要的、不可替代的作用，特别是在建筑业，不仅能大量替代钢、替代木、替代传统建材，而且还具有节能，节材，保护生态，改善居住环境，提高建筑功能与质量，降低建筑自重，竣工便捷等优点，广泛应用于建筑给排水、城镇给排水及燃气管等领域。塑料管材的增长速度约为管材平均增长速度的4倍，远远高于各个国家国民经济的增长发展速度。可见以环保型绿色塑料管材替代铸铁管和镀锌钢管已成为新世纪发展的潮流。塑料管材在发达国家，特别在欧洲得到了成功的发展和广泛的使用；在我国的发展相对滞后，但近几年随着我国综合国力的增强、人民生活水平的提高，塑料管材得到了突飞猛进的发展。

由此可见，我国塑料管材发展的“黄金时代”已经开始了，相信未来我国塑料管材行业将迎来快速发展。

资料来源：中国行业研究网，http://www.chinairn.com/news/20130403/175607706.html.

2. 组织因素

组织因素是指用户的营销目标、采购政策、工作程序、组织结构和管理体制等。例如，有的地方规定只许采购本地区的原材料；有的国家规定只许买本国货，不许买进口货，或相反；有的地方规定购买金额超过一定限度就需要报上级主管部门审批等。又如，发达国家兴起准时生产系统，即适量及时供货、零库存，对产业用户改进采购工作影响极大。

3. 人际因素

产业用户的采购决策往往受到非正式组织的各种人际关系的影响，采购中心的各个成员在身份、地位、威信和感染力、说服力等方面各有特点，供应者如果能够掌握这些特点并施加影响，将有助于获得订单。

道德聚焦

工程建设领域商业贿赂出现新动向

城市建设日新月异，市区面积不断延展扩大，标志性建筑拔地而起，在保护与建设、改造与新建的雕琢中，浙江省会城市杭州呈现出了“东动、西静、南新、北秀”的特有城市格局。但在杭州城市建设发展的同时，工程建设领域的职务犯罪也呈现出了高发态势。

据悉，2010—2012年，杭州检察机关共立案查办工程建设领域贪污贿赂犯罪案件236件，302人，涉案金额达2.35亿元，大案率为85%，贪污受贿金额在100万元以上的有35人，县处级以上领导干部要案58人。

“3年中查办的贿赂犯罪有260人，占该领域职务犯罪总数的78%。”杭州市检察院副检察长程曙明说。“找关系、送上钱、办成事”的潜规则在工程建设领域比较突出，且新型犯罪不断出现，如采用交易、干股、合作投资、高息借贷、低价购房、特定关系人受贿等。

“目前，工程建设领域代建制度还未有效推广，建设方往往是投资方，开工前会组建工程建设领导小组或基建办公室，一些施工单位和材料推销商就会瞄准这些人开始‘进攻’。”杭州市西湖区检察院检察长张鸣透露。可见，工程建设领域商业贿赂新动向就体现在涉案人员向建设单位项目负责人和施工现负责人转移。

“造成工程建设领域商业贿赂多发的原因，主要来自工程建设项目投资获利空间弹性大，承建方往往不惜重金行贿关键人员，来达到打通关节、成功获取承建权、顺利推进工程进度、获取高额利润的目的，同时，受侥幸心理、个人贪念、法律意识淡薄等因素影响。”张鸣分析说。此外，还跟该领域的权力过分集中有关，如工程建设市场监管法律的刚性不强，对市场监管不到位等，往往造成单位人员的权力过分集中，从“一把手”到一般办事员，都有不小的权利，其行使权力的过程得不到有效制约，极易产生权钱交易和暗箱操作。

资料来源：陈东升. 工程建设领域职务犯罪大案率85%商业贿赂出现新动向[EB/OL].（2013-11-10）[2014-05-11]. http://www.legaldaily.com.cn/index/content/2013-11/10/content_5008004.htm?node=20908.

4. 个人因素

产业购买者的行为是组织行为，但最终还是要由若干个人做出决策，并付诸实施。参与采购决策的成员难免受个人因素的影响，而这种影响又因个人年龄、职位、受教育程度、个性和对风险态度的不同而有所不同。因此，供应者应了解客户采购决策人员的个人特点，并处理好个人之间的关系，这将有利于营销业务的开展。

同步延伸

制定偏向采购因素的“法宝”

老张是一个中央空调配件企业的优秀推销员，他知道一般客户对中央空调配件供应商的选择都比较稳定。他通过对行业中客户对中央空调使用情况的调查研究之后发现，竞争对手的产品中一个关键配件经常出现质量问题，但是，这个配件对整个设备的影响在一年之内不容易被发现，直到以后在出现漏水现象时，客户才会被动地选择更换，因此，在一般情况下这一潜在的质量问题并不直接影响客户更换供应商的决策标准。

发现了这个问题之后，老张没有开门见山的给客户推销自己的产品，而是回公司与技术人员一同制订了一套针对这个问题的技术改进方案，在充分地评估研究之后为客户提供了初步的技术方案。客户看到这个分析报告后，感觉到问题的严重性，最后决定同老张展开进一步的技术交流、性能评估等。

在最后的选择阶段，这位客户与老张，还有老张的竞争对手进行谈判。竞争对手同样为能否保住这桩有吸引力的生意而担心，看到老张的技术方案之后也后悔没有想到，竞争对手只能心服口服。最后，老张得到了这笔生意。他的成功无疑是由于他引导了客户偏向采购决策因素这个标准。

所谓的发现最大竞争优势，就是试图让客户发现我们的某个优势，然后引导他们看到这个竞争优势非常明显，且是其他竞争对手不能比拟和复制的。发现最大竞争优势有4个层次需要注意。

① 把优势分离。把优势分离就是引导客户把主要考虑的采购因素，转移到我们最具竞争力的优势上来。这个阶段主要靠营销人员技巧性的引导。这种技巧的关键是，时刻都在为客户着想，站在行业的发展趋势上认真分析竞争对手及客户的需求点。

② 把优势放大。当客户的注意力转移到我们的优势时，就要靠专业的手法，让客户对我们的优势有更深层次的了解，达到信任的程度。这个专业度的把握要站在客户的角度考虑问题，需要对行业、客户企业有很深层次的研究，目的是引导客户的偏向采购因素关注我们的最大竞争优势。

③ 让优势不可替代。当客户对我们的优势有了更深层次了解的时候，我们就要试图拿自己的优势与竞争对手做比较，进一步引导客户，让客户对我们的优势由信任转化为信赖。这个阶段更多要考虑到行业趋势、竞争对手的情况，当然最主要的还是让优势更加贴切客户企业，让竞争对手心服口服，让客户没有拒绝的理由。

④ 不断地创造优势。有了自己的优势，并建立了自己的客户忠诚度，便可以在激烈的竞争环境中拥有自己的竞争力。但是随着时间的推移，竞争对手的情况、市场环境，以及客户的需求都会不断的变化，这时候就会发现，曾经的优势正在不断的缩水甚至完全丧失。这时就要学会创造优势，使新的优势在企业市场竞争的过程中成长起来。2005年湖南卫视“超级女生”的运作模式，就是一个不断创造优势最为成功的案例，借助于铺天盖地的广告及一切手段，使李宇春一夜成名，成了许多商家的广告代言人。

流行是制造出来的，优势是创造出来的，只有不断地创造优势，才能真正达到引导客户需求的目的，以保持一种持续的竞争力。

资料来源：丁兴良. 工业品营销：制定偏向采购因素法宝[EB/OL].（2012-11-27）[2014-05-11]. http：//www.thldl.org.cn/teacher/1211/4727.html.

5.3.2 产业市场购买决策类型

不同的企业在购买同样的产品或服务时所采用的采购模式和决策行为也不尽相同，皆因他们所处的购买情形不同。如果按照购买情况的复杂程度进行分类，大致可归纳成3种购买决策类型。

1. 直接重购

直接重购即用户按过去的订货目录重新订购。该类产品通常是需要重复购买的产品，卖方选择熟悉和满意的供应方，持续购买，且对购买方式及其他订货条款都不做任何修正，甚至建立自动订购系统。供应方的努力重点在保持产品和服务的质量，竞争对手要想夺取这个市场很困难，但仍可从提供一些新产品或消除买方的不满等方面入手，设法先获得少量订单，再逐渐扩大战果。这是最简单的购买行为类型。

2. 修订重购

修订重购是指购买目前正在供应，但要求的规格、数量和其他条件又有所不同的产品。修正重购的手续比直接重购的手续通常要复杂一些，这常常是由于买方企业对产品设计有了新的修改，或对生产设备做了部分更新，这些都会要求采取新的零配件和原材料，这就使购买活动变得复杂起来。但尽管如此，它比消费资料的购买仍要简单得多。产业用户为了更好地完成采购任务，会修订采购方案，改变产品的规格、型号和价格等条件，或寻求更合适的供应者。在这种情况下，采购业务比较复杂，参与采购决策的人数也较多。原来的供应者为了不失去这个客户，必须尽力改进供应工作，新的供应者则有较多的竞争机会。

3. 新购

新购是指企业为了进行新的生产加工任务或设备改造，要求购置新的设备装置的购买活动。新购时需要获得多家供应者的大量有关产品质量、成本和价格方面的信息，以便进行比较、择优，最后确定成交对象。由于新购与企业的生产经营关系重大，常常要求由企业组织有关专家共同参与购买决策。新购的金额和风险越大，则参与决策的人越多，所需了解的信息也越多。这种情况对供应者来说是最好的竞争机会，可派出专业推销人员携带样品或样本上门推销，尽量提供必要的信息，帮助用户解决疑问，减少其顾虑，促成交易。许多公司设立专门机构负责对新客户的营销，以求建立长期的供应关系。

在这三种购买决策类型中，直接重购最简单，新购最复杂。新购的决策必须包括以下全部内容：①产品规格；②价格幅度；③交货条件和交货时间；④服务条款；⑤付款方式；⑥订购数量；⑦可考虑的供应者名单；⑧选定的供应者。其他两种采购业务的决策，则只包括上述内容的某几项即可。

同步模拟

假如一所学校的新建教学楼拟采购全套办公设备。其购买阶段已进入“寻求供应商”阶段，而你恰是该地区较有竞争实力的办公设备供应公司的销售部门主要负责人，公司派你去学校，与校方后勤部门负责采购的主管李主任进行洽谈。你将如何说服校方，使自己的公司成为学校选中的供应商呢？请扮演销售负责人和李主任进行对话。对话过程中，请运用产业市场购买行为分析的相关知识说服校方。

任务5.4 跟踪产业市场购后行为

任务引子

北京协和医院是北京协和医学院的临床医学院、中国医学科学院的临床医学研究所，是集医疗、教学科研为一体的综合性医院，是国家卫生部指定的全国疑难病症技术指导中心之一。假如你负责威高集团大型医疗设备的推销工作，通过一段时间的不懈努力，在开拓北方市场时，终于与北京协和医院签订了一份价值300万元的医疗设备订单。此后，威高集团将300万元的设备运送到协和医院，并由专门的技术人员负责安装和使用介绍。

作为一名推销工作者，你认为是否有必要在近期跟踪设备的使用评价状况？是否有必要与该医院保持沟通和联系？

任务认知

一个成功的企业必须做到与企业内部有关部门的密切合作，保证圆满履行合同，检查发货情况，协调安装服务，安排客户培训，与客户保持密切联系，随时掌握客户的意见和要求，做好协调工作。

一般来说，用户购进产品后，其采购部门就会主动与使用部门联系，了解所购产品的使用情况，询问使用者的满意程度，并考查各个供应者的履约情况，以决定今后对各供应者的态度。产品购进后，企业会在使用中了解所购买的产品是否起到了应有的作用，并以此来确定合同履行情况的评价，并使之成为再采购、修改或取消与对方合作的依据。因此，供应者应认真履行合同，尽量提高买方的满意程度。

产业市场上的买卖双方倾向于建立长期的业务联系，相互依存。卖方在顾客购买决策的各个阶段往往要参与决策，帮助顾客解决一些在购买过程中遇到的问题，提供完善的售前咨询、答疑及售中、售后服务，有时要帮助顾客寻找能满足其需要的商品，甚至按顾客要求的品种、性能、规格和时间定期向顾客供货。产业市场的供方一定要通过有效的服务与顾客建立长期的业务联系，以保持自己产品的市场占有率。

同步案例

如何挽回大客户的心

导语：小张是一名D电气化公司的销售人员，最近有件事让他很闹心，原来合作几年的一家大客户（B公司）近期突然和自己的竞争对手A公司走得很近，几经打听才得知B公司近期有个新项目。看来情况不妙，小张有可能失去下笔单子，他该怎么办？如何挽回大客户的心？

1. 拜访老客户发现致命问题。

很长一段时间没去拜访B公司了，于是小张打算去拜访自己的大客户李科长（B公司的科长）。在B公司工作多年的李科长向来对小张都是笑脸相迎，但没想到的是，这次小张刚一进门，李科长就很不高兴，爱理不理的。小张就纳闷了，难道自己什么地方得罪了李科长？几经笑脸相陪、挖空心思地讨好李科长之后，仍没什么进展，小张发现情况不妙，肯定哪个环节出了问题。于是小张便在B公司四处打听，得知原来是自己产品的售后服务没做好，还意外得知一个惊人且致命的消息，B公司最近有新项目，并且和自己的竞争对手A公司走得比较近。听到这个消息，小张心急如焚，不知如何是好。

2. 再次拜访，峰回路转。

冷静下来后，小张决定再次拜访李科长。和李科长寒暄几句后，小张问起了产品运营状况，李科长终于按捺不住心中的怒火，愤愤地对小张说："你们公司的售后服务是一年不如一年了，机器坏了，几次打电话过去都没人来维修，给我们的工作带来了很不好的影响，使用部门对我们的意见越来越大，再这样下去还如何继续合作！"

李科长毫不客气地评价小张所在的公司，看来怨气不小，小张深知此时辩解只会让客户觉得自己在找借口，心里会更加不爽。于是，小张向李科长道歉："不论什么原因，售后服务没做好，给你们工作带来这么多麻烦，是我们的不对。目前，我们公司在做战略调整，我负责这块市场，我会想办法把售后服务做好，如果以后再出现维护方面不及时等问题，您就直接打电话给我，我来协调。""你们业务员说得都好听，产品出问题会及时维护，可我们连续打了几个电话也没人来修，再好的产品，谁敢用？"李科长说道。"您说得对，以后我们会尽力改善这方面的缺点，为客户提供更优质的服务，再说了，如果我们的服务做不好，以后您告诉其他公司的话，那以后我们的工作开展可就难了呀！"小张诚恳地说道。"那是当然，即使你们产品再好，服务不好，其他公司要是知道了，肯定也会犹豫是否会用你们的产品。"李科长语气稍微平和地说道。"您说得很对，我跑一百趟也不顶您一句话，要是因为售后服务没做好影响了公司业绩，我们这些业务员可就没饭吃了，所以说我不为您着想，也要为自己着想，怎么说也要把售后服务做好。"小张连忙解释。"说得好听不如做得好，这要看你们以后的服务了。"李科长终于心平气和地说道。"好，以后要有什么维修方面的事，李科长您就直接打电话给我，我会及时协调处理。"小张说道。"好的，以后有问题就直接找你。"听到李科长这样说，小张终于松了一口气，看来李科长对公司的印象开始向良性方向发展，接下来开展项目的工作也就指日可待了。

3. 柳暗花明，角逐新项目。

自第二次拜访李科长之后，小张立即派技术人员到B公司进行跟踪维修，一方面可以收集B公司新项目的相关资料，另一方面可以挽回B公司对自己公司的信任。不仅如此，小张还定期给李科长打电话，问问情况，套套关系，并让李科长多给派去的技术人员把把关，顺带着又帮忙检查一下其他产品；等到技术人员回来了，小张又给李科长打电话，询问使用的效果如何，电话中李科长也是连连道谢，看来还是相当满意的。于是，小张试探性地说："李科长何必这么客气，这些都是我们应该做的，如果做得好，下次贵公司有了新项目也还会考虑和我们再次合作的。""当然！当然！"李科长笑道。

随后，小张积极跟踪调查B公司新项目的进展情况，以及对手A公司的情况。几天后，李科长打电话给小张，表明公司有新项目，问小张有没有兴趣做，有意向就准备方案策划书来公司洽谈。小张听了心中窃喜，于是约李科长一起吃饭，了解一下具体的项目情况。这样看来，角逐新项目，小张是有戏了。

案例点评

在工业品企业销售中是时常会碰到的这个案例中问题。客户的信任感是企业的无形资产，一旦失去一个老客户就意味着失去很多无形的价值。有调查表明，开发一个新客户的代价是维护好一个老客户的5倍，维护好一个老客户所带来的利润回报是开发一个新客户成本的2 400倍。而案例中的小张就明白这个道理，先以道歉的方式稳住客户的负面情绪，然后发现问题，解决具体问题，让客户感觉到自己的真诚实意，这也是小张最后峰回路转能角逐新项目的根本所在。因此，在客户变心时如何挽回客户的心，以下几个方法还是适用的。

① 当客户抱怨时，认真倾听客户的抱怨，千万不要打断客户说话或一味地解释，这会让客户更加反感，负面情绪暴增。

② 站在客户的角度分享客户的感受，找出问题所在，做进一步分析、判断。

③ 试探性地问客户一些问题，以确定问题出在哪里。如果客户有错，他会产生愧疚的心理，可以利用这一心理让客户感觉自己已经付出很多，是客户本身出现的一些问题而耽误了整个项目。

④ 在确定问题所在后，及时给予有针对性的解决办法，并和客户最终确认解决方法的适用度。

资料来源：工业品营销——如何挽回大客户的心？[EB/OL].（2012-07-06）[2014-05-11]. http://www.ceconlinebbs.com/forum_post_900001_900003_1029243_0.HTM.

在线链接

1. 工业品营销研究院，http://www.china-imsc.com/
2. 中国产业网，http://www.iincn.net/index.html/
3. 中国产业经济信息网，http://www.cinic.org.cn/
4. 中国行业信息研究网，http://www.chinamrc.com/
5. 中国行业研究网，http://www.chinairn.com/

营销新观察

工业品发展趋势

2012年对于工业品行业来说，是极为不平凡的一年。中国经济虽保持7%以上的增长势态，但经济环境继续恶化。2012年7月份中国的CPI（居民消费价格指数）首次跌破2%，创两年来的新低，造成钢铁、造船、工程机械等传统制造行业不时传出破产倒闭的消息，情况更为严重的光伏行业陷入没落危机。除了外因的影响之外，工业品企业还面临着成本上升，价格下降，产品同质化，价格战恶化，利润微薄化，内销市场持续乏力，空白市场越来越少，供求市场严重失衡等危机。在如此的经济环境中，许多工业品企业所面临的风险加大，企业发展遭遇危机，市场持续低迷。

1. 2012年工业品营销总结。

尽管2012年工业品行业及企业受到了较大的影响，但仍存在着较多优秀的企业。而这些优秀的工业品企业，在营销及销售上普遍具有以下共性。

① 品牌营销优势。在市场上拥有大品牌的工业品企业，特别是跨国外资企业发展较好，如通用电气、西门子等。尽管行业经济再怎么受影响，但这些企业依靠强大的品牌，同样能够赢得客户的认可。

② 政策优势。得益于国家政策的支持，一些工业品企业在2012年生存得比较“滋润”，如北斗卫星系统的北斗天汇公司、环保领域的公司、生物科技领域的公司等。

③ 技术营销优势。例如，华鲁恒升是一家拥有强大技术优势的煤化工企业，无论在2008年的经济危机，还是2012年这艰难的一年，都能保持持续增长。

④ 代理商推广优势。从咨询调研中可以发现，很多采用代理商模式的工业品企业也得到了小幅度的增长，这归功于代理商们的销售推广。

⑤ 开发客户的途径优势。事实证明，优秀的企业都拥有强大的客户开发渠道。无论是自己开发，代理商模式，同行业务员介绍，配套商介绍，网络、报刊等媒体广告，还是其他方式，拥有强大客户渠道的企业，都顺利地度过了2012年这艰难的一年。

同样，2012年发展不好的工业品企业都有以下共同点。

① 市场危机意识低下。2012年大部分失利的工业品企业有个共同的特点，便是市场危机意识低下。韩国《每日经济》、日本《产经新闻》、中国《中国经营报》曾对这3个国家的394位企业人士进行了问卷调查。绝大多数韩国企业人（68.5%）和日本企业人（86.8%）认为本国经济急剧恶化；而中国企业人中只有14.1%持类似观点，31.3%的企业人表示经济正缓慢恶化，20.3%的企业人称经济不过是从高点回落处于调整期。因此，调查表明与日韩企业人相比，中国企业人危机意识较弱。

② 价格战。虽然价格战并不是市场中唯一的竞争手段，却是很多工业品企业最频繁使用的搏杀利器。然而这些企业却打错了如意算盘，因为工业品的降价对于追求品质的客户来说是行不通的。客户如果对于品质的需求很大，即使一个设备至少几十万，他们也不会在乎多付些钱，特别对于一些政府单位及国企来说，追求质量才是第一关键。

③ 销售方式单一。对于大型有形的产品，其营销方式应该有经销、代理和直销等多种营销方式。如果只有一种销售方式，难免会陷入被动，这也是某些工业品企业失败的原因之一。

④ 销售团队能力薄弱。销售团队能力薄弱意味着销售战斗力低，业绩也就上不去，再加上成本的不断增加，企业难免遭到淘汰。

⑤ 关系营销失衡。很多工业品企业还在一味地依靠“关系”进行营销，他们忽略了两个关键点：第一，“关系客户”的要求越来越高，对于以往的付出，客户已经越来越不满意，“关系客户”心里永远希望再升级服务和待遇；第二，招、投标越来越透明化，暗箱操作的方式越来越少，产品质量过不了关，“关系客户”也没办法帮忙。如果以上两个关键点没办法满足“关系客户”，那么“关系营销”将大打折扣，而大部分失败的工业品企业仍认为原先的“关系”还能靠得住。

2. 工业品营销发展趋势。

纵览市场全局，工业品营销发展的趋势有以下几点。

① 实现直销+经销商的营销组合。直销在工业品企业一直被广为运用，正是由于工业品的特殊性和用户要求的复杂性，工业品企业进行销售时，需要与客户保持较高的接触度及专业度。但越来越多的工业品企业发现了直销带来的缺陷，因此，实现营销组合势在必行。特别是对于中小工业品企业来说，由于受自身资金、人力等成本的限制，在开拓市场、

建立销售渠道的过程中，需要更有效地利用有限的资源，多渠道组合式的运用销售策略，建立适合自身条件的销售方式。而针对中小工业品企业，适当采取增加本地经销商的办法来弥补直销渠道的不足，是目前最有效的销售方式，它可以帮助企业在最短的时间内以较小的销售成本迅速打入新市场，扩大市场份额，增加销售量。

② 服务与销售相结合。良好的服务能带来足够的客户满意度，而足够的客户满意度如何才能快速转换成销售业绩呢？这点非常关键，甚至成为2013年工业品企业营销成功的关键所在。

③ 网络推广显得越来越重要。从渠道的角度考虑，网络营销是一个不得不关注的趋势。2013年许多工业品企业更多地运用了网络推广。目前，有条件的工业品企业纷纷组建了网络推广部，就是希望借助网络的力量进行市场推广，拉动品牌效应，实现业务增长，以迎接移动时代和掌上时代，主动适应网络，重视网络的重要性，毕竟21世纪最大的宣传平台肯定是互联网。

④ 老客户以维护为主。如何才能维护好老客户？以下是一些常用的维护老客户的办法。

- 从良好的售后服务开始，不要签完单、收完钱就结束，工业品的售后尤为重要。
- 建立客户档案，包括姓名、性别、爱好、性格、年龄、生日、家庭情况、职业、收入情况、联系电话等。在每个客户生日或节日时刻送去问候及祝福，客户很容易受感动。
- 把每一个成交的客户当作宝藏来挖掘。经过研究发现，每个客户后面都有250个客户资源，这样做业务就会轻松很多，而且可以创造比较高的业绩。
- 适当地帮助客户解决问题。无论客户遇到的是私事还是公事，如果能帮助到他，相信他会非常感谢的。

⑤ 营销团队战斗力的重视。每个企业都会拥有营销团队，然而战斗力的高低直接影响企业发展结果的好坏。因此，营销团队战斗力的锻炼及加强，将是工业品企业应该关注及重点发展的部分之一。

资料来源：林俊. 2013工业品营销发展趋势[EB/OL].（2013-03-13）[2014-05-11]. http://www.globrand.com/2013/530440.shtml.

实务演练

1. 演练内容

（1）假设A企业资金实力雄厚，想要购买LED灯带，用来对办公大楼外部进行夜间照明装饰，以深化其品牌形象。

（2）选择感兴趣的某品牌LED企业，考察、分析影响A企业最终购买决定的影响因素，对A企业进行拜访，并提供推销方案。

2. 演练目的

帮助学生分析影响工业品采购的各种因素，使学生学会识别在工业品采购中参与者的不同角色所产生的影响，进而帮助学生掌握如何促进工业品的购买决策，指导工业品营销活动的有效开展。

3. 演练要求

（1）要求学生认真学习，并明确产业市场购买及决策的流程。
（2）要求学生特别关注产业市场购买决策的复杂性。
（3）要求学生运用工业品营销的相关基本原理，做出LED灯带的初次推销方案。
（4）要求教师在实战实施前给予必要的指导，并在学生相互交流的基础上给予点评。

4. 演练步骤

1）明确产业市场购买行为的影响因素。
2）把握A企业购买LED灯带的决策过程，注意分析产业市场购买角色。
3）从感兴趣的某品牌LED企业的实际情况出发，制订实战推销方案。

5. 演练考核

（1）理念与技能

考察产业市场购买的影响因素及复杂性，产业市场购买者角色及其影响。

（2）逻辑与规范性

逻辑顺畅，格式规范，版面、礼仪得体。

模块6

分析竞争者行为

◆	学习目标
◆	模块引子
任务6.1	识别竞争者
任务6.2	分析竞争争
任务6.3	实施竞争定位
任务6.4	制定竞争策略
◆	在线链接
◆	营销新观察
◆	实务演练

忽略了竞争者的公司往往成为绩效差的公司；效仿竞争者的公司往往是一般的公司；获胜的公司往往在引导着它们的竞争者。

——［美］菲利普·科特勒

学习目标

知识目标

- 掌握有效识别和分析竞争者的步骤和方法
- 掌握竞争定位的方法
- 领会参与竞争的战略战术

素养目标

奉行协同竞争理念，有效识别、监控、分析竞争者行为，开展良性竞争

技能目标

能灵活运用现代市场竞争的一般原理和竞争新思维，有效识别和分析竞争者，准确进行竞争定位，并能有针对性地选择和制定适宜的竞争策略

模块引子

中国网络视频反盗版联合行动

图6.1 中国网络视频反盗版联盟

2013年11月13日，中国网络视频反盗版联盟由优酷土豆集团、搜狐视频、腾讯视频、乐视网、中国电影著作权协会、美国电影协会（MPAA）、日本内容产品流通海外促进机构（CODA）、万达影业、光线传媒、乐视影业组成（见图6.1），并联合发布了《中国网络视频反盗版联合行动宣言》，表示将联合对抗百度、快播等日益严重的网络视频盗版和盗链行为，同时宣布，已向法院起诉百度、快播的盗版侵权案件共立案百余起，涉及百度盗链、盗播移动视频版权的影视作品逾万部，向百度索赔由此带来的3亿元损失。同时，将联合对视频盗版、盗链，采取技术反制，全面禁止百度视频爬虫访问。

2013年底，百度视频、爱奇艺、PPS、酷6网、浙江卫视、湖南卫视等百度系视频网站及各大版权机构联合发起了“正版视频助推行动”，体现了行业巨头在推广正版视频、保护版权方收益方面的决心。双方阵营中都有乐视网、暴风影音等几家加入“百度系”，百度此举从一定程度上成功地分化了中国网络视频反盗版联盟。

2013年12月30日，国家版权局联合国家互联网信息办公室、工业和信息化部、公安部公布2013年打击网络侵权盗版专项治理“剑网行动”工作成果，对百度、快播分别处以责令停止侵权行为、罚款25万元的行政处罚，同时对这两家公司提出了明确的整改要求。

资料来源：中国网络视频反盗版联合行动重拳出击起诉百度快播盗链盗播索赔3亿[EB/OL].（2013-11-13）[2014-05-11]. http://it.sohu.com/20131113/n390070500.shtml. 中央四部委联合“剑网行动”责令百度影音、快播停止盗版侵权[EB/OL].（2013-12-30）[2014-05-11]. http://it.sohu.com/20131230/n392665822.shtml.

想一想

1. 如何有效识别竞争者？
2. 现实商战中分别有哪些不同的竞争定位？
3. 怎样理解“进攻是最好的防御”？
4. 如何理解“学会给盟友分蛋糕，世界慢慢都是你的”？

《孙子兵法》中有：“兵无常势，水无常形，能因敌变而取胜者，谓之神。”商场如战场，市场经济社会竞争就是一场没有硝烟的战争。企业必须充分认识竞争的残酷性，有效识别竞争对手，跟踪和了解竞争对手的竞争反应模式，才能扬长避短，实现知己知彼，百战不殆。

任务6.1 识别竞争者

任务引子

谁会是微信的终结者

微信是以小时甚至分钟为使用频度的移动应用，而淘宝是以天甚至周为使用频度的应用。因为高频度的应用自然会把用户需求像海绵吸水一样吸干，所以淘宝才被“截流”。为什么能实现如此高频度？原因一是mobile，一是social。

谁会是微信的终结者？会不会是使用频度以秒计的可穿戴设备？

任务认知

识别竞争者看似是一项简单的工作。然而，企业实际的和潜在的竞争者范围是广泛的，一个企业更可能被新出现的对手，而非当前的竞争者打败。企业要善于从行业和市场两方面，有效识别竞争者。

1. 行业竞争者识别

提供同一类别产品或可以相互替代产品的企业，共同构成一个行业，如房地产行业和服装行业等。由于同行业企业之间产品的相似性和可替代性，在同行业内部，如果一种产品的价格上涨，就会引起相关替代商品的需求量增加。例如，果汁涨价会促使消费者转而购买茶、水等其他替代饮品。行业中现有竞争者之间采用的竞争手段主要有价格战、广告战及增加对消费者的服务等。

2. 市场竞争者识别

从市场方面来看，凡是满足相同的市场需要或服务于同一目标市场的企业，无论是否属于同一行业，都可能是企业的现实或潜在竞争者。从行业的观点来看，电影可能是以同属于影视业的电视为主要的竞争对手。但是从市场的观点来看，特别是从满足消费者欣赏影视作品的需要来看，能够直接播放VCD、DVD的计算机也构成了对电影业的竞争威胁。从满足消费者需求出发，以市场观点来发现和识别竞争者，可以拓宽企业竞争视野，使企业从更广泛的角度来有效发现和识别出现实竞争者和潜在竞争者，有利于企业制定长远的发展规划。

根据产品之间的可替代性，按从窄到宽的角度，还可以按4个层次对竞争者进行界定，如表6.1所示。

表6.1 竞争者层次的划分

竞争者层次划分	界　定	事　例
品牌竞争者	同一行业中，以相似的价格，向相同的顾客提供类似的产品与服务的企业，互为品牌竞争者	例如，可口可乐与百事可乐，麦当劳与肯德基。再如，大众公司把福特、丰田、本田和其他中档价格的汽车制造者视为主要竞争者，而并不把自己看成是梅赛德斯的直接竞争者
行业竞争者	同一行业中，生产不同档次、型号、品种产品的企业，互为行业竞争者	例如，汽车行业中，所有的企业（通用、大众、福特等），不论生产的车是高档还是低档，都互为行业竞争者
形式竞争者	为满足相同需求而提供不同产品的企业互为形式竞争者	例如，啤酒、汽水、茶、水和果汁等都能满足"解渴"的需求，生产这些产品的企业就互为形式竞争者；再如，大众公司如果认为自己不仅与汽车制造商竞争，还与摩托车、自行车和卡车的制造商竞争，它们之间也互为形式竞争者
一般竞争者	为争取同一笔资金，向同一消费者提供不同产品的企业，互为一般竞争者	例如，大众公司不仅把交通工具的生产者当成竞争者，还把房地产商、国外度假公司和继续教育机构等企业也当成竞争者

著名战略管理学家、哈佛大学教授迈克尔·波特（Michacl E. Porter）在1985年提出了影响市场企业长期利润的五大竞争压力模式，即同行业现有竞争对手的竞争、新加入者的威胁、供应者的砍价能力、采购者的砍价能力和替代品的威胁，如图6.2所示。此观点受到营销和管理学界的普遍认同。

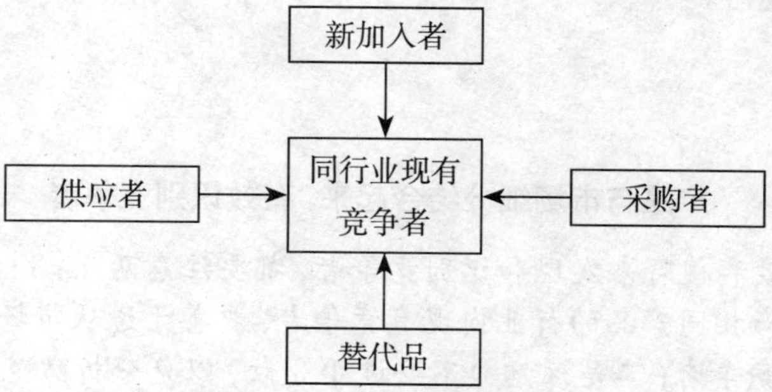

图6.2 五大竞争压力模式

同步观察

微信让阿里有危机感

微信虽然是社交产品，但是其超过3亿个用户的活跃度已经给腾讯未来在移动端的电子商务，尤其是生活服务类企业的电商化创造了无限的想象空间。

在2012年底央视的经济人物颁奖典礼上，万达集团董事长王建林曾与马云有一赌。王建林认为，线下的传统商业，如洗脚、桑拿等需要线下体验的产业是不可能电子商务化的，也就是不可能搬到线上的。然而，移动互联网打破了线上和线下的界限。最先将这些传统商业带入移动互联网的，不是阿里，却是腾讯旗下的微信。

2013年，越来越多的线下商家在自己店里的显眼位置贴出自己的微信公众号的二维码，用户扫描即可成为会员或领取优惠券，大到购物中心，小到餐馆、奶茶店。商家通过微信一方面可以获得微信带来的流量，另一方面也是更为重要的是直接获得会员并建立自己的会员体系。

2013年国庆节前，腾讯运营了近一年的“微生活”公开亮相。“微生活”副总经理鲁军介绍，截至2013年9月底，已经有3 000万人在“微生活”上领取了5 000万张会员卡，已有1 000个品牌和商家与“微生活”进行了合作。具体的应用场景也很明晰，消费者在实体店使用微信扫码成为商家会员后，到店消费可以用微信打折优惠，甚至订座、点菜。商家可以利用微信平台做老用户的分类管理、沟通和维护，并且有针对性地营销。在微信支付推出以后，基于微信的O2O（online to offline）就形成了一个完整的商业闭环。

尽管通过纯微信平台实现销售的企业还未出现多大量级，其1 000个品牌相对于淘宝几百万商家来说，也还显得非常初级，但是在移动互联网大爆发的背景下，微信的模式似乎更为前沿化。

如果电子商务的移动化是未来趋势，那么阿里的危机感就不是毫无根据的。马云全力推动“来往”就是非常明确的注脚，他甚至用“这是阿里人在无线时代争取生存权利的努力”这样“煽情”的语句来表述这种危机感。

针对这五大竞争力量，从行业细分观点看，同行是竞争对手；从市场竞争观点看，同行、替代品者、潜在加入者均为竞争对手，即同为满足相同顾客需求的企业；从更广义的观点看，供应商、采购者同样可以视为竞争对手，因为他们讨价能力的高低会间接影响到企业服务于目标市场的能力。

同步提示

产品与市场细分结合起来，有效识别竞争者

无论从哪种角度和视野来发现和识别竞争者，都要注意两点：一是要避免将目光仅局限在现有市场上生产相同产品的行业内现有竞争者，要善于遵从市场导向，发现并有效识别可能出现的潜在竞争者；二是注意力不要过于分散，以免分析防范的范围过大，草木皆兵，否则不但会造成人力、财力、物力的极大浪费，也会使企业压力太大，惶惶不可终日。最好是从行业和市场两个方面，将产品细分和市场细分结合起来综合考虑。

同步延伸

不同竞争市场的结构特点如表6.2所示。

表6.2　不同竞争市场的结构特点

（按竞争程度由高到低、垄断程度由低到高排序）

市场结构	生产者数量	单个厂商对价格的控制程度	产品差别	进出难易程度	典型行业
完全竞争市场	很多	价格接受者	无差别	容易	某些农产品行业，如玉米、小麦等
垄断竞争市场	较多	有一定程度的控制者	有差别	比较容易	香烟、啤酒、糖果等
寡头垄断市场	少数几个	有较大程度的控制者	有一定的差别或完全无差别	比较困难	汽车、钢铁等
完全垄断市场	一个	价格的决定者	无相近替代品	非常困难	公用事业、电力等

同步观察

电商线上狂欢，拉动多产业发展

“再不降价我们就死了”，2013年“双十一”期间，一位EMS的快递员改用了李宇春的歌曲名《再不疯狂我们就老了》来调侃自己。

早期用EMS寄一份快递，要25元，而如今同样的地点则仅需10元，这一价格甚至比一些民营快递企业还要便宜。此前，EMS作为中国邮政旗下的快递企业，早些年来一直以邮递业老大资格自居，价格高，服务并未相应地体现出优势。近年来，随着电商的飞速发展，衍生出多家民营快递企业，不仅速度快，服务也好，从而让“邮老大”感受到了生存危机。

民营快递企业能够在近年来飞速发展，主要依赖的就是电商销售的全民化。所谓的“三通一达”即申通、圆通、韵达、中通，与淘宝一样，均出自杭州。依赖于淘宝得到了巨大业务量的这4家民营快递企业如今已经占据了中国民营快递业的半壁江山。

来自国家邮政局的数据显示，2013年11月11日至16日“双十一”期间，全国快递业务总量为3.46亿件，比2012年“双十一”同期增长73%。快件单日最高业务量出现在11月13日，为6 517万件，比2012年同期增长85%。

“玩转”电子商务的马云，在“退隐江湖”之后，并不甘寂寞，而是当起了“菜鸟”。菜鸟网络科技有限公司董事长马云曾表示，“我们建立的不仅是一套电子商务的基础设施，我们在建一个中国商业的基础设施。通过数据、仓储、配送，将国家投资建设的高铁、公路、水运等基础设施利用起来，让商业运转得越来越快”。

资料来源：鼠标商战：一场百花齐放的全民消费［EB/OL］.（2013-11-21）［2014-05-11］. http://finance.chinanews.com/it/2013/11-21/5530537.shtml.

任务6.2 分析竞争者

任务引子

阿里在短期内不得不封杀微信

微信在以下4个层面对阿里意味着颠覆性的挑战。

① 微信背后电商的生态基础是人流和资讯流，在此基础上实现商品流；但淘宝、天猫的生态基础是商品流，在此基础上实现人流。以商品为中心的时代将过渡到以人为中心的时代。淘宝和天猫是以货架为主导的集市生态，微信公众号是以粉丝经营为主导的全新品牌专营店。

② 淘宝是一家平台独大、绑定所有商家进来建店，由PC互联网而生的；微信是线上、线下商家各自建店但通过公众号向用户定向服务，由移动互联网而生的。

③ 淘宝和天猫的主要收入是广告，由此导致大部分小商家没有机会见到用户；微信不会依赖广告，最可能按成交量收费，因此，不会出现淘宝式的卖家血拼广告位的恶性循环。

④ 支付宝是支付工具，而微信支付是为支付提供应用场景的生态体系和底层架构，可以搭载各种支付工具，包括支付宝。支付宝是封闭体系，微信支付是开放体系。支付宝的理财产品是动用支付宝里的钱，而微信支付的对应产品很可能是直接链接到第三方账户。

毫无疑问，微信可能开创互联网企业和用户关系的次时代。微信模式的崛起，导致淘宝和天猫的盈利模式会产生被釜底抽薪的结果，这是阿里在短期内不得不封杀微信的原因。长期而言，阿里要帮商家建立与微信一样的高效、长期、私有的链接，这意味着阿里必须革自己的"命"，把原本尽在掌控的流量和链接能力拱手让给商家。

资料来源：迄今为止对微信和淘宝最赤裸的分析[EB/OL]. 全球热门事件微群，2013-12-26.

任务认知

企业对竞争者的进一步分析一般主要明确以下4个方面的问题。

1. 分析竞争者的市场目标

每个竞争者都有侧重点不同的目标组合，如获利能力、市场占有率、现金流量、技术领先和服务领先等。对竞争者市场目标进行考察，可以了解竞争者目前的市场地位、经营状况和财务状况，并了解其对自己的状况是否满意，从而了解这个竞争对手的策略发展动向及其对外部环境因素的变化或其他企业竞争策略的反应。例如，一个以"低成本领先"为主要目标的竞争者，对其他企业在降低成本方面的技术突破的反应，要比对增加广告预算的反应强烈得多。

同步提示

竞争者的市场目标决定经营模式

日本企业一般按市场占有率最大化模式经营，它们需要在一个资源贫乏的国家提供就业位置，因而对利润的要求较低，大部分资金来源于寻求平稳的利息，而不是高额风险收益的银行。日本企业的资金成本要远远低于美国企业，因此，日本企业能够把价格定得较低，并在市场渗透方面显示出更大的耐性。

2. 判定竞争者的策略

一般来说，市场上同行业的竞争企业越多，竞争就越激烈；市场越是由少数企业控制，竞争企业之间就越是有可能达成某种程度的默契与妥协，以形成竞争的均势。一旦控制了市场的少数大企业之间爆发了竞争，竞争的激烈程度与结果将更为惨烈。一般小型企业适于进入投资和声誉都较低的群体，这类群体较易打入市场；而实力雄厚的大型企业则可考虑进入竞争性强的群体。

道德聚焦

愿“3Q大战”唤醒创新责任

图6.3　3Q大战

2013年11月26日“3Q大战”再次上演（见图6.3），被称为“中国互联网反垄断第一案”的奇虎360诉腾讯垄断案，二审在最高法院开庭审理。腾讯起诉360“不正当竞争”，并索赔1.25亿元；奇虎360则诉腾讯“滥用市场支配地位”，并索赔1.5亿元。

“3Q大战”背后的深层次问题，与其说是垄断，不如说是大型企业的“创新惰性”。不管是靠超庞大用户群而“复制成功”，还是靠在一个领域的成功而“攻城掠地”，如果凭借的仅仅是平台之利，搞横向同质化竞争，那么即使赢再多的官司，输掉的也将是企业的整个未来。

正因为是“巨头”，所以更需要对行业有更多责任，对社会有更多担当。中国互联网行业的竞争，岂“惨烈”二字了得，社交、团购等新模式，一出现就变成“红海”。津津乐道于模仿创新、微创新，在核心技术与完全模式创新上却乏善可陈，在这方面，不管是腾讯还是奇虎360，或许都该看看自己走过的路。

实际上，互联网领域有着广阔的“蓝海”，与其把精力耗费在无谓的拉锯、无序的争端上，倒不如更多地研发有自主知识产权的产品，更多地想想用户的使用体验，一起促成一个开放、竞争、有序的网络市场。正如马云所言：企业创新不是为打败对手，而是跟明天竞争。

资料来源：舒天烈. 愿3Q大战唤醒“创新责任”[N]. 京华时报，2013-11-27. 孙思娅. “中国互联网反垄断第一案”360一审败诉[N]. 京华时报，2013-11-27.

3. 评估竞争者的优势和劣势

分析并识别竞争对手的优劣势，能明确自身的软肋与长处，是知己知彼、出其不意、攻其弱点、避其锋芒的求胜法宝。通常，企业主要通过竞争对手的有关产品、销售渠道、市场营销、生产经营、研发能力、资金能力、组织能力和管理能力等在市场上的具体表现来判断竞争者的优势和劣势。如表6.3所示为某企业信息化内部因素评价内容。

表6.3　某企业信息化内部因素评价内容

	关键内部因素
优势	信息化工作人员整体素质较高
	信息化应用体系建设相对完整，可提升面大
	信息安全重视程度高，安全防范措施齐全
	信息化建设具备资金投入少，但效果显著的优点
	核心业务系统覆盖面广，应用水平高
	小　计
劣势	领导对信息化建设重视程度相对不够
	各行业系统之间集成度低，信息难以互联互通，“信息孤岛”现象突出
	资金投入无法满足日渐庞大的系统运维费用需要，系统运行存在安全隐患
	管理决策信息化的水平仍较低
	维护服务咨询类项目投入低，对未来信息化战略制定和整体水平提升不利
	小　计
	合　计

4. 判断竞争者的反应模式

企业要研究竞争者的经营理念和指导思想，估计竞争者的市场反应和可能采取的行为，为企业提供市场策略依据。通常，竞争者的市场反应可以分为以下几种类型，如表6.4所示。

表6.4　竞争者的市场反应类型

类　别	竞争动态反应特点	竞争动态反应原因
迟钝型竞争者	反应不强烈，行动迟缓	自身在资金、规模、技术等方面的能力的限制或过于自信，不屑于做出反应行为；或者未能及时捕捉到市场竞争变化的信息
选择型竞争者	或敏锐，或迟钝	对价格竞争反应敏锐，可在第一时间采取报复性反击，但对改善服务、改进产品和强化促销等非价格竞争措施不太在意

（续表）

类 别	竞争动态反应特点	竞争动态反应原因
凶猛型竞争者	反应敏感，行动猛烈	一旦受到来自竞争者的挑战，就会迅速做出市场反应，往往进行全面的、致命的，甚至是不计后果的、激烈的报复和反击。通常，市场上的领先者会尽量避免与其直接、正面交锋
随机型竞争者	随机反应	对竞争变化可能迅速做出反应，也可能反应迟缓；其反应既可能是剧烈的，也可能是柔和的。企业往往无法预料其将会采取什么行动

同步延伸

正确的信息在正确的时间里传递给正确的人

实践证明，由于运用竞争情报，使施乐公司在面对众多对手，特别是不断地有强大的新对手加入时，能够处之不惊，从大局着眼把握竞争形势，始终保持竞争的主动性。关于竞争情报的重要性，施乐公司的副总裁Judity M. Vezmar认为："竞争情报应成为企业营销活动的一部分，每一项受竞争影响的活动都需要竞争情报，而且最重要的是要确保将正确的信息在正确的时间里传递给正确的人。"

5. 分析竞争对策选择的因素

企业选择竞争对策，即决定是发动进攻还是回避时，通常要考虑以下因素。

（1）进攻目标的价值。以进攻策略来引发市场竞争时应慎重，要做到不战则已，战则必胜。以弱势企业作为进攻的目标，风险小，参与竞争的时间与资金成本投入少，往往事半功倍，但不容易获得大的战果；以较强的竞争者为进攻目标，只要抓住其弱点，出其不意，可以出奇制胜，获取更大的市场份额和更多的利润。因此，强大的竞争对手反而可能会成为最有价值的进攻目标。

（2）竞争者与本企业的相似程度。多数企业愿意与本企业相似的竞争者展开竞争，但是彻底击败与自己类似的竞争者于自己反而不利。

同步观察

搜狗、奇虎360掀"弹窗"大战，IT业又起恶性竞争

2013年11月，搜狗和奇虎360两家竞争企业掀起"弹窗"大战，纷纷指责对方。几年前，奇虎360和腾讯因互用"弹窗"攻击对方而爆发了"3Q大战"，使用户成为受害者。有业内人士表示，奇虎360和搜狗两家企业在浏览器、搜索等领域早已展开激烈竞争，甚至"联姻不成反成仇敌"。随着这一事件的发酵，不仅标志着搜狗与奇虎360全面开战，也是当前互联网行业竞争乱象的一个缩影。

奇虎360曾宣称，根据用户反馈，搜狗浏览器出现了重大的安全事故，导致大量用户的网银、支付账户及企事业内部系统账户信息的泄露，不仅给广大网民的个人隐私带来危害，给财产安全造成威胁，同时也给政府、高校、公用事业部门及电子支付、电子商务等重要信息系统埋下了重大的安全隐患。2013年11月7日，奇虎360召开媒体沟通会，建议用户和企事业单位尽快对使用过搜狗浏览器的计算机终端进行安全排查。

而搜狗随后表示，搜狗浏览器技术团队在第一时间进行了查证，确认并不存在此类现象。与此同时，搜狗通过搜狗输入法向用户桌面推送信息，矛头全部指向奇虎360安全卫士。

资料来源：薛松. 搜狗、360掀“弹窗”大战，互联网行业恶性竞争又起［N/OL］.（2013-11-08）［2014-05-11］. http://gzdaily.dayoo.com/html/2013-11/08/content_2445689.htm.

（3）良性竞争者存在的必要性。良性竞争者的存在对企业的创新与提高效率来说有一系列的战略意义：首先，竞争者的存在有助于增加市场需求的总量，分担和降低产品开发和市场开发的成本，并有助于使新技术合法化；其次，竞争者可以为吸引力较小的细分子市场提供多样化的产品，增加产品的差异性；最后，竞争者的存在还有助于提高行业中的企业与政府或员工谈判的能力。

但是，恶性竞争者则不遵守任何行业规则，往往采用不正当，甚至不合法的竞争手段，如低价倾销、虚假广告，以及对同行业竞争者的诽谤攻击等，以求扩大自己的市场份额，打乱行业的有序与平衡，具有强烈的破坏性。因此，必要时，要通过行业协会或利用法律武器，把恶性竞争者赶出市场。

同步观察

热爱你的顾客，尊重你的竞争对手

热爱顾客意味着企业必须为顾客提供良好的价值，努力打动顾客的情感和精神，赢得他们的品牌忠诚。企业还必须学会尊重竞争对手。正是因为竞争对手的存在，整个行业市场才会逐渐扩大，没有它们，企业所在行业的发展就会变得非常缓慢。

1. 垂直化技术转移，引入竞争来促进市场发育。

联合利华在越南的发展就是得益于对当地所有供应商进行最佳的实践培训。这些供应商在培训中不但了解了标准质量体系，而且掌握了实现这些标准所需的必要技术。不仅如此，联合利华还为这些供应商提供可观的财务支持。通过这些做法，联合利华一方面通过本地供应商降低了经营成本，另一方面也保证了产品始终如一的高质量。在这里有一个问题很值得注意，那就是这些供应商是否会利用这些优势为联合利华的竞争对手提供同样高质量的服务。耐人寻味的是，联合利华对此非常支持，原因是它认为这样做有利于促进整个市场的发展。

2. 水平化技术转移，把自己掌握的技术拱手奉献给竞争对手。

一个企业无偿向其他企业转移技术意味着市场风险共担，它需要和其他企业一起实现规模化经济效益，通常，这很难做到。但当企业意识到无力独自承担起市场开发的重任时，这种情况不是不可能出现的。例如，有了全球7家制药公司（即勃林格殷格翰、百时美施贵宝、葛兰素史克、默克、罗氏、艾伯特和吉利德制药公司）的技术合作，才成功降低了发展中国家艾滋病治疗药物的价格，实现了联合国千年发展目标的要求。

资料来源：科特勒，卡塔加雅，塞蒂亚万．营销革命3.0——从产品到顾客，再到人文精神［M］．毕崇毅，译．北京：机械工业出版社，2011.

任务6.3　实施竞争定位

任务引子

万科物业——中国物业服务行业的领跑者

万科物业以2万人的力量服务于46个城市、264个社区、5 000万平方米的生活空间，是中国第一份《物业服务报告》推行者，是中国物业公司品牌价值第一、综合实力第一、全国服务规模第一的物业服务运营商，是中国物业服务行业的领跑者。万科提出“好房子、好服务、好邻居”价值链，用12条物业服务标准使业主安居无忧。

1. 保安在岗时从来不接听手机。
2. 水管的长度只有25米。
3. 绿化养护工之间的距离要保持10米以上。
4. 垃圾滞留时间标准化。
5. 查岗的秘诀，即管理人员夜间查岗时，先到门岗请其交出对讲机，免得走漏风声。
6. 总经理捡烟蒂。
7. 4张不变的面孔，即把客服前台、门岗、车场岗和入户维修这4个与业主息息相关的岗位确定为关键岗位，并通过多种激励手段降低关键岗位人员的流失率。
8. 业主生活零打扰。
9. 电梯维保零打扰。
10. 二人成排，三人成列。
11. 雨后无积水。
12. 三多四勤，即多看、多听、多闻，眼勤、手勤、腿勤、脑勤。

资料来源：万科物业引领杭州楼市“好服务”时代——12项物业服务标准惠及更多人的日常生活［N］．杭州日报，2012-10-25.

任务认知

根据著名营销专家科特勒的观点，当一个产品的市场步入成熟后，在这个市场里竞争的同类企业之间，便都各自维持着一个相对稳定的市场占有份额。根据各企业在目标市场中所处的地位不同，可以把它们分为市场领先者、市场挑战者、市场跟随者和市场利基者。

1. 市场领先者

市场领先者是指在相关产品的市场上占有率最高的企业。一般来说，大多数行业都存在一家或几家市场领导者。例如，可口可乐公司，Visa、微信、苹果等品牌，它们在新产品开发、价格调整、配销覆盖、促销力量及消费者对品牌的忠诚度等方面处于主导地位，为同业者所公认，是市场竞争的导向者，也是其他竞争者挑战、效仿或回避的对象。

2. 市场挑战者

市场挑战者是指在相关产品市场占有率名列前茅，且又具备向市场领导者发动全面或局部攻击的企业。这种类型的竞争者，一旦条件、时机成熟，就向市场领导者发起进攻，力求扩大市场占有率，并试图成为领导者，如饮料行业的百事可乐公司、日化行业的联合利华公司等。

3. 市场跟随者

市场跟随者是指那些在相关产品市场上市场份额远远小于市场领导者，没有实力，也不愿意与市场领导者抗衡，愿意与市场领导者、市场挑战者在“共处”状态下求生存的企业。它们当中的一些企业喜欢模仿、追随市场领导者的产品策略和经营策略。

4. 市场利基者

市场利基者是指以专业化为核心，谋求在大企业不屑一顾的细分市场中拾遗补缺，通常是在大企业的“缝隙”市场中求生存的企业。它立足于成为缝隙小市场的领先者。

任务6.4 制定竞争策略

任务引子

进攻是最好的防御

市场领导者的竞争策略核心是防守，其最有效、最积极的防御策略是主动发动进攻，不断开发更具特色，更能满足消费者需要的新产品或提供新的、更高水平的服务，以保持自己的特色，这就是所谓的“进攻是最好的防御”。

市场领导者任何时候也不能满足于现状，必须在创新产品、提高技术水平、提高服务水平、提高分销渠道的高效性和降低成本等方面不断创新，才能真正处于该行业的领先地位。

市场领导者最好的进攻是不懈地创新，要善于自己“打”自己。

任务认知

孙子曰：“是故百战百胜，非善之善也；不战而屈人之兵，善之善者也。善战者，求之于势。”在对竞争者进行了系统、全面的分析后，每个企业都要根据自己的营销目标、市场机会、资源拥有情况及其在本行业所处的竞争地位来制定适宜的竞争策略。

同步观察

如何在快消品行业中成为市场领导者

Kantar Worldpanel与贝恩公司合作发布的《2013年中国购物者报告》中的一个重要结论是，对于中国市场大多数的快速消费品品类而言，成为市场领导者最关键的因素在于提高品牌渗透率，即吸引更多消费者购买它们的产品。Kantar Worldpanel的分析表明持续创新和品类及产品线的延伸是争取消费者的关键，在中国，布局下线城市和向西部内陆地区扩张可以有效帮助厂商扩大消费者规模。

2011—2012年，亿滋（卡夫）中国通过创新举措成功地获得了新一轮的增长和消费群体规模的持续扩张。例如，它在口味方面推出奥利奥冰激凌口味产品，在包装方面带领饼干拓展迷你市场等。同时，亿滋（卡夫）中国也涉足口香糖品类，重磅打造Stride炫迈口香糖，一年时间内在中国的口香糖市场赢得了千万家庭户。Kantar Worldpanel的数据研究表明：近3年来，亿滋（卡夫）中国是消费者规模扩展最为迅速的企业，每年都新增超过800万的家庭户。

民族品牌领军企业娃哈哈的消费者规模在2013年里减少了约130万城市家庭户。Kantar Worldpanel数据研究表明，尽管娃哈哈的“拳头产品”营养快线在酸味奶市场保持领先优势，但由于鲜有创新举措，消费者规模在2013年首度下滑，流失700万城市家庭户。同时，娃哈哈饮茶（冰红茶等）也表现乏力，流失近千万城市家庭户。不过，娃哈哈的新品格瓦斯在碳酸饮料中的非凡表现和启力在功能饮品中的快速扩张再度为娃哈哈集团吸引了超过千万的城市家庭户。

随着城市化进程的加速和厂商在下线城市布局，下线城市已经成为有效获取新消费者的重要战场。2013年，在食品行业中，拥有城市家庭户最多的康师傅在下线城市迅速成长，有40%的消费者增长来自县级市和县城。休闲食品领导厂商玛氏也加速了在下线城市发展的步伐，在2013年有超过50%的消费者增长来自于县级市和县城。而新兴崛起的好丽友食品有限公司，也成功地在下线城市获得48%的消费者增长。

随着我国西部大开发战略的推广，乳品企业，如伊利、蒙牛率先展开在西部的“圈地运动”。Kantar Worldpanel研究数据显示，2013年，蒙牛和伊利在西部六省市新吸引的消费者分别占其在全国新吸引消费者的30%和34%。

资料来源：品牌渗透下的消费者集群效应[EB/OL].（2013-11-09）[2014-05-11]. http://www.chinairn.com/news/20131109/114754917.html.

6.4.1 市场领导者

市场领导者的地位是在竞争中自然形成的，但不是固定不变的。企业如果没有获得法定的特许权，必然会面临竞争者的挑战。因此，企业必须随时保持高度的警惕，并采取适当的措施，以免丧失领导地位。一般来说，市场领导者要保持自己的领导地位，通常可采取3种策略。

1. 扩大市场需求总量

当一种产品的市场需求总量扩大时，受益最大的是处于市场领导地位的企业。市场领导者通常从3个方面扩大市场需求量。

（1）发掘新的使用者。每一种产品都有吸引新用户的潜力，因为有些顾客对产品还不甚了解，不知道这种产品，因产品价格不合理或性能还有缺陷等而不想购买这种产品。营销者可以通过发掘新使用者来扩大市场需求总量，如香水制造商设法说服男士使用香水，或者向其他国家或地区推销香水，都可以扩大市场需求总量。

同步案例

雅戈尔新广告片吸引年轻消费者

近几年，中国元素、中国设计师在国际服装舞台上“火”了起来。与设计师参与设计的品牌不同，中国大部分服装品牌为更广大的消费者服务，但是，“低调，缺少自我表达”的标签也正被国内服装品牌撕掉。雅戈尔在2013年发新广告片，出微电影，开辟出新媒体渠道与年轻消费者积极互动，展示“时尚、文化、科技”内涵的积累，用代言体来形容就是“你说我是传统品牌，我有我的积极图变”。

2013年初，雅戈尔启用了“世界有你，更加精彩”的广告语，并伴随着一段讲述父子情感传承的广告片传遍全国。这部制作精良的广告片由中国香港知名导演担纲，在匈牙利布达佩斯、上海等多地实景拍摄，在央视播出的同时，还通过微博、视频网站等新媒体同步发布。

该片从儿子的观感出发，父亲是中国正气的成功人士的缩影，他的表现已成为中国乃至世界最精彩的一部分，也是一个令儿子仰慕、学习的目标。父子间日常生活片段展露出雅戈尔品牌特色，贯穿了父子之间的精神传承，自然而然地塑造了“世界有你，更加精彩”的品牌推广主题。有人评论说，广告片契合中国崛起的时代主题；也有人觉得是父子之间深厚的情感表达触动了人们内心最柔软的地方。在雅戈尔官方微博“雅戈尔体验馆”率先推出80秒导演剪辑版本之后，有网友借用“很多时候不是我们去看父母的背影，而是承受他们追逐的目光”表达自己的观感，一段时间内，讲述与父母的点滴往事成为热议话题。对于品牌而言，新片寓意高端品质的传承，“一身正气”的文化内涵的传承，更重要的是借此塑造年轻化的品牌形象，吸引更多的年轻人。

资料来源：雅戈尔发布新广告片“传承”吸引年轻消费者[EB/OL].（2013-04-29）[2014-05-11]. http://info.cloth.hc360.com/2013/04/290949745696.shtml.

（2）开辟产品新用途。企业也可通过发现并推广产品的新用途来扩大市场。例如，每当杜邦公司的尼龙进入产品生命周期的成熟阶段，杜邦公司就会发现这种产品的新用途。尼龙首先是用作降落伞的合成纤维，然后用作女袜的纤维，接着成为男女衬衫的主要原料，再后来又成为汽车轮胎、沙发椅套和地毯的原料，每项新用途都使产品开始了一个新的生命周期。事实表明，顾客也是发现产品新用途的重要来源。因此，企业必须注意顾客对本公司产品使用的情况。

（3）增加产品的使用量。使原有消费者更多地消费某产品的办法有很多，最常用的一种方法就是促使消费者在更多的场合使用该产品。

2. 保护市场占有率

被挑战者取而代之是市场领导者的主要威胁所在，因此，市场领导者必须时刻警惕竞争者的挑战，保护自己的现有市场阵地。事实上，各行业中的领导者对自己的竞争对手从未放松警惕，就像可口可乐公司时时提防着百事可乐公司一样。

同步观察

干掉QQ？微信正走上这条路

在PC时代，QQ就是腾讯的一切，从会员到游戏，从流量到所谓的生态圈，一个QQ号串联起腾讯的一切，以至于无论在任何时间段，QQ在腾讯的地位都是超然的。简单来说，QQ从用户身上获得的无限利益，转换成其在腾讯内部的发言权。

在某种程度上，QQ部门的诉求在腾讯内部基本上就是资源调配的代名词。无论是门户业务，还是数字娱乐业务，QQ资源的匹配和倾斜甚至可以决定腾讯其他产品的生死。这是简单的市场法则，但现在，这个法则正在发生变化。

腾讯内部人士说，在移动互联网时代，微信正在代替QQ成为腾讯内部的资源调配“阀门”，负责“开闸泄洪”，但似乎又不用承担QQ这样“现金牛”的角色。这是因为时至今日，无论是腾讯眼中的微信还是张小龙定义的微信，都没有拥有成熟的商业模式，也并不具备持续的大规模产生利润的能力。当然，腾讯说微信是未来，所以短期之内不需要承担营收的压力。但问题的纠结之处在于，如果按照这种定位持续运转下去，QQ虽然活着，但在市场想象力上，它事实上已经死掉了。它只需要贡献源源不断的利润，腾讯的未来和它将没有任何关系。因为，微信正在替换QQ。

这意味着什么？简单地说，在资本市场上，这会给人一种感觉，在不远的将来（之所以说不远，是因为微信的增长速度，以及它在腾讯目前获得的内部资源上都已经远远超过QQ，这种势头一旦发生，就几乎难以逆转，而且毫无疑问，移动互联网才是腾讯的未来重心，这个使命在目前看来是要由微信来承担的），QQ的使命将会告一段落。

资料来源：王利阳. 干掉QQ？微信正走上这条路［EB/OL］. MBA俱乐部，2013-11-28.

当市场领导者不准备或不具备条件发起进攻时，至少也应做到严守阵地，填补空白，堵塞漏洞，保护其原有市场份额，绝不能暴露自己的某一单薄的侧翼，使竞争者发现自己明显的薄弱环节后乘虚而入。市场领导者必须善于清楚地辨认哪些是值得自己不惜代价去固守的“要塞”，哪些是无碍全局可以放弃的阵地，以便集中使用防御力量，最终守住阵地。防御策略的目标是要减少企业受到攻击的可能性，将攻击转移到威胁较小的区域，并削弱其攻势。通常可供市场领导者选择的防御策略有以下6种。

（1）阵地防御。阵地防御就是在现有阵地周围建立防线，这是一种静态的、消极的防御，是防御的基本形式。对营销者来讲，单纯防守现有的阵地或产品，就会患“营销近视症”。遭受攻击的领导者如果集中全部资源，一味防御，那将是十分愚蠢的。

（2）侧翼防御。侧翼防御是指市场领导者除保卫自己的主阵地外，还应注意保护自己较弱的侧翼，防止对手乘虚而入。

（3）先发防御。先发防御是指在敌方对自己发动进攻之前，先发制人，抢先攻击。具体做法是，当竞争者的市场占有率达到某一危险的高度时，就开始发动攻击；或者对市场上的所有竞争者进行全面攻击，使对手人人自危。当然，企业如果拥有强大的市场资产——品牌忠诚度高、技术领先等，面对对手的挑战，可以沉着应战，不轻易发动进攻。

（4）反攻防御。反攻防御是指在对手发动进攻时，主动组织进攻，以挫败对手。当市场领导者遭到对手降价或促销攻势，或者改进产品、市场渗透等进攻时，领导者可选择迎击对方的正面进攻、迂回攻击对方的侧翼，或者发动钳式进攻，切断从其根据地出发的攻击部队等策略。

同步案例

弯道超越——三星狙击行业对手

在液晶面板行业中，韩国的LG、三星和中国台湾的友达等共6家企业形成价格联盟。2006年，三星在美国反水，做污点证人，将2001—2006年的开会内容透露给美国，随后美国以反垄断法处罚价格联盟；而后又透露给欧盟，导致价格联盟被欧盟反垄断组织调查。2012年，台湾友达向中国发改委举报三星，发改委处罚三星3.53亿元。

在液晶面板领域中，有日本、韩国、中国台湾三方势力，很长的一段时间里都是日本企业处于领先地位，而韩国和中国台湾则属于弱势群体。但是如今三星却打败了拥有最尖端技术的日本企业，为什么呢？其实，在2001—2006年价格联盟期间，三星就开始做战略部署。

第一步：2004年，三星控股51%与索尼合资建厂（S-LCD工厂），生产液晶面板。因为面板成本非常低，所以索尼赚了很多钱，尝到了很大的甜头。

第二步：当时松下、夏普、东芝等日本企业拥有等离子技术，但不卖给中国内地。三星嗅到并抓住了这个天大的机会，低价把液晶面板倾销卖给中国的电子企业。短时间内，长虹、TCL、海尔等拿着低价的液晶面板直接生产电视，并贴着自己的牌子，立即产生了规模经济，产量大增，导致2005—2006年，40英寸以上的液晶电视价格暴跌近一半，等离子已经没有优势了。

这时，液晶电视的价格到达了拐点，三星此刻没有按照常理继续大量生产，抢占市场，而是“两条腿走路”。第一条腿：2006年三星说其产品里液晶对等离子的比例是5∶1，2007年三星说液晶对等离子的比例为3∶1。也就是说，三星在减产液晶，大力生产等离子。这其实只是做给日本企业看的表面现象。第二条腿：三星马上控制液晶面板产量，控制上游，导致液晶面板价格大幅上涨，且当时6家联盟也是控制着高价的液晶面板的价格，使日本企业加速走进了三星的圈套。而后，日本企业，尤其是松下，建了5条生产线，一条便价值15亿美元，准备大力发展等离子，要生产1 000万台等离子面板，占据世界市场40%的份额，同时把长虹也拉进来做等离子，而三星的目的就是要日本企业去大笔投资等离子，之后再消灭它。

第三步：2006年，价格联盟被举报，美国展开了为期2年的调查，欧盟展开了为期4年的调查，就在这几年几家公司忙着打官司，根本没有时间来管价格联盟的事情，所以液晶的价格雪崩，暴跌，比以前还要便宜，这样一来，等离子根本没有了竞争力，松下等日本企业全部产能过剩，几乎血本无归。到了2008年上半年，等离子的销售量只是液晶电视的1/7，而那么多日企投入的等离子生产线几乎全部报废。此时，三星回过头来开始“收拾”索尼了。2009年，三星早就发明了液晶新技术LED，索尼则将该技术加价20%卖给了中国台湾，对中国内地也是加价10%~20%，因此，索尼这样的日企一下子被“打死”。

那么，三星对韩国经济的贡献率是多少呢？2010年，韩国的经济总量在全世界排行第15

名，而三星的销售额占了韩国GDP的20%，可见三星地位的轻重。在技术上，无论是液晶还是等离子，三星与日企相比还是有差距的，但是三星却利用中国市场的空白，进行战略部署，明修栈道、暗渡陈仓地做LED，最后打败了这几家实力雄厚的日本企业，体现出了三星的智慧。三星在IT家电的其他领域几乎是全员参与的，大家电、小家电、计算机、手机通信、光学等领域几乎都可以看到三星的身影，这也是其他日企无可比拟的地方。2011年，三星把盘踞手机市场14年的老大诺基亚拽下了神坛；在彩电领域，三星是全球份额的“老大”；在IT家电领域，没有三星不做的，不管是零配件还是组装。三星的手机产业链，从上游、中游到下游，每一个环节都有生产，而且全部是产业链的形式，和iPhone不一样——只是控制了上游而已，因此，三星能独步天下。

看看我国的液晶面板领域，2012年，京东方投资600亿元上马了一个8.5代的液晶面板生产线，TCL集团旗下的华星光电投资245亿元搞了一个8.5代的液晶面板，殊不知，日韩企业早就不做了，到了京东方、华星光电可以量产的时候，日韩企业在研究开发有机液晶面板（OLED）了，8.5代的液晶面板生产线就得到了和日企当年的等离子生产线一样的结局。我们应该深深反思在光伏领域的覆辙。

资料来源：郎咸平. 看三星如何狙击行业对手［EB/OL］.（2013-03-06）［2014-05-11］. http：//blog.sina.com.cn/s/blog_727b586701018xmn.html.

（5）运动防御。运动防御是指市场领导者把其经营范围扩展到新的领域中去，使企业在战略上有较多的回旋余地。运动防御可通过两种方式实现。

① 市场扩大化。企业可以将注意力从目前的产品导向转为市场导向。例如，把“石油”公司转变为“能源”公司，这意味着市场范围可以扩展到煤炭、核能、水利等工业。市场扩大化必须符合两条基本的军事原则——目标原则和优势集中原则，即确定明确可行的目标，并集中优势兵力打击敌军的薄弱环节。

② 市场多角化。企业可以向彼此不相关联的其他行业扩展，实行多角化经营，如服装企业进军IT行业。

（6）收缩防御。收缩防御是指领导者主动放弃本企业实力较弱的市场阵地，实行战略收缩，把力量集中到实力较强的阵地上去。

3. 提高市场占有率

研究表明，市场占有率是影响投资收益率最重要的变量之一，市场占有率越高，投资收益率越大，市场占有率高于40%的企业，其平均投资收益率相当于市场占有率低于10%的企业的3倍。因此，许多企业以提高市场占有率为目标，美国通用电气公司要求它的产品在各自市场上要占据第一或第二位，否则就要撤退。

不过，并不是在任何情况下市场占有率的提高都意味着收益率的增长，有时为提高市场占有率，企业所付出的代价会高于它所获得的收益。企业在提高市场占有率时应考虑以下3个因素。

（1）引起反垄断诉讼的可能性。当企业的市场占有率超过一定限度时，在许多国家都有可能遭遇反垄断的诉讼和制裁。

（2）经济成本。当企业的市场份额已达到一定水平时，再提高一步的边际成本非常高，甚至是得不偿失。

（3）企业在争夺市场占有率时所采用的营销组合策略。只有在下列两种情况下，市场占有率才同收益率成正比。

① 单位成本随着市场占有率的提高而下降。福特汽车公司在20世纪20年代销售T型车时便采取了这种策略。

② 公司在提供优质产品时，销售价格的提高大大超过其为提高质量所投入的成本。美国学者克罗斯比（Crosby）认为，质量是免费的，因为质量好的产品可减少废品损失和售后服务的开支等，这就节约了成本。但是，其产品应投消费者之所好，这样消费者就愿意支付超出成本的高价。

同步案例

Tesco+华润，市场占有率将会最高吗

2013年8月9日，华润创业和Tesco乐购均宣布，双方已订立《谅解备忘录》，有意成立一个合资企业，在中国内地、香港及澳门特别行政区经营大卖场、超级市场、便利店、现购自运及酒类专卖店的独一平台。

毫无疑问，华润集团旗下的零售板块“华润万家”是目前国内较大的本土零售商之一。目前，华润万家旗下有华润万家、苏果、欢乐颂、中艺、华润堂、Ole’、Blt、Pacific Coffee等品牌，分布在全国31个省市地区的100多个城市，2012年实现销售941亿元，全国店数4 425家。如今，华润万家的销售规模和遍布全国的门店及其迅猛的发展速度，都是来自其不断进行收购的结果。

强者更强，Tesco+华润，市场占有率将最高。

尽管Tesco在对外的资料中称，和华润合作还必须经过调查和最终的合作协议签署，合作是否成功在此刻还无法最终确认。但是不可否认的是，Tesco和华润如果成功成立合资公司，该公司将成为中国零售市场中占有率最高的企业。

根据中国消费者指数研究机构Kantar Worldpanel的报告显示，在2013年第二季度，高鑫零售的市场占有率为8.4%，位居第一位；华润万家的市场占有率为6.8%；Tesco则为2.0%。华润万家加上Tesco的市场占有率则为8.8%，比高鑫零售的占有率还高。

品牌与整合传播专家林一凡表示，强者更强，大鱼吃小鱼将成为行业的趋势。大品牌零售商除了图谋全国布局、精耕区域市场外，渠道也在不断地下沉到三、四线城市，区域的小零售企业生存空间就更小了。而零售巨头在渠道下沉时，更多的是通过收购，因为这种方式是最经济实惠、风险最小、最快速占据当地市场的方式。同时，林一凡认为，按照现在的发展阶段，国内零售市场有“五代十国”的形势，但还没达到一二家独大的局面。

资料来源：Tesco乐购和华润合作是“以退为进”重谋中国市场［EB/OL］.（2013-08-09）［2014-05-11］. http://news.winshang.com/news-183088-2.html.

6.4.2 市场挑战者

饮料行业的百事可乐公司等“亚军公司”对待自己所在行业的竞争情势可能采取两种态度，一种是向市场领导者和其他竞争者发动进攻，以夺取更大的市场占有率，这时它们被称为市场挑战者；另一种是维持现状，避免与市场领导者和其他竞争者引起争端，这时它们被称为市场追随者。

市场挑战者的竞争策略核心是挑战。市场挑战者如果要发起挑战，首先必须确定自己的战略目标和挑战对象，然后再选择适当的进攻策略。

1. 明确战略目标和竞争对手

战略目标同进攻对象的选择密切相关，针对不同的对象，存在不同的目标。一般说来，挑战者可以选择以下3种竞争对手作为攻击对象。

① 攻击市场领导者。这一战略潜在的收益可能很高，但风险很大，为确保进攻成功，挑战者必须调查研究领导者现有顾客的不满之处，从市场领导者的弱点和失误下手，改良开发新产品或服务，夺取领导者的市场份额。例如，施乐公司通过开发出用干式复印代替湿式复印的复印技术，成功地从3M公司手中夺去了复印机市场。

同步观察

“反盗版”背后决裂的实质

2013年11月13日，以搜狐为首的中国网络视频反盗版联盟联合向百度等发起反盗版行动（见图6.4）。跟百度这个中国互联网最大的流量入口决裂，实在是要具备相当大的勇气的。反盗版联盟要采取技术手段屏蔽百度视频搜索的抓取，付出的流量代价可能会有多大？百度视频提供的数据：为全视频行业贡献75%的搜索流量，每日为视频网站的正版内容带来1亿次以上的用户访问。因此，要跟百度决裂，简直就是互联网产业版的“锯腿”，血淋淋，其痛彻骨。但不锯的话，就只能坐视百度视频“坐大”。百度视频业务目前分两块，一块是爱奇艺和刚刚以3.7亿美元收购的PPS，二者加起来自称是中国最大网络视频平台；另一块是百度视频APP，2013年9月22日宣布其累计激活用户突破1亿人，日活跃用户数2 000万人。如果再加上搜索倒流过程中对百度自有网站不可避免的倾斜照顾，假以时日，百度视频必将改变中国网络视频的格局。

图6.4 “反盗版”背后的视频江湖

况且，爱奇艺又一直计划着上市，这等于是要抢很多人的“蛋糕”。在美股中目前已经有了一家优酷土豆，搜狐的重点业务搜狐视频也一直酝酿着公开募股，但华尔街肯定容不下那么多中国视频网站。在美国股民眼里，很容易把爱奇艺之于百度联想到YouTube之于谷歌，爱奇艺如果抢上美股，不但“截”了搜狐视频的“和”，对优酷土豆股价也会大有影响。从这个角度讲，爱奇艺上市必须被狙击。

视频网站竞争的激化，还与市场的逐渐成熟密切相关。在多年的持续“烧钱”后，2013年似乎有“蜜桃已熟”的兆头。2013年第三季度，搜狐视频广告收入同比增长3倍，乐视前三季度广告收入增长106%，优酷土豆则很可能会实现季度盈利。视频网站广告收入超门户网站广告收入基本没有悬念。更重要的是，在移动领域，目前能看到的广告盈利模式，也就是网络视频广告了。因此，视频网站已成必争之地。

资料来源：信海光. "反盗版"背后的视频江湖［EB/OL］.（2013-11-14）［2014-05-11］. http://www.huxiu.com/article/23056/1.html.

② 攻击与己规模相当且经营欠佳的竞争者。

③ 攻击区域性经营不善的小型企业。

2. 选择进攻策略

挑战者选择进攻策略，总的原则是集中优势兵力，攻击薄弱环节。挑战者可选择以下5种战略。

（1）正面进攻。正面进攻是指集中兵力向对手的主要市场发动攻击，打击的目标是对手的强项而不是弱点，这种情况下，胜负便取决于谁的实力更强，谁的耐力更持久，进攻者必须在产品、广告、价格等主要方面大大领先对手。

进攻者如果不采取完全正面的进攻策略，也可采取一种变通形式，最常用的方法是针对竞争对手实行削价。通过在研究、开发方面大量投资，降低生产成本，从而以低价格向竞争对手发动进攻，这是持续实行正面进攻策略最可靠的基础。日本企业是实践这一策略的典范。

（2）侧翼进攻。侧翼进攻是指集中优势力量攻击对手的弱点，有时也可正面佯攻，再向其侧翼或背面发动猛攻，采取声东击西的策略。侧翼进攻可以分为两种。一种是地理性的侧翼进攻，即在全国或全世界寻找对手相对薄弱的地区发动攻击。例如，IBM公司的挑战者就是选择一些被IBM公司忽视的中小城市建立强大的分支机构，获得了顺利的发展。另一种是细分性侧翼进攻，即寻找市场领导企业尚未很好满足的细分市场。例如，德国和日本的汽车生产厂商就是通过发掘一个尚未被美国汽车生产厂商重视的细分市场，即对节油的小型汽车的需要这一市场，从而获得了极大发展。

侧翼进攻不是指两个或更多的公司之间通过浴血奋战来争夺同一市场，而是要在整个市场上更广泛地满足不同的需求。因此，它最能体现现代市场营销观念，即"发现需求并且满足它们"。同时，侧翼进攻也是一种最有效和最经济的策略，较正面进攻有更多的成功机会。

（3）围堵进攻。围堵进攻是一种全方位、大规模的进攻策略，它是指同时在几个战线发动全面攻击，迫使对手在正面、侧翼和后方同时全面防御。进攻者可向市场提供竞争者能供应的一切，甚至比对方还多，使自己提供的产品无法被拒绝。当挑战者拥有优于对手的资源，并确信围堵计划的完成足以打垮对手时，这种策略才能奏效。例如，日本精工表在国际市场上就是采取了这种策略。在美国市场上，日本提供了约400个流行款式，2 300种手表，占据了几乎每个重要的钟表商店，通过种类繁多、不断更新的产品和各种吸引消费者的促销手段，精工表取得了很大成功。

（4）迂回进攻。这是一种最间接的进攻策略，它避开了对手的现有阵地，而采取迂回进攻。具体办法有3种：一是发展无关的产品，实行产品多元化经营；二是以现有产品进入新市场，实现市场多元化；三是通过技术创新和产品开发，以替换现有产品。例如，美国高露洁公司在面对宝洁公司强大的竞争压力下，就采取了这种策略，即加强高露洁公司在海外的领先地位，在国内实行多元化经营，向宝洁公司没有占领的市场发展，迂回包抄宝洁公司。高露洁公司陆续收购了纺织品、医药产品、化妆品及运动器材和食品公司，结果获得了极大的成功。

同步延伸

"有所为，有所不为"，不战而胜

企业竞争的核心是占有资源，但对于一个新加入竞争行列的企业来说，其所能占有的资源是有限的。现在很多行业都出现了由几个大企业一统天下的局面。作为中小型企业，只要能明确自己的目标，一样可以在"局部战场"中建立起竞争优势，并在一个特定范围内或特定的市场上成为佼佼者，关键是要根据企业自己的资源和经营能力选准市场目标，善于"有所为，有所不为"，才有可能达到"不战而胜"的最高竞争境界。

（5）游击进攻。游击进攻主要适用于规模较小、力量较弱的企业，目的在于通过向对方不同地区发动小规模的、间断性的攻击来骚扰对方，使之疲于奔命，最终巩固永久性据点。游击进攻可采取多种方法，包括有选择的降价，强烈的、突袭式的促销行动等。应予指出的是，尽管游击进攻可能比正面围堵或侧翼进攻节省开支，但如果要想打倒对手，光靠游击进攻不可能达到目的的，还需要发动更强大的攻势。

从以上可以看出，市场挑战者的进攻策略是多样的。一个挑战者不可能同时运用所有策略，但也很难单靠某一种策略取得成功，通常是设计出一套策略组合，通过整体策略来改善自己的市场地位。

6.4.3 市场跟随者

并非所有在行业中处于第二位的公司都会向市场领导者挑战。除非挑战者能够在实现产品重大革新或是配销等方面有重大突破，否则它们往往宁愿追随领导者，而不愿对领导者贸然发动攻击。美国市场学学者西奥多·莱维特（Theodore Levitt）认为，有时产品模仿像产品创新一样有利。

这种"自觉"状态在资本密集且产品同异性高的行业，如钢铁、化工等中是很普遍的现象。在这些行业中，产品差异化的机会很小，而价格敏感度却很高，很容易爆发价格竞争，最终导致两败俱伤。因此，这些行业中的企业通常会形成一种默契，彼此自觉地不互相争夺客户，不以短期市场占有率为目标，以免引起对手的报复。这种效仿领导者为市场提供类似产品的市场跟随战略，使得行业市场占有率相对稳定。

但是，这不等于说市场跟随者就无策略可言。市场跟随者必须懂得如何维持现有顾客，并争取一定数量的新顾客；必须设法给自己的目标市场带来某些特有的利益，如地点、服务、融资等；还必须尽力降低成本，并保持较高的产品质量和服务质量。跟随并不等于被动挨打，或是单纯模仿领导者，追随者必须要找到一条不会招致竞争者报复的成长途径。具体来说，跟随策略可分为以下3类。

1. 紧密跟随

这是指跟随者尽可能地在各个细分市场和营销组合领域效仿领导者。这种跟随者有时好像是挑战者，但只要它不从根本上危及领导者的地位，两者之间就不会发生直接冲突。有些跟随者表现出较强的寄生性，因为它们很少刺激市场，总是依赖市场领导者的市场努力而生存。

2. 有距离的跟随

这是指跟随者在目标市场、产品创新、价格水平和分销渠道等方面都追随领导者，但仍与领导者保持若干差异。这种跟随者易被领导者接受，同时它也可以通过兼并同行业中的弱小企业，而使自己发展壮大。

3. 有选择的跟随

这是指跟随者在某些方面紧随领导者，而在另一些方面又自行其是。也就是说，它不是盲目追随，而是择优跟随，在跟随的同时还要发展自己的独创性，但同时避免与市场领导者直接竞争。在这类跟随者之中，有些可能发展成为挑战者。

此外，还有一种特殊的跟随者在国际市场上十分猖獗，即"冒牌货"。这些产品具有很大的寄生性，它们的存在对许多国际驰名的大公司是一个巨大的威胁，已成为新的国际公害，因此，必须制定对策，以清除和击退这些"跟随者"。

市场跟随者采取跟随策略，要注意尊重竞争对手，尊重竞争者已有商标权、相关知识产权或发明专利等法定权益，在战略性模仿过程中不得假冒、生产供应"冒牌货"，对市场领导者或其他竞争者产品与服务的模仿或改良，不假冒是有效竞争的法律与道德底线。

同步延伸

找准定位不侵权，模仿也可以创新

2011年7月，昆明一家山寨苹果零售店遭到曝光。苹果公司曾向纽约州地方法院针对50家零售店提出诉讼，指责它们侵犯了公司的商标权。这些零售店并非苹果官方授权店，其中一家假冒零售店名为Apple Story，坐落在纽约市布鲁克林地区。显然，一向高傲的苹果愤怒了，开始了打假之路。

近年来，中国IT山寨潮风生水起，生活中几乎随处可见各式各样的山寨机，像诺基亚、摩托罗拉、三星等国际大牌们无一幸免地成为山寨的模仿对象。工业化大生产追求的同质化和低成本为山寨的生存提供了肥沃的土壤。山寨文化本质上是一种依附性文化，以模仿为前提。我国山寨文化正迅速对主流文化发起冲击，反映了我国原创文化的诸多瓶颈。我国在成为全世界最大制造工厂的近20年间，始终处在产业链的末端，既缺乏核心知识产权（不是设计者、创造者)，又不掌握市场（不是销售者，不接触消费者），仅充当了毫无话语权的中间环节。这种代工软肋的阵痛也在不断地驱动着山寨潮转型，从模仿到创新，进而超越。

虽然山寨一直被视为冒牌和剽窃的代名词而饱受批评，但山寨产品有其较强的竞争力来扎根市场。首先，山寨产品的第一杀手锏便是价格，低价成就了山寨产品；其次，山寨不等于假货，它不是没有技术含量的照抄，不少山寨产品的功能甚至更贴合一般人的需求，具有别具一格的创意，这样的二次创新更符合本地市场需求。山寨苹果店也重视产品设计，并力求带给消费者更好的消费体验以赢得更多的顾客。

实际上，从最开始的模仿商标制造假冒伪劣产品，到后来的模仿品牌产品的造型、界面，这些本质上都是产品的山寨，而现在，模仿的层次上升到了服务体验和商业模式。换句话说，苹果山寨店的出现，折射出中国山寨产业的蜕变，从模仿产品到模仿渠道乃至运营模式，这是一种升华，使中国IT制造业在模仿中超越的可能性大大加强。

或许我们应该把山寨模仿当成中国IT制造业深入发展的一个过渡阶段。当下应该做的是完善保护创新的法律环境和鼓励创新的激励机制，以此来刺激从模仿到创新的蜕变。其实山寨并不等于照搬，在不侵犯他人合法权益的条件下找准定位，模仿也可以是创新。

资料来源：苹果山寨店折射中国IT制造模仿与创新的困惑[EB/OL].（2011-08-10）[2014-05-11]. http://www.cnbeta.com/articles/151184.htm.

6.4.4 市场利基者

几乎每个行业都有这样一些小企业，它们专心致力于市场中被大企业忽略的某些细分市场，在这些小市场上通过专业化经营来获取最大限度的收益。通常小企业会选择两个或两个以上的有利利基市场，某些大企业中的较小业务部门也常常设法寻找一个或多个既安全又有利的利基市场。

一个理想的利基市场具有以下几个特征。

（1）有足够的市场潜量和购买力。

（2）市场有发展潜力。

（3）对主要竞争者不具有吸引力。

（4）企业具备有效地为这一市场服务所必需的资源和能力。

（5）企业已在顾客中建立起良好的信誉，足以对抗竞争者。

专业化、专营化是成功获得市场利基的核心，企业可以在市场、顾客、产品或渠道等方面实行专业化。可供选择的专业化方案包括以下几种。

（1）按终端用户专业化。例如，汽车电脑维修商专门致力于汽车用户电脑的维修。

（2）按垂直层面专业化。专门致力于生产、流通价值链的某些层次，如制铝厂可专门生产铝锭、铝制品或铝质零部件。

（3）按顾客规模专业化。专门为某一种规模（大、中、小）的客户服务，如有些小企业专门为那些被大企业忽略的小客户服务。

（4）按特定顾客专业化。只对某一个或几个主要客户服务，如美国有些厂商专门为西尔斯百货公司或通用汽车公司供货。

（5）按地理区域专业化。专为国内外某一地区或地点服务。

(6)按产品或产品线专业化。只生产一大类产品，如日本的YKK公司只生产拉链这一类产品。

(7)按质量和价格专业化。专门生产经营某种质量和价格的产品，如专门生产高质高价产品或低质低价产品。

(8)按服务项目专业化。专门提供某一种或几种其他企业没有的服务项目，如美国某家银行承办电话贷款业务，并为客户送款上门。

在线链接

1. 中国竞争情报咨询与培训网，http://www.cichina.org/
2. 中国政府网，http://www.gov.cn/
3. 国家发改委，http://www.sdpc.gov.cn/
4. 中华人民共和国商务部，http://www.mofcom.gov.cn/
5. 中华人民共和国国家统计局，http://www.stats.gov.cn/

营销新观察

小米神话无法复制的六大原因

2013年底，手机行业学习小米的浪潮甚嚣尘上。同年11月19日联想集团表示，联想VIBEZ(K910)学习小米的饥饿营销开启现货预售，并且以抢Z码形式进行，但仅过了一天就被金立抢了头条。金立当月20日开发布会称，推出全新互联网手机品牌IUNI，其战略口号为“以小米反小米”。魅族MX和中兴旗下的Nubia早在2012年就已经学习小米营销，并抢滩登陆互联网市场。至此，除偏理性的酷派外，中华酷联四大厂商的三家及二线品牌已经集体踏向互联网改造之路，传统手机业已经进入小米时代，掀起全民学习小米的浪潮。

现如今，不仅是传统手机行业，稍微接触一点互联网的传统企业都在学习小米的新营销模式。小米营销真的是一条引领传统行业走向互联网的康庄大道吗？真的是传统手机行业突围的救命稻草吗？业界人士认为小米营销的成功不具备可复制性，原因有以下6点。

1. 拥有权威的意见领袖。

小米的创始人雷军是中国互联网早期的革命领袖之一。从卓越网到金山软件、风险投资，再到小米，作为公众人物，媒体从来不吝啬于将闪光灯聚焦到他人生中的每一步上。这恰恰是众多传统手机行业大佬们所不具备的。

2. 会制造故事，会讲故事。

作为小米的创始人，单是雷军身上就有太多的故事可以挖掘。他身上有着中国互联网行业一代人的梦想，现在，人们依然津津乐道于挖掘他身上的各种故事：卓越卖了，金山上市了，天使投资凡客、UC浏览器、多玩等。而关于7个老男人的创业故事，随身携带9部手机、寻找100个核心粉丝、可以当天文望远镜的小米、可以承重100斤的小米包装盒等有嚼味的各版本的故事都在不断对外制造传播，满足了客户对于这家公司及其产品的好奇心。

3. 顺应天时，抓住了自媒体传播的大浪潮。

不断借势新营销手段提升自己的品牌曝光度是小米最擅长的营销方法。小米的成功很大一部分原因是顺应了微博、QQ空间、微信等多媒体大发展的浪潮。小米手机从操作系统开发到手机的发布，都赶上了新浪微博高速发展的上升期，借助于微博的广泛传播力，小米在粉丝营销上取得了巨大的成功。雷军本人的粉丝就超过了700万人，小米手机的粉丝也达到300万人。

2012年底，小米联合新浪微博开卖手机，2.5万台小米手机2在5分14秒内售罄。除了借助于微博外，小米还顺势借助了QQ空间，其粉丝高达1 000万人，如红米的发布就借助于QQ空间，首批10万台红米手机在90秒内被抢空，预约人数超过745万人。2013年的“双十一”期间则借助天猫平台狂扫5.5亿元成为销售额最高的店铺。

4. 基于超高产品性价比的饥饿营销。

饥饿营销玩得登峰造极者当属小米。通过饥饿营销的手段制造稀缺性，一方面是为了保持客户对其产品的好奇心，提升吸引力，增加购买欲望；另一方面也是受到产能的限制。传统手机厂商如果要学小米的饥饿营销，先得掂量一下自己的斤两，到底会有多少粉丝愿意加入你的饥饿营销游戏，不要反而把自己给饿死了。

客户购买手机的几大痛点不外乎是价格、外观、电池续航能力、操作体验，小米就是深挖出了传统手机在打电话、发短信、操作体验上的众多痛点，从而在超高的性价比上找到了突破口。而时至今日，国内手机厂商重营销轻产品的模式从未改变过，配置相同，但操作体验却相差甚远，在同一价位上跟小米厮杀，只能最终沦为小米的炮灰。

5. 软件比硬件更重要。

在互联网时代，真正有价值的不是硬件，而是硬件背后的用户。当用户基数足够大时，任何商业模式都可以在miui系统上进行嫁接。小米的核心是自己定制基于Android平台的miui系统。

传统手机厂商对于硬件的重视程度远高于软件。当所有的传统手机厂商都在用原生Andriod系统而将聚焦点放在硬件、质量、价格上时，学小米的结局都将会以失败告终。与硬件相比，小米更感兴趣的是操作系统。

6. 粉丝经济的核心是参与感和用户体验。

在传统经济时代，质量好、价格实惠、环保等产品属性是产品的核心。但在互联网经济时代，产品属性只是产品的标配，真正的好产品应该是客户愿意分享的产品。传统营销强调的是教条式的品牌认知，而新营销的核心是用户参与感，冷冰冰的营销早已不适应互联网时代。

如今，中国的主流消费人群都是互联网的“原住民”，他们对填鸭式的营销广告深恶痛绝。号称要进军互联网的传统手机大佬们开发布会时请来的都是媒体，而不是自己的粉丝，实在看不出有任何让粉丝参与的诚意。

用户体验是做互联网产品的核心，单看某些手机厂商的官网上糟糕的用户体验就着实让人看不到未来，连互联网的门都还没入，何以谈得上学小米营销。

对于包括传统手机行业在内的众多传统行业来说，要学就要学小米用互联网做手机的态度，学习小米极致的用户体验，学习小米既重营销更重产品的理念，更要学习小米重视软件多于硬件的新方向。传统行业如果更有志向一点，应该学的是iPhone。一家伟大的公司，技术、设计的革新才是产品不败于市场的真正核心竞争力。

资料来源：小米神话无法复制的六大原因［EB/OL］. 北大纵横微群，2013-12-08.

实务演练

1. 演练内容

（1）对腾讯QQ面临的市场竞争态势进行分析，特别关注3Q大战。

（2）根据你所收集的资料，利用市场竞争原理，写出一份腾讯QQ的竞争态势分析报告。

2. 演练目的

帮助学生学会从产品、市场、竞争定位等角度，有效识别、分析竞争者，进而引导学生学习协同竞争新思维，从而能够根据竞争态势，有针对性地制定和执行竞争策略。

3. 演练要求

（1）小组学习，共同关注、研讨，完成腾讯QQ竞争态势分析报告。

（2）要求学生认真学习并明确识别、分析竞争者的理念与原理。

（3）要求教师在实战实施前给予必要的指导，并在学生相互交流的基础上给予点评。

4. 演练步骤

1）把学生分成若干小组。

2）案头搜索，浏览3Q大战始末，关注当前QQ市场竞争态势。

3）走进同学中间，实地了解3Q大战中QQ用户的真实体验和感受。

4）小组研讨，撰写考察报告，展示、陈述、答辩相关考察结论。

5. 演练考核

（1）理念与技能

考察如何有效识别和分析竞争者、竞争新思维，以及不同竞争定位企业的竞争策略。

（2）逻辑与规范性

逻辑顺畅，格式规范，版面、礼仪得体。

模块7

选择市场营销战略

实现组织目标的关键在于正确确定目标市场的需要和欲望，并且比竞争者更有效地传送目标市场所期望满足的东西。

——［美］菲利普·科特勒

学习目标

知识目标

- 熟悉和了解市场细分的依据和方法
- 理解并掌握目标市场策略
- 领会市场定位的含义和方法

素养目标

- 善于利用市场细分，发现企业的目标市场
- 在关注目标消费者利益的前提下，树立正确制定目标市场策略的职业操守

技能目标

能灵活运用选择市场战略的相关知识，科学地细分市场，正确选择目标市场，进行市场定位

模块引子

多品牌产品，从线下向线上深化

2013年7月，美的宣布推出全新生活电器网销品牌“易酷客”，只用于线上销售，以区别美的、小天鹅等线下品牌。美的的多品牌运作战略，正在从线下向线上深化。

目前，家电企业实施“双品牌”战略的模式有：高端品牌与低端品牌，如老板电器的“老板”和“名气”；线下品牌与线上品牌，如美的的“美的”和“易酷客”；自主品牌与租赁品牌，如奥太乐的“奥太乐”和“奥克斯”，以及企业品牌与产品品牌，等等。

除美的外，老板、华帝都是双品牌或多品牌运作的佼佼者。其战略实施的初衷和目的可能不尽相同，但核心共同点之一都是以此寻找细分市场空白，满足不同消费群体对产品的不同需求。然而，即使如此，任何一个企业都无法满足整体市场的全部需求。

著名的企业战略专家openBC中国区总经理宋新宇曾经指出：“客户不是越多越好，而是越准确越好。”

资料来源：小聪. 深化双品牌战略家电企业布局细分市场[EB/OL]. (2013-07-17)[2014-05-11]. http://info.homea.hc360.com/2013/07/171154956237.shtml.

想一想

1. 企业为什么要进行市场细分？在移动互联背景下，企业如何深化市场细分？

2. 企业的资源和实力是有限的，面对不同的细分市场，企业如何选择目标市场策略？

3. 在竞争激烈的市场上，企业想要脱颖而出，使目标消费者了解和赏识本公司的产品，应该怎么做？

在当今复杂的社会中，消费者的消费心理、购买习惯、收入水平和所处的地理环境和文化环境等都存在着很大的差别，不同的消费者和用户对同一类产品的消费需求和消费行为具有很大的差异性。企业在开展营销活动时，不可能为所有消费者服务，而应充分利用自身的有限资源，发挥优势，实现目标市场营销。科特勒曾经指出，“现代营销战略的中心可定义为STP市场营销，就是市场细分（marketing segmentation）、目标市场（targeting market）和市场定位（marketing positioning）”。这是目标市场战略的3个主要步骤。

任务7.1 进行市场细分

任务引子

谁在使用在线旅游产品

旅游者不是一个完全同质的群体，而是由一些无论是社会文化背景还是个性特征都千差万别的个体组成的集合。我们可以从旅游目的、旅游方式和人格特征等几个方面来阐述3类旅游者的差异。

第一类是旅游者（tourist），他们的出行只是为了消费旅游产品。对他们而言，旅游是度假消磨时间、观光和娱乐，因此，最省心的方式就是加入旅行团，由旅行社一手包办吃、喝、玩、乐、睡等所有安排。第二类是旅行者（traveller），他们在出行前往往会做大量的准备工作，熟读各种攻略，咨询查阅目的地，安排旅行路线，对于旅游资讯有着很强的需求。他们更希望获得一种本真性的体验，愿意主动与当地人接触，通过学习当地人的风俗习惯，来了解当地人的生活方式。第三类是探险者（explorer），大多数背包客就属于此类，他们很少有明确的规划和安排，更看重的是精神上的满足。与豪华酒店、著名景点相比，旅途中的挑战，当地的文化，旅途中遇到的志同道合的朋友，对他们来说更有吸引力。他们喜欢在当地随便转转，发现一些未知的美丽景色、地方民风民俗等，用文字或照片记录下精彩的旅程。

总体而言，旅游者并不是互联网旅游产品的主要客户，由于这类人群往往年龄较大（40岁以上），这类人群中的很大一部分人并不会经常使用互联网，因此他们更愿意光顾旅行社。这个群体中的另外一些人（往往是这个群体中较年轻的那部分），他们会成为旅游预订网站的用户，因为这类网站提供了全面的旅游产品（包括跟团旅游），并且产品的价格要比旅行社优惠得多。

旅行者往往是旅游预订网站和旅游资讯网站的主要用户。这个群体相对更加年轻一些（以“80后”、“90后”为主），并且由于要自主安排行程，因此他们会在旅游资讯网站查询大量的攻略信息。他们愿意分享自己的旅行经验，总结自己在旅途中的经历，然后在旅游资讯网站发布自己的攻略，希望对其他旅行者有所帮助。

探险者相比于前两类，差别较大，他们的旅程往往更加精彩，能够看到更多不同的风景，在与人交流接触的过程中发生更多的故事。因此，他们有更多精彩的内容可以在旅游资讯网站上分享，并且他们分享得更多的是游记和旅行感悟，而不是攻略或旅游指南。

资料来源：谁在使用在线旅游产品？——不同类型的旅游者分析[EB/OL].（2012-07-23）[2014-05-11]. http://www.socialbeta.com/articles/online-traveler-classification.html.

任务认知

在竞争日益激烈的市场中，对于营销人员来说，明智的选择是更仔细地关注市场，找到适合的方法，把市场细分成若干个便于管理的部分，或者分成有共性的消费群体，然后集中精力尽量满足一二个群体的需要，而不是对所有消费者尽力做所有事。

7.1.1　市场细分

市场细分就是在市场调查研究的基础上，根据消费者明显不同的差异性，把整个市场划分为若干个子市场的过程。每个子市场即每个细分市场，都是由需求和欲望大致相似的消费者群体所组成的。从市场细分的由概念可以看出，市场细分不是对产品进行分类，而是对消费者的需要和欲望进行分类。

同步观察

MINI为什么这样红

中国市场中的汽车产品类型正在越来越细分化，汽车将不再仅作为代步工具，而是成为一种生活方式的选择。宝马MINI借此趋势，已经开始了从一个车型向一个品牌的迈进。

2011年上海车展期间，大众汽车在中国首发了12年来首次改款的新一代甲壳虫；奔驰也向中国媒体透露，全新Smart不久将会面世；奥迪则将在中国推出奥迪A1，并把销售目标定在了月销量2 000辆上。事实上，它们都把目标对准了宝马MINI（以下简称MINI）。近两年来，MINI品牌从影响力到销量都突飞猛进的事实令竞争对手实在无法忽视。如今，小车不再是入门级和便宜的代名词，它和性格、品质、趣味联系起来，随着越来越细分的中国车市，精品小车开始“横行”。中国已经成为MINI全球第六大市场、亚洲第一大市场，也是MINI全球增速最快的市场。可以说，MINI在中国创造了一个全新的细分市场。

一个值得注意的现象是，汽车“体现身份地位”的用途在二次购车中的比例增长了近5倍，增长幅度在所有用途中是最大的，它成为体现人们价值观和品位的符号，而不仅是炫耀。这就决定了汽车市场细分化将越来越高，人们在选择汽车的时候，更多的是在选择一种生活方式。这也是人们为什么愿意掏出30万元买一辆精品小车的原因。

资料来源：吴玮炜. MINI为什么这样红？[J/OL]. 商业价值，(2011-06-30) [2014-05-11]. http://content.businessvalue.com.cn/post/3979.html.

市场细分的概念是20世纪50年代中期美国市场学家温德尔·史密斯（Wendell R. Smith）在总结西方企业市场营销实践经验的基础上提出来的。

自19世纪末20世纪初以来，伴随着西方国家经济发展的进程，企业市场细分战略经历了大量营销、产品差异化营销、目标市场营销3个阶段，如表7.1所示。

表7.1　市场细分战略发展的3个阶段

市场细分战略	大量营销	产品差异化营销	目标市场营销
时间	19世纪末20世纪初	20世纪30年代	20世纪50年代
竞争焦点	降低成本	销售产品	争取并保有消费者
说明	企业采用大规模生产品种规格单一的产品，通过大众化的渠道销售，以取得规模效应，形成竞争优势	企业把目光转向突出产品的独特性和差异性，向市场推出与竞争者不同的产品	企业把目光转向消费者，在研究市场和细分市场的基础上，结合自身优势，选择最具吸引力和最能有效地提供产品和服务的市场，并设计相应的营销组合

同步延伸

已有市场研究者提出了以需要为基础的细分方法。罗杰·贝斯特（Roger Best）在以需要为基础的细分方法上，设计了以下7个步骤。1）以需要为基础的细分：群体顾客细分成以相似需要和利益为基础的小组。2）细分识别：以每个需要为基础的细分小组，找出它们之间的独特性和可识别性。3）细分吸引：使用细分吸引标准（如市场增长、竞争密度和市场通路等），确定每个细分市场的总吸引力。4）细分概括：确定细分市场概况。5）定位：以细分市场为基础，为每个细分小组制定价值陈述和产品价格定位战略。6）细分测试：测试每个细分定位战略的吸引力。7）营销组合战略：把细分定位战略扩展到营销组合的各个内容，即产品、价格、促销和地点。

资料来源：科特勒. 营销管理（亚洲版）[M]. 3版. 梅清豪，译. 北京：中国人民大学出版社，2005.

7.1.2 消费者市场细分的标准

市场细分必须定期反复进行，因为市场时刻都处于变化之中，市场细分绝对不是一劳永逸的，反复进行势在必行。消费群体可以通过某些因素细分化，这些因素主要是地理、人口、心理和行为细分。

1. 地理细分

地理细分是指按照消费者所处的地理位置、自然环境来细分市场。其具体变量包括国家、地区、城市规模、人口密度、气候带和地形地貌等。地理细分之所以可行，主要是由于处在不同地理环境下的消费者对于同一类产品往往会有不同的需要和偏好，他们对企业的产品价格、销售渠道、广告宣传等营销措施的反应也常常存在差别。

同步案例

2G用户加快向3G转移，运营商进行地域细分以寻找新市场

来自各运营商发布的数据显示，2013上半年2G用户再现整体下降，超6成2G用户半年内打算更换手机。2G用户加快向3G转移，预计着2013年中国智能手机渗透率将过半，达到55%，当渗透率超过50%后，厂商面对的将是相对滞后的消费者，他们更看重的是智能手机的性价比和主要功能。这一类消费者的消费属性所导致的结果就是，厂商或运营商为了撬开他们的口袋而推出低价化的主流产品。而2G用户的换机需求从地域细分上来讲，二、三线城市及农村市场最具潜力。

据中国联通乐语通讯各地门店2012年的数据显示，二、三线城市用户群的使用习惯显示出以下特征：在价格方面，更青睐价格实惠的智能手机，合约套餐受到欢迎；在硬件方面，对屏幕播放效果的需求增强，对于是否是最新的四核关注不多；在移动互联体验方面，对娱乐、社交体验更加关注。

针对农村市场而言，从现在不足30%的智能机比例就可以知道还有不少人没有用过智能手机。3G网络是什么？智能手机长什么样？智能手机怎么个智能法？它能给我带来什么新的便捷？想必这些问题许多农村用户都搞不太明白，因此，如何让广大农村用户有机会真正认识智能手机，帮助农村用户轻松过渡到3G网络，是运营商开拓农村市场的新起点。

资料来源：宇然. 解析高性价比中移动自主品牌值得推敲[EB/OL].（2013-08-29）[2014-05-11]. http://news.ccidnet.com/art/1032/20130829/5152427_1.html.

2. 人口细分

人口细分是指各种人口统计变量，包括消费者的年龄、性别、家庭规模、家庭生命周期、收入、职业、教育、宗教、种族及国籍等因素，将市场细分为若干群体。人口细分是区分顾客群体最常用的方法。

同步提示

消费者市场细分变量

消费者的需要和欲望随着年龄的增加而变化。一些公司运用年龄及生命周期细分法，为不同年龄和生命周期的消费者群体提供不同的产品，或者采取不同的营销方案。例如，麦当劳对儿童、青少年、成年人、老年人做不同的广告和宣传。它对青少年做的广告以摇摆舞曲、冒险性和快速画面穿插为特点；而对老年人的广告则显得柔和，并富有情调。

服装、化妆品和杂志行业一向采用性别细分法。汽车工业也广泛地采用了性别细分法。越来越多的汽车商把广告直接对准了妇女。这些广告中的妇女有能力，有学识，不仅对颜色而且对整部汽车感兴趣。

消费者个人或家庭的收入水平不同，其所需商品的档次、种类也会有很大的差别。对于同类商品来说，高收入水平的家庭或个人比较注重商品的质量和档次；而中低收入水平的家庭和个人则注重商品的实用性，低价格往往对他们有较大的吸引力。

家庭规模或家庭人数是另一个细分因素。规模大、人口多的家庭与规模小、人口少的家庭，对电冰箱、餐具的要求可能不同。随着家庭规模小型化的发展，容积小的电冰箱和小号电饭锅的需求可能增加。

同步案例

中美史克保丽净假牙清洁片营销

一款定位于老年人的产品如何吸引年轻人的注意力？中美史克在产品受众（老年人）和营销受众（年轻人）之间找到了亲情纽带作为绝妙的桥梁，借助社交网络、视频网站和LBS等营销工具将保丽净假牙清洁片的营销演变成一场温暖人心的亲情传递。

对于保丽净来说，其品牌营销的最大障碍在于目标人群的传统习惯难以撼动。假牙清洁片的使用者是55岁以上的中老年假牙佩戴者，这类群体中的大多数人对于专业的假牙护理产品并无概念，他们已经习惯用牙刷清洗假牙，用盐水浸泡假牙，而没有意识到这样的清洁方式不能够彻底清洁假牙，并会危害到身体健康。中老年人对于新观念、新产品的接受度比较低，需要企业付出更多努力进行说服和教育。根据中美史克的调查数据，与产品最终使用者不同，保丽净50%的购买者来自假牙佩戴者的年轻子女。年轻子女是保丽净产品使用者的重要影响人群。

中美史克首先明确的是目标受众，即25~35岁，假牙佩戴者的子女，以都市白领为主。保丽净最终选择目标人群最欢迎的社交媒体——新浪微博作为互动活动的核心平台，以视频网站和父亲节、母亲节相关的关键词为活动吸引大量目标人群。营销活动选择在父亲节和母亲节这样的温馨家庭节日，作为最能够表达子女心意的契机，以拉近子女和父母之间亲情的距离为线索，将活动内容分为4个部分：唤醒、触动、行动和体验。首先在唤醒环节中，采用GPS定位与谷歌地图相结合，为父母和子女进行亲情距离的趣味测试，母亲节前夕以名人微访谈的形式在短时间内唤起广泛关注；在触动环节中，保丽净配合亲情视频的传播，触动子女对父母的情感维系；在行动环节中，由保丽净官方微博原创发起"微家书"活动，发布趣味、温馨、愧疚等不同角度的亲情话题；最后在体验环节中，保丽净每天提供2 000份试用装可供免费申领，由保丽净为子女直接递送到父母手中。

基于新浪微博平台的分享机制极大提升了活动的覆盖面和参与度：活动期间共有280万次活动页面访问量，40%的活动参与率，863万次视频播放量，25%的新浪微博用户被活动触达，18万封微家书发布，品牌知名度提升高达3倍，品牌热线接入量提升150%，产品销量提升81%。

资料来源：技术驱动的营销革命——2012年度创新营销十大杰出案例（下）[EB/OL].（2012-11-13）[2014-05-11]. http://content.businessvalue.com.cn/post/8105.html.

3. 心理细分

心理细分是根据消费者所处的社会阶层、生活方式、个性特征等对市场加以细分。在同一地理细分市场中的人可能会显示出迥然不同的心理特征。心理因素对消费者的爱好、购买动机、购买行为有很大的影响。以心理因素进一步分析消费者的需求和爱好，更有利于发现新的市场机会和目标市场。

（1）社会阶层。由于消费者在不同的社会阶层所处的社会环境、成长背景不同，因此其兴趣偏好不同，对产品或服务的需求也不尽相同，社会阶层会直接影响到人们对汽车、衣服、家具、娱乐、读书习惯和零售商的偏好。许多企业为特定的阶层设计产品或服务，营造适合这些阶层的特色。

同步观察

当苹果不再是"大众奢侈品"

2012年12月14日上午，iPhone 5在中国内地发售，但2011年iPhone 4发布时的盛况却已不再。对多数公司来说，顾客不排队是常态，但对苹果来说却不是，这是它魔力渐退的起点。联通、电信、国美、苏宁等渠道的表现也不温不火，客观上也反映了消费者对iPhone的热情有所下降。为何消费者对iPhone 5不再那么垂青？

这首先源于从苹果创立以来一直坚持至今的"大众奢侈品"产品定位。它始终在追求最新、最酷的设计，始终在寻找最难打磨的材料，始终在新品发布会前仍然三缄其口……这全是奢侈品的"范儿"。而与奢侈品不同的是，苹果将自己的产品以合适的价格卖给了平民大众。iPhone满足了平民大众希望爬到更高阶层的潜在心理需求，因此，才得以独享50%以上的高毛利率，并占据全球智能手机市场50%以上的利润。如果苹果能在维持奢侈品感觉的同时，又能够将产品加速推向大众，这就是“甜蜜点”。

不过，“大众”和“奢侈品”终究是矛盾的。苹果满足了社会中上阶层的需求之后，它就面临着扩张困境：商业利益要求它必须向更低阶层的人群扩张，但向下扩张就会损害它的奢侈品感觉。当iPhone满街都是时，还有多少人会觉得它依然是个奢侈品？当年苹果之所以败给微软，很大程度上也是在个人计算机加速普及后，无法再做到大众与奢侈品之间的平衡。当苹果加速拥抱平民大众时，它的商业价值也就到达了顶峰。当消费者都心满意足地拿着苹果的产品而不是在苹果零售店门前排长龙时，投资者也就不再青睐苹果股票了。有时候，商业上的逻辑就是如此冷冰冰。

资料来源：当苹果不再是“大众奢侈品”[EB/OL].（2013-01-21）[2014-05-11]. http://www.cs360.cn/managers/shichangyingxiao/caigou/91078/.

（2）生活方式。生活方式比一个人的社会阶层或性格更能说明问题，它勾勒出了一个人在社会上的行为及相互影响的全部形式。如果使用得当，生活方式的概念可以帮助营销者理解消费者不断变化的价值观，以及这种价值观对购买行为的影响。

同步观察

Heyrobics健身操——来自瑞典的生活方式

Heyrobics这个名字其实很有意思，Hey（嘿）是一个很“社交化”、很“快乐”的形容词，robics来自另一词汇aerobics（有氧运动），Hey和robics组合在一起就变成了快乐的锻炼全身的运动。在瑞典，Heyrobics是一种十分流行的有氧健身操，已风靡了30多年，目前有6%的瑞典人（超过50万人）参加这项运动，已经成为瑞典人的一种生活方式。它的运动核心是让大众广泛参与，将音乐和跳舞随性地融入到运动当中，让人们既能锻炼身体，又不会运动过量；既享受了运动的快乐，又增进了人与人的交往。

好多人都会跟创始人Johan Holmsater的儿子、目前Heyrobics的教练Linus说：“你的生意肯定不好，因为你天天骑自行车，你都没有汽车。”但Linus都会告诉他们：“现在人们已经习惯了使用汽车、电梯，导致缺乏运动。在瑞典，骑车是一种生活方式，骑车时你没有太多压力，开车时则要等红灯，遭遇堵车，过程一点都不轻松。发达国家的富人的第一居所在城市中央，因此更有条件骑车甚至步行上下班。评价是否富有，不是看你开的是什么车，而是你工作之外在做什么。”另外，Linus有信心将更好、更健康的生活方式推广到中国。

反观中国，大部分人还都忙着挣钱，通常，只有人们有钱，有时间了，才能考虑运动和新的生活方式，因此，对于Heyrobics在中国的推广，需要Linus再花上几年时间。瑞典和很多欧洲国家相似，周五中午下班，有两天半的休息时间，有时候上班晚点儿便下班晚点儿，相当自由，他们会更多地关注自己的生活，而不仅是工作。在瑞典，大多数人会花上一个月的时间来度假，即便是穷人也会运动，这是生活理念的问题。对于中国人目前并不热衷运动的生活观念，Linus有信心将瑞典人的生活方式推广到中国来。

资料来源：王乐. 流汗、微笑的团队运动——Heyrobics健身操[EB/OL].（2012-09-24）[2014-05-11]. http://content.businessvalue.com.cn/post/7668.html.

（3）个性。个性是一个人心理特征的集中反映，个性不同的消费者往往有不同的兴趣偏好。有的企业使用个性因素来细分市场，设计出产品的品牌个性，以吸引那些有相应个性的消费者。当企业品牌产品和其他竞争品牌的产品存在显而易见的相似度，而其他因素又不能细分市场时，消费者个性细分市场便非常有效。

同步案例

个性礼品涉足C2C市场，D客商城创巅峰

在互联网的今天，通常，企业都会看到电子商务的市场潜力。分析整个电子商务现状，以淘宝为“老大”的综合型C2C商城，其囊括的品类非常多，商品数量更多，特别是2010年7月份淘宝对其商品检索排名规则进行修改之后，对中小卖家的打击非常大。在海量的产品中，当买家检索某个产品时，中小卖家的产品排名非常靠后，从而直接影响其产品的点击率及购买率，这个时候需要的是更加细分的C2C市场来对类别产品进行整合。

D客商城（http：//www.diy368.com）就是一个整合个性商品市场的典型C2C商城。对于个性商品来说，如果要做个性定制，需要给每个店铺配置一套独立的DIY软件，让卖家的客人能在其店铺中自主进行DIY设计。另外，如果想买民族饰品或服装，一般是很难通过目前的C2C商城来进行购买的。因此，D客商城在这种需求之下出现了，给做民族、手工和个性定制的商家提供了一个独立的电子商务交易平台。

电子商务专家指出，在未来几年，电子商务的形式将以细分市场为主体。类似于D客商城这样以细分化、专业化的电子商务平台让消费者能更精准地找到自己所需的产品，更大地提升用户体验价值。

资料来源：阿里巴巴，http：//info.china.alibaba.com/detail/1014350967.html.

4. 行为细分

行为细分是按照消费者购买使用某种产品的时机，消费者所追求的利益、使用者情况，消费者对某种产品的使用率，消费者对品牌的忠诚度，消费者的待购阶段和消费者对产品的态度等行为变量来细分消费者市场。

（1）时机细分。根据购买者对产品或服务产生需求、购买或使用的时机，对消费者群进行划分，形成不同的细分市场。

（2）利益细分。消费者的购买动机不同，追求不同的利益，购买行为会产生差异，此外，替代性产品的存在及周边同类产品的价格比等因素也影响着消费者的购买行为。

同步观察

不同的汽车品类，通常突出代表着各自提供的不同利益。

宝马（BMW）——驾驶乐趣

沃尔沃（Volve）——安全

梅赛德斯（Mercedes）——工艺设计

美洲虎（Jaguar）——个性

丰田和本田（Toyota and Honda）——可靠

法拉利（Ferrari）——速度

（3）使用者和使用率细分。按购买者的使用商品的数量或次数，可把消费者分为低使用率、中等使用率、高使用率及不使用的消费者。

同步延伸

社交网站的吸引力：男女差异，城乡有别

根据美国皮尤研究中心的调查，美国主流的社交网络Facebook、Twitter和Pinterest分别对美国某些群体有独特的吸引力。这并不是什么惊天大发现，但是确实揭示了一些很有意思的线索——各种用户群偏爱什么样的网站。

Facebook（脸谱）

Facebook是最受欢迎的社交网络，近67%的受访者在使用。最容易被Facebook吸引的用户群体有：女性（72%）、18~29岁的年轻人（86%）、家庭年收入75 000美元以上的用户（73%）和城市居民（72%）。

Twitter（推特）

对于使用Twitter的概率，男性用户为17%，略高于女性的15%，平均使用率为16%；非西班牙裔的有色人种使用Twitter的概率高63%，达到26%；而白人则相反，只有14%；但是西班牙裔的白人却比较高，达到19%；Twitter在18~29岁的年轻人中也十分受欢迎，达到27%，但是在教育背景和家庭收入方面没有表现出差异。城市居民更喜欢使用Twitter，达到20%。

Pinterest（品趣志）

对于Pinterest，女性的使用率比男性高5倍，分别是25%和5%。Pinterest的平均使用率为15%，白人略高于平均水平，达到18%；黑人（8%）和西班牙裔（10%）略低于平均水平；有趣的是，18~29岁群体和30~49岁群体的使用率相同，均为19%——这与其他研究机构的结论相同：Pinterest对年长群体比较有吸引力。在教育背景方面也有明显的分布：本科生或更高教育背景的用户使用率达到20%，比低教育背景的用户高。有趣的是，郊区和农村用户比城市居民更加偏爱Pinterest，分别是18%和13%。

Instagram

对于Instagram，女性的使用率比男性高，分别是16%和10%；Instagram的平均使用率为13%，并且用户在种族和宗教层面的分布与Twitter比较接近。非西班牙裔黑人远超过平均水平，达到23%；西班牙裔用户的使用率略高，达到18%；而白人的使用率较低，为13%。在年龄分布上，差异明显，18~29岁年轻人使用率达到28%；30~49岁群体则只有14%；50~64岁群体为3%；65岁以上群体为2%。Instagram对城市居民的吸引力要大于农村居民，分别是17%和11%；郊区居民的平均使用率为11%。

Tumblr（汤博乐）

Tumblr的用户分布没有性别差异，男女使用率均为6%，在种族分布上也仅有细微差别。18~29岁群体的使用率最高，达到13%。Tumblr用户在城乡、家庭收入方面没有表现出分布特点。

资料来源：社交网站的吸引力：男女差异，城乡有别[EB/OL].（2013-02-22）[2014-05-11]. http://www.meihua.info/today/post/channel_social-media-marketing/post_bbb57da8-b7c8-455b-a98f-c6ac762cfdc8.aspx.

（4）忠诚度细分。根据消费者对某产品的喜爱程度，可以把消费者市场划分为4个群体，即绝对品牌忠诚者、多品牌忠诚者、变换品牌忠诚者和非忠诚者。通过将购买者对企业的忠诚度进行细分，可以有针对性地提高购买者对企业的忠诚度。

同步延伸

如何提高酒店餐饮业客户的忠诚度

随着时代的进步和发展，酒店餐饮业的竞争可以说越发残酷。酒店餐饮业能否健康地经营下去，客户是一个不能轻视的关键点。如何提升酒店餐饮业客户的忠诚度也成为企业研究的焦点。

① 客户的定位。酒店餐饮业的客户定位很重要。现在的市场是一个细分的市场，没有任何一家企业能把所有的各类层次的客户"一网打尽"。客户中20%的大客户会给你带来80%的收益，如何提升这20%的客户满意率和忠诚度至关重要，因此，用有限的精力做好客户的定位分类，这是必须考虑的。维护好目标客户才能重点做好忠诚度的培养和提升。

② 硬件与软件的关系。酒店餐饮业的硬件是自然划分客户的一条线。这条线可以说是一个细分客户的分水岭。软件是维护和提升客户忠诚度中需重点考虑的。软件即服务，服务包含的概念比较多，具体到菜肴的色香味形器、服务的亲笑勤轻柔等不一而足。

③ 高于客户的期望值。如果酒店服务超过客户的预期水平，他就会对该酒店的服务感到十分满意；如果酒店的服务水准没有达到客人的预期水平，那么即使客观上该酒店的服务水准是不错的，客户也会对其产生不满。提升客户的忠诚度，要在客户的期望值上下功夫，而超越客户的期望值则可以从一些小的附加服务满足客户，尽力做到让顾客十分满意。

④ 满意加惊喜的个性化服务。越是细小的东西越能打动人心。在小的方面给客人提供个性化服务，是提升客户忠诚度的一个很好的方法。

⑤ 人际关系的培养。人际关系的培养是提升客户忠诚度中一个不可不考虑的一项，把客户做成朋友、做成亲人、做成哥们，那是一种什么感觉？

资料来源：黄鹏兵. 浅谈：如何提升酒店餐饮业客户忠诚度[EB/OL].（2012-05-23）[2014-05-11]. http://info.hotel.hc360.com/2012/05/230831439188-2.shtml.

7.1.3 产业市场细分的标准

细分消费者市场的标准中有许多同样适用于产业市场，如用户所追求的利益、用户情况、对品牌的忠实程度等。但是，由于产业市场自身有不同的特点，因此，企业还要用一些其他变量来细分产业市场。

1. 最终使用者

按最终用户这个因素来细分产业市场是最通用的标准。在产业市场上，不同的最终用户对同一种产业用品的市场营销组合往往有不同的要求。

同步提示

计算机制造商采购产品时最重视的是产品的质量和可用性，服务、价格也许并不是它们要考虑的最主要因素；飞机制造商所需要的轮胎必须达到的全部标准比农用拖拉机制造商所需轮胎必须达到的标准高得多；豪华汽车制造商比一般汽车制造商需要更优质的轮胎。因此，企业对不同的用户要相应地运用不同的市场营销组合，采取不同的市场营销措施，以投其所好，促进销售。

2. 用户规模

用户规模是细分产业市场的一个重要因素。

3. 用户的地理位置

用户的地理位置对于企业合理组织销售力量、选择适当的分销渠道及有效地安排货物运输有很大关系，而且不同地区的用户对生产资料的要求往往各有特色。因此，用户的地理位置也是细分市场的依据之一。

4. 用户的行业特点

细分产业市场的另外一个主要方法，就是找出客户经营的主要行业。企业可根据行业亲密关系细分出范围宽广的行业。

7.1.4 有效市场细分的条件

1. 可衡量性

可衡量性是指细分的市场是可以识别和衡量的，即细分出来的市场不仅范围明确，而且对其容量大小也能大致做出判断。有些细分变量在实际中是很难测量的，以此为依据细分市场就不一定有意义。

2. 可进入性

可进入性是指细分出来的市场应是企业营销活动能够抵达的，即企业通过努力能够使产品进入并对顾客施加影响的市场。一方面，有关产品的信息能够通过一定的媒体顺利传递给该市场的大多数消费者；另一方面，企业在一定时期内有可能将产品通过一定的分销渠道运送到该市场。否则，该细分市场的价值就不大。

3. 可盈利性

可盈利性是指细分出来的市场，其容量或规模要大到足以使企业获利。进行市场细分时，企业必须考虑细分市场上顾客的数量，以及他们的购买能力和购买产品的频率。

4. 可区分性

可区分性是指各细分市场的消费者对同一市场营销组合方案会有差异性反应。如果不同的细分市场的顾客对产品需求差异不大，行为上的同质性远大于其异质性，此时，企业就不必费力对市场进行细分。另外，对于细分出来的市场，企业如果无法制订出独立的营销方案，或者其中某几个细分市场对是否采用不同的营销方案不会有大的差异性反应，便不必进行市场细分。

同步案例

耐克的个性化营销

如果广告信息针对的是消费者个体，广告就会更有效果。耐克根据用户的浏览习惯，为其显示个性化的广告推送，这无疑代表了品牌营销的一种未来。随着人们越来越习惯通过社交网络接收朋友们发来的信息，便促进了融合社交和个性化的新形式的沟通平台的发展。耐克在2012年1月推出的Social DNA互动广告平台，成为中国首创的新型媒体平台。这一平台可以与用户的QQ、人人网及微博账号进行实时同步，为使用者创造个性化的品牌体验。例如，通过与新浪、QQ及视频网站合作，将用户在社交平台上的个人信息，如名字和头像，与耐克的创造力信息结合，量身定制广告信息，使用户得到一对一的品牌体验，同时新浪、QQ会知晓用户登录客户端的时间。以新浪为例，新浪体育频道与微博联动，当新浪体育频道的页面正在加载时，广告会进行动态更改，使用户的公开信息与广告本身结合，根据用户平常浏览的内容判断用户的喜好，为用户提供更加精准的广告。

根据消费者洞察数据显示，在15~23岁的年轻群体中，有30%的人从不关注网络广告，对品牌来说最重要的不仅是创造受人瞩目的广告，更需要迎合消费者的个性化需求，带给消费者更多个人关注。通过对用户在社交网络上留下的痕迹，为用户量身定制广告，利用新浪体育这一媒体平台精准接触到目标用户，根据用户的浏览习惯为每个用户显示个性化的广告推送，代表了耐克对于数字广告未来的看法。据了解，Social DNA广告的互动性超出了行业标准的300%。

资料来源：技术驱动的营销革命——2012年度创新营销十大杰出案例（上）[J/OL]. 商业价值，(2012-11-13)[2014-05-11]. http://content.businessvalue.com.cn/post/8105.html.

任务7.2 选择目标市场

任务引子

永远不要想着给所有人提供所有产品，然后靠概率来取胜。营销是有指向性的，如果被顾客打7分、8分，你的品牌就有可能只排在了第三位甚至更靠下的位置，消费者只会优先选择在品类中排名第一的品牌。当你想给所有人提供一个没有特性的产品的时候，你面对的客户虽然多，但是因为你不专业，所以所有人都会离你而去。当你抛弃一大部分你不需要的消费者，只把你的营销指向一小部分目标客户时，你的产品将在细分品类中所向披靡。明确并且正确的目标市场对企业来说是十分关键的。

资料来源：朱迎春. 永远不要想把产品卖给所有人[N/OL]. 华夏酒报，(2011-07-28)[2014-05-11]. http://www.cnwinenews.com/html/201107/29/20110729152126117713.htm.

任务认知

整个市场经过细分之后，被划分成了若干个子市场。企业面临着许多不同的市场机会，必须从中仔细选择自己的目标市场，以便根据自身的生产、技术、资金等实力，更有效地为这些目标市场服务，获得相应的经济回报。

7.2.1 目标市场

所谓目标市场（target market），就是指企业打算进入并实施相应营销组合的细分市场，或者打算满足的具有某一需求的顾客群体。

同步案例

德芙的目标消费者分析

德芙品牌市场总监魏炜说："德芙巧克力希望为消费者的生活带来More Moments，More Places，More Smiles。"德芙对其目标消费者做出了如下分析。

1. 女性爱吃巧克力。

巧克力可以说是最美味的食品，尽管女性在体形和美味的抉择中痛苦不堪，但对巧克力的偏好仍十分明显。调查显示，女性尤其是年轻女性购买巧克力的倾向性相当明显，再具体比较，年龄因素对购买者的影响要略大于性别因素的影响。

2. 低年龄人群购买频率高。

购买巧克力的频率与年龄有较强的关联，年龄小的人群购买的频率较高。研究表明，35岁以下的购买者自己消费巧克力的比例很高，尤其是15~24岁的人群为巧克力消费的主要群体。

3. 高年龄人群购买频率低。

研究表明，高频率购买的比例呈现从低年龄到高年龄逐步递减的规律，购买巧克力的人未必是最终的巧克力消费者，35岁以上的消费者绝大部分是为孩子购买，特别是35~44岁的人群，这一比例高达86.3%。

4. 热恋中的情侣。

大家说爱情就像一块巧克力——因为它的甜蜜。有研究发现，巧克力里含有氨基苯（PEA），这种物质可以引起荷尔蒙的波动，使人产生一种像坠入爱河一样的柔情蜜意。你不能拒绝巧克力就像你不能拒绝爱情一样。

巧克力重度消费群属于比较时尚的人群，休闲、流行、时尚等是这一人群生活中的重要组成部分。巧克力的品质和口感就成为消费者购买时的第一选择。

德芙是消费者极为熟悉的品牌，其产品在制作上采用基料与膨化谷物制品、低热值糖体或果蔬制品等混合制成，不仅口感好，而且其单位热值又降低了30%~60%，并且在品质上也有保证，相信这也更容易满足德芙选择的目标顾客。满足了消费者对巧克力的需求的同时也解决了消费者担心的健康问题。这也是目前我国巧克力工业无法与国外品牌竞争的地方。

资料来源：德芙：娱乐营销的美味盛宴［J/OL］. 世界营销评论，（2010-11-25）［2014-05-11］. http：//mkt.icxo.com/htmlnews/2010/11/25/1424751_1.htm.

7.2.2 目标市场选择的标准

目标市场就是企业决定要进入的市场。企业在对整体市场进行细分之后，要对各细分市场进行评估，然后根据细分市场的市场潜力、竞争状况、本企业资源条件等多种因素决定把哪一个或哪几个细分市场作为目标市场。一般而言，企业考虑进入的目标市场，应符合以下标准或条件。

（1）有一定的规模和发展潜力。企业进入某一市场是期望能够有利可图，如果市场规模狭小或趋于萎缩状态，企业进入后难以获得发展，此时，应审慎考虑，不宜轻易进入。而如果所选择的细分市场过于广阔，企业就会使自己的市场营销能力铺得过宽而显得单薄，增加的销售额和利润就不足以弥补增加的开支。

（2）有足够的市场吸引力。吸引力主要是从获利的立场看市场长期获利率的大小。某目标市场可能具有适当的规模和增长潜力，但从利润立场来看不一定具有吸引力。

（3）符合企业的目标和资源。某些细分市场虽然有较大吸引力，但不能推动企业实现发展目标，甚至分散企业的精力，使之无法完成主要目标，这样的市场应考虑放弃。

7.2.3 目标市场策略

1. 无差别性市场策略

无差别市场策略（undifferentiated targeting strategy），就是企业把整个市场作为自己的目标市场，只考虑市场需求的共性，而不考虑其差异，运用一种产品、一种价格、一种推销方法，吸引可能多的消费者。

这种策略的优点是产品单一，容易保证质量，能大批量生产，降低生产和销售成本。但如果同类企业也采用这种策略，必然要形成激烈的竞争。当然，面对竞争强手时，无差别策略也有其局限性。

同步观察

移动社交同质化严重，Youni靠什么脱颖而出

自由盛大网络推出的移动社交应用Youni上线以来，作为最有实力挑战微信霸主地位的社交应用，已经数次亮相央视频道，获得了业界与媒体的高度关注。

作为当下IT、财经领域的最热门话题，移动社交领域进入了群雄逐鹿的“战国”时代。一方面微信一家独大，另一方面，旺信、来往、易信、陌陌、遇见等也在细分市场进行尝试。盛大Youni CEO杨浩宇认为，与Youni相比，微信、易信、来往等其他几家同质化比较严重——虽然软件数量不少，但其所提供的服务内容却很难找出较大的差异化功能，它们的差别更多地体现在免不免流量等营销手段上。而Youni不走寻常路，能够“像发消息一样发钱”，提出了“社交支付”的概念，独树一帜。从Youni便捷的短信和免费消息的双通道，到便捷的人与人之间的支付转账，盛大一直关注用户体验，强调创新、差异化和独到的定位。

移动端的盈利模式在于众多有粘性的用户群（如游戏）和互联网金融，这两个领域正是Youni的优势。盛大之前在游戏、文学等领域积累的数以亿计的用户，成为Youni成功的重要保障。主持人姚振山将Youni归结为一句话“熟人之间的小微支付”，将其定位于“温情支付”与“温情社交”，这代表了媒体及评论界对于Youni在行业内能够独特创新的一种期待。

Youni更创新地将社交与金融进行了完美整合，成为目前市面上唯一一款能够满足消费者多元化、个性化、生活、社交需求的前瞻性应用。

资料来源：移动社交同质化严重，Youni靠什么脱颖而出[EB/OL].（2013-11-07）[2014-05-11]. http://www.soft6.com/news/201311/07/239039.html.

2. 差异性市场策略

差异性市场策略（differentiated targeting strategy），就是把整个市场细分为若干个子市场，针对不同的子市场，设计不同的产品，制定不同的营销策略，满足不同的消费需求。

这种策略的优点是能满足不同消费者的不同要求，有利于扩大销售，占领市场，提高企业声誉。其缺点是由于产品差异化、促销方式差异化，增加了管理难度，提高了生产和销售的费用。

同步案例

谷歌：差异化的产品线组合让你无从遁逃

毫无疑问，广告是谷歌这个跨国大型公司得以正常运转的最重要的推动力，这一业务几乎支撑了谷歌旗下所有的服务及功能。另外，谷歌本身也拥有着非常丰富的产品线组合，而恰恰是这些差异化的产品的存在使我们频繁地光顾谷歌，并进行单击。那么，我们不妨花一些时间看看谷歌庞大产品架构的背后究竟拥有多少产品。

① Android。如果你希望知道谷歌旗下移动操作系统究竟有多么成功的话，不妨去问一下苹果，后者的iOS操作系统目前仍然在市场份额方面远远落后于Android平台。谷歌Android和Chrome的业务负责人桑德尔·皮洽（Sundar Pichai）在2013年的谷歌I/O开发者大会上表示：“2012年总计有4亿部Android设备被激活，这一数字已经是2011年时的4倍。”与此同时，谷歌希望这一数字能在2013年达到9亿部。

② Gmail。每天有数亿人使用谷歌邮箱Gmail服务。

……

⑥ 谷歌地图。谷歌作为一家搜索引擎公司将地图服务放在如此重要的位置上或许令人感到有些奇怪，但我们不要忘了，地理位置同样是谷歌的工作重心之一。这一服务所包含的兴趣点，如用户点评、广告空间、行车指引等信息都对谷歌有着非同小可的重要作用，更何况这还是谷歌有望击溃苹果的另一条主要战线。

⑦ 谷歌眼镜。它是谷歌另一个正在研究的超现代项目，该设备目前正在以缓慢的速度逐渐推向市场，并将许多谷歌的明星产品直接带到了用户的面前。目前，我们尚不清楚可穿戴式计算设备的普及程度有多广。但就现在而言，谷歌眼镜还仅仅是少数早期开发人员和极客们的玩物。与此同时，也有报告指出，大约有12%的美国人表示愿意每天佩戴这种增强现实感的眼镜设备。

⑧ YouTube。当谷歌宣布斥资15亿美元收购知名视频分享网站YouTube时，外界纷纷不看好谷歌这笔交易在未来的回报率。但事实是，谷歌旗下的YouTube目前已经成为了人们浏览互联网视频的不二选择。

……

⑳ 谷歌光纤。它是谷歌公司推出的超高速网络服务，谷歌承诺这一服务的互联网接入速度比传统的美国有线电视及电子通讯公司的服务快100倍。如果这一服务得到进一步普及的话，未来所有谷歌旗下的服务都将因此受益。

资料来源：杨兴国. 谷歌都做了什么？丰富产品线组合让你无从遁逃[EB/OL].（2013-07-22）[2014-05-11]. http: //finance.takungpao.com/tech/q/2013/0722/1328025_3.html.

3. 集中性市场策略

集中性市场策略（concentrated targeting stratey），就是在细分后的市场上，选择一个或少数几个细分市场作为目标市场，实行专业化生产和销售，在个别少数市场上发挥优势，提高市场占有率。采用这种策略的企业对目标市场有较深的了解，这是大部分中小型企业应当采用的策略。

同步案例

东风本田，小众市场照常成功

在中国车界中，东风本田应该是“晚辈”，但正是这个“晚辈”却走出了一条与众不同的道路——小规模起步，滚动式发展，连续4年销量增长超过100%，在小众化市场中创出了大份额，成为城市SUV的开山鼻祖。

短短几年，东风本田在逐步推出新车的过程中相继完成了3万辆、12万辆、20万辆和24万辆年生产能力的工厂改造，企业形态发生了质的飞跃，实现了销售、生产、扩能联动体制的强化和良好协调，在业界连续创造“东风本田速度”标杆，堪称典范。2011年，东风本田成功进行了思域的改款，同时凭借CR-V、思域、思铂睿3款车取得了较好业绩，尤其是CR-V的表现令业界瞩目，在竞品纷纷入市的背景下，依然保持了领军者的地位。2011年7月，CR-V成为国内首个达成50万台销量的单一SUV品牌，同年9月份，CR-V更是逆势飙出超过2万辆的惊人成绩，创下SUV史上最高月销量纪录。据悉，2011年全年，CR-V年销量将突破16万辆，累计销量接近60万台。截至2011年11月，CR-V再一次以超过13万辆的绝对优势蝉联SUV市场第一。

在2011年的广州车展上，东风本田发布了自主品牌，首款车型中文取名为思铭。思铭是东风本田基于第八代思域平台推出的自主研发车型，填补了第九代思域取消LXi车型后留出的市场空间，最大化满足中级车入门级客户群体的需求。按照东风本田的规划，思铭将跟新思域一起对中级车细分领域形成低、中、高端价格的全面聚集之势。

资料来源：东风本田小众市场照常成功[N/OL]. 天府早报，（2011-12-20）[2014-05-11]. http: //morning.scol.com.cn/new/html/tfzb/20111220/tfzb537121.html.

采用集中性市场策略，能集中优势力量，有利于产品适销对路，降低成本，提高企业和产品的知名度，但这种战略有较大的经营风险，因为它的目标市场范围小，品种单一。如果目标市场的消费者需求和爱好发生变化，企业就可能因应变不及时而陷入困境。同时，当强有力的竞争者打入目标市场时，企业就要受到严重影响。因此，许多中小企业为了分散风险，仍应选择一定数量的细分市场作为自己的目标市场。

7.2.4 选择目标市场战略的条件

选择目标市场时，企业必须考虑自身面临的各种因素和条件，选择适合本企业的目标市场策略。

（1）企业能力。企业能力是指企业在生产、技术、销售、管理和资金等方面力量的综合。如果企业力量雄厚，且市场营销能力较强，则可选择差异性营销战略或无差异性营销战略；反之，则适合选择集中性营销战略。

（2）产品同质性。同质性产品竞争主要表现在价格和提供的服务条件上。该类产品适宜采用无差异战略。而对于服装、家用电器、食品等异质性需求产品，则可根据企业资源力量，采用差异性营销战略或集中性营销战略。

（3）产品所处的寿命周期阶段。新产品上市之初，往往以较单一的产品探测市场需求，产品价格和销售渠道基本上单一化。因此，新产品在引入阶段可采用无差异性营销战略，而待产品进入成长或成熟阶段，此时市场竞争加剧，同类产品增加，再用无差异性经营就难以奏效了，改为差异性或集中性营销战略效果会更好。

（4）市场的类同性。如果顾客的需求、偏好较为接近，对市场营销刺激的反应差异不大，可采用无差异性营销战略；否则，应采用差异性或集中性营销战略。

（5）视竞争者战略而定。如果竞争对手采用无差异性营销战略，企业选择差异性或集中性营销战略比较有效；如果竞争者已采用差异性战略，则企业可以选择对等的或更深层次的细分或集中性营销战略。

道德聚焦

儿童文化产品要有严格的伦理道德标准

某些目标市场有时会引起争议。例如，公众关注对容易被侵入的群体（如孩子），或有弱点的群众（如城市贫民）的不公平的营销手段，如对他们促销潜在的有害产品，这时，营销者需要负起社会责任。

《喜羊羊》等国产动画片因“暴力失度，语言粗俗”问题被《新闻联播》点名批评，并进行了整改。目前，国家广电部门将在年内出台国产电视动画片内容标准，而各大动画制作机构、播出机构也联合向全行业发出倡议，呼吁共同抵制暴力、低俗、危险情节，不文明语言等不良元素。这场批评、整改、以行业之名的集体倡议声势颇为浩大，引起了人们对国产动画片的集中关注。

但是，正如很多人都意识到的，被点名批评的动画片《喜羊羊》、《熊出没》，是近10年来中国动画片的翘楚之作，一度被视作文化产业创新发展的典范。它们的制作、尺度、价值观的体现方式等有代表性，在业界有示范意义，而如今被批评，并进行整改，无疑引人发问：我们的文化环境该如何提供给孩子需要且适宜的文化产品？

在文化产业大发展的背景下，国产动画片呈现良好势头。文化产业的发展本身也将助力市场的细化与成熟，刺激动画片的生产动力。然而，在具体的动画片制作中，如何讲好一个故事，表达怎样的观念，提供怎样的价值，甚至如何注重未成年人的接受能力、审美趣味和认知，这些都涉及人的思想与创造。我们的文化市场环境中，孩子的内心世界又是否获得关照？现在，儿童类文化产品不可谓不多，但放眼望去，恐怕很难有让人印象深刻的。如果把儿童简单地当成了一个消费类别或教育的对象，那么背后的思维路数也往往都是成年化的。

资料来源：肖畅. 儿童文化产品要有严格伦理道德标准[N/OL]. 长江日报，(2013-10-15)[2014-05-11]. http://cjrb.cjn.cn/html/2013-10/15/content_5235223.htm.

同步延伸

小众化消费时代的营销之道

在温饱型消费者为主的大众化消费阶段，明星企业一定是大企业，很多人把“大”跟“强”画上了等号。但是随着小众化消费时代的到来，市场上成功的会是一些中等规模的企业，因为其规模有限，要满足不同小众化市场的需求，更多的是靠差异化的产品。而个性化是未来中国企业的发展趋势，当整个社会走向个性化消费的时候，将会有很多小企业成为社会的明星。它们可能是某个行业的隐形冠军，凭着一些独到的差异化产品满足某个特定消费群体的需要，拥有非常稳定、忠诚的目标客户群体。那么，对于广大的中国企业来说，如何做好准备，迎接小众化时代和个性化时代的到来呢？

1. 选择目标市场，明确服务对象。

从大众化消费时代到小众化消费时代的转变，是从树立“为部分人服务”的理念开始的。市场细分之后，就是在若干个小众化市场当中选出用户需求最强烈、购买动力最大，并与本企业的特长最吻合的目标市场。这样就能分辨出谁是第一目标用户群，谁是第二、第三目标用户群，进而总结出这些目标用户非买不可的理由。

2. 发现潜在需求，完善产品制胜。

企业要想出类拔萃，必须与众不同。而要做出与众不同的产品，就要问自己，擅长什么？有什么独门绝技？有哪些资源？打算与其他品牌有什么区别？花多少时间和精力研究目标客户？这些都是企业走向成功必须回答的基本问题。

3. 立足客户需求，激发客户共鸣。

小众化消费时代，企业追求的是忠诚度，只要能把某个特定的消费群体牢牢地吸引住，让他们有归属感，就很容易取得成功。苹果的iPhone、iPad等产品就是非常成功的范例，苹果用户对苹果公司的忠诚和热情几乎到了狂热的境界。

4. 避开正面冲突，实施蓝海战略。

实施蓝海战略是有前提条件的，那就是要深刻理解小众化市场的概念。蓝海战略追求的是高价值、低价格，必须明确产品的差异化特征，强化优势，弱化缺点，加强创新，删繁就简。一个产品要想卖出好价钱，一定要让自己的目标客户，即选定的小众群体感到物有所值，既可以是在核心产品上有优势，也可以是在外围或外延产品上有优势。

5. 勇于否定自己，实现鹰的重生。

企业要想成为小众化时代和个性化时代的佼佼者，就必须勇于否定自己过去的成功。简单地抄袭、复制其他企业的产品是最愚蠢的做法，会引起市场混乱，甚至引来知识产权方面的纠纷。但是，这并不意味着我们在任何方面都要自力更生，而是要有选择地去模仿，并在模仿的基础上进行创新，从抄袭到超越。

总之，中国企业要想在未来10年的竞争中立于不败之地，就必须正确选定小众化市场，走产品的差异化之路，回归市场营销的本质，为迎接个性化消费时代做好准备、打好基础。

资料来源：高建华. 小众化消费时代的营销之道[EB/OL].（2012-07-09）[2014-05-11]. http://www.chinavalue.net/Management/Article/2012-7-9/199711.html.

任务7.3 实施市场定位

任务引子

在20世纪50年代，如果买小汽车，就是在通用、福特、克莱斯勒或美国汽车生产的车型中挑选。今天，你可以从通用、福特、克莱斯勒、丰田、本田、大众、菲亚特、日产、三菱、雷诺、铃木、大发、宝马、梅赛德斯、现代、大宇、马自达、五十铃、起亚和沃尔沃等300种车型中挑选。

这些汽车所用轮胎的选择也很多。一开始有固特异（Goodyear）、凡士通（Firestone）、Kelly、邓禄普（Dunlop）和西尔斯（Sears），现在又增加了普利司通（Bridgestone）、Cordovan、米其林（Michelin）、库珀（Cooper）、太腾（Dayton）、Multi-mile、倍耐力（Pirelli）、将军（General）、阿姆斯特朗（Armstrong）、Sentry、尤尼罗伊尔（Uniroyal）等24种品牌。

企业如何在消费者所面临的选择当中脱颖而出？“选择的爆炸”提示我们，现在的企业要赢得消费者必须使自己的产品和形象有自己的特色，树立明确而正确的市场定位。

资料来源：特劳特. 定位[M]. 谢伟山，苑爱冬，译. 北京：机械工业出版社，2013.

任务认知

企业在选定了目标市场之后，就应该考虑如何为自己的产品在竞争激烈的市场上树立独特的形象，以便使目标消费者了解和赏识本公司所宣称的与竞争对手不同的特点。这就是市场定位的过程。

1972年，美国年轻的营销学专家杰克·特劳特（Jack Trout）和艾·里斯（A. Ries）在《广告时代》中提出了营销史上具有划时代意义的崭新观念——定位（Positioning），开创了营销界的一场思想革命与实践革命。

7.3.1 市场定位

市场定位（marketing positioning）就是树立企业产品在目标市场，即目标顾客心目中的形象，使企业所提供的产品具有一定的特色，适应一定顾客的需要和偏好，并与竞争者的产品区别开来。市场定位的实质就是差异化。

同步案例

小熊电器创意小家电新势力

小熊电器凭借准确的市场定位和个性化的创意产品，抓住电子商务的“东风”，在同行和尾随者密集的市场夹缝中找到了自己的位置。2011年小熊电器的销售额已超过2亿元，而酸奶机、煮蛋器、豆芽机等产品都居于业内同品类第1名。小熊电器的创始人李一峰很清楚，作为一家初创公司，小熊电器必须避开与大品牌的直接对阵才能生存下去，因此，个性化小家电是小熊电器对于自己的定位。小熊电器根据客户数据勾勒出的购买者多是25~35岁的年轻群体，且以女性居多，因此，李一峰将产品的机身大多设计为矮胖型，产品的配色也多选择温馨的暖色，他把那些旋钮、把手都做得尽可能圆润可爱，当然还有产品身上“Bear小熊”的卡通烙印也偏向女性的喜好。

其实，对于定位小众的公司来说，它们的困难是如何将小众的产品变成大众化可持续的市场需求。李一峰认为，“一个人在家里能用到的小家电显然数量有限，但不同家庭需要的电器也是不一样的，只要小熊电器用足够丰富的产品覆盖到用户的所有需求，保证足够大的基数，这个市场就已经足够大”。李一峰想做的其实是小众产品的大众化覆盖率，而小熊电器也在不断探索人们对于电器的需求。

电子商务完全改变了小熊电器的成长步调，2007年的1 700万元销售额到2008年已经增至4 000多万元，并实现了每年100%的销售增长率，2012年线上渠道已经为小熊电器贡献了6成销售额，小熊电器也在线上渠道上迅速被人所知。

资料来源：刘媚琪. 小熊电器创意小家电新势力[J/OL]. 商业价值，(2013-03-14)[2014-05-11]. http://content.businessvalue.com.cn/post/9631.html.

7.3.2 市场定位的步骤

1）识别本企业的竞争优势。这一步骤的中心任务是要回答以下3个问题：一是竞争对手的产品定位如何；二是目标市场上顾客欲望的满足程度如何，以及确实还需要什么；三是针对竞争者的市场定位和潜在顾客的真正需要的利益要求，企业应该及能够做什么。通过回答上述3个问题，企业就可以把握和确定自己的潜在竞争优势在哪里。

2）准确选择竞争优势，对目标市场初步定位。竞争优势表明企业能够胜过竞争对手的能力。这种能力既可以是现有的，也可以是潜在的。选择竞争优势实际上就是一个企业与竞争者各方面实力相比较的过程。

3）显示独特的竞争优势。这一步骤的主要任务是企业要通过一系列的宣传促销活动，将其独特的竞争优势准确地传播给潜在顾客，并在顾客心目中留下深刻的印象。

7.3.3 市场定位策略

1. 避强定位

避强定位策略是指企业力图避免与实力最强的或较强的其他企业直接发生竞争，而将自己的产品定位于另一市场区域内，使自己的产品在某些特征或属性方面与最强或较强的对手有比较显著的区别。其优点是能使企业较快地在市场上站稳脚跟，并能在消费者或用户中树立形象，风险小。其缺点是避强往往意味着企业必须放弃某个最佳的市场位置，因此，很可能使企业处于最差的市场位置。

同步案例

页游避强，扎根海外成趋势

2012年，页游一如既往地保持了高速增长。但对页游企业而言，这并不完全代表好消息。随着产业的发展，页游早已迈入“红海”时期。国内大大小小的页游企业上千家，推出的新品更是难以计数。艾瑞咨询广告监测产品iAdTracker显示，2008年端游广告投放金额总量为5.6亿元，页游广告投入金额仅为0.3亿元，而截止2012年，端游的广告投入金额下滑至4.6亿元，而页游则大幅上涨到3.7亿元，从历年的广告投放上来看，网络游戏的投放金额每年都在升高，但绝大多数的增量都来源于页游。企业在这种情况下，是继续精耕国内市场，还是布局海外？一方面，国内市场将继续保持可观的增速，但竞争会进一步加剧；而海外市场虽然广阔，但成本高、开发难度大等问题也不容小觑。如何选择，已成为一个产业问题。

一部分企业已经开始勇敢地试水，并获得了一定的经验。早在2009年，“热血三国”就开始冲击海外市场。到如今，已有数十款网页游戏走出了国门，为很多页游企业带来了丰厚的运营利润。但海外市场并非想象中的“蓝海”，“跑马圈地”的想法行不通，反倒因为成本等原因，对参与企业提出了更苛刻的条件。从获得成功的案例来看，能在海外市场有一定斩获的，其在国内市场也一定要表现上佳。分析人士指出，国内页游市场竞争激化是不可避免的趋势，布局海外是每个页游企业必须面临的选择。

资料来源：钟离. 页游国内竞争激烈避强出口扎根海外成趋势[EB/OL].（2013-03-19）[2014-05-11]. http://www.sootoo.com/content/404828.shtml.

2. 对抗定位

对抗定位策略是指企业根据自身的实力，为占据较佳的市场位置，不惜与市场上占支配地位的、实力最强或较强的竞争对手发生正面竞争，从而使自己的产品进入与对手相同的市场位置。其优点是竞争过程往往相当惹人注目，甚至会产生所谓的轰动效应，企业及其产品可以较快地为消费者或用户所了解，易于达到树立市场形象的目的。其缺点是具有较大的风险性。消费者经过产品评估后会形成购买意向，但不一定导致实际购买。

同步观察

奔驰将推定位低于A级的新车，以对抗全新MINI

2013年2月，一张奔驰全新车型的效果图被海外媒体曝光。据悉，这款新车的定位低于A级，这款奔驰新车的推出瞄准竞争对手即将在年底推出的新一代MINI。从曝光的效果图来看，外观上这款五门掀背版新车就是A级的“婴儿版”，跟2013款A250很像，外观上基本没有什么区别，最大的区别就是这款新车轴距较A级变短。尽管现在还只是以效果图的身份亮相，不过奔驰曾经确认，至2020年将推出13款新车型，除了这13款新车外，还将推出17款新车，总共30款新车计划，而其中一款极有可能就是能与新一代MINI竞争的车型。

资料来源：奔驰将推定位低于A级的新车，以对抗全新MINI［EB/OL］.（2013-05-27）［2014-05-11］. http：//auto.tom.com/2013-02-27/0D5C/84511714.html? source=HP_auto.

3. 补缺定位

补缺定位策略是指寻找新的、尚未被占领，但有潜在市场需求的位置，填补市场上的空缺，生产市场上没有的、具备某种特色的产品。采用这种定位方式时，企业应明确创新定位所需的产品在技术上、经济上是否可行，有无足够的市场容量，能否为企业带来合理而持续的盈利。

4. 重新定位

企业的产品在市场上的定位即使很恰当，但在下列两种情况下，还应考虑重新定位。

（1）竞争者推出的新产品定位于本企业产品附近，侵占了本企业产品的部分市场，使本企业产品的市场占有率下降。

（2）消费者的需求或偏好发生了变化，使本企业产品销售量骤减。

重新定位是指企业为已在某市场销售的产品重新确定某种形象，以改变消费者原有的认识，争取有利的市场地位的活动。

重新定位对于企业适应市场环境、调整市场营销战略是必不可少的，可以视为企业的战略转移。重新定位可能导致产品的名称、价格、包装和品牌的更改，也可能导致产品用途和功能上的变动，因此，企业必须考虑定位转移的成本和新定位的收益问题。

同步延伸

品牌再定位的“枪口”咋调转

品牌再定位对于企业来说很可能是一件痛苦的事情，因为当定位这一基石发生改变时，整个品牌大厦都可能会受到影响。因此，对于具有积极意义的品牌再定位，企业可能会“高调”进行，此时调整品牌定位也是一次绝佳的营销传播机会，更是提升品牌形象的绝佳时机。例如，延伸品牌定位，对未覆盖的目标客户实施有效覆盖；收缩品牌定位，实施专业化归核，提升品牌核心竞争力；或者把品牌定位高端化，即品牌定位从中低向高端延伸，这样有利于提升品牌形象。而当品牌遭遇挫折后进行品牌再定位，或者品牌定位发生颠覆性改变时，企业则常常会采取隐蔽办法进行暗自调整，以尽量降低品牌定位调整的负面反应。

资料来源：贾昌荣. 品牌再定位的“枪口”咋调转[EB/OL].（2013-02-22）[2014-05-11]. http://info.ceo.hc360.com/2013/02/220833226823.shtml.

在线链接

1. 全球品牌网定制营销文库，http://www.globrand.com/special/dingzhi/
2. 中国营销传播网，http://www.emkt.com.cn/
3.《销售与市场》第一营销网，http://www.cmmo.cn/

营销新观察

定制营销——淘宝卖家未来发展方向之一

一、定制营销的定义

1. 定制一词的来源。

“定制”一词源于萨维尔街，意思是为个别客户量身剪裁。萨维尔街是一个伦敦的购物街区，以定制男士服装而闻名。来这里光顾过的客人包括温斯顿·丘吉尔、拿破仑三世等社会上流人士。

2. 什么是个性定制？

个性定制是用户介入产品的生产过程，指定产品的材料、形状、尺寸、图案等信息。例如，把图案印在水晶、抱枕、扑克、杯子等产品上面。在改变未来的十大科技中，个性定制被排在首位，这是由市场的需求决定的。

二、定制营销和传统营销的区别

随着社会的发展，顾客对产品的需求存在明显的差异化，企业从事大规模的生产，但是产品规格统一，顾客只有选择的权力，不能决定产品的生产过程，也不能决定产品的样式与质量，顾客在千百件产品中去选择一款适合自己的，这个购物过程是被动。而定制营销，是一个主动的过程，企业在大规模生产的基础上，将对每一位顾客都视为一个单独的细分市场，根据顾客的特定要求，用单独设计、生产产品并迅捷交货的营销方式，来满足每位顾客的需求。

三、定制营销在淘宝上的现状

网络技术的成熟，为我们汇集了大量的信息，也使得信息传递的速度得到了保障，为定制业务提供了技术支持。目前在淘宝上已经有很多店主在开展定制业务，但是还不够完善，有一部分店铺只是在宣传中加入了定制，缺少顾客的主动参与。而有一些店铺，也只是简单地让顾客参与一些图案的选择和形状及尺寸的更改等方面的操作。

四、实现定制营销必须具备的两个条件

1. 零库存。

传统的企业经营的营销模式是利用较多的库存来缩短供货时间，而定制营销则是零库

存，是顾客参与完产品的设计之后，才能生产，并不是顾客在传统购物环境中直接与产品接触，并且能够立即应用，这就导致了供货时间的延长，没有时间优势。而顾客在参与完产品的设计之后，更希望企业是准时的，甚至是提前的，这就要求企业在最短的时间内提供高质量的产品，以满足顾客的需求。

2. 建立顾客信息库。

合理完善顾客信息库，完善每个顾客的详细信息，把顾客的要求准确、及时地提供给设计和生产部门，并且建立一个企业与顾客的信息交流平台，对顾客的要求给予及时、准确的答复，以缩短沟通时间，减少时间的浪费，一旦顾客同意生产，立即开始生产，为准时交货提供保障。

淘宝这个平台为淘宝店主提供一个技术支持平台和信息交流平台，这为淘宝店主开展定制业务提供了基础。如何利用这个平台，真正地把个性定制发展起来是各位淘宝店主面临的首要问题。千万不要把网民看成一个无差别的群体，这将是最愚蠢的错误，只有满足消费群体的差别化需求才是成功的关键。

资料来源："定制营销"淘宝卖家未来发展方向之一［EB/OL］.（2012-07-22）［2014-05-11］. http://bbs.taobao.com/catalog/thread/154503-258097157.htm.

实务演练

1. 演练内容

（1）关注2013年娃哈哈格瓦斯上市的相关资料。

（2）分析娃哈哈格瓦斯的目标市场策略。

2. 演练目的

帮助学生学会根据不同的细分标准对企业所面临的整体市场进行市场细分，进而使学生学会为企业制定目标市场策略，指导市场营销活动有效的开展。

3. 演练要求

（1）小组学习，共同关注、研讨，完成2013年娃哈哈格瓦斯上市STP分析报告。

（2）要求学生认真学习并明确市场细分的标准及步骤。

（3）要求学生运用市场营销的相关基本原理，对不同企业的经目标市场策略进行分析。要求学生特别关注娃哈哈格瓦斯的目标市场策略。

（4）要求教师在实战实施前给予必要的指导，并在学生相互交流的基础上给予点评。

4. 演练步骤

（1）把学生分成若干小组。

（2）案头搜索，浏览、关注2013年娃哈哈格瓦斯上市STP实况。

（3）小组研讨，撰写考察报告，展示、陈述、答辩相关考察结论。

5. 演练考核

（1）理念与技能

考察市场细分的标准和步骤，不同目标市场策略的出发点、优缺点及适用范围。

（2）逻辑与规范性

逻辑顺畅，格式规范，版面、礼仪得体。

模块8 创造需求导向的产品策略

现代竞争的关键，并不在于各家公司在其工厂中生产什么，而在于它们能为其产品增加些什么内容，诸如包装、服务、广告、用户咨询、融资信贷、及时送货、仓储及人们所重视的其他价值。每一公司都应寻求有效的途径，为其产品提供附加价值。

——西奥多·莱维特（Theodore Levitt）

学习目标

知识目标

- 理解和掌握整体产品概念及产品组合策略
- 辨识产品生命周期各阶段的市场特征及营销策略
- 熟悉新产品开发的程序及市场推广策略
- 掌握品牌的内涵及品牌、包装策略

素养目标

以社会责任营销理念，设计开发产品，提升服务意识，创建品牌价值

技能目标

能树立市场导向的产品理念、服务和品牌意识，会使用产品整体概念分析、解释营销产品问题，并能根据产品生命周期各阶段的特点，运用品牌基本原理进行产品、包装等营销策略运作

模块引子

是什么让顾客三伏天也愿意排队吃火锅

去海底捞吃火锅是需要排队的（见图8.1），甚至等一二个小时都是很正常的事情。在顾客排队等位时，可以享受擦皮鞋和修指甲的服务；散着头发的客人会得到皮筋，并被善意提醒“小心头发被溅上油”；戴眼镜的客人会得到眼镜布；有的海底捞店面的等候区甚至提供免费的美甲服务，这些额外服务成为了客户选择在海底捞用餐的一大动力。

图8.1　海底捞顾客候餐区（左图），海底捞就餐区现场拉面（右图）

如今的海底捞，每天3~5桌的翻台率创造了业界翻台率的最高纪录；年营业额5 000万元；年客流量为2 000万人；从新店开业到回本盈利的周期为6个月；50%的客户回头率，几乎每个去过的人都会再次带着不同的朋友前去；10%的员工离职率。对于海底捞的董事长张勇，很多投资银行要给他钱，他却不要；无数同行高薪挖他的员工，都挖不动；无数同行学习他，模仿他，甚至派出卧底，上演“无间道”，也学不到精髓；不以利润为主要考核目标，却每年进账3亿元；大学商学院的学生担当“卧底”实习，竞争对手群起顶礼取经。2006年6月23日，国际著名餐饮集团美国百胜集团（肯德基和必胜客的母公司）将中国区域经理大会的一个环节放在海底捞进行，全体参会人员200余人涌入参观和学习海底捞的服务。

为什么海底捞能让顾客三伏天也来排队吃火锅？答案是海底捞服务高于一切的经营理念。要想服务做得好，就需要善待员工。在海底捞，基层服务员可以享有打折、换菜，甚至免单的权利。每个月，创新委员会对员工们的创意服务做出评判，胜出者可获200~2 000元的奖励。

海底捞的员工宿舍离工作地点不会超过20分钟，全部为正规住宅小区，且都会配备空调，有专人保洁、洗衣服；公寓甚至配备了能上网的计算机；夫妻员工则考虑给单独房间。考核一个店长或区域经理，只考核顾客满意度和员工满意度，而这样一个没人对营业额负责的企业，却不仅能24小时营业，而且即便要排队等候一二个小时才能就餐，顾客也心甘情愿。

资料来源：海底捞的营销有什么特别之处？[EB/OL].（2013-03-21）[2014-05-11]. http://www.xiaoshou.cn/article-4366-1.html.

想一想

海底捞的产品是什么？"即便排队等候顾客也心甘情愿"，是什么成就了海底捞？

任何企业在制订战略计划时，首先需要回答的问题都是用什么样的产品和服务来满足目标市场需求。市场营销组合中的定价、渠道、整合促销策略，都是围绕产品策略制定的，包括整体产品决策、产品组合决策、产品生命周期决策、新产品开发决策、品牌与包装决策等系列决策的产品决策是整个市场营销组合策略的基石。

任务8.1 制定整体产品策略

任务引子

"妈妈圈"APP，先有生活，才有生意

妈妈圈是广州盛成网络科技有限公司（以下简称盛成网络）为辣妈们开发的必备的怀孕、育儿手机应用。从怀孕、育儿、早教到亲子游、国内外旅游攻略、时尚、购物、瘦身、美食、家庭闲谈，只要是辣妈们最感兴趣的话题，上妈妈圈都能一手掌握。

妈妈圈的定位是辣妈们的网上家园，是中国最大、最火、最有意思的女性掌上生活社区。

在城镇化快速发展的中国，大量新一代妈妈离开故乡到新的城市生活，她们所处的环境及对生育子女所掌握的经验已与上一辈妈妈不一样了，她们需要另外一个"娘家"来帮助她们走向更加精彩的新生活。妈妈圈的定位正是走在了这个时代需求的风口上。

妈妈圈最大的亮点是根据妈妈们生活的不同阶段和空间建立了富有交互性的部落群，并根据不同需求细分圈子，使妈妈们的社交自成生态，互为"娘家"。而盛成网络也从C2C的交互中积累了商业大数据和客户云资产，从而使妈妈圈具有巨大的商业价值。

资料来源：2013十大创新营销APP[OL]. 微成交微群，2013-12-13.

任务认知

8.1.1 整体产品策略

营销视野的产品，即整体产品，是指能提供给市场、可以满足消费者某种需要或欲望的任何事物。它包括产品实体、服务、场所、组织、思想、主意、策划和计谋等，通常被分为如下3个层次，如图8.2所示。

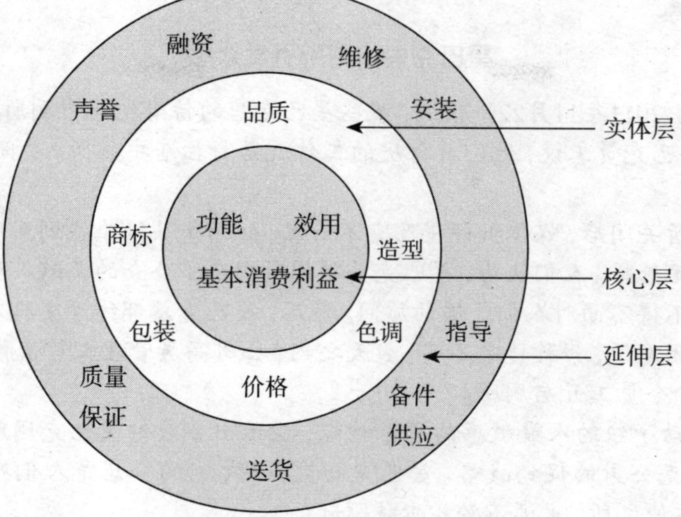

图8.2　整体产品层次

（1）核心产品（core product），又叫实质产品，是指产品能为消费者带来的基本利益和效用。

同步案例

概念就是产品

当手表不再是传统的计时工具，而是成为一种情感产品时，手表市场立即发生了神奇的变化：既然手表代表着某种情感传递，那么，它为什么就不可以像每天换衣服一样，根据不同的心情而拥有第二块、第三块，乃至更多呢？对消费者来讲，一款斯沃琪手表就是一份纪念品，一段历史，一件工业品，一份情感的寄托。事实上，斯沃琪每年都会推出200~300块新款手表，分别代表着年轻、新鲜、刺激、时尚、活力等不同的情感表达。

迪斯尼也已经开始这么做了，它宣称自己的产品基于一种快乐的生活方式，它的新商业口号是：迪斯尼所带给你的将全部是快乐的回忆，无论生命到任何时候。迪斯尼公司的“全球主题乐园”正是这种新商业口号的催生物。

资料来源：孙景华. 生活方式创造商业价值[M]. 北京：机械工业出版社，2009.

（2）形式产品（cactual product），又叫实体产品，是消费者所需要的产品实体的具体外观，一般通过产品款式、质量水平、品牌、包装等反映出来。

（3）附加产品（augmented product），又叫延伸产品，是指消费者因购买产品所得到的附加服务和附加利益的总和。

核心产品、形式产品和附加产品作为产品的3个层次是不可分割，紧密相连的，它们共同构成了整体产品概念。

道德聚焦

星巴克关闭厕所引发众怒

《纽约时报》2011年11月22日报道：某些星巴克店的侍者把店中厕所关闭，贴上“雇员专用”的标志。星巴克员工说，他们最讨厌的工作就是打扫店中厕所。关闭厕所是员工长期不满情绪的爆发。

星巴克的厕所关闭后，媒体批评星巴克不好客。纽约街头很难找到厕所，人们内急时除了星巴克几乎别无选择。人们认为，星巴克关闭厕所剥夺了公众的天赋人权。

星巴克员工不得不面对人们气愤的质问。最后，星巴克总部终于支撑不住了，该公司在推特网上否认关闭厕所，声称传言不实。数天之内，公司高层管理人员亲临至少两家关闭厕所的星巴克店，命令员工开启厕所。

关闭厕所触动了纽约人最敏感的那根神经，显示出公众对星巴克厕所的依赖，而这种依赖恰恰是星巴克公司的促销战略。星巴克一直声称，它的分店是人们可以闲坐、免费上网、解决内急的方便之所，永远不必担心被驱赶。

纽约市政府计划在20年内建20所公厕，即使不存在选址的困难，区区20个街头公厕也解决不了全市公众的入厕问题。况且市政府声称，很难找到既有水管又不致因建厕而危及其他公用管道，而且不受附近店家反对的建厕地点。可是，星巴克仅在曼哈顿就有190个分店。星巴克员工无奈地说：“星巴克就是纽约的公共厕所。”

资料来源：星巴克关闭厕所引发众怒[EB/OL].（2011-11-23）[2014-05-11]. http://epaper.usqiaobao.com:81/qiaobao/html/2011-11/23/content_566190.htm.

8.1.2 产品组合及其策略

1. 产品组合的概念

产品组合（product mix），又称产品结构或产品搭配，是指一个企业向市场提供的全部产品的构成。通常，产品组合由若干产品线（product line）组成，每条产品线包含若干产品项目（product item），每一产品项目又有若干品牌、包装和服务。例如，宝洁公司的产品组合如表8.1所示。

表8.1 宝洁公司产品组合

	产品组合宽度			
	产品系列1（清洁剂）	产品系列2（牙膏）	产品系列3（香皂）	产品系列4（纸巾）
产品组合深度	汰渍 快乐 达士 象牙雪	佳洁士 格力 登魁	舒肤佳 象牙 爵士	查敏 白云 普夫 旗帜

产品组合决策，就是企业对其产品组合在广度、长度、深度及关联性等方面的选择。产品组合的广度，是指一个企业所拥有的产品线的多少；产品组合的长度，是指企业所有产品线中的产品项目的总和；产品组合的深度，是指产品线中每种产品所提供的花色、品种、规

格的多少；产品组合的关联性，是指各个产品线在最终使用、生产条件、分销渠道或其他方面的相关联的程度。

同步案例

谭木匠产品线丰富，附加值挖掘彻底

谭木匠做的已经不仅是产品，而是文化。

谭木匠梳子不仅做得漂亮，而且具有防静电、保健、顺发等基本功能。产品极具民族特色，有牡丹、翠竹组成的花开富贵、竹报平安，有凤求凰、鹊桥仙、合家欢等系列产品，符合国人的审美习惯，也为产品增添了文化特色。

谭木匠的产品非常丰富，可以按材质分，按用途分。梳类有水黄杨、梨木、紫檀木、白角、黑角等十几种材料，上百个品种；镜类有雕刻、彩绘、手绘等多种样式，上百个图案；扇类有绢扇、纸扇数十个花色；健身类有健身扒、按摩器、健身锥、香面刮、淋浴器等十几个品种；还有佛珠、发夹、刮痧板、竹篦子、鞋拔等。其产品实用性和艺术性很好地结合在一起，使消费者爱不释手。

谭木匠在包装方面，将产品的传统特色定位也落实得很到位。高档木梳有礼品盒包装，普通木梳的外包装是黑色或篮底白花的中式小布口袋。礼品袋、礼品盒的设计使谭木匠的产品不仅有实用价值，还因为拿得出手而成为了馈赠佳品。

谭木匠舍得在产品开发方面下功夫。它们围绕亲情、友情、爱情及风土人情等主题，年年推出数百种新款式，品种之繁多，令竞争对手望尘莫及。由于产品的快速更新，不仅能不断地吸引新老顾客，还能有效地提高加盟商的盈利能力。

谭木匠很会有效整合社会资源。例如，长期举办有奖征稿活动，收集民间创意，从中筛选出新产品的设计创意，给中标者一定的奖励。这种做法不仅使谭木匠得到了大量新颖的设计创意，而且还节约了设计成本。谭木匠的设计师团队来自三方面，一是内部设计团队；二是与专业网站、杂志、公司、院校合作，整合国内的设计团队；三是与德国、意大利、法国等国际设计师事务所建立合作伙伴关系，以融合国际上的设计力量。

资料来源：谭木匠：小梳子如何做成上市大公司[EB/OL]. 中国罗麦微群，2013-12-19.

2. 产品组合策略

（1）扩大产品组合。扩大产品组合的方法有两种：一是在原产品组合中增加产品线，扩大企业经营范围；二是加强产品组合的深度，即在原有产品线内增加新的产品项目。扩大产品组合有利于企业充分利用现有资源，分散经营风险，增强竞争能力。

（2）缩减产品组合。当市场环境不景气或原材料、能源供应较为紧张时，企业可考虑缩减产品组合，剔除那些获利很小，甚至无利可图的产品线或产品项目，使企业集中资源，以生产获利较高的产品，使总利润上升。

（3）产品线的延伸。产品线延伸是指突破原有经营档次的范围，改变企业原有产品市场定位的方法。产品线延伸的策略有3种：向下延伸、向上延伸和双向延伸。向下延伸是指原来定位于高档市场的企业逐渐增加一些中低档次产品生产；向上延伸是指原来定位于中低档市场的企业增加高档产品的生产；双向延伸是指原来定位于中档市场的企业，在具备一定实力后，将产品线逐渐向高档和低档两个方向同时延伸。

任务8.2 辨识产品生命周期

任务引子

碎片化时代的“碎片式”产品周期

在传统的工业时代，我们信奉的是“绝对产品力就是绝对竞争力”。这句话到现在依然不过时，但是在碎片化时代，在信息高度扁平化的时代，假如还依照创意、设计、研发、生产的传统节奏，试图以“十年磨一剑”、“不鸣则已，一鸣惊人”的大创新、大突破来争得市场竞争的先机，我们不说是难于登天，至少也是危险系数不低。为什么？因为产品的周期在新时代大大缩短，以前是以年、季度为单位，现在则以月、周为单位，有的网络企业甚至每天都在变。

资料来源：叶茂中. 碎片化时代，广告人如何做营销[EB/OL].（2011-10-28）[2014-05-11]. http://brand.icxo.com/htmlnews/2011/10/28/1439398_4.htm.

任务认知

8.2.1 产品生命周期的含义

所谓产品生命周期（product life cycle），就是指产品从试制成功、投放市场开始，直到被市场淘汰退出市场的全过程。理解这个概念时应注意以下几点。

（1）产品的生命周期不同于产品的使用寿命。产品的生命周期是指产品在市场上存在的时间，是产品的经济寿命，其周期长短受到社会生产力发展水平、产品更新换代速度、消费者需求变化和企业间竞争状况等因素的影响。而产品的使用寿命是指产品从投入使用到损坏或消失所经历的时间，它与产品的自然属性和使用强度有关。

（2）市场营销中所研究的产品生命周期，严格地讲是指产品品种的生命周期。产品种类（如电视机、洗衣机）、产品品种（如黑白电视机、彩色电视机）、产品品牌（如创维牌电视机、熊猫牌电视机）的生命周期各不相同，其中，产品种类的生命周期是最长的，如电视机、洗衣机等种类的产品，而某些品种、某些品牌的电视机、洗衣机随时都有可能被市场淘汰。

（3）产品的生命周期只是一种理论上的描述。通常，典型的产品生命周期可划分为4个阶段：介绍期、成长期、成熟期和衰退期，如图8.3所示。

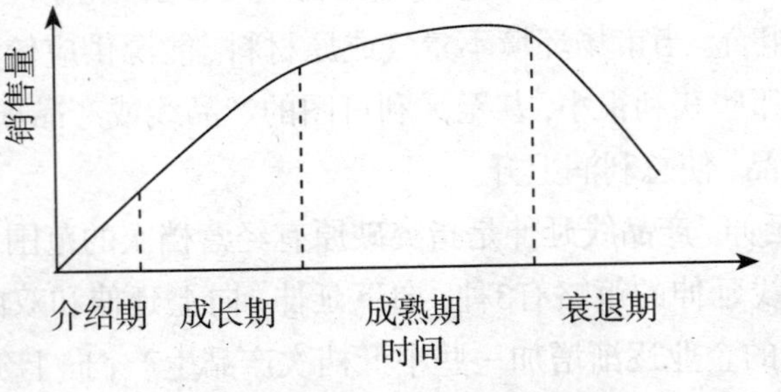

图8.3 典型产品生命周期曲线

同步提示

并非所有产品的生命周期都要依次经过介绍期、成长期、成熟期和衰退期这4个阶段，有些产品一上市就很快进入成长期，没有经过介绍期的缓慢增长过程；有些产品则没有成长期，从介绍期直接进入成熟期；有些流行产品则昙花一现，很快就退出了市场。不同形态的产品生命周期曲线如图8.4所示。

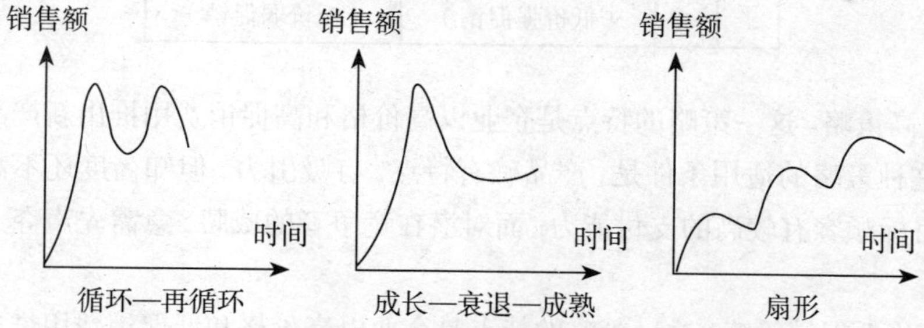

图8.4　不同形态的产品生命周期曲线

8.2.2　产品生命周期各阶段的特点及相应的营销策略

1. 介绍期

一种新产品开始投入市场进行试销的这一阶段称为介绍期（introduction）。这一阶段的特点是：产品刚进入市场，消费者对产品不了解，销量小，单位产品成本高；广告费用和其他营销费用开支较大；产品技术性能不够完善；通常出现亏损现象。因此，在这个阶段，企业的市场风险较大。

同步观察

产品投放市场初始需求量不足

小米从2011年10月份一个月只发售1万部手机，到2013年12月突破300万部。2013年的雷军可谓风光无限，不仅小米估值超过100亿美元，销售额达到300亿元，还拿下了年度经济人物。不少人把才只有3年多成长期的小米，看成是互联网创业“屌丝逆袭”的当代神话。小米带来的是“鲶鱼效应”，也带来了行业内对雷军和小米的“围剿”，其中之一是雷军被调侃为“屌丝领袖”，其二是所谓的“饥饿营销”现货供应紧缺被非议为卖“期货”。

对此雷军回应说：“我们一投放市场都是十万部、几十万部，整个产业都存在产量爬坡问题，刚开始一二个月都是严重的阻碍，因为刚做完宣传，有用户需求，但没量，毕竟整个产线的完善度还不够，都在爬坡，每个硬件厂都一样。”

资料来源：雷军和华为的恩怨［EB/OL］. 对话老板微群，2014-01-07.

在介绍期企业的营销重点是把握一个“快”字，一般有4种可供选择的策略，如表8.2所示。

表8.2　介绍期的营销策略

促销 价格		促销费用	
		高	低
价格水平	高	快速掠取策略 （高价强促销）	缓慢掠取策略 （高价弱促销）
	低	快速渗透策略 （低价强促销）	缓慢渗透策略 （低价弱促销）

（1）双高策略。这一策略的特点是企业以高价格和高促销费用推出新产品，以期尽快收回投资。这种策略的适用条件是：产品确有特点，有吸引力，但知名度还不高；市场潜量很大，并且目标顾客有较高的支付能力；面对潜在竞争者的威胁，急需先声夺人，尽快树立名牌威望。

（2）高价低促销策略。这一策略的特点是企业以高价格和低促销费用推出新产品，目的是以尽可能低的费用开支取得最大的收益。此策略的适用条件是：市场规模有限；产品有一定的知名度；目标顾客愿支付高价；潜在的竞争并不紧迫。

（3）低价高促销策略。这一策略的特点是企业以低价格和高促销费用推出新产品，以争取迅速占领市场，然后再随销量和产量的扩大将产品成本降低，取得规模效益。这种策略的适用条件是：市场容量大，但消费者对该产品还不了解；消费者对产品价格特别敏感；潜在竞争的威胁严重；新产品成本能因生产规模的扩大和生产经验的增加而降低。

（4）双低策略。这一策略的特点是企业以低价格和低促销费用推出新产品。低价格可扩大销量，低促销费用可降低营销成本，增加利润。这种策略的适用条件是：市场容量较大，潜在消费者熟悉该产品；消费者对价格十分敏感；存在某些潜在竞争者，但威胁不大。

2. 成长期

当产品经过试销逐渐为市场所接受，上市量增加，销售越来越好的时候，产品就进入了成长期（growth）。这一阶段的特点是：产品基本定型，技术工艺及设备趋于成熟配套，产量激增，成本下降，利润额迅速提高。这一时期该产品已具有相当的市场占有率，但是市场竞争渐趋激烈。在产品的成长期，企业营销的核心是把握一个“长”字，可以采取以下几种营销策略。

（1）提高产品质量，增加新的功能、特色和款式。

（2）开拓新市场，增加新的分销渠道。

（3）加强品牌宣传。广告宣传要从介绍产品转向树立产品形象，争取创立品牌。

（4）选择适当时机调整价格，吸引对价格敏感的顾客，提高本企业产品的竞争力。

3. 成熟期

当产品开始在市场上呈现饱和状态时，表明该产品进入成熟期。这一阶段的特点是：产品的销售量、利润额达到最高峰，销售增长速度缓慢或呈稳定状态；企业内部的生产管理趋于完善，机器、劳动力得到最佳利用，产品成本降到最低程度，产品供需达到平衡，甚至供过于求。市场进入饱和状态后，竞争最为激烈，为了进行竞争，企业又投入大量的推销费用。在这个阶段后期，销售量和利润额开始下降。成熟期的营销策略侧重一个“改”字，企业应千方百计延长产品生命周期，有3种策略可供选择。

（1）产品改良策略，即对产品进行某些改进，使之在功能、规格、包装等方面有所变化，以吸引新的消费者，达到延长产品成熟期的目的。

同步案例

白象大骨面，故事背后的精神更诱人

2013年11月25日，白象食品股份有限公司正式宣告历经10年努力开发而成的白象大骨面开始全面推向市场，消费者代表在品鉴了白象大骨面之后，除了浓郁的骨汤和香气袭人的美味之外，最为感动的却是大骨面背后的故事和精神。

20世纪80年代，方便面刚开始进入中国大陆，可谓是“奢侈品”，以方便面为代表的中国方便主食行业快速发展，然而在销量上日进千里之时，方便面行业却也在口味上的简单趋同和营养价值上而停滞不前。

引导并促进方便面行业健康认知的转变，让所有人都吃到放心、美味、健康的方便面，不管有多难都要坚定前行。早在10年前，白象就有了开发大骨面的想法。据介绍，在中国饮食文化中，大骨汤最为“雅俗共赏”，也是渊源悠久的传奇美味。当年白象的创始人在很多场合下都亲自蹲点观察消费者的饮汤吃面习惯，有好长一段时间，每天都要在家亲自熬骨汤下面来体会。这在白象内部已经传为美谈。

向梦想前行的10年时光，白象立足于产业，不仅解决了在厨房中烹饪一碗鲜美的大骨面的小课题，更是与中科院、国际食品科技联盟、中国食品科技学会及众多食品科技院校合作，对大骨面的规模化生产、骨头骨汤的营养、骨汤对人的生理影响展开全面研究，实现大骨面从小厨房到大厨房的转变。正是这种实干、务实的以行践言，白象才使大骨面的诞生，不仅是一种方便面的新口味，更推动了方便面产业实现了“从开水泡面到骨汤泡面”的升级，让消费者吃上真正有骨汤的方便面。

当骨汤与方便面相遇，将会擦出怎样的火花？2012年，白象精炖大骨面征服世界70多个国际专家的认可，继蒙牛、王老吉凉茶后斩获全球食品工业奖。这个世界食品行业顶级大奖有着食品届诺贝尔奖之称，而白象也是世界方便面行业唯一获此殊荣的产品。市场是检验产品的唯一标准，杨冬云介绍，当白象大骨面率先在河南地区上市后，迅速在市场上掀起了“黄色风暴”（大骨面包装为黄色调），形成十人品尝九人赞赏的出色口碑。

从褚橙柳桃到白象大骨面的流行，这些都是“背后故事”的力量。它们都有一个美丽的梦，向梦想出发，不管是励志还是信念，背后的故事带来了一种精神。正是产品背后的故事和精神，让我们在享受美味的同时，又增加一分品味和感动。

资料来源：从褚橙柳桃到白象大骨面，故事背后的精神更诱人[EB/OL].（2013-11-29）[2014-05-11].http://www.baixiangfood.com/baixiangquanjing/xinwenshiye/2013/1204/933.html.

（2）市场改良策略，即开发新市场，寻求新用户。通常有3种方式：一是开发产品的新用途，寻求新用户；二是刺激老用户，增加重复购买；三是重新为产品定位，寻求新买主。

(3)营销组合改良策略，是指运用定价、渠道、促销组合方式等延长产品的成熟期。

同步观察

互联网金融服务理念不变革，上线就成一场秀

2012年，当"双十一"淘宝一天的销售额达190亿元时，所有线下卖场的"大伙伴们"都惊呆了；2013年，当余额宝在短短几个月迅速吸金500多亿元，一跃成为最大规模基金时，所有金融行业的"大伙伴们"也目瞪口呆了。互联网金融正以聚沙成漠之势侵吞着传统金融行业的领地。

为了应战，金融巨头们纷纷将部分产品和服务搬上线，效果却并不理想。2013年三季报显示，个别银行资产规模反而出现了萎缩。金融业中大概没几个人能想明白：为何自己高端大气上档次的线上服务应者寥寥，而余额宝这种草根化的互联网金融却应者云集？

金融巨头们没有认识到，互联网金融带来的颠覆性，不在于运用了互联网的渠道和形式，还在于其平等、便利化的服务理念和无限扁平化的商业模式，让其能无所不包地迅速渗透到每一个角落，吸纳市场上闲置的哪怕一分一毫资金，这才是最要命的。

传统金融机构如银行，骨子里的理念是等级分明的，银行从不讳言自己的"嫌贫爱富"，其绝大多数服务也是公然设门槛、分等级的，理财产品，甚至包括存款在内，给予不同资金规模的客户的收益率完全不同。西装革履的工作人员没有将服务送上门的意识，危重病人猝死柜台的可悲案例则接二连三地出现。

余额宝则是来者不拒，彻底公平的：只要你有1元钱，就可以认购参与，而且收益率大家都一样；只需你在计算机或手机上点几下便一切搞定，而且资金可以随投随取。至于运营成本，在互联网时代，管理可以无限扁平化，成本可以通过规模的扩大无限地压缩。

有人嘲笑互联网金融是草根理财，然而余额宝让金融巨头们看到了草根的力量。如果金融巨头们的服务理念和商业模式不彻底变革，其互联网金融尝试最终只能沦为一场秀。

资料来源：互联网金融服务理念不变革，上线就成一场秀[N/OL]. 广州日报，(2013-11-07)[2014-05-11]. http://finance.chinanews.com/it/2013/11-07/5473047.shtml，.

4. 衰退期

由于同类新产品占领了市场，本企业产品竞争力不断下降，使产品的生命周期进入衰退期(decline)。这一阶段的特点是：该产品已经陈旧和老化，产品已不再适应市场需求，销售量急剧下降，产品积压，价格下跌，效益不佳。而那些新型的优质产品已全面占领了市场。对此，企业可采用如下营销策略。

(1)集中策略。企业应缩小经营范围，把人力、财力、物力集中到最有利的产品上去。

(2)持续策略。企业保持原有的细分市场，沿用以往的营销策略，以低价策略将销售维持在一个低水平上，待到适当时机，再退出市场。

(3)榨取策略。企业采用赚一点算一点的方式，在产品的淘汰过程中获取一定效益。

(4)转移策略。企业停止对于衰退期商品的生产，将生产转移到发展新产品上去。

产品生命周期各阶段的特点、目标和营销策略如表8.3所示。

表8.3 产品生命周期各阶段特点、营销目标和策略

周期阶段	介绍期	成长期	成熟期	衰退期
特点				
销售	缓慢、批量小	迅速上升	高峰	下降
成本	高	中等	低	低
利润	亏损	上升	高	下降
顾客	创新者	早期采用者	大众	落后者
竞争者	极少	增多	数量稳定	数量减少
营销目标				
	创新产品知名度，促进试用	市场份额最大化	市场份额最大化，同时保护市场份额	减少支出，榨取利润
营销策略				
产品	提供基本产品	提供扩展产品、服务和担保	品牌和样式多样化	逐步淘汰产品
价格	成本加成法	渗透定价法	抗衡和击败竞争者的价格	降低价格
分销	选择性分销	密集分销	更密集分销	淘汰无利分销点
广告	在早期采用者和分销商中建立知名度	在大众市场中建立知名度和兴趣	强调品牌的差异和利益	减少到保持坚定忠诚者所需水平
促销	大力促销以吸引试用	适当减少促销，充分利用大量的消费者需求	增加对品牌转换的鼓励	减少到最低水平

同步案例

是成熟期还是衰退期

李老板掌管着当地一家颇具规模且有着地域知名度的制药企业，最令他引以为豪的是，以他为首组成的研发智囊团苦心研制出来的国药准字号产品壮骨胶囊已在市场中销售有5个年头了。

作为补钙补血又兼备治疗功效的准字号产品——壮骨胶囊，自从5年前刚一进入市场就显现出了强大的市场生命力，很快成为李老板制药厂的拳头产品。在自己众多产品种类当中，李老板自然对壮骨胶囊格外关爱。

但近一年多来，李老板一直闷闷不乐，因为自进入到了第4个年头开始，壮骨胶囊就呈现出下滑态势，整一年时间一滑再滑；到了第5个年头时，产品销售下滑势头不仅没有得到有效扼制，而且下滑速度明显加快了。销售一直下滑，回款更是毫无成效。如何力挽狂澜使壮骨胶囊下滑局面得以缓解和扼制？一时间公司上下一筹莫展，众说纷纭。

李老板的销售人员不知从何而来的消息：此产品销售下滑是因为产品周期到了。同时，

竞争对手也不断拉拢李老板的销售人员，并给他们“下套”说“目前市场产品品种太多，壮骨胶囊不仅产品价格高，而且服用疗程长，一般的患者无法接受长期服用，很快会被市场淘汰，逐步会被物美价廉的产品所取代”。

实际上，壮骨胶囊正处于产品旺盛期，5年的时间不算长、但也不算短，主要原因是此产品还有着“打擦边球”的嫌疑，对于消费者而言，可用你的产品，也可不用你的产品。因为壮骨产品的功效明显的诉求点太多，没有统一的将一个概念或效果宣传推广，甚至炒作下去，而一段时期诉求这个，一段时期又诉求那个，产品的效果太多，自然也就没有针对性了，就给人造成了“边缘产品”的印象，体现不了壮骨实质性的卖点。

任务8.3　制定新产品开发策略

任务引子

新品创新，对手模仿也追不上

谭木匠的成功秘诀就是创新和独特性，15年来用小梳子打造了一个市场奇迹。

如今，谭木匠的产品涉及126个种类，574个型号，2 480种款式，每年创造过亿元的利润。公司每年推出富有文化气息的木梳300多款新品，这些自主设计开发的款式都拥有专利，而且很少打广告，主要依靠口碑相传。每年谭木匠都要拿出近500万元投入到新产品的设计开发中。谭木匠的梳子做成了品牌，有了名气，不免会招来竞争对手的仿造，但谭木匠就是依靠层出不穷地推出新品，以速度制胜，让竞争对手即使模仿都追不上来。

资料来源：谭木匠：小梳子如何做成上市大公司[EB/OL]. 中国罗麦微群，2013-12-19.

任务认知

当今时代，唯一不变的事情就是变化，创新已成为时代发展的主旋律，正如美国著名管理学者德鲁克所说，任何一个工商企业都具有两个，也仅有两个基本的功能：市场营销与创新。对企业而言，开发新产品是全球化、科技浪潮推动下消费需求不断变化的需要，是产品生命周期的内在需要，是企业竞争的需要对企业而言，开发新产品是企业生存和发展的生命力所在。

同步提示

开发新产品同时又是一项很艰难的工作，不仅需要投入大量资金，而且具有很大风险。实际上，新产品开发的成功率是很低的，原因有以下几点。

① 由于社会经济的发展，人们精神文化的进步，对市场上商品的需求也越来越复杂。一件新产品问世，很难适合多方面的要求，因而也难于在市场上占有较大的市场份额。

② 由于资源和环境的制约，对产品使用上的经济性和安全性提出了更高的要求，使新产品制造技术的难度更大了。

③ 对于技术条件要求高的创新产品，需要巨额的研发投资、雄厚的技术力量、完备的试验手段，而这些投入很多都属于研究性质的，难以在短时间内取得收益。因此，企业开发新产品必须坚持积极谨慎的方针，不能盲目轻率地采取行动。

8.3.1 新产品的概念

凡是企业向市场提供的过去没有生产过或经营过的，能满足顾客某种新需求的产品就叫新产品，包括具有新功能、新特色、新结构或新用途。具体来说，新产品有以下几种。

（1）全新产品，是指应用科技成果，运用新技术、新工艺和新材料制造的市场上前所未有的产品。同时，它往往要求顾客培养新的消费观念和消费方式，如电话、汽车、飞机、计算机、激光唱片等产品刚投入市场时都属于全新产品。这类产品开发难度最大，成功率低。据调查，在新产品中全新产品所占比例较低。

（2）换代新产品，是指对市场上已经出现的产品在结构和性能上进行部分改变而形成的产品，如计算机问世以后，经过了电子管、晶体管、集成电路、大规模集成电路等多次换代。随着科技的迅速发展，产品更新换代的速度正在加快。

（3）改进新产品，是指对现有产品的质量、性能、材料、款式、包装等方面进行改良之后生产出来的产品，如新款式的服装等。

（4）仿制新产品，是指企业仿照市场上已有的产品生产的新产品，通常又被称为山寨产品，如市场上出现的新牌号的手机等。

（5）重新定位产品，是指对现有产品开发出新的用途，或者为现有产品寻找新的消费群。

同步观察

微信将取代QQ成为社交领域王者

微信早已不是一款社交工具那样简单。

有了微信，只要掏出手机，一切变得简单，新闻、微博、邮箱等需求都可以一站式解决。而朋友圈、摇一摇、二维码等社交功能的引进，更进一步增加了微信的社交版图。

当微信已经脱离了原来社交工具的定位，渐渐展现给人们一幅移动互联网的新场景时，微信提供的已经不是简单的社交生活，而是移动生活。

QQ和微信的比较如下。

① QQ是PC时代的客户端之王，无人能撼。而微信在2013年底已拥有8亿个用户，是毫无疑问的移动应用王者。

② QQ是社交工具，后来嫁接了很多其他服务。微信在最开始定位时也是社交工具，现在逐渐导入视频、语音通话、定位等很多其他移动服务。

③ PC互联网让位于移动互联，显然，微信的发展更有未来。

④ 虽然手机QQ也增加了诸如语音等功能，但微信利剑先发，QQ并没有利用好原来积累的优势，又丧失了时机。显然，微信的竞争格局更大。

这显示出了微信拥有兼吃PC等诸多平台立志成为超级跨平台的野心，比QQ的舞台更大。有理由推断，微信取代QQ的王者地位是迟早的事情，但因为同是腾讯的产物，也注定了它们将在很长一段时间内共存、融合。

资料来源：微信将取代QQ成为社交领域王者［EB/OL］.（2012-07-24）［2014-05-11］. http://money.163.com/12/0724/13/876BI1TR00253B0H.html.

8.3.2　新产品开发的原则

（1）以正确的新产品研制战略为指导。企业应做到开发研制一批，更新换代一批，保留提高一批，限制淘汰一批，保证新产品开发顺利进行。

（2）符合国家技术经济政策。例如，能源政策、环境保护法和产品安全卫生标准等。

（3）坚持技术上的适宜性和经济上的合理性。技术上的适宜性是指新产品开发要与企业的技术能力和消费者的需求相适应。经济上的合理性是指以最少的费用，实现新产品开发的技术目标，使新产品开发获得最大的社会效益和经济效益。

（4）需提高“三化”水平。通用化、标准化、系列化是新产品开发的重要原则之一。“三化”水平越高，就越有利于产品的制造、使用和维修，也有利于消费者购买和使用。

8.3.3　新产品开发的程序

一般企业新产品的开发程序大致包括寻求创意、甄别创意、形成产品概念、制定市场营销战略、商业分析、产品研发、市场试销、批量上市8个阶段，如图8.5所示。

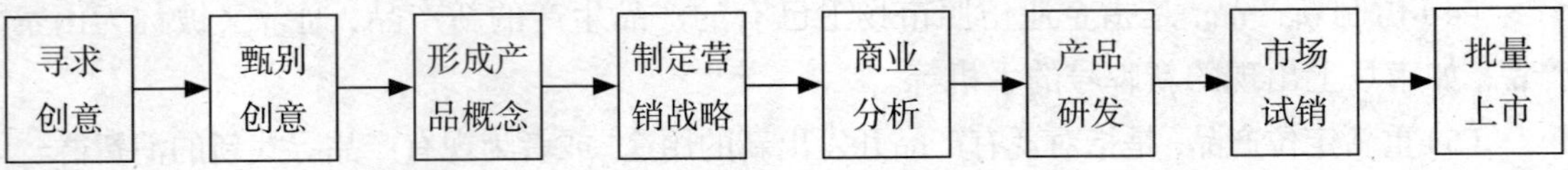

图8.5　新产品开发的程序

1. 寻求创意

新产品的开发过程是从寻求创意开始的。所谓创意，就是开发新产品的设想。新产品创意的主要来源有消费者、销售人员、科技情报资料、竞争产品、中间商、科学家、企业职工等。企业还可以从大学、咨询公司、同行业协会、传统媒体、新媒体等渠道寻求有用的新产品创意。一般说来，企业应当主要依靠激发内部人员的热情来寻求创意。

同步案例

芭比娃娃

20世纪50年代末，露丝·汉德勒（Ruth Handler）看到女儿玩纸娃娃，并把纸娃娃想象成各种大人的角色。由于当时的纸娃娃都是婴儿娃娃，露丝灵感突发，设计出一种可以激发小女孩编织梦想的娃娃。于是露丝发明了以“芭比”（其女儿的名字）命名的少男少女时尚偶像娃娃。从此，一代巨星芭比诞生了。

那时，各种各样的玩具娃娃价格不等，大小不一，国籍不同，设计各异，服饰各异，连眼睛和头发颜色都不同，但没有人想到外形不是婴儿的娃娃。为什么？“娃娃就是婴儿”这种概念使新娃娃的问世都来自对婴儿的某项特征的改变。

这样，一个不是来自玩具娃娃行业的人想到“芭比”这个点子就不足为奇了。那些行业中的人可能就想不到设计长着大人模样的玩具娃娃。

芭比，这个全球最畅销的娃娃，已经成为成千上万女孩生活中的一部分了。她那永恒的魅力赢得了无数忠诚的芭比迷们不变的收藏欲。从歌手雪儿的造型到服装设计大师主题系列，迷人的芭比收藏系列超过了600种。

2. 甄别创意

取得足够的创意以后，要对这些创意加以评估，研究其可行性，并从中挑选出可行性较强的创意。甄别创意时，一要考虑该创意是否与企业的形象目标、利润目标、销售目标等战略目标相适应，二要考虑企业有无足够的资金能力、技术能力、人力资源、销售能力等开发这种创意。

在筛选阶段，既要防止误舍，即删减了有价值的产品构思，使企业失去发展机会；也要防止误用，即错误评估某一不良的构思方案，并付诸实施。

3. 形成新产品概念

新产品概念，是将产品构思以文字、图案或模型描绘出来，形成一个比较具体、清晰、明确的产品概念。在这里，要注意明确产品创意、产品概念和产品形象之间的区别，如表8.4所示。例如，一块手表，从企业角度来看，主要包括这样一些因素：齿轮、轴心、表壳、制造过程、管理方法及成本等。而从消费者的角度看，消费者不会考虑上述因素，他们只考虑手表的外形、价格、准确性，是否保修，适合什么样的人使用等。因此，企业必须根据消费者的要求把产品创意发展成为产品概念。确定最佳产品概念，进行产品和品牌的市场定位后，企业还应当对产品概念进行试验。所谓产品试验，就是用文字、图画描述或用实物将产品概念展示在一群目标顾客面前，观察他们的反应。

表8.4　产品创意、概念、形象的区别

类　别	内容识别
产品创意	企业从自己角度考虑能够向市场提供的可能产品的构思
产品概念	企业从消费者的角度对这种创意所做的详尽的描述
产品形象	消费者对某种现实产品或潜在产品所形成的特定形象

4. 制定市场营销战略

新产品投放市场的初步的市场营销战略一般由4个部分组成。

（1）目标市场的规模、结构、行为，新产品的定位等。

（2）前几年的销售额、市场占有率、利润目标等。

（3）新产品的计划价格、分销战略及第一年的市场营销预算。

（4）计划长期销售额和目标利润及不同时间的市场营销组合。

5. 商业分析

商业分析主要从预计销售量、成本、利润、投资收益率等方面展开分析。

6. 产品研发

在经济分析的基础上，企业如果认为新产品可行，就需将新产品概念转化成实体产品，研制出的新产品样品，再经过一系列的功能测试和专家鉴定并通过，经有关部门批准后，方可进行试销。

7. 市场试销

市场试销就是将产品投放到有代表性的市场进行销售，以了解消费者对新产品在设计、包装等方面的感觉、反应和意见。当发现新产品具有严重缺陷时，企业可及时中止开发。

同步观察

市场测试的风险

手机从发布到上市有一个巨大的风险，就是测试风险。雷军说："一款产品第一个月你一上来就赶500万部、1 000万部，能不能准备好？提前6个月或12个月部署是可以的，其实，中国现在的产能足够，问题是如果生产了500万部，但入网测试（指正式上市销售前的运营商测试）出现了问题，手机厂商就会立刻破产。"

资料来源：雷军和华为的恩怨［EB/OL］. 对话老板微群，2014-01-07.

8. 批量上市

新产品试销成功，即可进行批量生产，投入市场，实现商品化。在新产品推广过程中，企业需着重考虑：何时推出新产品，何地推出新产品，向谁推出新产品，如何推出新产品。

8.3.4 新产品开发的推广

新产品一旦决定进入市场，企业就要抓住时机进行推广，把新产品顺利引进市场，并力争使消费者普遍接受。在这个阶段，企业要考虑消费者的心理因素，具体地研究消费者接受新产品的心理上的一般规律。

在采用新产品的过程中，消费者接受产品一般要经过5个阶段。

1）知晓。企业要想方设法让消费者知道有这种产品，运用各种手段引起消费者的注意。

2）兴趣。企业不仅要引起消费者对产品的注意，还要使消费者对产品感兴趣。

3）欲望。企业应通过展览、示范及试用等办法，激发消费者的购买欲望，诱发购买。

4）确信。通过前3个阶段，企业应使消费者确信，该产品是经济适用、物美价廉的。

5）成交。消费者决定采用，正式采取了购买行为。

以上是消费者一般的心理活动过程，但不同的消费者采用新产品的态度会有所不同，因此，企业还要研究不同的消费者。美国著名学者弗雷特·罗杰斯根据顾客接受新产品速度的快慢，把新产品的采用者划分成5种类型，如图8.6所示。

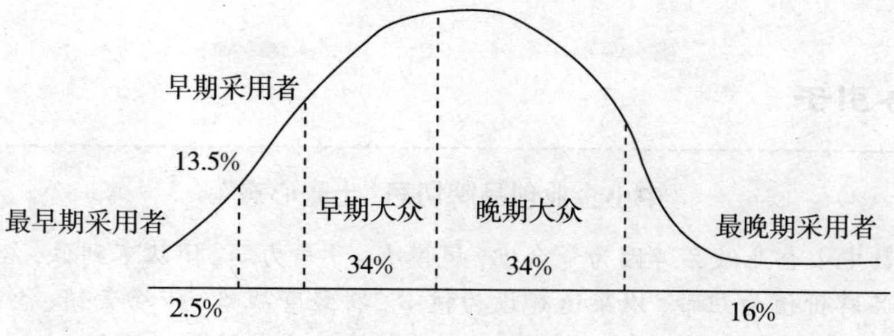

图8.6　新产品采用群体与比例

（1）最早期采用者。任何新产品都是由少数创新采用者率先采用。他们具备如下特征：第一，极富冒险精神；第二，收入水平、社会地位和受教育程度较高；第三，一般是年轻人，交际广泛，且信息灵通。企业推出新产品时，应把促销手段和传播工具集中于最早期采用者身上。

（2）早期采用者。他们大多是某个群体中的意见领袖，受到周围朋友的拥护和爱戴。这类采用者占全部潜在采用者的13.5%，多在产品的引入期和成长期采用新产品。

（3）早期大众。这类采用者的采用时间较平均采用时间要早，占全部采用者的34%。其特征是：第一，深思熟虑，态度谨慎；第二，决策时间较长；第三，受过一定教育；第四，有较好的工作环境和固定收入；第五，对议论领袖的消费行为有较强的模仿心理。这类采用者虽然希望在一般人之前接受新产品，但是却在经过早期采用者认可后才购买该产品，从而成为赶时髦者。

（4）晚期大众。这类采用者的采用时间较平均时间稍晚，占全部潜在采用者的34%。其基本特征是多疑。他们的信息多来自周围的同事或朋友，很少借助宣传媒体收集其所需信息。其受教育程度和收入状况相对较低，因此，他们从不主动采用或接受新产品，直到多数人都采用且反映良好时才行动。

（5）最晚期采用者。他们是采用新产品的落伍者，占全部潜在采用者的16%。这类采用者思想保守，拘泥于传统的消费行为模式，极少借助宣传媒体，其社会地位和收入水平最低。因此，他们在产品进入成熟期后，乃至衰退期时才会采用新产品。

同步提示

新产品采用者的状况和产品的生命周期之间具有很强的关联性，因此，在研究产品开发和企业营销策略时，企业不仅要考虑消费者采用产品的情况，还要结合产品的经济生命周期进行。

① 当产品处于试销阶段时，企业应将最早采用者作为营销对象，重视其“头羊”示范作用。

② 当产品进入畅销阶段时，企业就要抓住早期采用者和早期大众，以扩大新产品的市场。

③ 当产品进入饱和阶段时，早期大众和晚期大众就成为主要的营销对象。

④ 当产品进入滞销阶段时，企业的营销目标只能是最晚采用者。

任务8.4 制定品牌策略

任务引子

中小企业创品牌切忌"土豪心态"

大多数中小企业做品牌因为资金少，规模小，竞争力弱，团队不到位，经验缺乏，所以更要以品牌价值为纽带，以渠道建设为核心，将经营战略、市场营销、企业资源支撑等不同层级问题打通思考，守正出奇，找到品牌快速成长的最短路径。切忌心存"土豪心态"，千万别指望一个大师、一次广告运动、一个影视片就能速成就一个品牌，秉持"做品牌就是做长期投资"的心态，扎扎实实地从产品、服务、体验等基础工作做起，一点一滴的积累，同时注重对品牌的经营与管理。与此同时不断创新，包括技术创新（哪怕是微创新）、管理与服务创新、利用社会化媒体的传播创新等，将企业以产品经营为核心逐渐上升到以品牌经营为核心，为品牌注入活力，持续为目标消费者带来满意，甚至创造惊喜，从区域品牌慢慢成长为全国品牌，逐步发展成强势品牌。

唯有如此，中小企业才能早日成为无惧国内外任何品牌竞争的真"土豪"！

资料来源：刘行军. 中小企业创品牌切忌"土豪心态"［EB/OL］. 博锐管理在线，2013-11-29.

任务认知

8.4.1 品牌的含义

品牌（brand）是生产经营者给本企业产品所规定的商业名称及标志，通常由文字、标记、符号、图案和颜色等要素或这些要素的组合构成，用以识别某个销售者或某群销售者的产品或服务，并使之与竞争对手的产品或服务区别开来。

品牌是一个集合概念，它主要包括品牌名称、品牌标志、商标三部分。

（1）品牌名称（brand name），是指品牌中可用语言表达的部分，如"海尔"、"娃哈哈"等名称。

同步案例

1920年，当可口可乐第一次销入中国，根据英文的发音，译出的产品名称为"蝌蚪啃蜡"，显然人们不会知道是什么东西，自然也难以入口。经过多年的摸索之后翻译成"可口可乐"，不但音近，而且给人以味道可口，有一种快乐之感。

通用汽车公司在美国销售"诺伐"牌雪佛兰轿车，深受美国家庭的欢迎，但在西班牙却没人买，原因是NoVa在西班牙语言里面是"走不动"的意思。

福特汽车公司在西班牙也不顺利，它推出的卡车叫Fjera，在西班牙语中居然是"丑陋的老妇人"，因此很少有人能接受它；而该公司在墨西哥推出的Comet车，翻译成墨西哥文为Caljent，意为"流莺"，名字相当出色进而很受当地人的欢迎。在德国市场上要避免使用mist

品牌，因为英文中它是“雾”的意思，到了德文中就成了“粪便”的意思，使人大倒胃口。

美国有一家公司是销售pet牌牛奶的，在法语区也遇到了同样的困扰，因为pet在法文中是“放屁”的意思。

（2）品牌标志（brank mark），是指品牌中可以通过视觉识别，但不能用语言表达的部分，包括符号、图案或专门设计的颜色、字体等。例如，耐克的一勾造型，IBM的字体和深蓝色的标准色等。

同步案例

宝马（BMW）·德国

宝马车标中间的蓝白相间图案，代表蓝天、白云和旋转不停的螺旋桨，喻示宝马公司渊源悠久的历史，象征公司一贯的宗旨和目标：在广阔的时空中，以先进的精湛技术、最新的观念，满足顾客的最大愿望。

（3）商标（trademark）是法律概念，它是在政府有关部门，是依法注册后，获得专用权并受法律保护的品牌或品牌的一部分。

同步提示

商标专用权，是指商标注册人拥有在核定商品上垄断使用该注册商标的权利。国际上对商标权的认定，有两个并行的原则，即“注册在先”和“使用在先”。商标侵权，是指在同一种商品或类似商品上使用与某商标雷同或近似的品牌，可能引起欺骗、混淆或讹误，损害原商标声誉的行为。

品牌与商标都是用以识别不同生产经营者的不同种类、不同品质产品的商业名称及标志。品牌是市场概念，实质上是品牌使用者对顾客在产品特征、服务和利益等方面的承诺。

品牌与商标既有联系，又有区别。产品的品牌与商标可以相同，也可以不同。商标须办理注册，而品牌无须办理注册。品牌经注册后就成为了商标。经注册登记后的商标有“R”标记，或“注册商标”字样，商标注册人享有商标的专用权，受法律保护。因此，商标是一个法律概念，经过注册后的品牌才能成为受法律保护的专用商品标记，即商标。大家公认的好品牌，就是名牌。

8.4.2 品牌特征

（1）品牌是企业的一种无形资产。品牌的拥有者凭借其优势品牌能够不断地获取利润，但品牌价值是无形的，其收益具有不确定性。

（2）品牌具有一定的个性。企业在创造品牌的过程中，一定要注意品牌个性的塑造，要赋予品牌一定的文化内涵，满足广大消费者对品牌文化品位的需求。

(3) 品牌具有专有性。一件具体的产品可以被竞争者模仿，但品牌却是独一无二的。品牌一经消费者认可，形成品牌忠诚，也就强化了品牌的专有性。

(4) 品牌是以消费者为中心的。没有消费者，就没有品牌，品牌具有一定的知名度和美誉度是因为它能够给消费者带来利益，只有市场才是品牌的试金石，只有消费者和用户才是评判品牌优劣的权威。

(5) 品牌是企业竞争的一种重要工具。品牌可以向消费者传递信息，提供价值。在信息爆炸的时代，消费者需要品牌，也愿意为他们崇拜的品牌支付溢价。因此，品牌策略备受关注，未来的营销将是品牌的竞争。

同步观察

伟大品牌的核心是伟大的产品

2013年11月7日，福布斯公布2013年度全球最有价值品牌评选，并公布了排名前100位的品牌榜单。苹果连续3年登上榜单首位，微软品牌价值同比增长4%，达到567亿美元，位居福榜单第二位，此前品牌影响力最强大的饮料品牌可口可乐位居第三。

另外，2013年度最有价值的100个品牌来自于15个国家的20个行业。美国品牌占据了榜单的半数多，其次是德国(9个品牌)、法国(8个品牌)和日本(7个品牌)。榜单中，科技品牌数量最多，有19个，其中有6个品牌跻身前十。

“一个伟大品牌的核心是伟大的产品。”达特茅斯大学塔克商学院品牌推广专家兼教授凯文·莱恩·凯勒(Kevin Lane Keller)表示。苹果依然是人们日常生活中非常重要的一份子，而该品牌继续藉由不同行业的一系列产品吸引消费者的想象力及钱包。

资料来源：福布斯2013全球品牌百强，科技品牌数量最多[N/OL]. 证券时报网，(2013-11-08) [2014-05-11]. http://finance.stockstar.com/JC2013110800002989.shtml.

8.4.3 品牌作用

(1) 从消费者角度看，第一，是可以帮助消费者识别和购买商品；第二，便于消费者对产品质量进行监督，有效维护自身利益。

(2) 从销售者角度看，第一，品牌是产品竞争的有力武器；第二，品牌有助于产品促销；第三，注册商标受法律保护，企业一旦在市场上发现假冒商品，可依法追究、索赔，保护本企业的利益；第四，有助于监督、提高产品质量；第五，好的品牌是企业宝贵的无形资产。

(3) 从社会角度看，第一，品牌是公众监督的重要手段，可促使产品质量的不断提高；第二，可加强社会的创新精神；第三，可保护企业间的竞争，促使整个社会经济健康发展。

同步观察

购物体验决定女性的购买决策

“做品牌就是调情”，对于女性消费者，购物情绪管理的确重要，相较于对产品的功能性的关注，女性对于销售员的服务态度也非常敏感，服务人员一个怠慢的动作、一句不耐烦的话语、一个轻蔑的眼神，都会将之前滔滔不绝的产品推销成果毁于一旦；而一句看似不经意的温馨之语却可能起到事半功倍的效果，甚至在做大宗商品消费决策过程中也是如此。

一种征服大部分女性的促销法宝是试用。试想宽敞舒适的试衣间，热情好客的销售人员，美丽时尚、搭配得当的华服，女人一件件试过来，越试越觉得自己美丽可人、优雅端庄，觉得那一件件华服都是为自己量身定做的，一次次地华丽转身之后，怎能不发现一二件爱不释手的而欣然带回家去。

资料来源：王彦. 女人是怎样消费的[EB/OL]. 北大纵横微群，2012-05-31.

8.4.4 品牌决策

品牌决策如图8.7所示。

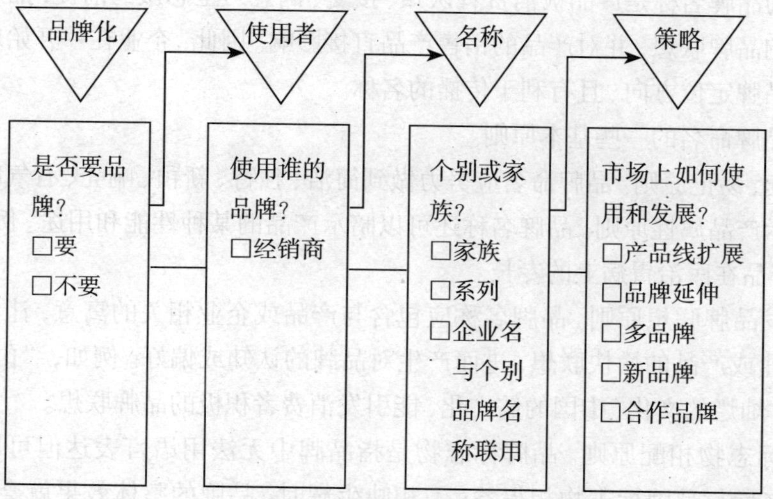

图8.7 品牌决策

1. 品牌化决策

企业决定是否给产品起名字、设计标志的活动就是企业的品牌化决策。品牌运营的第一个作业环节就是企业生产经营的产品是否应该有品牌。要拥有自己的品牌，企业必然要付出相应的费用（包括包装费、法律保护费等），增加企业运营总成本，同时也承担着一定的市场风险，但品牌对使用者或营销者的益处更是不可低估的。

实践中有的企业为了节约包装、广告等费用，降低产品价格，吸引低收购买力，提高市场竞争力，也常采用无品牌策略。一般来说，对于那些在加工过程中无法形成一定特色的产品，由于产品同质性很高，消费者在购买时不会过多地注意其品牌，或者对于那些消费者只看重产品的式样和价格而忽视其品牌的产品，企业可以实行非品牌化决策。

同步观察

要么你是品牌，要么你有客户

看2013年“双十一”的单店销售TOP排名，要么是淘宝上的知名品牌，要么是线下的知名品牌，总之，销量过亿的都是品牌，而中小卖家没有品牌拉力的情况下就很难大有作为。随着分销体系的扩张，未来大品牌的冲击将会导致很多草根卖家的出局。

除了大品牌，一批“小而美”店铺在“双十一”期间也表现不俗，根本原因是它们的“小而美”基因为其积累了大量的忠实客户，在任何节假日活动期间都能一呼百应，一些卖家甚至可以做到全年无淡季，归根结底还是因为有老客户的积累。

卖家新思维：未来需要花钱去经营的不是流量，而是老客户；未来需要格外重视的部门不是运营推广，而是品牌部和客服部。

资料来源：从“双十一”看2014年卖家思维[EB/OL]. 中国罗麦微群，2013-11-19.

2. 品牌命名决策

一个好的品牌名称是产品被消费者认知、接受、满意乃至忠诚的前提，品牌名称在很大程度上会影响品牌联想，并对产品的销售产品直接影响。因此，企业在一开始就要确定一个有利于传达品牌定位方向、且有利于传播的名称。

以下是品牌命名的一些基本原则。

（1）易读、易记原则。品牌命名应努力做到简洁、独特、新颖、响亮、有气魄。

（2）暗示产品属性原则。品牌名称还可以暗示产品的某种性能和用途。例如，“999”胃泰，暗示该产品在医治胃病上的专长。

（3）启发品牌联想原则。品牌名称应包含与产品或企业相关的寓意，让消费者能从中得到有关企业或产品的愉快联想，进而产生对品牌的认知或偏好。例如，“孔府家酒”——悠久的历史、灿烂的文化、中国的儒文化，能引发消费者积极的品牌联想。

（4）与标志物相配原则。品牌标志物是指品牌中无法用语言表达但可以被识别的部分，当品牌名称与品牌标志物相得益彰、相映生辉时，品牌的整体效果就会更加突出。例如，麦当劳醒目的黄色“M”。

（5）适应市场环境原则。品牌名称要适应目标市场的文化价值观念，企业应特别注意目标市场的文化、宗教、风俗习惯及语言文字等特征，以免品牌名称在消费者中产生不利的联想。

同步案例

海尔——世界通用

“海尔”没有什么具体意思，是个中性的名词，海尔在海外销售用的也是这个名字，是根据各个国家的具体国情融入进去的。例如，在美国，海尔的读音像higher，意思就是海尔越来越高，正好与美国的一首流行歌的歌词完全一样，因此美国人很快就能接受。在法国，海尔品牌主要体现在两个小孩，所以在法国超级市场上买空调的往往都是女士，为什么呢？因为她们非常喜欢那两个小孩。不管怎么说，海尔这个商标，根据各个国家不同的国情可以融入到每个国家。其实，海尔是从“琴岛-利渤海尔”到“琴岛海尔”，再到“海尔”的。

（6）受法律保护原则。品牌名称的选定首先要考虑该品牌名称是否有侵权行为，其次要注意该品牌名称是否在允许注册的范围以内。我国《商标法》规定：地名是不能作为商标名称进行注册的，当然也就不会受到法律保护。

（7）本土化与全球化相统一原则。在品牌命名上，企业首先要考虑如何使品牌名称适合当地，一种办法是为在当地营销的产品取个独立的品牌名，也可把原有的品牌名翻译成适合当地的名称，如NIKE——耐克、SONY——索尼、Goldlion——金利来等。

3. 品牌归属决策

所谓品牌归属策略就是指企业在决定使用某品牌之后，就产品品牌归属问题所做的决策。品牌的归属有3种选择。

（1）制造商品牌，即制造企业采用自己的品牌。

（2）中间商品牌，又叫经销商品牌，是指制造企业把产品批发给中间商，由中间商使用自己的品牌把产品推销出去。

（3）混合品牌，即企业的一部分产品采用自己的品牌，另一部分则采用中间商的品牌。

企业是选择制造商品牌还是中间商品牌，要全面考虑各相关因素，综合分析得益损失，最关键的问题是要看制造商和中间商两者谁在这个产品分销链上居主导地位及拥有更好的市场信誉和拓展市场的潜能。

4. 品牌统分决策

企业决定所有的产品使用一个或几个品牌，还是不同产品分别使用不同的品牌，这就是品牌统分决策。它大致包含以下4种模式。

（1）统一品牌，即企业所有的产品（包括不同种类的产品）都统一使用一个品牌。采用统一品牌策略，能够降低新产品的宣传费用；可在品牌已赢得良好市场信誉的情况下顺利推出新产品；同时有助于显示企业实力，塑造企业形象。但是，不可忽视的是，如果某一种产品因某种原因出现问题，就可能使其他种类产品受牵连而影响全部产品和整个企业的信誉。

（2）个别品牌，是指企业对各种不同的产品分别使用不同的品牌。这种品牌策略可以保证企业的整体信誉不至于受某种商品声誉的影响，便于消费者识别不同质量、档次的商品，同时也有利于企业的新产品向多个目标市场渗透。当然，促销费用较高也是不可忽视的。

同步观察

宝洁的多品牌策略

将多品牌策略发挥到极致的当属宝洁公司。从洗发护发产品到纸尿布，从个人洁肤产品到美容护肤品，从洗衣粉到食品，宝洁一直奉行着“一种产品对应一个品牌”的策略。就洗发水来说，宝洁公司从洗发水的功能出发，及时地向市场上推出了不同功能和不同品牌的洗发水，为满足不同目标市场上消费者的不同需求，宝洁在不同目标市场各有响亮的牌子，各有各特殊的用途可供消费者各取所需。不同品牌的洗发水沿着各自的路子走入市场，我国消费者熟悉的“潘婷”、“飘柔”、“海飞丝”三大洗发护发品牌都是宝洁的产品。这3个品牌分别吸引3类不同需求的消费者，从而使宝洁在中国的洗发液市场上的占有率上升为第一，达50%以上。这显然是宝洁公司成功运用多重品牌策略的成果。

（3）分类品牌，是指企业对产品在分类的基础上，对各类产品使用不同的品牌。例如，企业可以把自己生产经营的产品分为器具类产品、妇女服装类产品、主要家庭设备类产品，并分别赋予其不同的品牌名称及品牌标志。这实际上是对前两种做法的一种折中。

（4）企业名称加个别品牌。其做法是企业对其各种不同的产品分别使用不同的品牌，但需在各种产品的品牌前面冠以企业名称。这种在不同产品的品牌名称前冠以企业名称的做法，可以使新产品与老产品统一化，进而享受企业的整体信誉。与此同时，各种不同的新产品分别使用不同的品牌名称，又可以使不同的新产品各具特色。

5. 品牌延伸决策

品牌延伸决策是指企业利用其成功品牌的声誉来推出改良产品或新产品，即使新产品借助成功品牌的市场信誉在节省促销费用的情况下顺利地进占市场。例如，以雀巢咖啡成名的“雀巢”商标，被扩展使用到奶粉、巧克力、饼干等产品上。值得注意的是，品牌延伸策略是一把双刃剑，如果延伸不当，则会使企业冒一定的风险，因此，企业应根据实际情况谨慎行事。

6. 多品牌策略

多品牌策略是指企业同时为一种产品设计两种或两种以上互相竞争的品牌的做法，这种策略由宝洁公司首创并获得了成功。运用多品牌策略可以使产品在销售过程中占有更大的货架空间，进而压缩或挤占竞争者产品的货架面积，为获得较高的市场占有率奠定了基础。而且，多种不同的品牌代表了不同的产品特色，多品牌可吸引多种有不同需求的顾客，提高市场占有率。在运用多品牌策略时，企业要注意各品牌市场份额的大小变化趋势，适时撤销市场占有率过低的品牌，以免造成自身品牌过度竞争。

7. 品牌重新定位策略

品牌重新定位策略也称再定位策略，是指根据经营条件的变化，企业全部或部分调整或改变品牌原有市场定位的做法。

任务8.5　制定包装策略

任务引子

据调查，我国超级市场中有62.6%的顾客是在没有购买计划的情况下购物的，而全国有这种购买习惯的人占54.9%，也就是说，无意注意是我国消费者的主要购买心理。在这种情况下包装促销功能将大有作为。

根据杜邦公司的"杜邦定律"，63%的消费者是凭商品的包装装潢做出购买决策的。美国著名的包装设计公司普里莫安得公司也有这样一段座右铭：消费者一般都分不出产品与包装。对多数产品来说，产品即包装，包装即产品。包装是商品的影子，在缺乏参考信息或质量、价格大致相同的情况下，独特的包装可以吸引消费者的视线和兴趣，进入消费者的选择范围。

任务认知

8.5.1　包装的含义

所谓产品包装，包含两层含义：一是指采用不同形状的容器或物品对产品进行包容或捆扎；二是泛指盛装产品的容器或包装物。产品包装是产品整体概念中的一个重要组成部分，常被人们比喻为"沉默的推销员"，其重要性远远超出了作为容器保护商品的包装本身，它已成为企业开展市场营销活动时刺激消费需要、开展市场竞争的重要手段。

作为包装物意义上的包装是指对某一品牌商品设计并制作容器或包扎物的一系列活动。产品包装一般包括3个层次：一是内包装，是产品的直接容器，如牙膏的软管、啤酒的瓶子等；二是中层包装，其作用是保护产品和促进销售，如牙膏管外的纸盒；三是储运包装，也称外包装，其作用是便于储存、搬运和辨认产品，如装运牙膏的纸板盒。

此外，标签也是包装的一个组成部分。在标签上一般都印有包装内容和产品所包含的主要成分、品牌标志、产品质量等级、生产厂家、生产日期和有效期、使用方法等，有些标签上还印有彩色图案或实物照片，以促进销售。

8.5.2　包装的作用

作为整体产品的组成部分，包装的意义已经远远超越了其作为容器保护商品的作用，而逐步成为树立企业形象、促进扩大商品销售的重要因素之一。包装的作用主要体现在以下几点。

（1）保护商品。有效的包装可以起到防潮、防热、防冷、保险、防易碎等一系列保护产品的作用。

（2）提供便利。良好的包装既便于卖方对产品进行运输、储存和管理，也便于消费者对产品进行识别、购买、携带和使用。

(3)促进销售。“包装是立在货架上的广告”，它不仅能够保护商品便于出售使用，而且能够传递有关商品的信息，具有识别、传递信息、诱发购买的功能。

(4)增加利润。包装不仅降低了产品在流通中的损耗率，而且其本身能够提高产品的附加值。

8.5.3 包装的设计

1. 包装的设计内容

（1）包装材料的选择。一要考虑方便用户使用；二要考虑节省包装费用；三要考虑外观装饰符合人们的审美情趣；四要考虑包装材料的选用有利于环保。

（2）包装标签的设计。包装标签是指附在或系挂在商品销售包装上的文字、图形、雕刻及印制的说明，一般应包括制造者或销售者的名称和地址、商品名称、商标、商品成分、品质特点、包装内商品数量、使用方法及用量、编号、储藏时应注意的事项、质检号、生产日期和有效期等内容。

（3）包装标志的设计。包装标志是印制在运输包装外部的图形、文字、数字及它们的组合，一般主要有运输标志、指示性标志、警告性标志3种。

2. 包装的设计原则

(1)安全。

(2)适用。

(3)美观大方，突出特色。

(4)造型别致，图案生动，色彩协调。

(5)包装与产品价值和质量水平相匹配。

(6)尊重消费者的宗教信仰和风俗习惯。

(7)符合法律规定，兼顾社会利益。

同步案例

褚橙的个性化包装

图8.8 褚橙的个性化包装

褚橙的包装（见图8.8）是一个非常重要的策划，包装上面有一些非常年轻化的语言，把原创及微博上征集的一些语言放在了包装上，很多用户可以根据自己的喜好或审美来选择包装。例如，“谢谢你让我站着把钱挣了”，有一些企业负责人则买回来送给欠他钱的合作伙伴。又如，结合王菲李亚鹏离婚热点事件设计的“我很好，你也保重”的包装，有很多女孩子买了之后送给前任男友。还有一些有意思的包装，如“即便你很努力，但是你的成功主要靠天赋”，“就算你很有钱，我还是觉得你很帅”。

资料来源：本来生活褚橙营销记：把爆款产品推给年轻人［EB/OL］.（2013-12-25）［2014-05-11］. http：//www.cet.com.cn/sypd/yw/1070783.shtml.

8.5.4 包装策略

1. 类似包装策略

类似包装策略是指企业生产经营的所有产品，在包装外形上都采取相同或相近的图案、色彩等共同的特征，使消费者容易意识到它们是同一企业产品的策略。

类似包装策略不仅可以节省包装设计成本，树立企业整体形象，扩大企业影响，而且还可以充分利用企业已有的良好声誉，有助于消除消费者对新产品的不信任感，进而有利于带动新产品的销售。它适用于质量水平相近的产品，但由于类似包装策略容易对优质产品产生不良影响，因此对于大多不同种类、不同档次的产品来说，一般不宜采用这种包装策略。

2. 等级包装策略

该策略是指企业对自己生产经营的不同质量等级的产品分别设计和使用不同的包装。显然，这种按产品等级来配比设计包装的策略可使包装质量与产品质量等级相匹配，对高档产品采用精致包装，对低档产品采用简略包装。其做法适应不同需求层次消费者的购买心理，便于消费者识别、选购商品，从而有利于全面扩大销售。当然，该策略的实施成本高于类似包装策略这一点也是显而易见的。

3. 分类包装策略

分类包装策略是企业根据消费者购买目的的不同，对同一种产品采用不同的包装。例如，购买商品作为礼品赠送亲友，可送精致包装；如果是购买者自己使用，则可以选择简单包装。此种包装策略的优点与等级包装策略相同。

4. 配套包装策略

配套包装策略是指企业将几种有关联性的产品组合在同一包装物内的做法。这种策略能够节约交易时间，便于消费者购买、携带与使用，有利于扩大产品销售，还能够将新旧产品组合在一起，使新产品顺利进入市场。

5. 再使用包装策略

再使用包装策略也称双重用途包装策略，是指包装物在被包装的产品消费完毕后还能移做他用的做法。由于这种包装策略增加了包装的用途，可以刺激消费者的购买欲望，因此有利于扩大产品销售，同时也可使带有商品的包装物在再使用过程中起到延伸宣传的作用。

6. 附赠品包装策略

附赠品包装策略是指在包装物内附有赠品以诱发消费者重复购买的做法。在包装物中的附赠品可以是玩具、图片，也可以是奖券。该包装策略对儿童和青少年这类低收入者比较有效，也是一种有效的营业推广方式。

7. 更新包装策略

更新包装策略简单地说就是改变原来的包装，是指企业的包装策略随着市场需求的变化而改变的做法。一种包装策略无效，则按照消费者的要求更换包装，实施新的包装策略，这样可以改变商品在消费者心目中的地位，进而收到迅速恢复企业声誉之佳效。

在线链接

1. 全球品牌网，http://www.globrand.com/
2. 中国品牌网，http://www.chinapp.com/
3. 品牌中国网，http://www.brandcn.com/

营销新观察

乳业之殇对营销伦理的启示

由于缺少法律监督，所以在现实生活中企业的不道德营销行为大行其道。例如，在产品策略中，生产和销售假冒伪劣产品，无售后服务保证；在生产过程中，浪费资源、破坏环境、过度包装、恶意抢注商标；在价格策略中，歧视性、掠夺性、欺诈性定价，垄断价格，倾销，价格协定；在促销策略中，虚假广告，误导广告，不健康广告，操纵、强迫顾客购买，贿赂，回扣；在分销策略中，不履行合同，不按期交货，不按期付款，强卖强买，互相推诿售后服务责任；在营销调研中，研究者泄露秘密、弄虚作假、侵犯隐私、谎言欺骗等，委托者骗取构想、违背诺言、以偏代全等。

2008年9月，三聚氰胺事件导致中国乳业全面崩溃，三鹿企业也轰然倒下。此事件波及面甚广，致使消费者对国产乳制品信心丧失，甚至心怀恐惧。此后，“洋巨头”乘机加快了在中国的战略扩张，并制造了奶制品的多轮涨价。在乳业市场，特别是婴幼儿奶粉市场几乎被“洋巨头”垄断的今天，中国乳制品企业却不思进取，行业充满内耗，各种不正当竞争手段甚嚣尘上，甚至借力网络黑手相互诽谤，致使我国乳制品行业再伤元气。可以说，此后两年来，中国乳制品行业在经历了多重生死考验之后才刚刚走出阴影。

但2010年10月19日晚，网络若干论坛突然传出消息，称曾引起轩然大波的“圣元奶粉致儿童性早熟事件”是乳业巨头蒙牛公司及其公关公司策划出来的，借以打击竞争对手。同时，另一乳业巨头伊利公司也指控蒙牛对伊利旗下产品QQ星儿童奶、婴儿奶粉，进行有计划的舆论攻击。截至2010年10月24日，“蒙牛诽谤门”案件侦破后，涉及“蒙牛诽谤门”的蒙牛未来星品牌经理安勇，北京博思智奇公关顾问公司郝历平、赵宁和马野4人被批捕。“蒙牛诽谤门”案的批捕机关是呼和浩特市检察院，4名嫌疑人所涉均为损害商业信誉、商品声誉罪，企业的不道德营销再次走入公众的视野。

我国乳业之殇严重破坏了乳制品行业的营销生态，带给我们的启示主要有以下几点。

1. 市场竞争是一种规则竞争，竞争对手可以互为镜鉴。

首先，市场竞争是充分尊重规则秩序的竞争。这种竞争，显然不是绝对自由的、没有界限的，这个界限就是一定的社会规则秩序，如基本的法律规则秩序、道德规则秩序。如果不择手段地竞争，那么，自由竞争也就不再是一种自由，而仅是一种无原则的恶斗了。

其次，正当、合理的竞争也必须是充分尊重竞争对手的竞争。一方面，竞争对手的存在，可以不断激励调动自己的竞争潜能，将自身变得更好、更强；另一方面，竞争对手也可以时刻为自己提供一种镜鉴、警醒，不断帮助自身修正失误，避免因为失去对手而忘乎所以、过度膨胀。因此，竞争对手不仅不应去仇恨、诋毁，反而应该充分尊重，惺惺相惜。

最后，正当、合理的竞争还必须是充分尊重消费者权益的竞争。竞争的目的在于取信取悦于消费者，而正当、合理的取信之道显然只能是不断提升自身的经营水平，让自己的产品或服务比竞争对手更加质优价廉，而不是通过攻讦、诋毁竞争对手来抬高自己，否则，后果必然是既不尊重对手，又不尊重消费者。

2. 企业在生产经营中必须履行企业社会责任。

过去几十年里，经济全球化在加快世界经济发展、促进国与国之间的经济技术合作的同时，其负面影响也日趋严重：南北差距、贫富悬殊、失业、自然资源耗竭、生态环境恶化等严重的社会问题正引起各国的密切关注和不安。经济的发展是为了人类拥有更美好的未来，保护环境和解决社会问题是人类的共同目标。经验表明，企业社会责任是克服经济全球化所带来的负面效应的一项重要措施，也正逐步成为全球企业界的共同行动。同时，履行社会责任是提升企业核心竞争力的重要途径。企业树立和深化社会责任意识，充分考虑自身发展对社会和环境的影响，统筹兼顾利益相关方的期望与可持续发展的要求，追求企业发展与社会进步的和谐统一，是企业发展战略的重大提升，有利于预防和控制经营风险，激发员工的创造活力，促进企业全面创新，丰富企业品牌内涵，增强对投资和优秀人才的吸引力，赢得社会的信任与支持，形成企业核心竞争优势，提升企业的综合价值。

3. 道德营销是责任竞争力时代企业的战略选择。

在公民社会与责任竞争力时代，企业要想基业长青就必须进行道德营销。而遵纪守法则是道德营销的基础，和谐心态是道德营销的核心，国家、社会、公司、经销商和消费者皆大欢喜是道德营销的检验标准。

资料来源：刘光明，孙孝文. 中国乳业之殇与营销伦理[J/OL]. 销售与市场，2012（12）[2014-08-20]. http://www.cmmo.cn/article-44664-1.html.

实务演练

1. 演练内容

本埠一家企业计划开发红参产品，定位为高端目标顾客群。请尝试为该红参产品设计一个新产品创意，并为其拟定一个品牌名称，撰写一份“★★★红参新产品创意方案”。

2. 演练目的

帮助学生学会识别影响整合营销沟通的因素，进而帮助学生学会应用各种整合营销沟通的方式，指导整合营销沟通的有效开展。

3. 演练要求

（1）小组学习，共同关注、调查、研讨红参产品开发所处的营销环境，选择适宜的创意。

（2）要求学生认真学习并明确新产创意的采集来源渠道。

（3）要求教师在实战实施前给予必要的指导，并在学生相互交流的基础上给予点评。

4. 演练步骤

（1）把学生分成若干小组。

（2）案头搜索红参产品在国内的生产状况。

（3）到当地超市或保健品专卖店，实地调查红参或相关替代品的销售现状和消费者的反应。

（4）小组研讨创意，撰写考察报告，展示、陈述、答辩相关考察结论。

5. 演练考核

（1）理念与技能

考察产品、新产品的理解，新产品创意的信息渠道，品牌内涵及命名的原则。

（2）逻辑与规范性

逻辑顺畅，格式规范，版面、礼仪得体。

模块9

实施有利可图的价格策略

没有降价两分钱抵消不了的品牌忠诚。

——［美］菲利普·科特勒

学习目标

知识目标

- 领会影响企业定价的各种因素
- 熟悉和了解定价的一般方法
- 明确并掌握定价的策略

素养目标

- 善于根据市场环境变化，制定有利可图的价格策略
- 正确平衡道德与利润最大化的关系，树立利用正当的价格手段参与竞争的职业操守

技能目标

能够有效分析影响定价的因素，具有分析、比较各种定价方法及定价策略优缺点及适用性的能力，能根据具体情况选择最优的定价方法和策略

模块引子

互联网改变企业的定价策略

网络营销的出现对传统营销造成了巨大冲击，无论是总体的营销战略，还是日常运营中的产品、定价、分销及广告促销等具体的营销策略，都由于互联网在商业中的广泛应用而发生了巨大变化。在互联网环境中，定价策略在很多方面有别于传统策略，成为管理者面临的一个新的挑战。

1. 价格的标准化。

网络的开放性和及时信息共享等特征，使某种产品的价格标准一旦存在经常改变或不统一的情况，顾客就可以利用互联网迅速知晓该价格差异，并有可能引起他们的不满。例如，企业对某个地区的客户提供15%的价格折扣，那么，其他地区的客户很快会通过互联网等网络渠道了解到这个价格水平的交易，就有可能影响到这些不享受价格折扣地区的产品销售，且产品的代理商认识到这些价格差别后，也会加剧价格歧视的不良影响。总而言之，互联网的特点导致国际间的价格水平趋于标准化，至少缩小了国别地域间的价格差别，因此，执行差别化定价策略的企业面临的问题异常严峻。

2. 以顾客能接受的成本定价。

在当前以市场为导向的交易环境下，传统的以生产成本为基准的定价方法已经不再使用，取而代之的是依据顾客能接受的成本来定价，并努力依循这个定价方法来安排生产销售等价值增长环节的先进定价思想。企业借助互联网可以很容易实现这一定价策略。顾客通过互联网提出可接受的产品成本，企业根据顾客理想的成本制定多个柔性的产品设计生产方案供其挑选，获得顾客的认可、确认后再组织产品的生产和销售活动，在这个过程中，所有这一切都由顾客在企业的网页服务器程序的引导下完成，因此，不需要专门的服务人员，相应生产的成本也是非常低的。

想一想

1. 在现实生活中，价格是否是你购买商品时决策的重点？
2. 价格的高低是否真的决定了产品质量的优劣？
3. 据你所知，企业定价时考虑的因素除了成本之外是否还有其他因素？
4. 价格的变动是否会给企业带来产品形象和销量上的变化呢？

DNA集团总裁丹尼尔·艾尔玛指出："定价的目的不在于收回成本，而是要掌握消费者心目中的产品价值。"价格是市场营销组合因素中最活跃的因素，它直接关系到市场对产品的接受程度，影响市场需求和企业利润的多少，涉及生产者、经营者、消费者等各方面的利益，同时也是企业的一种重要的竞争手段。因此，制定合适的价格对企业来说非常重要。

任务9.1 分析影响定价的因素

任务引子

《中华人民共和国价格法》第二章“经营者的价格行为”条文中有以下规定。

第六条 商品价格和服务价格，除依照本法第十八条规定适用政府指导价或者政府定价外，实行市场调节价，由经营者依照本法自主制定。

第七条 经营者定价，应当遵循公平、合法和诚实信用的原则。

第八条 经营者定价的基本依据是生产经营成本和市场供求状况。

第九条 经营者应当努力改进生产经营管理，降低生产经营成本，为消费者提供价格合理的商品和服务，并在市场竞争中获取合法利润。

……

资料来源：中华人民共和国价格法，http：//www.gov.cn/banshi/2005-09/12/content_69757.htm.

任务认知

定价不是一门精确的科学，因为它受到复杂的市场营销环境和参与市场交换的各方的人为因素的影响。定价总会受到一些不确定因素的影响，不管这些因素是来自分销渠道、竞争对手，还是顾客。因此，一个企业的价格决策，既受到其内部因素的影响，也受到外部环境因素的影响。内部因素包括企业的营销目标、营销组合策略、成本和定价组织等，外部因素包括市场和需求的性质、竞争及政府。

9.1.1 定价目标

定价目标是企业在对其生产或经营的产品制定价格时，有意识地要求达到的目的和标准。它是指导企业进行价格决策的主要因素。

定价目标取决于企业的总体目标。不同行业的企业，同一行业的不同企业，以及同一企业在不同的时期和不同的市场条件下，都可能有不同的定价目标。

1. 以获取利润为目标

利润目标是企业定价目标的重要组成部分，获取利润是企业生存和发展的必要条件，是企业经营的直接动力和最终目的。因此，利润目标为大多数企业所采用。由于企业的经营哲学及营销总目标的不同，因此这一目标在实践中有以下两种形式。

（1）以追求最大利润为目标。最大利润有长期和短期之分，还有单一产品最大利润和企业全部产品综合最大利润之别。一般而言，企业追求的应该是长期的、全部产品的综合最大利润，这样，企业就可以取得较大的市场竞争优势，占领和扩大更多的市场份额，拥有更好的发展前景。当然，对于一些中小型企业、产品生命周期较短的企业、产品在市场上供不应求的企业来说，也可以谋求短期最大利润。

道德聚焦

企业如何平衡道德与利润最大化的关系

西方人有句话叫“好的伦理为经营之道”。企业竞争不只是策略、技术和创新的竞争，最后决定胜负的关键往往掌握在品德手上。这也恰如中国的那句话——小胜凭智，大胜靠德。企业不是政府部门，也非公益机构，说到底是一个追求利润的组织，不管企业如何宣扬自己的道德诉求，它必须能够用利润回报股东和员工，否则就无法生存。但同时大量的案例也告诉我们，以追求利润最大化为最高目标的企业，不可能成为伟大的企业，也不可能成为行业的排头兵。

必须考虑到的是，企业的竞争是激烈的，有时候在利润面前道德会变得不堪一击，企业的道德标准不是要追求完美与高尚，而是要恪守底线，如诚信、尊重客户等。如果能切实做好这些核心的标准，就已经很不错了，但如果一个企业没有自己的道德底线，那么就很容易丧失立场，做出一些违反自己倡导的“道德”的事，这样一来，所谓的企业道德不过是一个漂亮的肥皂泡而已。

企业道德与企业经营，这是一场博弈，优秀的企业能够很好地去平衡。但可以肯定的是，如果人与人之间缺乏信赖和信任，则企业与员工之间就无法形成合力，企业无法取得股东和顾客的信赖，就不可能永续经营。

资料来源：迟竹强. 企业如何平衡道德与利润最大化的关系[EB/OL].（2012-01-06）[2014-05-11]. http://www.chinavalue.net/Finance/Blog/2012-4-16/896137.aspx.

（2）以获取适度利润为目标。它是指企业在补偿社会平均成本的基础上，适当地加上一定量的利润作为商品价格，以获取正常情况下合理利润的一种定价目标。

采用适度利润目标有各种原因，以适度利润为目标使产品价格不会显得太高，从而可以阻止激烈的市场竞争，或者某些企业为了协调投资者和消费者的关系，树立良好的企业形象，而以适度利润为其目标。

2. 以提高市场占有率为目标

它也称市场份额目标，即把保持和提高企业的市场占有率（或市场份额）作为一定时期的定价目标。市场占有率是一个企业的经营状况及其产品在市场上的竞争能力的直接反映，关系到企业的兴衰存亡。较高的市场占有率，可以保证企业产品的销路，巩固企业的市场地位，从而使企业的利润稳步增长。

当然，一味利用价格作为工具来赢得市场份额，有时会来带价格战的危险。尽管如此，企业确信赢得最高市场占有率之后将享有最低的成本和最高的长期利润。

道德聚焦

网购电商乱打价格战将进“黑名单”

2013年3月，国家工商总局有关负责人透露，网购电商行业如果违规，如打价格战等不正当竞争，将受约束。国家工商总局将从市场准入、不正当竞争、按片区管理等方面，对2010年实施的《网络商品交易及有关服务行为管理暂行办法》展开修订，目前还正在征求意见阶段。

据悉，国家工商总局已初步建立了网购电商信息库，网上经营的监管将与线下一样具有可操作性，有营业执照的网络经营者的信息进入数据库后，全国各级工商局可实行联动，对虚拟性、跨区域的网上交易行为进行监管，届时网络经营者的违法行为的典型特征也会被建成数据库，便于工商人员在执法过程中对违法行为进行判定。

网购电商的发展也伴随出现了一些新现象，2012年让广大网购消费者印象深刻的就是电商们发起的多场节日促销和价格战。对此，中国电子商务研究中心监测显示，2012年全国大规模的电商价格战不下10次，每次价格战过后的半个月，均为顾客投诉的高峰期。其中，网络购物投诉占55.4%，网络团购投诉占21.32%。

国家工商总局市场监管司负责人表示，工商总局也正在加强电商诚信体系建设，设立黑名单制度，将来网上经营者的违法行为，如不正当竞争的违规价格促销等会被记录在案。

资料来源：网购电商乱打价格战将进“黑名单”［N/OL］. 新京报，(2013-02-25)［2014-05-11］. http://www.bjnews.com.cn/news/2013/03/25/254861.html.

3. 以产品质量领先为目标

质价相符是定价的一般原则。一些企业为了在市场上树立一个产品质量最优的形象，往往在生产成本、产品开发研究等方面做了较大的投入。为补偿这些支出，它们往往给自己的产品或服务制定较高的价格，反过来，这种较高的价格又进一步提高了产品的优质形象，增加了对高收入消费者的吸引力。中国青岛海尔集团就是这方面的典范，它建立了海尔冰箱高质量的形象，并提供了优质服务。

同步观察

示人以珍，极致触控艺术海尔Lafite定价999 999元

2013年，海尔计算机与中国香港著名钻石珠宝品牌谢瑞麟联合推出的一款全球限量9台的百万元镶钻限量版艺术本Lafite即将上市，以高贵、与众不同的理念示人以珍。据悉，全球限量款Lafite艺术超级本美钻限量款在京东商城售价999 999元，并将在京东长年开设预定状态，除了机身镶嵌顶级4C品质2Ct钻石的土豪金版外，还有宝蓝色款。

1. 当4C品质钻石遇见“土豪金”。

Lafite的外观采用土豪金色拉丝工艺，顶盖镶嵌一颗4C品质的2Ct顶级品质钻石，配上12.3 mm精薄机身，1.23 kg的轻盈体重，外表奢华，超凡脱俗。

2. 为商务而生，感受定制的力量。

海尔触控超级本Lafite是专为商务人士和高级白领定制的一款可以完美应对繁重工作的产品。Lafite的商务气息溢于言表，机身在配备触控屏的前提下厚度只有12.3 mm，机身、触控屏甚至触控玻璃的厚度极为精简，纤薄的厚度让握感舒适。13.3英寸的超薄10点触控屏，1 920×1 080的全高清显示面板仅为2.1 mm，而外层触控玻璃也仅为0.7 mm，仅1.272 Kg的重量将使用者的负重感降到最低，移动起来十分轻松。

3. 互联网时代的全能精神随时享受Lafite的强大内在。

高端不仅是因为Lafite敢于把最新的硬件应用到它的产品中，更在于它的产品专注于商务人士，满足他们的切实需求，所有的设计都旨在为商务用户带来更稳定的软硬件系统、更长的续航时间和更安全的数据存储。从配置来看，Lafite拥有当下最强劲的内在。在强悍的配置之下，Lafite并不会总处于工作状态，它轻松应对工作带来的繁重任务，也为用户带来畅爽的娱乐感受，使用者可以随时随地享受到Lafite提供的强大支持。

高端源于专注，海尔计算机将差异化优势发挥到极致，为用户带来最契合他们本身的产品。在这个基础上，更触类旁通地为客户带来其他领域的收益。高端PC的市场愈渐广阔，"专注于一，力求全能"也将会成为高端产品的发展趋势。

资料来源：胡杨. 触控艺术本，海尔Lafite缔造"精英气质"[EB/OL].（2013-10-18）[2014-05-11]. http://nb.zol.com.cn/405/4055971.html.

4. 以维持生存为目标

当企业由于生产能力过剩，市场竞争激烈，或者顾客需求发生变化，而造成产品积压，资金周转困难，影响企业生存时，企业就应该为其产品制定较低的价格，以求收回成本，使企业得以继续经营下去。这时，生存比获利更为重要，但这个目标只能作为企业面临困境时的短期目标，情况一旦出现转机，企业应马上选择其他的定价目标。因为从长期来看，企业必须获取利润才能得到发展。

同步案例

任天堂Wii U销量仅306万台，三大措施维持生存

2013年2月初，任天堂宣布了最新家庭游戏机Wii U的销量情况，结果表明Wii U的销量不及此前预期，只销售了306万台。2012年10月，任天堂预计称，截止2013年3月底，Wii U的销量应当能够达到550万台，但如今这一销量预期已经下调到400万台。业界人士认为，Wii U尽管拥有分屏显示的体验，而且还有数款有趣的游戏，但是此游戏机在技术上仍存在一些瑕疵。任天堂要想维持生存，就必须采取以下三大措施。

第一，降低产品价格。标准模式的Wii U入门价为300美元，其他系列产品的价格则要高得多。如果是在几年前，这一价格还具有竞争力，但今非昔比，如今的情况已经发生了很大变化，无论传统游戏商或发行商是否愿意承认这一点，事实上，在苹果iPhone、iPad及谷歌Android设备上的休闲游戏已经吸引了大量更年轻的用户。

第二，升级固件。Wii U在推出之时，多方面的功能促成了该产品一度广受业界的欢迎，不过，长时间的装载不是什么优点，甚至还非常可怕。如今，这一问题并没有得到解决，仍让用户感到非常头疼。

第三，加速游戏开发进程。当一台新游戏机推出之后，接踵而至的就是应当为此新游戏机配置一系列新游戏。如果Wii U此前的销量因某些游戏不佳等原因而较为低迷，那么任天堂应当考虑多发布一些经典的游戏。或许，经典独特的游戏将是任天堂吸引玩家关注的必备产品。

资料来源：任天堂Wii U销量仅306万台三大措施维持生存[EB/OL].（2013-02-02）[2014-05-11]. http://www.cnbeta.com/articles/224969.htm.

9.1.2 产品成本

商品的价值是构成价格的基础。根据统计资料显示，目前工业产品的成本在产品出厂价格中平均约占70%。显然，对企业的定价来说，成本是一个关键因素。企业产品定价以成本为最低界限，产品价格只有高于成本，企业才能补偿其生产上的耗费，从而获得一定盈利，但这并不排斥在一段时期的个别产品的价格低于成本。

同步提示

一般来说，产品的价格是按成本、利润和税金这三部分来制定的。成本又可分解为固定成本和变动成本。产品的价格有时是由总成本决定的，有时又仅由变动成本决定。成本有时又分为社会平均成本和企业个别成本。就社会同类产品市场价格而言，主要是受社会平均成本影响。在竞争很激烈的情况下，企业个别成本高于或低于社会平均成本，对产品价格的影响不大。

但是，在企业定价时，不应将成本孤立地对待，而应将其同产量、销量、资金周转等因素综合起来考虑。价格如果过分高于成本，会有失社会公平，价格过分低于成本，则不可能长久维持。成本因素还要与影响价格的其他因素结合起来考虑。无论从哪种角度和视野来发现和识别竞争者，都要注意两点：一方面要避免将目光仅仅局限在现有市场上生产相同产品的行业内现有竞争者，要善于遵从市场导向，发现、有效识别可能出现的潜在竞争者；另一方面注意力又不要过于分散，避免分析防范的范围过大，造成人力、财力、物力的极大浪费，也会使企业压力太大，难以发展。

9.1.3 市场供求状况

成本决定了制定价格的下限，而市场需求却是制定价格的上限。无论是个人消费者还是生产消费者，都会将一项产品和服务的价格与它们所得的利益进行对照，权衡得失。因此营销人员必须了解产品的价格与其需求之间的关系。

同步观察

"中国需求"撼动世界，黄金价格有望重新崛起

2013年是中国黄金需求在全球留下历史性印记的一年。受消费的带动及印度持续限制进口黄金措施的影响，中国目前已经是全球最大的黄金进口国。截止2013年12月27日，当年上海黄金交易所累积实物黄金交割量已超过2 180吨，2013年全球矿产金产量据估计也不过

2 700吨。

进入2014年，“中国需求”有进一步升温的迹象。中国庞大的需求已经在相当程度上重新塑造着世界黄金流通体系，新供给和存量黄金正通过伦敦—瑞士—中国香港—中国内地的贸易链条向东方大规模转移，“中国需求”对于国际黄金价格的影响力也必然随之提高。除了增长迅速之外，中国黄金需求依然维持了其显著的季节性分布特征。农历春节前后，正是中国的传统黄金消费旺季。随着中国农历春节临近，加之金价近期维持相对稳定状态，中国消费者购买意愿有所提升，黄金实物消费需求也因此正在升温。

综合中国方面的影响因素来看，“中国需求”在2014年的前景值得期待，对世界黄金价格的支撑作用，将比以往更加重要。“中国需求”的强势增长，对黄金2013年遭受重创的多头力量而言，乃是重要的“力量源泉”之一。

资料来源：“中国需求”撼动世界黄金价格有望重新崛起[EB/OL].（2014-01-12）[2014-05-11]. http://finance.qq.com/a/20140112/003446.htm.

9.1.4 市场的竞争状况

价格是市场竞争中最重要的手段和方式。因此，处在激烈市场竞争环境中的企业常常以应付或防止竞争为定价目标。企业的定价是一种竞争行为，任何一次价格的制定或调整均会引起竞争者的关注，并可能导致竞争者采取相应的对策。同时，竞争者的定价行为也会影响本企业产品的定价，迫使本企业做出相应的反应。

同步观察

进口豪车大降价，竞争加剧，市场或面临调整

从降价六七万元的进口宝马3系到优惠10万元以上的奥迪Q7，再到降价15万元以上的奔驰……在停满各类豪华车型的北京亚运村汽车交易市场（以下简称亚市）的广场上，进口车的促销活动随处可见，然而这只不过是全国进口豪华车市场现状的一个缩影。纵观全国豪华车市场，不仅是三大德系品牌，包括捷豹、路虎、保时捷等品牌在内的车型价格也在纷纷下探。

据悉，早在2012年初开始，为抢份额消化库存，奔驰在国内市场率先挑起大幅降价潮，将旗下最具影响力的S级轿车优惠出售，几乎一次性优惠现金30万元以上。随后，奔驰的竞争对手奥迪和宝马也相继加入降价阵营。“三大一线”品牌纷纷降价促销，也进一步打响了豪车市场的价格战。“如果我们不优惠，顾客就会被竞争对手抢走。”亚市宝马品牌某经销商无奈地说，对手奔驰的竞争使他们也不得不跟进效仿，即使少赚点或者亏本，也不愿意仅有的客户就这么流失掉。

分析人士认为，导致豪华车的销售价格持续下降的最直接原因就是市场的竞争和经销商的压力增大，特别是各大豪华品牌加大在中国市场的投入计划，使中国豪华车市场供严重大于求。不仅如此，随着豪华车之间在中国市场的竞争，一些豪华车为应对竞争与挑战，开始加大本地化的程度。例如，奥迪、宝马不断加大对中国市场的产品投放，而英菲尼迪、沃尔沃则在不断实施在本地化生产的战略。

资料来源：曾才豪. 进口豪车大降价竞争加剧市场或面临调整[N/OL]. 中国经济时报，（2012-06-19）[2014-05-11]. http://jjsb.cet.com.cn/szb_3229_A09.html.

9.1.5 其他因素

企业的定价策略除受定价目标、成本、需求及竞争状况的影响外，还受到其他多种因素的影响。

1. 政府政策法规或行业组织干预

政府为了维护经济秩序或为了其他目的，可能通过立法或其他途径对企业的价格策略进行干预。政府的干预包括规定毛利率，规定最高、最低限价，限制价格的浮动幅度或规定价格变动的审批手续，实行价格补贴等。

同步观察

国家发改委完善成品油价格机制方案

2013年3月27日零时，国家发展改革委员会下调了国内成品油价格；同步出台了价格机制完善方案，将调价周期由22个工作日缩短至10个工作日，取消4%的调价幅度限制，调整挂靠油种。国家发展改革委员会有关负责人介绍了本次成品油价格机制完善方案：一是将成品油调价周期由现行22个工作日缩短至10个工作日，同时将计价办法由原来的22个工作日移动平均价格改为10个工作日的移动平均价格；二是取消了国际市场油价波动4%才能调价的幅度限制；三是根据国内原油进口结构变化，适当地调整了挂靠油种。

机制完善后，成品油调价频率加快，调价时间节点透明度增强，国内油价能够更加灵敏地反映国际市场的油价变化，尽可能避免经营者无风险套利行为，大大遏制了市场投机行为，有利于进一步规范成品油的市场秩序，向市场化方向又迈出了重要一步。由于此次价格机制的完善总体上属于在现行体制机制框架内的适当调整，所以国内油价水平的影响仍主要取决于国际市场原油价格走势。

资料来源：发改委：今后油价该调就调两种情形可延迟[EB/OL].（2013-03-26）[2014-05-11]. http://finance.sina.com.cn/china/20130326/173814958788.shtml.

2. 消费者的心理和习惯

价格的制定和变动在消费者心理上的反应也是价格策略必须考虑的因素。面对不太熟悉的商品，消费者常常从价格上判断其好坏，从经验上把价格同商品的使用价值挂钩。

3. 企业或产品的形象因素

有时，企业根据自身的理念和形象设计的要求，需要对产品价格做出限制。

同步观察

电商低价或降低品牌形象，橱柜企业需规范自身

很多消费者都会有一种心理，觉得在网上能购买到比实际生活中更物美价廉的产品，这也导致电商们一味打价格战也会导致市场秩序发展不平衡，久而久之会形成一种“潜规则”，给消费者造成错误的消费认识，无形之中拉低了品牌的形象与档次，带来销售危机。

在橱柜行业中，电子商务确实是发展趋势，但以竞争为目的，以低于成本的价格销售商品，只会让橱柜电商的发展拘泥于价格战之中，未来得不到更进一步的发展。其实无论是对橱柜行业，还是对橱柜企业自身，都会造成不良影响。只有趁早喊停价格战，树立更规范的行业标准，规范促销广告信息和经营之道，进行有序的生产、销售、竞争，停止不正当的违规操作，才能带动橱柜产业欣欣向荣的发展。另外，电子商务并非适合任何一家橱柜企业，大品牌橱柜企业更应该考虑互联网对企业可能会造成的负面影响，在选择营销渠道时一定要谨慎对待。

资料来源：电商低价或降低品牌形象，橱柜企业需规范自身[EB/OL].（2014-05-02）[2014-05-11]. http://www.chinachugui.com/news/2014/0102/14010260273.shtml.

任务9.2 选择定价方法

任务引子

商品最终如何定价？我们可以从零售端来看一个相对简单的问题。假如张芸是一家服装店的老板，最近进了一批新款T恤衫共100件，每件的进货价格是50元，总运费200元，这家店每月的租金、人员费用、水电和其他杂费大约有4 000元。虽然店内还有其他货品，但张芸对新货的款式非常有信心，她觉得这批新品会大受欢迎，打算制定较高的价格来缓解前段时间货品积压所导致的资金压力。几天后，她忽然发现，就在自己商铺的斜对面，另外一家服装商店也有这件新货，价格为150元，她又想制定较低的价格去对抗邻近的店铺。如果你是张芸，你会怎么办？

任务认知

影响企业定价的因素很多，但最主要的有成本费用、市场需求和竞争状况3个方面。成本规定了价格的下限；市场需求或顾客对企业产品独特性的评估规定了价格的上限；竞争者产品的价格和替代品的价格规定了企业产品价格在最高价格和最低价格之间的标价点。因而从对这3个方面不同的侧重点出发，企业定价的一般方法就可以分为3类：成本导向定价法、需求导向定价法和竞争导向定价法。

9.2.1 成本导向定价法

成本导向定价法，就是以产品的成本作为定价的基本依据，而较少地考虑市场需求和竞争状况。

1. 成本加成定价法

企业根据所确定的加成率（毛利率）和单位产品的总成本来制定产品的单价。定价时，首先应确定单位变动成本，再加上分摊的固定成本，构成单位产品总成本，在此基础上加一定的毛利率，计算出产品的价格。由于毛利率的确定方法不同，所以加成定价法又可分为成本加成法（顺加法）和售价加成法（倒扣法）。

成本加成法（顺加法）的计算公式为：

P=单位产品总成本×（1+成本加成率）

成本加成率=（售价−进价）÷进货成本×100%

售价加成法（倒扣法）的计算公式为：

P=单位产品总成本÷（1−加成率）

加成率=（售价−进价）/售价×100%

生产部门较多地采用成本加成定价法，零售商业部门较多地采用售价加成定价法。

同步提示

成本加成定价法的适用

成本加成定价法应用范围广泛，生产者、中间商及建筑业、科研部门、农业部门经常使用这种定价方法。它的优点是计算方法简便易行，计算出来的价格能保证获得预期的利润；缺点是忽视了市场需求的变化和竞争的影响，缺乏灵活性，而且它只是从卖方的角度来考虑，不一定切合实际。在产销量与产品成本相对稳定、竞争不太激烈的情况下可以采用该定价法。

2. 目标利润定价法

它又称盈亏平衡定价法，是根据企业的总成本和确定的目标利润来制定产品价格，确保企业收支平衡。它的具体做法是：首先预计未来一段时期的销售量，计算出在这个预计销售量下的总成本，再结合企业确定的目标利润计算出产品的价格。其计算公式为：

P=（总成本+目标利润）÷预计销售量=单位产品总成本+目标利润÷预计销售量

同步提示

盈亏平衡定价法的适用

这种方法计算简便，如果企业能按制定的价格实现预计的销售量，就能达到预期的目标利润。但它没有考虑价格与需求之间的关系和竞争者产品的价格等因素对企业产品销量的影响，如果企业在目标期内的实际销量少于预期的销量，那么目标利润就很难实现。因此，这种方法适用于市场占有率较高或带有垄断性质的企业。

3. 边际贡献定价法

边际贡献定价法是指企业仅计算变动成本，而暂不计算固定成本，也就是按变动成本加预期的边际贡献来制定产品的价格。边际贡献是指产品销售收入与产品变动成本的差额，如果边际贡献弥补固定成本之后有剩余，就形成了企业纯收入；否则，企业将发生亏损。在企业经营不景气、销售困难、生存比获利更重要，或者企业生产能力过剩、只有降低售价才能扩大销售时，就可采用边际贡献定价法。其计算公式为：

P=(总的变动成本+边际贡献)÷总产量=单位产品变动成本+单位产品边际贡献

边际贡献定价法的原则是：当产品单价高于单位变动成本时，企业就可以考虑接受。因为不管企业是否生产、生产多少，在一定时期内固定成本都是要发生的，而只要产品单价高于单位变动成本，这时销售收入弥补变动成本后的剩余就可以弥补固定成本，以减少亏损或增加企业的盈利。

9.2.2 需求导向定价法

需求导向定价法是指以买主对产品价值的认知和需求差别作为定价依据，其具体形式主要有认知价值定价法和需求差别定价法。

1. 认知价值定价法

它是企业根据购买者对产品的认知价值来制定价格的一种方法。认知价值定价的关键在于准确地估计买主对产品的认知价值。因此，企业应当搞好产品的市场定位，突出产品的特性，综合运用各种营销手段，提高产品的知名度，使买主感到购买这些产品能够获得更多的相对利益，从而提高他们接受价格的限度。

同步案例

位于美国加州的诺曼能软件公司(Nuomennon Corporation)曾进行过一次预估需求试验。该公司以395美元的售价推出在IBM或与其相兼容的计算机上执行的整合程式Intuit后，发现消费者对这种程式缺乏兴趣，于是决定以各种定价测试市场：先将售价降到50美元，一周后再调涨20美元，结果一直涨价到130美元，其销售量仍然稳定增长；一超过130美元，销售开始下降，到210美元时完全滞销。分析显示，该产品定价为90美元时销量最大，于是，该公司便将价格定为89.95美元。半年后，产品售出1 500套。

2. 需求差异定价法

它又称差别定价法，是指根据销售的对象、时间、地点的不同而产生的需求差异，对相同的产品采用不同价格的定价方法。这种价格差异的基础是顾客需求、顾客的购买心理、产品样式、地区差别及时间差别等。

(1)基于顾客差异定价，是根据不同消费者的消费性质、消费水平和消费习惯等的差异，制定不同的价格。

同步延伸

数码相机制造商们制造各种产品，定价各异，以满足各部分消费群体的需求。市场的终端可能是这样一位顾客，他仅仅把数码相机当作是能够拍照的工具；他想利用这部相机拍摄一个瞬间，而不管其原理如何；他要求相机不必太引人注目但功能要齐全。这就为家用数码相机的制造和销售提供了市场条件。这种家用数码相机的零售价一般为1 000~3 000元。而另一个很认真的摄影热爱者，则对拍摄过程感兴趣，他想参与到拍摄过程当中去，控制照片生成的技术细节。专业数码相机满足了这部分市场的需求，这部分顾客追求的是图片效果，而非快照。他们看中相机在制作一幅好图片中的作用，希望照相机能具备更好的品质、更耐用、更美观和更多的优点，这意味着他们准备付出更多的钱，来购买自己中意的相机。这种相机的数码单反功能强大，拍摄画质美轮美奂，其零售价一般为5 000~10 000元，甚至十几万元、几十万元。

（2）基于不同地理位置定价。由于地区间的差异，所以同一产品在不同地区销售时，可以制定不同的价格。

（3）基于产品差异定价。对质量和规格相同的同种产品，虽然成本不同，但企业在定价时，并不根据成本不同而按比例定价，而是按外观和式样不同来定价。这里定价所考虑的真正因素是不同外观和式样对消费者的吸引程度。

（4）基于时间差异定价。在实践中往往同一产品在不同时间段里的效用是完全不同的，顾客的需求强度也是不同的。在需求旺季时，企业可以提高价格；在需求淡季时，企业可以采取降低价格的方法吸引更多顾客。

同步案例

淘宝“双十一”价格规则：虚抬价格者出局

经过数年的培育，中国的网上交易市场正在迎来爆炸性增长。然而，随着市场规模的扩大，部分从业者泥沙俱下式的促销手段、层出不穷的价格虚构个案也让消费者对大规模的市场促销行为心存疑虑。“双十一”购物狂欢节在2009年由天猫开创，历届均创下惊人的交易纪录，已成为零售业界最有影响力的品牌，2012年进一步升级为购物狂欢节。

2012年10月25日，天猫正式公布“双十一”购物狂欢节的价格规则，明确定义了商品折扣的基准价，要求所有参加“双十一”购物狂欢节的商品做到真折明扣，用真实的优惠服务好消费者。天猫强调，一旦发现商家存在虚抬价格再打折的状况，不仅会将其清出“双十一”购物狂欢节的官方活动，还会对商家进行进一步的扣分处罚。

承诺为30天内最低价。

天猫为所有参加“双十一”官方活动的商品打上了专门的“11.11购物狂欢节”标志，表示该商品价格承诺为最近30天（10月12日~11月10日）内最优惠。其中，承诺5折封顶的商品还会加上“5折封顶”标志，不但必须是最近30天的最优惠，还承诺最高不超过专柜价5折。天猫方面也提醒消费者，在参加“双十一”购物狂欢时，挑选商品时请认准带有认证标志的官方活动商品，这些商品将受到严格的价格监控。天猫表示，以大淘宝系为主体的电子商务交易已经初步确立了信用等于财富、公开透明的价格形成机制等网络交易基准线，一年一度的“11.11购物狂欢节”将是强化消费者对网络交易的信任度、提升整个行业的市场准则的良好契机。

设立绿色举报通道。

天猫还将面向消费者设立虚高价格举报绿色通道。一旦有消费者举报虚抬价格交易的投诉成立，天猫将马上将商品清出官方活动，并按一般违规对同一商品进行扣6分的处罚。2012年入围天猫“双十一”的商家扩军5倍，从2011年的2 000家增加到1万家以上，这将大大丰富消费者的选择，但也给天猫的管理带来了更大的挑战。

资料来源：熊园. 淘宝“双11”价格规则出炉，虚抬价格者出局扣分[N/OL]. 长江商报，(2012-10-16)[2014-05-11]. http://www.changjiangtimes.com/2012/10/417428.html.

9.2.3 竞争导向定价法

竞争导向定价法是指以市场上相互竞争的同类产品价格作为定价基本依据，并随竞争状况的变化确定和调整产品的价格水平。该定价法的具体形式主要有随行就市定价法和密封投标定价法。

1. 随行就市定价法

随行就市定价法是指企业按照行业的平均现行价格水平来对产品定价。

企业采用这种定价方法的主要原因是：行业平均价格水平在人们的观念中常被认为是“合理价格”，易被买主接受；企业试图与竞争者和平相处，避免激烈的价格竞争；行业平均价格一般能为企业带来合理、适度的利润。

同步案例

海之味：随行就市定价降低企业风险

往年市场价格平稳的时候，与很多做外贸的企业一样，浙江海之味水产有限公司也基本上采取一年签一次订单的办法，即在年底时，将下一年的订单签好，产品的数量和价格一次性谈妥，企业要做的事就是按期交货。

从2007年上半年开始，随着成本价格的上涨及汇率的变化，海之味公司感觉到，继续维持原来的签单模式，企业就要亏本。为降低企业风险，公司调整了订单周期，由一年一签改为半年一签，这样，在市场出现变化的时候，企业可以减少损失。

但是，计划不如变化快，海之味公司签单方式的调整，并没让公司一劳永逸。从2007年下半年开始，原材料价格飞涨，劳动力成本急剧上升，即使半年一签的订单也让公司赚不着钱。于是，海之味公司再次寻找新的应对办法，大胆地将过去的订单生产改为无订单生产，即不再与客户签订单。公司对客户提出：基于瞬息万变的市场变化，我们暂时不签订单，而是由公司先把产品加工好，当对方来购买时，根据市场行情定价。

海之味公司是温岭唯一一家以活星鳗制品畅销日本水产食品市场的企业，日本市场占据公司出口的很大份额。在与日本客户谈判的时候，对方一开始就明确表示不同意随行就市定价原则。对于日方客户的意见，海之味公司董事长兼总经理胡于青早有心理准备，他前后花了一个多月时间，反复与客户沟通，阐明公司这样做确实迫不得已。日本客户也许是考虑到找一个新的合作伙伴也不容易，才最终首肯。

“如果还是实行过去的订单方式，我们现在的损失就大了！”胡于青举了一个简单的例子，就拿鱼糜来说，2007年底出口时，价格为900美元/吨，2008年初上升到2 100美元/吨。即使按照半年订单来兑现，公司也会亏上一大笔，更不用说全年订单了。采取随行就市的定价办法，海之味公司最大限度地避免了市场变化给企业带来的损失。

资料来源：田天柏. 海之味：随行就市定价降低企业风险[EB/OL].（2008-08-08）[2014-05-11]. http://www.taizhou.com.cn/a/20080808/content_75062.html.

2. 密封投标定价法

密封投标定价法是指卖方在买方的招标期限内，根据对竞争对手报价的估计来相应制定竞争报价的一种定价方法。

企业参加投标的目的是为了中标，因此它的报价低于竞争对手的报价。一般来说，报价高，利润大，但中标机会小，如果投标失败，则利润为零；反之，报价低，中标机会大，但利润低，其机会成本可能大于其他投资方向。因此，报价时既要考虑目标利润，又要考虑中标概率。最佳报价应是使预期利润达到最高水平的价格，这里的预期利润是指企业目标利润与中标概率的乘积。

同步提示

企业定价的一般步骤

1）**确定定价目标。**

要确定产品的价位，企业首先要明确其定价目标，即通过产品定价，企业要达到什么目的。

2）**估计成本。**

成本是价格的底线。企业明确了定价目标之后，接下来要做的就是估算成本，包括固定成本和变动成本。但是需要注意的是，成本估计固然是定价过程中的一个重要环节，切忌不能忽视消费者需求和市场竞争形势而单纯地根据成本来确定价格。

3）**估计市场需求。**

估计市场需求主要是需求价格弹性预测，即价格变动对于需求的影响（需求变动百分比/价格变动百分比）。如果需求价格弹性较大，则表明消费者对价格比较敏感，高价会抑制购买欲望，而低价则会刺激消费，因此价格不宜过高，而且应与同品质竞争产品的价格相当；反之，如果需求价格弹性较小，则说明价格不是影响销量的主要因素，此时可以考虑制定较高的价格以实现较大的利润，但同时还需要考虑竞争对手的价格。

4）**分析竞争者的产品和价格。**

分析竞争对手产品的价格、性能及品质无疑是企业时行定价之前的一个必要环节。了解了竞争者的产品，企业就可以通过比较明确自己的产品的相对地位，从而为产品确定一个合理的价格范围。

5）**选择适当的定价方法。**

定价方法与定价目标是密切相关的，但定价方法更为具体。在特定的定价目标的指导下，依据对成本、需求及竞争等状况的研究，企业可以选择合适的定价方法。

6）**选定最后价格。**

在经过上面5个环节之后，企业可以大致为产品确定一个合理的价格水平。需要注意的是，价格确定之后并非是一成不变的，企业需要根据市场变化（如需求变动、原材料价格变动等）和竞争者的反应及时调整自己的价格。但是，无论是提价还是降价，企业都应向消费者或客户说明调价原因，以避免不必要的误解而给企业带来负面影响。

任务9.3 制定定价策略

任务引子

互联网规模的发展带来的网络效应正在潜移默化地改变着我们的社会。网络环境下商品市场的新变化，直接反映在价格波动上。信息技术的发展使网络市场中商品定价更复杂，制定出一个合理、有效率的价格是一个使商品生产商头痛的问题。随着商品标准化和个性化的双向变动，价格问题日益突出。网络的出现，改善了定价的成本，也使价格选择更加被动。新的定价策略和方法也伴随着时代的发展不断涌现，价格策略已经成了商品厂商重要的竞争战略。

定价策略会大大影响顾客和企业本身，营销人员需要在追求短期获利能力和长期获利能力的定价策略之间权衡。因此，营销人员必须清楚地了解本企业的营销目标，以便使自己的定价目标能与企业的营销战略相一致。

任务认知

企业按照定价方法确定了产品的基本价格后，在营销活动过程中，还应根据产品特点、消费心理、销售条件和环境变化等，运用灵活的定价策略、技巧对产品的基本价格进行修正，以促进销售，增加盈利。定价策略是企业制定和调整价格的技巧，是在具体场合将定价的科学性与艺术性相结合的体现。

9.3.1 新产品定价策略

新产品定价是企业定价策略的关键环节，对新产品能否及时打开销路、占领市场关系重大。新产品定价一般有3种策略可供选择。

1. 撇脂定价策略

它是指在新产品上市之初，将产品的价格定得很高，以攫取高额利润，力求在短时间内收回全部成本，以后再随着销量的扩大、成本的降低，逐步降低价格。而在每次降价前，企业已从不同层次的顾客身上获取了利润。这种定价策略就像从奶油中撇取油脂一样，因此称为取脂定价策略或撇脂定价策略。

同步提示

撇脂定价策略的优缺点及适用范围

撇脂定价策略的优点：

① 易于企业实现预期的利润；

② 便于企业掌握市场竞争及新产品开发的主动权；

③ 树立高档名牌产品形象；

④ 便于价格调整，因为一开始的高价可以为后面降低价格留有充分的余地。

撇脂定价策略的缺点：

① 在高价抑制下，销路不易扩大；

② 高价厚利极易诱发竞争，使企业获得高额利润的时间较短。

撇脂定价策略的适用范围是：市场上无类似的替代品，价格需求相对无弹性，产品的市场生命周期短；产品的花色式样变化快或具有明显的优势且短期内不易消失；顾客主观上认为该产品具有很高的价值；在高价情况下，仍然独家经营，无其他竞争者，有专利保护的产品尤是如此。

同步案例

1945年圣诞节即将来临时，为了欢度战后第一个圣诞节，美国居民急切希望能买到新颖别致的商品作为圣诞礼物。当年6月份，美国有一位名叫朵尔顿·雷诺兹的企业家从阿根廷引进当时美国人根本没有见过的圆珠笔，取名为“原子笔”。

当时，这种圆珠笔生产成本仅为0.8美元，但雷诺兹却果断地将售价抬高到20美元，因为只有这个价格才能让人们觉得这种笔的与众不同，才能配得上“原子笔”的名称。1945年10月29日，金贝尔百货公司首次销售雷诺兹原子笔，竟然出现了3 000人争购“奇妙笔”的壮观场面。人们以赠送与得到原子笔为荣，一时间，新颖、奇特、高贵的原子笔风靡美国，大量订单像雪片一样飞向雷诺兹的公司。短短半年时间，雷诺兹生产原子笔所投入的2.6万美元的成本竟然获得150多万美元的利润。等到其他对手挤进这个市场，杀价竞争时，雷诺兹已赚足大钱，抽身而去。

2. 渗透定价策略

它是指把新产品的价格定得相对较低，以吸引顾客，扩大销售，提高市场占有率，实现盈利目标。在某种情况下，渗透定价可紧随取脂定价，即企业可对新产品制定一个较高的初始价格，以吸引对价格不敏感的消费者；收回初期的投入后，紧接着运用渗透定价策略，以吸引对价格敏感的消费者，并提高其市场份额。

同步提示

渗透定价的优缺点及适用范围

渗透定价策略的优点：

① 有利于迅速打开销路，提高市场占有率；

② 有利于树立良好的企业形象；

③ 有利于阻止竞争者进入，便于企业长期占领市场。

渗透定价策略的缺点：本利回收期长，企业在市场竞争中价格变动余地小，难以应付短期内骤然出现的竞争和需求的变化。

这种策略适宜的条件是：产品需求弹性大，市场寿命长，潜在市场容量大；较低的初始价格足以阻止竞争者进入该产品市场，带来较高的行业进入障碍；消费者的市场需求对价格极为敏感，低价会刺激市场需求的迅速增长。

3. 满意定价策略

它也称温和定价或君子定价，是介于撇脂定价和渗透定价之间的一种中间价格，因价格水平适中，所以生产者、中间商及消费者各方面都能顺利接受。这种定价策略比较稳妥，价格稳定，利润平稳，一般能使企业收回成本和取得适当盈利。不足之处是比较保守，有可能失去获得高利的机会，一般产品都适宜采取这种定价策略。

9.3.2 折扣和让价策略

企业为了鼓励顾客的某些行为，如提早付款、批量购买、淡季购买等，会对产品的基本价格进行修订，实行价格折扣和折让，以适应消费者的偏好和情况变动，主要有以下几种方式。

（1）现金折扣。现金折扣即对在约定日期付款或提前付款的顾客给予一定的价格折扣。其目的在于鼓励顾客提前支付贷款，加速资金周转，减少呆账风险。

（2）数量折扣。数量折扣是指根据顾客购买数量的多少给予一定的价格折扣。

（3）功能折扣。它又称交易折扣，是依据各类中间商在市场营销中担负的功能不同，给予不同的价格折扣。折扣水平要依中间商的性质、所承担的风险、提供的职能（如储存、顾客服务、推销）等来定，一般给予批发商的折扣较大，给零售商的折扣较小。其目的在于鼓励中间商充分发挥自己的功能，以调动其积极性。

（4）季节折扣。这是对提前购买季节性强的商品的顾客给予一定的价格折扣，目的在于鼓励顾客在淡季购买产品，以减少企业的仓储压力，实现均衡生产和上市。

（5）让价策略。让价也叫折让，是根据价目表给予减价的一种让价形式。它没有规定一定的减价比例，有时也没有明确规定减价金额，而要根据具体情况来确定。

9.3.3 心理定价策略

这是根据顾客不同的购买心理，采用不同的定价技巧，通常为零售商所采用，主要有以下几种策略。

1. 尾数定价策略

它又称非整数定价，即对多数日用品或低档商品在定价时，保留其价格尾数，用零头数标价，如某产品价格定为9.98元，而不定10元，使消费者在心理上产生一种便宜的感觉。在消费者看来，带尾数的价格是经过精心计算得来的，是比较准确的，给人以真实感、信赖感，满足了顾客的求实心理，使之感到物美价廉。

同步提示

布拉特堡（Blatterg）和奈斯林（Neslin）在1990年发现，只要产品的价格尾数是9，就可以提高销售量。看起来，似乎消费者认为以“9”结尾的价格是低价格，觉得这种价格对消费者来说更划算。而且，如果让消费者在一段时间后回忆这些以“9”结尾的价格，消费者通常记得的价格比实际价格更低。

同步观察

尾数定价法，超市销售打起心理战

在某大型超市，很多商品价格的末尾都是0.99，一分之差不成整数，超市为何在商品标价的“分”上大下功夫呢？对此该超市的工作人员说，这样定价是一种策略。有时候正是这样准确到“分”的价格会让消费者感觉商品的价格是经过超市精确计算出来的，所以会觉得更加可靠。有时候也可能正是因为一分钱之差，会刺激消费者的购买欲，购买暂时不需要的商品，甚至增强了消费者对于超市的消费忠诚度。这就为卖场带来了更多稳定的客流、丰厚的利润，这正是尾数定价法的精妙之处。

专家解释，尾数定价法是指在确定零售价格时，利用消费者求廉的心理，制定非整数价格，以零头数结尾。例如，采用24.99而不是25.00对商品标价，使消费者在心理上有一种便宜的感觉，或者是价格尾数取吉利数，从而激起消费者的购买欲望，促进商品销售。目前，这种定价策略已被商家广泛应用，从国外的家乐福、沃尔玛到国内的华联等大型百货商场，从大型超市到普通便利店，都开始采用尾数定价法。

超市的工作人员说，以“9”定价主要是从消费者的心理角度考虑。超市行业定价遵循“价格带”规律，1~9属于一个价格带，而超出9转到下一个整数就是另一个价格带了。对消费者来说，价格在同一个价格带内变动的心理感受不明显，而一旦超出价格带，消费者的感觉就不一样了。尾数定价法以其精确到分的价格，既让消费者感到卖场的消费忠诚度，又能使其产生所费不多的错觉，可以说是充分把握了消费者的消费心理。

资料来源：万菲菲. 尾数定价法，超市销售打起心理战[EB/OL].（2012-08-06）[2014-05-11]. http://www.jiaodong.net/laiyang/system/2012/08/03/011611452.shtml.

2. 整数定价策略

对于一些高档耐用消费品，特别是一些消费者不太了解的商品，消费者往往以价格高低来衡量其质量的优劣。企业在对这些商品定价时，应合零凑整，采用整数定价，利用消费者“一分钱一分货”和方便快速的心理，使产品价格上升到较高一级档次。

3. 如意数字定价策略

它又称吉祥数字定价策略，它利用人们求吉祥如意的心理，在定价时采用一些吉祥的数字来给产品标价，如6、8、9或其他偶数，以及118元、148元、188元等。

同步观察

吉祥数字每桌多赚88元，年夜饭定价带8有玄机

为了尽量多赚食客的钱，饭店经营者推出的年夜饭价位定的都是吉利数字，一般在数字的后面都带两个8，如688、888、1288等，食客看到这些数字时一般都会满意，可实际上这些数字都是原来准备定的价位上多加的钱，也就是说原来饭店老板只准备了定价为600元的菜，又多加了88元，变成了688元，这样饭店老板多赚了钱，食客又开心，何乐而不为？

一般饭店在推出年夜饭后，如果食客要求自己点菜，那么饭店经营者就会以各种理由拒绝，声称包厢订满了或者说买不到菜，想方设法让食客按照饭店定的菜谱来订年夜饭。而饭店自定的菜谱上一般不准确标明食物的重量，就是标明了也绝对缺斤少两。例如，标明一斤的白灼虾实际有7两就不错了，3斤重的石斑鱼最多2斤多一点，吃年夜饭的时候那么忙，谁都不可能自己去称重量。而年夜饭的菜不仅是重量不够，像一些虾和鱼大多是比较小的，这样每斤购买的价格又能便宜十几元。

总体来说，年夜饭无形之中剥夺了食客的点菜权、知情权，而且年夜饭的服务跟不上、缺斤短两、以次充好的情况明显存在，这样，一夜之间饭店老板就赚了个盆满钵满。可每年都到饭店吃年夜饭的食客趋之若鹜，成了“一个愿宰，一个愿挨”的怪现象。

资料来源：宗兆宣. 吉祥数字每桌多赚88元 年夜饭定价带8有玄机[EB/OL].（2006-01-23）[2014-05-11]. http://news.sohu.com/20060123/n241558169.shtml.

4. 声望定价策略

企业利用消费者仰慕名牌和“价高质必优”的心理，对在消费者心目中享有声望的产品制定较高的价格，如一些名牌产品（名烟、名酒）、有名望的商店（老字号）、标志性高级消费品（高级轿车、钻石、香水、精美瓷器、水晶和珍珠）等，定低价往往会比定高价销售差，因此价格定得都较高，一方面显示商品的档次和企业的声望，另一方面又迎合了消费者的求名心理，满足了有较高收入的消费者的需要。

同步观察

奢侈品定价是如何“奢侈”起来的

高价策略始终是奢侈品维护其高端地位的一种手段。一般而言，产品价格构成的公式根本不能成为奢侈品的定价依据。对于奢侈品究竟是如何定价的，每一家公司都有自己完全不同的定价规律，而且秘而不宣。其实，奢侈品成本是有计算公式的，即：

实际销售价格=原材料+加工成本+奢侈品牌价值+市场公关成本+渠道费用+关税与政府税率

奢侈品成本里的品牌价值已经成为重要的一项，而原材料和加工成本相对来说比较低，税费和税率也是影响价格的一部分。奢侈品价格是由其品牌定位、产品稀缺性和独特性、品牌悠久历史和传奇故事共同铸就的。

意大利奢侈品牌古奇公司总裁曾在接受采访时说，LV帆布包的材料成本仅为11欧元/米。可见，奢侈品价格构成中最重要的部分是品牌价值，奢侈品真正的价值在于品牌，不在于产品本身。消费者对奢侈品的需求更多的是一种精神上的满足，价格达5位数甚至6位数的奢侈品已经成为身份的象征。

奢侈品定价实际上就是生产商与消费者之间的一场心理游戏。低调设计、作坊式生产、限量定制……奢侈品牌苦心经营的这一系列标签无不让消费者感觉到神秘。与普通商品的降价促销不同，奢侈品是以涨价来刺激需求的，它强调的是与消费者建立一种距离感，够不着的才是奢侈品。在这个行业，价格不是问题，价格标低了，反而会受冷。如果LV包标价500元，大家的反应肯定一致——假货，可见，奢侈品的价格本身是需要营销的。在定价上，各奢侈品牌都有专门的市场价格调研部门，它会收集一个地区的销售数据，甚至分析价格制定引起的购买心理的变化。例如，中国目前所处的阶段可以归结为炫耀性阶段。在这个阶段，奢侈品由极少数人开始向大众消费转化，消费者购买奢侈品更多的是“你觉得值就值”。

奢侈品高价的另一大原因则是，让市场处于“半饥饿”状态。众多奢侈品牌经常利用奢侈品的这一特性，创造出一款款经典或限量版产品，从而紧紧抓住顾客对稀缺独特产品的渴求欲望。这种巧妙的策略能成功地将品牌的定位拔高，并且使产品始终供不应求。

资料来源：奢侈品定价是如何“奢侈”起来的？[N/OL]. 北京商报，(2011-04-21) [2014-05-11]. http://www.bjbusiness.com.cn/site1/bjsb/html/2011-04/21/content_132790.htm.

5. 招徕定价策略

它也称特价品定价、牺牲品定价，即企业利用消费者的求廉心理，在一定时期内，有意识地将某几种商品的价格定得特别低，以招引顾客，借以带动和扩大其他正常价格产品的销售。

6. 习惯定价策略

有些商品在顾客心目中已经形成了一个习惯价格，对这类商品，企业在定价时要按照消费者已经形成的习惯心理，力求维持产品价格不变，避免价格波动带来的不必要的麻烦。当产品必须变价时，应同时改变其包装或品牌，避开习惯价格对新价格的影响，引导消费者逐步形成新的习惯价格。

9.3.4 地理定价策略

地理定价策略是依据消费者所在地理位置的不同，考虑运输、仓储、装卸和保险等费用的差异，决定在将产品卖给这些不同地区的顾客时，是执行同样的价格还是执行不同的价格。

1. 原产地定价策略

它又称为离岸价格（free on board，FOB），即生产企业对不同地区的顾客制定统一的价格。企业负责将产品装运到产地的某种运输工具上，并承担交货前的一切风险和费用，交货后的风险和费用则由买方负担。

2. 统一运送（交货）定价策略

它又称为邮资定价，这种定价与FOB产地定价刚好相反，即企业对处于不同地理位置的顾客都实行同样的价格，按出厂价加上平均运费定价。这种定价方法可能会失去附近客户的生意，但却能获得远方顾客的欢迎，而且便于管理，也便于做全国统一价格的广告宣传，以巩固成熟市场和开拓边远市场。

3. 分区运送定价策略

分区运送定价介于FOB产地定价和统一运送定价两者之间，即企业先将自己产品的销售市场划分为几个区域，在同一区域内执行相同的价格，离企业越远的区域，价格则定得越高。

4. 基点定价策略

基点定价即企业选定一些中心城市作为定价的基点，然后按一定的出厂价格，加上从基点城市到顾客所在地的运费来定价，而不管产品实际上是否由该城市起运。有的企业为了加大灵活性，选取许多基点城市，按离顾客最近的基点来计算运费。

5. 运费补贴定价策略

当企业急于和某个顾客达成交易或急于进入某一地区市场时，会为购买者负担部分或全部运费。

9.3.5 产品组合定价法

如果企业生产经营多种产品，而且这些产品之间又存在某种联系时，定价时就应综合考虑，一般有这样几种情况。

1. 产品线定价

一个企业通常都不只销售一个产品，而是销售各种各样的系列产品，这时企业应适当地确定其产品线中相关产品之间的价格差异，这就是产品线定价策略。

2. 任选品定价

许多企业在提供主要产品的同时，还提供与主要产品密切相关，但又可独立使用的产品。企业可将选购品的价格定得很低，以吸引顾客，也可定得很高，以获取利润。

3. 附带产品定价

附带产品又叫互补产品，指必须和主要产品一起使用的产品。企业往往将主要产品的价格定得较低，将附带产品的价格定得较高，通过低价促进主要产品的销售，以此带动附带产品的销量。

同步观察

唱片公司改变定价策略，捆绑销售刺激音乐消费

2009年1月15日，苹果公司宣布部分iTunes歌曲将只售69美分，而部分流行歌曲的售价将提高至1.29美元。唱片公司也准备将歌曲、视频和其他内容捆绑出售，其目的只有一个，就是扭转音乐销售多年来的颓势。

市场研究公司NPD的分析师鲁斯·克鲁普尼克(Russ Crupnick)表示，音乐消费者越来越倾向于购买电子单曲而非专辑。他说："原来的专辑要卖12或13美元，现在一首单曲只要99美分，这样的话销售收入没法提高。如果将数首单曲捆绑在一起并提供一定折扣的话，那么消费者可能会愿意支付更高的金额。过去他们只消费99美分，现在你可以让他们支出4美元。虽然这还不足以拯救音乐行业，但也是有利的。"

华纳音乐集团旗下的亚特兰大唱片公司便采取了这种策略，它们在专辑发布前便在iTunes上捆绑出售部分歌曲。消费者在购买了这些捆绑歌曲之后，如果愿意继续购买专辑，则只需要补足差价便可以，结果，愿意继续购买专辑的消费者是不愿继续购买的3倍。

这种捆绑策略的风险是，它有可能让消费者感到困惑。不过iTunes的出现使唱片公司打消了这种顾虑。自从乔布斯以统一的价格推出iTunes单曲下载服务以来，iTunes在音乐下载市场上的份额达到了80%。

比起价格，现在的消费者更关注音乐与音乐播放器的兼容性。例如，虽然亚马逊上的歌曲比iTunes便宜，但是这些歌曲无法很快转换为iPods可以播放的格式，因此，许多消费者不愿意费这个力气。唱片公司也注意到这一点，它们意识到消费者并不总是对价格敏感，换句话说，消费者愿意支付更高的价格。

资料来源：碧波. 唱片公司改变定价策略，捆绑销售刺激音乐消费[EB/OL].（2009-01-15）[2014-05-11]. http://tech.qq.com/a/20090115/000182.htm.

4. 副产品定价

肉类加工企业和化工企业等在生产过程中往往会有副产品，只要买主愿意支付的价格大于企业储存和处理这些副产品的费用，企业就可以接受。这样能够减少企业的支出，使企业为主要产品制定更低的价格，以增强竞争能力。

5. 组合产品的定价

企业可以将相关产品组合在一起，为它制定一个比分别购买更低的价格，进行一揽子销售。

9.3.6 企业变动价格的策略

企业处在一个不断变化的环境之中，为了自身的生存和发展，有时候会主动降价或提价，有时候又须对竞争者的变价做出适当的反应。

1. 降低价格

（1）降价原因。企业在下面几种情况下，必须考虑降价：①生产能力过剩，需扩大销售，而通过改进产品、加强促销等手段都达不到目的时，可考虑降低价格；②企业面临激烈的价格竞争并且市场占有率正在下降，为了增强竞争能力，维持和提高市场占有率，企业必须降价，如彩电市场的价格调整，很多企业的降价就是出于这种原因；③企业的成本低于竞争者，但在市场上并未处于支配地位，这时也应降价，以提高企业的市场占有率，再进一步降低成本，形成良性循环。

（2）降价策略。①直接降低产品的价格；②增加免费服务项目，如送货上门、免费安装等；③随产品赠送优待券或馈赠礼品，达到暗中降价的效果；④增加单位产品的含量；⑤改进产品的性能和质量，增加折扣种类等，以此来实际降低产品价格。

同步观察

武汉飞天茅台价格跌回两年前

2013年3月，受中央出台八项规定、遏制"三公"消费、倡导清廉风的影响，白酒股整体下挫，贵州茅台创下14个月以来股价新低，导致经销商、零售商的日子都不好过。53度飞天茅台的批发价比年前跌了400元，零售价水平跌到两年前。

湖北省糖酒副食品有限公司的胡立群证实了茅台的跌态，"53度飞天茅台的批发价已跌至每瓶1 000~1 100元，相比年前跌了300~400元。可就是这个价格，还是难以卖动。53度飞天茅台的批发价距出厂价的空间也就二三百元，经销商的利润再度被压缩”。

眼下，茅台湖北直营店里的零售价格还是1 519元。店长魏小松说，暂未接到总部调整价格的通知。中百仓储、武商量贩、中商平价、麦德龙等超市门店里，茅台酒售价不等，1 699元、1 669元、1 999元等各种价位都有。一家超市的53度飞天茅台仍标价1 999元。烟酒卖家无奈地说：“从过年前到现在都没有进货，所以价格也没有调整。进了也没人买，这是存货，价格自然调不了多少。”他坦言，从2012年下半年到2013年初，是高端白酒“爆冷”时期，经销商们急得像热锅上的蚂蚁。汉口雪松路一家酒行老板说：“你要不要？53度飞天茅台1 398元一瓶，比过年前又便宜了60块钱，如果要买一件（6瓶），每瓶1 280元。”

“53度飞天茅台批发价将跌到800元，零售价会跌破千元。”白酒营销专家肖竹青预测，53度飞天茅台下一步的价格走势还会跌。茅台价格的此番下跌主要出于两个原因，一是，“三公”消费减少、中央劲刮倡廉风，白酒的公务消费大减，刚需减少；二是，茅台的库存太多，经销商急于抛货。几年前，茅台价格开始“坐火箭”年年涨，经销商觉得心里有底，纷纷以拥有库存为荣。“其实，库存不管是在哪个行业都是不健康的。”肖竹青分析，在茅台价格下挫后，经销商的库存就变成了烫手的山芋。为何茅台价还会走低？他说，茅台的整个价格体系构成不科学。茅台一直定位高端、公务、标杆，靠的是“计划”、“分配”，而没有直面市场，造成出厂价、批发价、零售价之间的差价过大。相比之下，洋河、西风等白酒的经销商每瓶只赚50多元，其余的靠补贴、奖励来鼓励销售。

资料来源：孙珺. 武汉飞天茅台价格跌回两年前，经销商急得直跳脚[N/OL]. 武汉晚报，(2013-03-21)[2014-05-11]. http://whwb.cjn.cn/html/2013-03/21/node_29.htm.

2. 提高价格

（1）提价原因。提价一般会引起顾客和中间商的不满，但在有些情况下，企业不得不考虑提高价格：一是通货膨胀引起成本增加，企业无法在内部自我消化，这时必须考虑提高价格；二是企业产品供不应求，需要通过提价来抑制部分需求；三是为补偿产品改进费用而提价；四是出于竞争需要，将产品价格提到同类产品之上，以树立高档产品的形象。

企业决定提高产品价格时，还必须考虑是采取一次大幅度提价还是多次小幅度提价。对后一种方式，消费者可能更容易接受。

（2）提价策略。一是直接提高产品的价格；二是减少免费服务项目或增加收费项目；三是减少价格折扣；四是使用便宜的材料和配件做替代品，或者采用廉价的包装材料；五是减少产品的功能、服务和分量等。

同步观察

快递公司开启春节模式，涨价成事实

距离2013年春节还有不到一周时，一度盛传的“快递春节涨价说”变成事实。

在经过了忙碌的年前备战之后，各大快递公司喘了一口气，开始进入春节模式。所谓春节模式，是指快递公司在春节期间的营业状态。不少快递公司在春节期间会迎来大量的快递员返乡潮，有的企业2/3的快递员都选择了回家，由于人手紧缺，快递员的收入在节前大幅提高。韵达快递曾发布公告声明，公司在2月10日至2月15日对收费价格进行调整。申通也表示部分区域的快递价格在春节期间随行就市。韵达快递副总周柏根称，春节涨价幅度其实比平时提升了2倍，就是为了弥补快递员的付出。

申通副总金任群认为，由于加盟体系的存在，多数民营快递始终未能实现价格的标准化。目前，只能是制定一套全面的、涵盖所有条线的最高限价，地方快递公司在春节期间浮动价格，是可行的。申通快递员李师傅说："春节能买到票的快递员都会回家的，人员紧缺，快件多，这个月每人拿到8 000元以上是没悬念的。"从赶集网的数据可以看到，仅一天发布的快递招聘信息就超过60条，月薪多数在3 000~5 000元，8 000元以上的月薪相当于高级快递员的水平。有业内人士透露，11月、12月和1月是快递业的峰值，快递师傅全指着这3个月来提高薪水。

资料来源：王丽娅. 快递公司春节涨价成事实，快递员月入八千无悬念[N/OL]. 北京晨报，(2013-01-29)[2014-05-11]. http://www.morningpost.com.cn/szb/html/2013-01/29/content_207534.htm.

3. 顾客对企业调价的反应

顾客对企业调价的反应将直接影响产品的销售。因此，企业应进行认真的分析研究，采取恰当的对策。

企业降低价格时顾客的反应有以下两种。有利的反应是认为企业让利于顾客。不利的反应是：产品卖不出去了；质量有问题；产品已经老化，很快会被新产品所替代；产品价格可能还要降低，等等再买；企业可能经营不下去了，要转行，将来售后服务没有保证，等等。

企业提高价格时顾客的反应有以下两种。有利的反应是：认为企业产品质量好，价格自然高，或认为这种产品畅销，供不应求，以后价格可能还要涨，应及早购买。不利的反应是厂家想多赚钱，随便乱涨价等。

4. 竞争者对企业调价的反应

竞争者的反应也是企业调价时所要考虑的重要因素。竞争者对企业降价可能会做出不同的理解：一是该企业想与自己争夺市场；二是该企业想促使全行业降价来刺激需求；三是该企业经营不善；四是该企业可能即将推出新产品。

竞争者对本企业降价的不同认识将导致企业采取不同的行动。例如，本企业降价时，如果竞争者不降价，则本企业产品的销量会上升，市场占有率也会提高。当然，竞争者也可能采用非价格手段来应付企业的降价，但更多的情况是，竞争者会追随企业降价，企业间进入新一轮价格竞争。

在线链接

1. 中国价格信息网，http://www.chinaprice.gov.cn/
2. 价格在线，http://www.priceonline.com.cn/
3. My Price价格网，http://www.myprice.com.cn/
4. PK价格网，http://www.pkjg.com/

营销新观察

电商价格战的利弊反思

1. 雷声大、雨点小。

2012年8月15日爆发的在中国年轻的电商史上声势最浩大的一次价格战终于鸣金收兵。趁这战场上硝烟未散且新的一波开战鼓声又即将被敲响之隙，大家应该冷静下来反思：在这场战争中究竟谁是赢家？有利于中国电商的发展吗？广大的顾客最后受益了吗？

简单回顾一下。2012年8月15日上午，京东董事长刘强东通过微博宣布，京东大家电3年内零毛利！如果在3年内，任何采销人员在大家电加上哪怕一元的毛利，都将立即遭到辞退。此后，刘强东又发布微博表示，京东在全国招收5 000名“美苏价格情报员”，每店派驻2名。任何客户到国美、苏宁购买大家电时，可以拿出手机用京东客户端比价，如果便宜不足10%，价格情报员现场核实属实，京东立即降价或现场发券，确保便宜10%。

当天下午，苏宁易购执行副总裁李斌对此做了回应称，苏宁易购包括家电在内的所有产品价格必然低于京东，任何人发现苏宁易购价格高于京东，苏宁易购都会即时调价，并给予已经购买反馈者两倍差价赔付。

当天晚上，国美副总裁何阳青对外宣告国美也加入这场价格战，称国美电器网上商城全线商品价格将比京东商城低5%。

一时间战火纷飞，“此价一出，胜负已分”的红色标志出现在京东、苏宁易购等多个卖家网站的页面上。至于这价格战打得是否属实，打扫战场时“明眼人”心里有底。一淘专门盘点了战况，据其发布的数据显示，在这场价格战中，实际参与降价的商品占其总品种数的比例，京东仅有4.6%，苏宁易购有7.5%，且这些参与降价的商品平均降价的幅度不超过10%，并没有出现众人所期盼的回合制无尽降价的模式，而且产品不对称、缺货、降价前突击提价等现象都被顾客和媒体所诟病。这场价格战有赢家吗？

2. 价格战的受害者。

价格战是弊大于利的做法，虽然吸引了大众的眼球，得到免费流量，促进了销售，让顾客知道线上也可以购买到大家电，但通过价格战来达到这些目的是饮鸩止渴，以牺牲长久利益而换得了短期利益的行为。

从品牌、营销和市场的角度来看，价格战的弊端有如下几点。

① 越高调的价格战带给顾客越高的期望值，如果给顾客的承诺很难兑现，则令顾客有受欺骗的感觉。例如，这次价格战，京东承诺比苏宁易购和国美便宜10%，而苏宁易购承诺如果发现比京东贵则赔付双倍差价，国美也承诺比京东便宜5%等。实际上，这些承诺难以实现，虽然短期增加了销量，但让顾客对参战商家乃至对整个电商行业的信任度下降，从长期来看，对品牌和声誉的损失不可低估。

② 挑起价格战的一方往往唱红了竞争对手，却减少了自己的市场份额，被大众和媒体所挑刺。这从大众心理学的角度可以解释，挑起战争者往往被认为具有侵略性、缺乏正义，而应战者往往是被同情的。结果也是如此，这两家的百度指数，在大战前，即2012年8月13日，京东在百度上的用户关注度为苏宁易购的4.8倍；在大战激烈进行时，即2012年8月15日，差距一度降到1.51倍；在大战平息后降到2.3倍，并没有回到价格战之前的格局。

从供应链运营的角度来看，价格战更不可取，原因有以下几点。

① 供应链管理最忌讳的就是脉冲式销售，会造成巨大的波峰波谷。为了按时履行突然涌来的订单，仓库、配送、客服都需要加班加点，运营成本急剧升高。而配送拖延，客服电话打爆，问题处理缓慢等都会以牺牲顾客体验为代价，造成长久的伤害。

② 价格战前，商家不清楚竞争对手如何应付、顾客如何响应，这些不确定因素会对库存管理造成巨大挑战，很难判断合理的库存数量，而缺货断货会使顾客感到受糊弄，过多的备货则会造成库存积压。

③ 价格战让顾客有了期许，顾客会等待价格战时购买，导致购买时间转移，价值降低。

以上都会导致运营成本的增加，而羊毛出在羊身上，这些额外成本迟早会转嫁给顾客，最后还是由消费者买单。

资料来源：于刚. 电商价格战利弊反思［EB/OL］.（2012-09-25）［2014-05-11］. http://www.forbeschina.com/review/201209/0020323.shtml.

实务演练

1. 演练内容

（1）选择学校周边3家饭馆，关注目前饭馆菜品及酒水的价格。

（2）考察、分析影响餐饮企业定价的因素，为这3家企业制定合理的菜品及酒水价格。

2. 演练目的

帮助学生学会分析影响企业定价的因素，进而使学生能够利用不同的定价方法，制定对消费者有吸引力并有利可图的价格。

3. 演练要求

（1）小组学习，共同关注、研讨，完成高价高端奶粉分析报告。

（2）要求学生认真学习并明确各种影响企业定价的因素。

（3）要求学生运用市场营销的相关基本原理，对不同的定价方法和定价策略进行分析，比较各种方法的优缺点，以及适用范围。

（4）要求教师在实战实施前给予必要的指导，并在学生相互交流的基础上给予点评。

4.演练步骤

（1）把学生分成若干小组。

（2）案头搜索，浏览、关注葛兰素史克事件始末。

（3）到当地超市，实地调查高价高端奶粉销售现状和消费者反应。

（4）小组研讨，撰写考察报告，展示、陈述、答辩相关考察结论。

5.演练考核

（1）理念与技能

考察企业定价主要考虑的因素，不同定价方法和定价策略的优缺点及适用范围。

（2）逻辑与规范性

逻辑顺畅，格式规范，版面、礼仪得体。

模块10

建立快捷便利的渠道策略

营销渠道决策是企业管理层面临的最重要的决策。公司所选择的渠道将直接影响所有的其他营销决策。我们必须根据效率、贡献能力和适应能力来选择渠道。

——［美］菲利普·科特勒

学习目标

知识目标

- 领会市场营销渠道的影响因素
- 掌握选择市场营销渠道的模式和方法
- 学会筛选中间商
- 掌握如何管理与控制营销渠道

素养目标

- 善于在互联网时代，设计和管理企业的渠道策略
- 树立遵守渠道管理规范的职业操守

技能目标

能运用市场营销渠道设计的原理和方法做出渠道设计方案

模块引子

家电销售渠道变革在即

2013年3月，中国家电博览会在上海召开。熬过了2012年的行业“寒冬”，2013年对家电业来说实为是个关键年。

首先，渠道下沉成为展会上家电企业关注的焦点之一。在经历了房地产高速发展、家电下乡之后，城镇化将成为带动家电行业快速增长的第三波热潮。中国城镇化率的逐步提高，使低层级市场的消费潜力巨大，这也是大批家电企业在扶持政策即将取消的情况下，依然选择深耕低层级市场的原因所在。其实，不少家电企业已悄然布局，“沉”入中国三四线城市，将小城镇这一看得见的市场，变成摸得着的利润。创维集团中国区营销总经理刘耀平透露：“目前创维已在全国设立41家分公司、209家办事处，舍弃了代理制，由创维直接操作，以加快市场反应速度。”

其次，渠道正碰撞——电商崛起。与往届家博会不同，2013年的展会上出现了电商的身影，京东商城不仅设台参展，还与天猫分别独家冠名赞助了展会的两大主要论坛——中国家电发展高峰论坛和首届中国家电产业年度渠道商大会，家电渠道变革昭然若揭。电商销售最初是以价值不高的日用品导入，随着消费者购买习惯的逐步转变，彩电、冰箱、空调、洗衣机等高价值家电也进入电商的经营范围。

“渠道下沉和渠道触电将是家电渠道变革的两个重要方向，而分销、扁平、连锁、网购则是渠道发展的基本路径。”奥维咨询总经理喻亮星总结道。而在悄然孕育中的、面向三四级城市的家电连锁多方达，正在摸索提供包括采购、物流、分销、电商为一体的平台模式，在其体系中，加盟商不仅是平台的一个终端出口，也是延伸到最低端市场的触角。这种集结了专业店与连锁店、线下实体店与线上销售融合的综合模式，其未来的发展状况或将对中国家电业产生深远影响。

资料来源：陈军君. 电商崛起已成定局，家电销售渠道变革在即[N/OL]. 中国经济时报，(2013-03-26)[2014-05-11]. http://www.cet.com.cn/itpd/jd/809519.shtml, 2013-03-26.

想一想

1. 在移动互联网背景下，企业面临渠道变革的方向主要有哪些？

2. 针对在网络时代中，消费者对营销渠道便捷、互动、超时空的要求，企业应如何选择和设计出适应企业营销环境的渠道模式？

3. 营销环境的变化也给渠道管理带来了新的机遇和挑战，企业应如何做好渠道管理？

“成也渠道，败也渠道”。抢占渠道制高点、提升渠道竞争力几乎成为所有企业的基本选择。同时，互联网的飞速发展，使O2O线上线下同步，快速满足消费者对营销渠道便捷、互动、超时空的要求，增强了与消费者的互动沟通，加强了企业对渠道的控制。移动互联时代，设计出适应企业营销环境的、快捷便利的新型销售渠道显得尤为迫切。

任务10.1 分析渠道影响因素

任务引子

A企业的渠道变革三部曲之一

随着现代啤酒市场竞争的白热化，啤酒业已进入微利时代，啤酒行业的特点决定了渠道就是啤酒厂家的生命线。啤酒属于笨重的快速消费品，且中低端产品包装物以塑料箱装为主，包装物的退换给产品物流配送提出了特殊要求。啤酒企业的经销商不但需要充足的资金进行周转，而且还需要承受繁重的体力劳动。A企业是Y地区的区域性地产啤酒企业，作为老式国有小企业，面对激烈的市场竞争，自然明白渠道对自己的意义，也深知渠道的好坏直接影响企业的收益与发展。

在审时度势之后，A企业根据自身特点和正在面临的敌强我弱的竞争环境，决定在生产基地200千米范围内，分阶段、分步骤地开展渠道网络改造运动，将产品的分销渠道、储存设施和运输工具等方面的混乱、弱势局面来个大逆转。A企业渠道改革的根本任务，就是把厂家的产品与消费者紧密联系起来，使自己的产品和服务能够在适当的时间、适当的地点、以适当的形式送给适当的人。

根据A企业目前所面临的渠道状况，分析影响A企业进行渠道选择和改造的因素有哪些？

任务认知

10.1.1 分销渠道的含义

所谓市场营销渠道（marketing and sales channel），是指配合起来生产、分销和消费某一生产者的产品和服务的所有企业和个人，它包括供、产、销过程中的所有相关企业和个人，如供应商、生产商、中间商、辅助商及终端消费者。

所谓分销渠道（distribution channel），就是指某种产品和服务在从生产者向消费者转移过程中，取得这种产品和服务的所有权或帮助所有权转移的所有企业和个人。因此，分销渠道包括了商人中间商和代理中间商，此外还包括处于渠道起点和终点的生产者和最终消费者或用户，但是不包括供应商、辅助商。

10.1.2 影响分销渠道选择的因素

影响分销渠道选择的因素有很多，生产企业在分析分销渠道的影响因素时，必须对下列几方面的因素进行系统的分析和判断，才能做出合理的选择。

1. 产品因素

（1）产品价格。一般来说，产品单价越高，越应注意减少流通环节，否则会造成销售价格的提高，从而影响销路，这对生产企业和消费者都不利。而单价较低、市场较广的产品，则通常采用多环节的间接分销渠道。

（2）产品的体积和重量。产品的体积大小和轻重，直接影响运输和储存等销售费用，过重的或体积大的产品，应尽可能选择最短的分销渠道。对于那些按运输部门规定的起限（超高、超宽、超长、集重）生产的产品，尤其应该组织直达供应；小而轻且数量大的产品，则可考虑采取间接分销渠道。

同步观察

电商渠道暗战能否解决"大件搬进家"

2013年12月，阿里巴巴联合海尔宣布达成战略合作。阿里巴巴集团将以28.22亿港币投资海尔集团子公司海尔电器，并帮助海尔电器通过日日顺物流，打造家电、家具等大件商品物流服务新标杆，建立起从仓储物流、运输配送到安装等售后服务新标准。

1. 阿里牵手海尔，送货"到村入户"。

日日顺公司已在全国范围内建立了覆盖广阔的物流及服务网络，建立了90个辐射带动力强的区域物流中心，覆盖全国2 800个县及所属48 000个镇，并在全国拥有3 000多条客户配送专线、6 000多个服务网点，实现全国物流服务全网络覆盖，成为全国唯一能将大件物流产品配送"到村入户"的企业。另外，日日顺公司的一个优点就是送货上门与安装一体化完成，要知道在其他电商平台上买大家电，送货通常由电商平台负责，但是安装却又要单独向家电商预约，用户体验并不流畅。

由于家电作为标准化产品，日日顺公司在其他品牌安装上的障碍也并不大。阿里巴巴是否能通过此次投资，重新定义大家电的送货标准？此标准就是送货必须到户，到户必须安装。

2. 市场延展、物流"滞后"，是投诉重灾区。

首先，受制于物流配送的局限，目前，家电、家具网购的消费者主要集中在大中城市，二三线城市覆盖范围有限。其次，大件物流尚未形成行业标准，专业服务商缺口增大。由于大件物流服务水准参差不齐，服务质量也无法保证。目前，大多数物流公司提供的服务是送货至楼下，消费者需自行把货搬到家，或者出费用找工人搬货。

据悉，"双十一"期间天猫品牌的各大旗舰店投诉量直逼200条，涵盖服饰、化妆品、房产家居、汽车饰品、IT通信等多个行业。在这些投诉中，消费者投诉比较多的有发货延迟和产品质量问题，从而导致退换货或退款。

3. 阿里牵手海尔，B2C自建物流提速。

从阿里巴巴和海尔的合作中可以看出，作为中国最大的电商销售平台，阿里巴巴已经意识到自建物流的重要性。当然，不止阿里巴巴，纵观目前国内各大电商网站，在物流配送环节较少的电商网站中，大多拥有自建物流水平，如京东商城的"当日送达"、易迅网的"一日三送"、一号店的"准点达"等，全部要得益于对自建物流的庞大投入。

从服务角度考量，家电网购的痛点不单单是"不够快"，还有不能"搬进家"。如果解决了"最后一千米"的问题，就能做到"销售到村，送货到门，服务到户"，从而进一步解决三四线市场的配送难题。

资料来源：王伶伶. 电商渠道暗战能否解决大件“搬进家”[N/OL]. 法制晚报，(2012-12-13)[2014-05-11]. http://www.fawan.com.cn/html/2013-12/13/content_468208.htm.

(3) 产品的易毁性或易腐性。产品有效期短、储存条件要求高或不易多次搬运的，应采取较短的分销途径，以尽快送到消费者手中，如鲜活品、危险品等。

(4) 产品的技术性。有些产品具有很高的技术性或需要经常的技术服务与维修，应选择生产企业直接销售给用户之渠道为好，这样，可以保证向用户提供及时、良好的销售技术服务。

(5) 定制品和标准品。定制品一般由产需双方直接商讨规格、质量、式样等技术条件，不宜经由中间商销售。标准品具有明确的质量标准、规格和式样，其分销渠道可长可短，有的用户分散，宜由中间商间接销售；有的则可按样本或产品目录直接销售。

(6) 新产品。为了尽快地把新产品投入市场，扩大销路，生产企业一般重视组织自己的推销队伍，直接与消费者见面，推介新产品和收集用户意见，如果能取得中间商的良好合作，也可考虑采用间接销售形式。

2. 生产企业本身状况

(1) 资金能力。如果企业本身资金雄厚，则可自由选择分销渠道，可建立自己的销售网点，采用产销合一的经营方式，也可以选择间接分销渠道；如果企业资金薄弱，则必须依赖中间商进行销售和提供服务，因此只能选择间接分销渠道。

(2) 销售能力。如果生产企业在销售力量、储存能力和销售经验等方面具备较好的条件，则应选择直接分销渠道；反之，则必须借助中间商，选择间接分销渠道。

(3) 可能提供的服务水平。中间商通常希望生产企业能尽可能多地提供广告、展览、修理、培训等服务项目，为销售产品创造条件。如果生产企业无意或无力满足这方面的要求，就难以达成协议，迫使生产企业自行销售；反之，如果生产企业提供的服务水平高，中间商则乐于销售该产品，生产企业则选择间接分销渠道。

(4) 发货限额。生产企业为了合理地安排生产，会对某些产品规定发货限额。发货限额高，有利于直接销售；发货限额低，则有利于间接销售。

3. 市场因素

(1) 购买批量大小。购买批量大，多采用直接销售；购买批量小，除通过自设门市部出售外，多采用间接销售。

(2) 消费者的分布。某些商品消费地区分布比较集中，适合直接销售；反之，则适合间接销售。在工业品的销售中，本地用户产需联系方便，因而适合直接销售；外地用户较为分散，通过间接销售较为合适。

(3) 潜在顾客的数量。如果消费者的潜在需求多，市场范围大，需要中间商提供服务来满足消费者的需求，适宜选择间接分销渠道；如果消费者的潜在需求少，市场范围小，生产企业可直接销售。

（4）消费者的购买习惯。有的消费者喜欢到企业中买商品，有的消费者喜欢到商店买商品。因此，生产企业应既采用直接销售，也采用间接销售，满足不同消费者的需求，以增加产品的销售量。

同步观察

红酒的渠道之困

相关数据显示，截至2011年，中国已经是世界第六大葡萄酒生产国，位居澳大利亚、智利和南非之前，另外，中国还是世界第五大葡萄酒消费国。在中国市场，虽然红酒每年的平均增长率接近20%（中高端红酒和进口红酒的增长率更高），不过，高端红酒的销售却不像数据显示的那么乐观。原因是中高端红酒的消费群分散，成碎片化状态，市场是很大，成长性也不错，但代理商、运营商对现有的市场份额的竞争非常惨烈（主要是团购），据说深圳做进口红酒的代理商、运营商就有2 000家之多，并且数据还在增长之中。

目前，中高端红酒的主要渠道是团购，占到总销售量的60%~70%，而且渠道高度重合，特别是中高端红酒的销售主渠道。每年新进的代理商、运营商很多，每个代理商靠团购维持，而团购的市场增量很少，特别是“三公消费”的限制，大家都靠关系去挣食这款蛋糕，日子自然难过。

真正的中高端红酒增长的份额在哪？这部分的消费群不是没有，还很大，但是也很分散。代理商、运营商基本上没有办法通过常规、普通的分销渠道来吸纳这部分的消费者和消费能力，因此，中国市场很难培育大品牌，这是文化和消费习惯的问题，最终造成了中高端红酒的品牌缺失，除了少数几个品牌（如拉菲）外，中高端红酒在中国市场无绝对的领导品牌。

问题的核心是中国的消费者并不是真正的把红酒作为一种自饮、品味的东西来对待，很多情况是拿来招待用的，如政商的招待用酒，否则团购不会占有那么大的份额。本质上，中国消费者对红酒的、消费的文化氛围还没有形成，不是完全没有，而是基本没有。

那么，怎样来聚焦这些高端的消费者，将是商家现阶段最需要解决的问题。

要解决这个问题，就必须要建立中高端红酒的销售主渠道，并配合品鉴、推广活动，最终建立中国市场红酒的高端品牌及形象，将分散的消费者和消费能力集中起来，并且做到可复制，可扩张。

资料来源：蒋军. 红酒的渠道之困[EB/OL].（2013-12-10）[2014-05-11]. http://expert.brandcn.com/hangyepinglun/131210_363347.html.

4. 政策规定因素

企业选择的分销渠道必须符合国家有关政策和法令的规定。对某些按国家政策应严格管理的商品或计划分配的商品，企业无权自销和自行委托销售；某些商品在完成国家指令性计划任务后，企业可按规定比例自销，如专卖制度（烟）、专控商品（控制社会集团购买力的少数商品）等。另外，税收政策、价格政策、出口法、商品检验规定等都会影响分销途径的选择。

5. 竞争特性

生产者的渠道选择还受到竞争者所使用的渠道的影响，因为某些行业的生产者希望在与竞争者相同或相近的经销处与竞争者的产品抗衡。例如，食品生产者就希望其品牌和竞争品牌摆在一起销售。有时，竞争者使用的分销渠道反倒会成为生产者所避免使用的渠道。

6. 经济收益因素

不同分销途径带来的经济收益的大小也是影响选择分销渠道的一个重要因素。对于经济收益的分析，主要考虑的是成本、利润和销售量3个方面的因素。

7. 中间商特性因素

每个中间商实力、特点不同，如在广告、运输、储存、信用、训练人员、送货频率等方面都具有不同的特点，从而影响生产企业对分销渠道的选择。

（1）中间商的不同对生产企业分销渠道的影响。

（2）中间商的数目不同的影响。按中间商的数目多少，可选择密集分销，选择分销，独家分销。

（3）消费者的购买数量的影响。如果消费者购买数量小、次数多，生产企业可采用长渠道；反之，则可采用短渠道。

（4）竞争者状况。当市场竞争不激烈时，生产企业可采用同竞争者类似的分销渠道；反之，则采用与竞争者不同的分销渠道。

同步观察

王老吉与加多宝渠道竞争白热化

从加多宝万言书喊冤，到王老吉后人就祖传配方再次为加多宝站台，加多宝与广药之间的口水战轮番上演，但在表面喧嚣的背后是双方在渠道上的真正较量已进入白热化阶段。

“现在广药王老吉的势头起来了，双方在渠道、终端上的争夺可谓火爆。”一位加多宝大经销商说。这表明了2013年的销售压力比2012年更大，“加多宝2013年的销售目标比较保守，给经销商的任务就是不下滑”。目前，随着广药王老吉完成全国铺货，借助各地酒水经销商抢占了大量的传统小店渠道及餐饮渠道，与加多宝在多个渠道进行全面拼抢。

不过猛增的销售费用也让广药颇感压力。对于批发店，加多宝的政策是进货20箱送1箱，而王老吉的政策是进10箱或8箱就送1箱，通过变相降价的方式来增加渠道和终端的利润。目前，已经基本完成全国铺货的王老吉开始发力，与加多宝在多个渠道全面交火。王老吉的铺货先从商超入手，然后在2012年第四季度的饮料淡季加大了餐饮渠道的投入，尤其是在春节期间，广药招募的在当地有一定话语权、卖酒水的强势经销商抢了不少加多宝在餐饮渠道的市场份额。

双方对于某些渠道的争夺已经到了火爆甚至过分的程度，两家公司都通过买断的方式来争夺终端。对于士多店、餐饮店，之前加多宝也存在买断的情况，但现在的投入比原来增加很多，针对个别终端的投入甚至增加了一两倍。例如，之前加多宝买断的很多餐饮店，现在王老吉来抢，“进场费”就会翻倍上升，而在这一过程中不少终端被王老吉抢去，变成专卖王老吉。由于王老吉的经销商是当地强势的酒水经销商，所以目前在餐饮渠道有一定的优势，同时随着王老吉业务团队的完善，小店渠道（士多店、小卖部等）的市场份额也在扩大。在饮料行业，近七成销售是在小店完成的，其次是餐饮渠道。

广药集团总经理李楚源曾表示：“2013年，王老吉仍需启动一轮3 000人的招聘计划，预计招聘完成后，王老吉大健康的销售团队将达到1.5万人，目前完成了60%的渠道铺货，下一步将与一些啤酒分销渠道合作，完成对餐饮行业的铺货。”显然，王老吉在完成对重要卖场和小店（士多店、小卖部等）渠道铺货后，将大力投入到餐饮渠道。

资料来源：王春梅．王老吉与加多宝渠道竞争白热化软硬兼施抢终端［N/OL］．中国经营报，（2013-03-30）［2014-05-11］．http://biz.cb.com.cn/12716612/20121208/432307.html.

任务10.2　选择渠道模式

任务引子

A企业的渠道变革三部曲之二

在任务10.1中，A企业在分析了产品特点、竞争状况和企业自身的实力等方面之后，决定采取跟随型策略。第一步，针对竞品继续完善其强势的品牌代理和区域分销模式。A企业在区域内市场采取渠道扁平、网络下沉的通路模式。其渠道改革的目的就是把渠道网络的力量最大化，为企业的发展争取时间和空间，即采取密集分销的宽渠道策略。

密集分销不等同于深度分销，也不等同于深度营销。而A企业的渠道扁平、网络下沉，作为市场细分及通路变革的一种方式，其核心在于企业对产品销售、加强分销面的扩张，让更多销售点出售自己的产品。密集分销保证了A企业产品在一定的区域市场上依靠经销商的力量，达到最大的铺货率和最有效的销售。A企业在渠道网络改造的当年，也取得销量翻番的业绩。

A企业选择渠道模式的原则是什么？A企业最终为什么采取密集分销的宽渠道策略？

资料来源：渠道变革三部曲［EB/OL］．（2009-06-18）［2014-05-11］．http://info.ceo.hc360.com/2009/06/18092079383.shtml.

任务认知

分销渠道可根据其渠道层次的数目来分类。在产品从生产者转移到消费者的过程中，任何一个对产品拥有所有权或负有推销责任的机构，都可视为一个渠道层次。生产者和消费者也参与了将产品及其所有权转移到消费领域的工作，因此，也被列入每一渠道中。但是市场营销学却以中间机构层次的数目来表述渠道的长度。

10.2.1 分销渠道的层次和类型

1. 渠道类型

按流通环节的多少，可将分销渠道划分为直接渠道与间接渠道。直接渠道与间接渠道的区别在于有无中间商。

（1）直接渠道。直接渠道是指生产企业不通过中间商环节，而直接将产品销售给消费者。它是工业品分销的主要类型。例如，大型设备、专用工具及技术复杂需要提供专门服务的产品，都采用直接分销，消费品中也有采用直接分销类型的，如鲜活商品等。

（2）间接渠道。间接渠道指生产企业通过中间商环节把产品传送到消费者手中。间接分销渠道是消费品分销的主要类型，工业品中有许多产品如化妆品等采用间接分销类型。

2. 渠道层次

按分销渠道的长短可以将分销渠道分为长渠道和短渠道，具体包括以下4层。

（1）零级渠道，即制造商——消费者，又称直销，是指产品在从生产者流向最终消费者的过程中不经过任何中间商转手的分销渠道。直接分销渠道主要用于分销产业用品。一方面，许多产业用品要按照用户的特殊需要制造，有高度技术性，制造商要派遣专家去指导用户安装、操作、维护设备；另一方面，产品用户数目较少，某些行业工厂往往集中在某一地区，这些产业用品的单价高，用户购买批量大。

（2）多层渠道。① 一级渠道，即制造商——零售商——消费者。在消费者市场，制造商与消费者之间的中介机构通常是零售商；在产业市场，则可能是销售代表商或佣金商。

② 二级渠道，即制造商——批发商——零售商——消费者。在消费者市场，制造商与消费者之间的中介机构通常是批发商和零售商；在产业市场，则通常是销售代理商和批发商。

③ 三级渠道，即制造商——代理商——批发商——零售商——消费者。肉食类食品及包装类产品的制造商通常采用这种渠道分销其产品。在这类行业中，通常有一个专业批发商处于批发商和零售商之间，该专业批发商从批发商处进货，再卖给无法从批发商处进货的零售商。

同步观察

防止渠道冲突，安利坚持直销

截至2012年12月底，安利（中国）公司在中国开设了290家店铺。在中国的销售模式改为直销后，整个安利需要重新确定营销渠道并且调整招募和培训营销人员的方式，这样做的效果在经济不振的背景下，促进了安利的业绩。

1. 坚持直销。

美国安利公司总裁德·狄维士的体会是，在经济形势向好时，消费者购买能力和消费信心高涨，直销企业的销售业绩也必然水涨船高；而在经济萧条时，会有大量失业群体投身直销这种低成本、低风险、高灵活度的就业、创业形式，而且大量兼职直销人员也会比平时更努力地从事直销业务，这样就形成了一种对冲稳定机制。加之直销企业销售的产品多为日用品，作为刚性需求，也较少受经济周期影响。近年来，直销作为一种能有效抵御经济周期波动的营销模式，受到经济界越来越多的关注。

2. 新的挑战。

狄维士也正努力让安利克服发展过程中的阻碍。例如，安利的销售队伍开始逐渐偏老；电子商务给所有消费类产品公司都带来了渠道上的冲击；中国的淘宝网上将近一半的安利产品都是假货。尽管安利在积极开发各种APP和信息化产品，但却坚持不做B2C直销。安利的后台系统看起来只不过是用来培训直销员的应用。而在德·狄维士看来，电子商务对于安利来说更多的是可以利用的一个工具，他并不认为安利也要做电子商务——这显然与直销渠道相冲突。

2013年安利还有一个新任务，就是要让销售系统中的直销人员的平均年龄降下来——尽管安利大中华区总裁颜志荣称40岁的销售队伍刚刚好，但在安利内部，他们在积极开拓35岁的销售队伍。没有企业可以忽视年轻一代的消费者，安利也不例外，而销售队伍的老龄化就直接导致了安利的产品无法触及新新人类。狄维士坦承，关注年轻人就是其工作中非常重要的方面，尤其是目前，新兴的移动产品，如iPad、iPhone等的普及，更多的直销人员可以用安利自己开发的APP给客户做产品演示。这些先进的推销手段和方式，老人们却并不擅长。

当然，安利还有一个需要面对的麻烦——假货。安利被盗用品牌严重，影响了安利销售队伍的销售能力。事实上，安利真正要做的打假也是向消费者和外界传递这样一层含义，安利一直专注于直销，这也是安利的核心竞争力。

资料来源：防止渠道冲突，安利坚持直销［EB/OL］.（2013-03-25）［2014-05-11］. http://www.qh.xinhuanet.com/2013-03/25/c_115148949.htm.

3. 渠道宽窄

按照渠道每个层次中同种类型中间商数目的多少可将渠道划分为宽渠道和窄渠道。渠道越宽，则销售网点越多，市场覆盖面越大；渠道越窄，则销售网点越少，市场覆盖面越小。制造商可按渠道宽度实施3种分销策略。

（1）密集分销。密集分销又称为广泛分销、开放性分销，是指制造商尽可能地发展批发商和零售商，以便尽可能多地销售其产品。密集分销策略渠道的控制能力弱，适于食品、日用品等生活必需品和便利品的分销。

（2）选择分销。选择分销是指制造商根据自己设定的交易基准和条件，精心挑选最合适的中间商销售其产品。其渠道的控制能力强，适于消费品中的选购品和特殊品的分销。

（3）独家分销。独家分销是指制造商在某一地区仅使用一家中间商销售其产品。选择此种分销策略的企业的渠道控制能力很强。

同步延伸

分销渠道模式的发展动态

随着信息时代的到来，互联网渗透到生活中的方方面面，这给企业的渠道模式的创新带来了机会，一些不同于传统渠道的新分销渠道模式开始出现。

1. 通路"直销"。

传统意义上的直销，是生产厂家直接将产品销售给消费者，但目前的通路"直销"，是生产厂家或经销商绕过一些中间环节，直接供货给零售终端，而并非直接向最终消费者销售。直接控制零售终端，是厂家提高市场辐射力和控制力的关键。

2. 垂直渠道网络。

它是将厂商由松散的利益关系变为紧密型战略伙伴型关系；由平行关系变为垂直、利益一体化关系；由简单的无序放射状分布变为真正的网络分布；由简单的契约型变为管理型、合作型、公司型。

在实际操作中，垂直网络形成方式有以下几种。

① 非常紧密型。由厂商双方相互投资组成销售公司或营销配送中心，直接向零售终端供货。

② 较紧密型。以独家代理、独家经销的方式，双方适当持有股份。

③ 管理型。由双方共同组建管理的营销配送中心，双方人员共同参与管理，以管理契约加强合作。

④ 松散的联盟型。由企业组织"联盟会"，选择"渠道领袖"管理。

⑤ 较松散的捆绑型。厂家和一级经销商形成明确的利益捆绑关系，共同管理二级批发商与终端零售商。

3. 水平渠道系统。

这是由两家或两家以上的企业横向联合，共同开拓新的营销机会的渠道系统。这些企业或因资本、人力、生产技术、营销资源不足，无力单独开发市场机会；或因惧怕承担风险；或因与其他公司联合可实现最佳协同效益而组成共生联合的渠道系统。例如，日本共同网络股份有限公司（CN）就是由大中型旅游公司、票务公司、体育娱乐服务公司等27家企业出资组建，其成员借助CN的共同信息网享用信息资源，齐心协力开拓旅游市场。

4. 多渠道系统。

多渠道系统即对同一或不同细分市场，采用多渠道分销体系，大致有两种形式：一种是制造商通过两条以上的竞争性渠道销售同一商标产品；另一种是制造商通过多条渠道销售不同商标的差异性产品。此外，还有一些公司通过同一产品在销售过程中其服务内容与方式的差异，形成多条渠道，以满足不同顾客。

5. 基于互联网的分销渠道。

它是指应用互联网提供商品和服务，与使用计算机或其他技术手段的目标客户通过电子手段进行、完成交易。在互联网环境下，分销渠道不再仅仅是实体的，而是虚实结合，甚至完全虚拟的。在线销售、网上零售、网上拍卖、网上采购、网上配送等新的分销形式，使分销渠道多元化，由宽变窄、由实变虚、由单向静止变双向互动。

10.2.2 选择分销渠道模式的原则

分销渠道管理人员在选择具体的分销渠道模式时，无论出于何种考虑、从何处着手，一般都要遵循以下原则。

（1）畅通高效原则。这是渠道选择的首要原则。畅通的分销渠道应以消费者需求为导向，将产品尽快、尽好、尽早地通过最短的路线，以尽可能优惠的价格送达消费者方便购买的地点。

（2）覆盖适度原则。企业在选择分销渠道模式时，应考虑及时、准确地送达的商品能不能销售出去，是否有较高的市场占有率足以覆盖目标市场。因此，不能一味强调降低分销成本，这样可能导致销售量下降，市场覆盖率不足。

（3）稳定可控原则。企业一般轻易不会更换渠道成员，更不会随意转换渠道模式。只有保持渠道的相对稳定，才能进一步提高渠道的效益。畅通有序、覆盖适度是分销渠道稳固的基础。

（4）协调平衡原则。企业在选择、管理分销渠道时，不能只追求自身的效益最大化而忽略其他渠道成员的局部利益，应合理分配各个成员间的利益。

（5）发挥优势原则。企业在选择分销渠道模式时为了争取在竞争中处于优势地位，要注意发挥自己各个方面的优势，将分销渠道模式的设计与企业的产品策略结合起来。对于生产厂家来说，制定销售渠道策略的重要内容之一就是选择合适的销售渠道模式。

同步观察

O2O势不可挡

2013年“双十一”的一个看点就是，银泰商业集团与天猫宣布达成战略合作，共同探索中国商业线上线下融合发展。同时，银泰商业集团参与电商盛事“双十一”活动，重装升级天猫网店，同时，线下35个实体店相关资源支持天猫“双十一”购物狂欢节，共同完善消费者体验。

淘宝点点作为阿里巴巴的第27个分化出来的部门，就是在布局O2O；高德地图参战“双十一”，也是希望完成线上与线下的珠联璧合，趋势已不可挡。

2014年卖家思维：未来电商很可能会成为全商业电商，没有线上线下之分，只有电商和移动电商之分，甚至只是全网电商与智能电商之分。各位卖家未来将和线下品牌体系完备的对手竞争或资源整合。试问：你是否有足够的竞争力在全电商时代崛起？你又有哪些资源与线下市场做整合？大卖家在这一点上会先走一步，相信明年的“双十一”将更加有爆发力。

资料来源：从“双十一”看2014年卖家思维[EB/OL]. 中国罗麦微群，2013-11-19.

任务10.3 筛选渠道成员

任务引子

刘威是美娜宝床上用品公司的销售部经理，有一句话可以形容他这几天的心事，那就是正在为渠道的问题大伤脑筋。

美娜宝公司的前身是一家面料厂，出于“看厌了服装厂的脸色，干脆自己做成品”的初衷，不久前，改制为一家生产、销售高档床上用品和布艺饰品的公司，刘威受聘为销售部经理。前身的面料厂，作为半成品供应商所留下的资源，除了技术开发和生产管理方面尚能借鉴外，其余对美娜宝来说所用不大，特别是销售渠道这一块，一切都要重新建立。

现在，刘威的烦恼是，董事长和总经理要求他尽快为这个新公司拿出渠道规划方案，即为美娜宝床上用品规划合适的销售渠道并制定相关政策。而就这个问题，销售部门内部讨论的结果就有5种完全不同的意见，更不要说来自其他部门的了。

刘威必须做出判断：什么样的渠道最适合销售高档床上用品？什么样的渠道最适合美娜宝的企业状况？什么样的渠道在保持稳定性的同时，也便于企业日后的渠道改进？还有一点，他也不能不考虑，即什么样的渠道最能尽快让他出成绩？

刘威想起了马得其，他们是老朋友了，在这个时候，他觉得听听马得其的意见，也许能帮些忙。刘威决定利用中午的时间，直接到马得其办公室去。

如果你是马得其，你会给刘威怎样的建议？

任务认知

筛选营销渠道成员是指厂商从众多的相同类型的渠道成员中选出适合厂商自身渠道结构的，并且能够与厂商一起有效地完成厂商制订的营销目标的渠道合作伙伴的过程。

能否筛选出合适的营销渠道成员作为厂商的合作伙伴，将直接影响到厂商生产的产品是否能够及时、准确地转移到消费者手中，影响到厂商分销的成本和厂商的服务质量，影响到厂商制订的营销目标的顺利实现，影响到产品及厂商在消费者心目中的形象。营销渠道成员筛选的重要性与厂商选择的分销密度高度相关。分销密度越小，如选择独家分销，则渠道成员的选择越重要；反之，分销密度越大，如选择密集分销，则渠道成员选择的重要性就相应地减小。

10.3.1 筛选渠道成员的原则

在筛选渠道成员之前，厂商应该首先确立一套筛选渠道成员的原则及标准，这对厂商来说是至关重要的。总的说来，厂商选择渠道成员，需要遵循如下基本原则。

（1）相互认同原则。这是厂商选择渠道成员时应遵循的最基本的原则。厂商与渠道成员之间的合作前提在于厂商与渠道成员之间的相互认同。

（2）进入目标市场原则。这是厂商选择渠道成员时应遵循的最重要的原则。要让厂商的产品迅速地进入目标市场，以方便目标市场的消费者就近购买到本厂商的产品。这就要求渠道经理、渠道总监或其他决策者在选择渠道成员时注意该渠道成员当前是否在目标市场拥有分销通路及销售场所等。

（3）产品销售原则。这是厂商选择渠道成员时应遵循的最核心的原则。厂商选择渠道成员的核心目的在于通过渠道成员的帮助，完成其营销目标，因此，厂商在选择渠道成员作为合作伙伴的时候，通常都比较注重渠道成员的实际销售能力。

（4）形象匹配原则。这是厂商选择渠道成员时应遵循的最普遍的原则，也就是我们通常所说的“门当户对”。一个渠道成员的形象必然代表着厂商的企业形象。对于拥有卓越品牌的厂商来说，尤其要重视对渠道成员形象的考虑。通常情况下，知名厂商总是与资金实力雄厚、商誉好的渠道成员结为合作伙伴或战略合作伙伴。

同步观察

中小型地板企业要决胜市场，经销商不得不“筛选”

经销商是地板企业能否打开地方市场的决定性因素，特别是对于中小型地板企业而言，如果地板品牌的影响力不足以扩散到市场，那么经销商就是地板企业取得市场的有利武器。一流产品和一流经销商能够构成超一流的市场，但是二流产品如果配上一流的经销商，一流市场仍旧能够取得。选择经销商最重要的标准是选择一个能促进事业发展的经销商。

1. 拥有知名度。

某著名地板品牌的业务员在市场上开发经销商时，首先到终端看了看：在当地市场上，哪个产品的铺货率最高、生动化做得最好？找出这个产品后，业务员询问终端商：“这个产品是从谁手中进的货？你对他们的服务是否满意？”如果大家都对这个经销商有良好的印象，业务员就直接去找这个经销商来代理自己的产品。

2. 拥有垄断实力。

目前，市场上崛起一批实力雄厚的经销商，垄断着当地的市场资源，这些经销商是企业不得不找的经销商。它们通常分为市场垄断，即经销商在当地市场上网络健全、推广能力强、市场占有率高；渠道垄断，即经销商在某些渠道（终端）中拥有绝对优势，占据着相当大份额；促销垄断，即一些经销商买断终端的促销权。中小型地板企业不通过这样的经销商，就无法在这些终端开展促销活动。

3. 终端服务良好。

这些经销商的共同特点是：经营意识先进，管理能力强。它们在与下游客户合作时，能够提供指导、培训，让下游客户跟上厂商的发展步伐，从而成为下游客户的精神领袖，这样会大大地提高网络质量，有助于渠道的发展。

选择一个错误的经销商，等于从开始时就失败了。厂商合作中存在的许多问题，如地板产品推广不力，经销商配合不力，厂家策略执行不到位，经销商窜货等，都与经销商选择失误有关。因此，一个出色的经销商也是中小型地板企业赢得地方市场的关键因素。

资料来源：中小型地板企业要决胜市场，经销商不得不“筛选”[EB/OL].（2013-05-28）[2014-05-11]. http://www.chinafloor.cn/news/detail_newsID-118825.htm.

10.3.2 筛选渠道成员应考虑的因素

一般来说，厂商在进行渠道成员筛选时考虑的因素主要有以下几个。

（1）中间商的信誉和知名度。中间商信誉的高低直接关系到企业产品销量的大小，中间商的信誉越高，商品销量越大。因此，企业应将信誉较高的中间商作为自己的选择对象。

（2）中间商的实力。中间商的实力包括资金、人员素质、营业面积、仓储和运输能力等。一般说来，中间商的实力越强，销售成功的概率也就越大。生产企业应首先选择实力较强的中间商。

（3）对企业产品的熟悉程度。这是指中间商对企业产品的性能、用途、保养等方面知识的了解程度。中间商越熟悉企业的产品，就越可能在经营中取得成功。在同等条件下，企业应考虑选用对本企业产品熟悉程度较高的中间商。

（4）预期合作程度。中间商与生产企业合作关系处理的好坏，直接影响企业产品的销售。中间商如能同生产企业密切合作，将会大大提高产品销量。生产企业在挑选中间商时，应重视这一因素。

从厂商的角度要求，合格的渠道成员还应具备下列条件。

（1）接近所期望的目标市场。渠道面员是选择批发商还是零售商，最重要的是看其服务的对象是否是本企业所要发展的市场。

（2）地理位置。所选的零售商应在顾客流量大的地区，批发商应具有较好的交通运输和储存条件。

（3）商品经营范围。应选择经营有相互连带需要的中间商。生产厂商一般不愿意将其产品交给仅有竞争品的中间商经营，如果要将其产品交与经营竞争品的中间商销售，则应考虑自己的产品与竞争品的品质、价格不要过于悬殊。

（4）促销措施。一般说来，拥有独家经销权的零售商，均要求负责部分广告活动，或者与厂商合作共同负责其他促销活动与费用。

（5）对顾客提供的服务。生产某些产品的厂商，往往把中间商能否提供各种服务，如代客送货、技术指导、换配零件、维修保养等，作为选择个别中间商的因素。

（6）运输与储存措施。某一类产品的厂商对于中间商的运输工具与运输能力及其储存设备等甚为重视，往往将之作为选择中间商的重要因素。

（7）中间商的财务状况。每一家厂商均应调查并了解可能被选中的中间商的财务状况。毫无疑问，所有的厂商都期待中间商能及时结清贷款，有些经济力量薄弱的厂商，还希望能预收货款。

（8）企业管理能力。要了解中间商的领导人员的才能、经营本领、组织机构和人员配备等，这对经营成败关系极大。

同步案例

比亚迪汽车2010年度4S店招商公告

一、申请程序

1. 首先，申请单位下载“申请书”，填写完成并装订成册后，寄至比亚迪汽车销售渠道开发部。

2. 比亚迪汽车销售渠道开发部按照内部进度，随时通知通过材料筛选的申请单位具体的实地考察时间，或邀请申请单位来深圳进行考察。

……

二、申请单位应具备的基本资质

1. 了解并认同比亚迪的经营理念及销售模式。

2. 对“比亚迪事业”充满信心，愿意长期投资，共同发展。

3. 须具有独立的法人资格和合法经营凭证。

4. 具备汽车品牌经营意识，有经验者优先。

5. 企业经营状况良好并具有良好的商业信誉。

6. 具有资金实力及较强的融资能力。

7. 拥有或能够拥有用于特约店建设的土地使用权，并有足够的场地面积。

8. 拟建店场地须位于本城市人流、车流量大的主干道旁，以适用于汽车的销售。

三、关于比亚迪4S店

1. 投资：由经营者100%出资建设。

2. 4S店布局：按比亚迪VI标准进行建设，“四位一体”式即“前店后厂”，要求体现比亚迪汽车“一路同驰骋”的经营理念。

3. 专营专修：只能销售、服务比亚迪产品，配套设施齐全。

4. 比亚迪给予4S店的：

① 协助申报品牌轿车销售资格；

② 区域销售权；

③ 区域维修权限；

④ 对4S店建店投资的适当支援。

四、投资

1. 特约店由申请者全额投资。

2. 申请者应本着既方便用户，又考虑到成本的双重原则去挑选位于主干道两侧，易于发现，便于进出的场地来建4S店（即汽车商圈条件好）。所选场地必须产权明晰，符合城市规划及环保等要求。一旦申请成功，能立即展开报建施工。申请者可与地主签订租赁或购买协议、意向，但比亚迪要求申请者在与比亚迪签订正式建店协议之前不要进行任何实质性的投资。

3. 比亚迪的商务政策将保证特约店合理的收获，但特约店投资回收的速度更主要取决于经营者自身所做出的努力。目前，所有开业的比亚迪销售服务店都获得了比其预期更好的收益。

资料来源：比亚迪汽车2010年度“4S店”招商公告［EB/OL］.［2014-05-11］. http://zf.qudao.com/xm/2164/project.html.

10.3.3 筛选渠道成员的方法

筛选渠道成员的方法有很多种，这里我们重点介绍以下3种。

1. 销售量评估法

销售量评估法是通过实地考察有关分销商的顾客流量和销售情况，并分析其近年来销售额水平及变化趋势，在此基础上，对有关分销商的实际分销能力（尤其是可能达到的销售量水平）进行估计和评价，然后筛选最佳合作成员。

2. 加权评分法

加权评分法就是对拟选择作为合作伙伴的每位中间商，就其从事商品分销的能力和条件进行打分。先根据不同因素对分销渠道功能建设的重要程度的差异，分别赋予一定的权数，然后计算每位中间商的总得分，从中选择得分较高者。

3. 销售成本评估法

利用中间商经销商品是有成本的，其主要包括市场开拓费用、让利促销费用、因延迟货款支付而带来的收益损失、谈判和监督履约的费用等。这些费用构成了销售费用或流通费用，减少了生产商的净收益。企业可以通过控制流通费用来提高渠道的效益，进而增加净收益。因此，企业也可以把预期销售费用看作选择中间商的一种指标。常用的方法有以下3种。

（1）总销售成本比较法。在分析有关经销商的合作态度、营销战略、市场声誉、顾客流量、销售记录的基础上，估算各个候选人作为分销渠道成员在执行分销功能过程中的销售费用，然后选择其中费用最低的中间商。

（2）单位商品销售成本比较法。在销售费用一定时，销量越多，则单位商品的销售成本越低，渠道成员的效率就越高。因此，在评价有关分销商的优劣时，需要把销售量与销售成本两个因素联系起来综合评价。就是将分销商的预期总销售成本与该分销商能够实现的商品销售量（或销售额）之比值，即单位商品（单位销售额）销售成本做比较，选出比值最低者作为分销渠道成员。

（3）成本效率分析法。这是以销售业绩与销售费用的比值作为评价依据，选择最佳分销商的方法。与前面两种方法不同的是，此方法采用的比值是某分销商能够实现的销售业绩（销售量或者销售额）除以该分销商的总销售费用，称为成本效率。

任务10.4　管理渠道

任务引子

A企业渠道变革三部曲之三

A企业通过渠道改革，采取密集分销的宽渠道策略，取得了业绩的提升。然而，随着时间的推移和竞争态势的变化，A企业渠道扁平的问题也暴露出来了。A企业变革渠道的初衷是希望通过渠道网络的改造，缩短产品到达最终消费者的距离，同时更好地掌控终端。改革前的渠道模式是：厂家——区域总经销——一级经销商——二级经销商——终端场所。改革后的模式，不设置区域总经销，直接把一、二级经销商中优秀的客户发展成为公司的一级合同客户，由它们直接把产品送到散落在各地的直接面对消费者的终端场所中。经过几个月对商家的筛选后，A公司在Y区域内市场建立起了庞大的经销商队伍。

追逐利润是商家的天性，它们在疯狂地争夺地盘、抢夺终端资源之时，杀价窜货也就成了家常便饭。由于这些新成长起来的一级经销商的势力和能力都还需要时间培养，而公司希望得到的重要的终端资源却一直没有商家涉足。但此时，竞争对手的商家却以其强势，仍处于该领域的绝对优势。

尽管A企业改造渠道网络后，客户数量增加了，但客户质量却下降了。而A企业依靠人海战术，尽管取得了销量上的猛增，但却面临着渠道内部的同室操戈。A企业的渠道变革进入痛苦的阵痛期。在战略相持阶段，A企业必须积极调整和完善网络渠道，以迎接新一轮的战斗。

面对渠道内部的混乱情况，A企业应该如何处理?

资料来源：求索. 渠道变革三部曲［EB/OL］.（2009-06-18）［2014-05-11］. http://info.ceo.hc360.com/2009/06/18092079383.shtml.

任务认知

渠道管理是指制造商为实现公司的分销目标而对现有渠道进行管理，以确保渠道成员间、公司和渠道成员间相互协调和通力合作的一切活动。

10.4.1　渠道管理的内容

（1）对经销商的供货管理，应保证供货及时，在此基础上帮助经销商建立并理顺销售子网，分散销售及库存压力，加快商品的流通速度。

（2）加强对经销商广告、促销的支持，减少商品流通阻力；提高商品的销售力，促进销售；提高资金利用率，使之成为经销商的重要利润源。

（3）对经销商负责。在保证供应的基础上，对经销商提供产品服务支持。妥善处理销售过程中出现的产品损坏变质、顾客投诉、顾客退货等问题，切实保障经销商的利益不受无谓的损害。

(4)加强对经销商的订货处理管理，减少因订货处理环节中出现的失误而引起的发货不畅。

(5)加强对经销商订货的结算管理，规避结算风险，保障制造商的利益，同时避免经销商利用结算便利制造市场混乱。

(6)其他管理工作。它包括对经销商进行培训，增强经销商对公司理念、价值观的认同，以及对产品知识的认识；还要负责协调制造商与经销商之间、经销商与经销商之间的关系，尤其对于一些突发事件，如价格涨落、产品竞争、产品滞销及周边市场冲击或低价倾销等扰乱市场的问题，要以协作、协商的方式为主，以理服人，及时帮助经销商消除顾虑、平衡心态，引导和支持经销商向有利于产品营销的方向转变。

同步案例

电商时代的名酒网络渠道管理

2012年以来，受市场经济大环境的影响，白酒泡沫经济现象已经凸显，白酒销售增长开始趋缓。但是，整个酒类行业的生命力依旧旺盛，虽然目前发展形势不容乐观，但还并未进入微利时代，这给渠道销售带来了新形势下的变革思维：优化网络结构、强化渠道整合、缩短、精做与创新。无论传统分销还是连锁专卖，单一的渠道模式很难支撑经销商的抗风险能力，厂家必须架构有效的渠道网络资源进行匹配整合。

1. 名酒企业网络渠道建设现状及分析。

网络渠道的发展及管理不仅是为了提升产品销量，其更深层次的效益是带来企业及产品品牌力提升和品牌认知度宣传范围扩大化，建立和稳固更广阔的全国知名企业及品牌地位。目前，大多企业产品在网络销售渠道存在着同款产品价格、产品促销力度、同一平台多家供应商(或导入链接平台商)等管理问题。其诸多问题存在的核心原因是由于目前企业网络渠道产品价格体系执行及指导更多的停滞于经销商层面，厂家对其指导和管理较少，同时厂家也没有相对完善的制度和团队去时时跟进销售和管理。

2. 名酒企业网络渠道建设、渠道规范及管理原则。

首先，以经销渠道之间均衡并相互销售达成的原则，通过核心网络销售平台的建设和市场推广，最终组建现代化白酒行业线上、线下销售渠道网络体系；其次，以产品销售和品牌推广双重目标实施为前提的原则，在现有网络平台和待建平台的建设和管理上必须形成以产品销售和品牌提升为双重目标要求；再次，建立重点帮扶和渠道淘汰机制，引导和规范其平台在销售的各个环节，对无序和知名度较差的平台商进行淘汰，以进一步优化网络渠道销售环境；最后，导入销售环节过程管理和服务追踪制度，对授权网络销售平台纳入企业销售日常管理和管控体系，实施产品价格体系浮动授权制，产品进货渠道定向合同制，售后服务明确化等系列过程和售后管理

3. 销售管理实施细则。

① 建立渠道经销平台层级授权制度，实施定向供货渠道及管理(或开发专供产品)，区隔管理链接共享平台。根据网络平台运营商授权制度，按照区域、经销实力优先的原则对所

合作的网络平台实施产品定向封闭式供货和管理。

② 形成以厂家产品价格体系指导下的网络浮动价格体系。在对网络渠道制定价格时，建议参照现行团购市场价格体系，形成厂家产品价格体系指导下的网络浮动价格体系，即“产品团购价±5%”。这样制定价格可以避免传统渠道的抵制和订单的混乱，而且也可以满足消费者对网络渠道价格低的需求。

③ 渠道销售工作以品牌推广与维护为基础重点，产品动销为次重点开展。厂家在发展其渠道的整体销售工作重心应确立以品牌推广和维护为主（包括设置品牌旗舰店、品牌销售专区等方式）、产品动销为辅的销售理念和工作指导方针。

④ 差异化促销形式和相对统一的促销力度管理。在年度网络及传统销售热点期内，厂家开展统一的线上促销活动（或经销商联合促销形式）导入企业文化促销，更多地宣传产品品质和深厚的酒文化。

⑤ 平台日常系统和管理下的销售公司统一管理。整体网络渠道平台的建设与管理的核心是纳入销售公司统一的管理范畴，在网络渠道发展的初期形成产品价格体系指导、促销形式由厂家统一管理；产品供货及日常管理维护下放到销售区的管理模式中去，后期网络渠道运营工作全部纳入职能部门下属机构独立管理和维护。

资料来源：电商时代：名酒网络渠道管理在于“双规”［EB/OL］.（2013-12-13）［2014-05-11］. http://business.sohu.com/20131213/n391743344.shtml.

10.4.2 渠道管理存在的问题

1. 渠道不统一引发厂商之间的矛盾

企业应该解决由于市场狭小造成的企业和中间商之间所发生的冲突，统一企业的渠道政策，使服务标准规范。例如，为防止窜货，应该加强巡查；为防止倒货，应该加强培训；建立奖惩措施，通过人性化管理和制度化管理的有效结合，从而培育最适合企业发展的厂商关系。

2. 渠道冗长造成管理难度加大

企业应该缩短货物到达消费者的时间，减少环节以降低产品的损耗，厂家应有效掌握终端市场供求关系，减少企业利润被分流的可能性。

3. 渠道覆盖面过广

厂家必须有足够的资源和能力去关注每个区域的运作，尽量提高渠道管理水平，积极应对竞争对手对其薄弱环节的重点进攻。例如，海尔与经销商、代理商合作的方式主要有店中店和专卖店，这是海尔营销渠道中颇具特色的两种形式。

4. 企业对中间商的选择缺乏标准

在选择中间商的时候，不能过分强调经销商的实力，否则会忽视很多容易发生的问题。因此，企业选择渠道成员时应该有一定的标准，如经营规模，管理水平，经营理念，对新生事物的接受程度，合作精神，对顾客的服务水平，其下游客户的数量及发展潜力等。

5. 企业不能很好地掌控并管理终端

有些企业自己经营了一部分终端市场，抢了二级批发商和经销商的生意，使其销量减少，逐渐对本企业的产品失去经营信心，同时它们还会加大对竞争品的经销量，造成传统渠道堵塞。

6. 忽略渠道的后续管理

很多企业误认为渠道建成后可以一劳永逸，不注意与渠道成员的感情沟通与交流，从而出现了很多问题。

7. 盲目自建网络

很多企业特别是一些中小企业，不顾实际情况，一定要自建销售网络。但是，由于其专业化程度不高，致使渠道效率低下，网络太大而反应缓慢，管理成本较高，人员开支、行政费用、广告费用、推广费用、仓储配送费用巨大，给企业造成了很大的经济损失。另外，自建渠道的关键是，必须讲究规模经济，只有经营达到了一定的规模，厂家才能实现整个配送和营运的成本最低化。

8. 新产品上市的渠道选择混乱

任何一个新产品要想成功入市，都必须最大程度地发挥渠道的力量，特别是与经销商的紧密合作。因此，企业在推广新产品上市的过程中，应该重新评价和选择经销商，一是对现有的经销商，大力强化其网络拓展能力和市场操作能力，新产品交经销商代理后，厂家对其全力扶持并培训；二是对没有改造价值的经销商，坚决予以更换；三是对于实力较强的二级分销商，则可委托其代理新产品。

道德聚焦

重击窜货，彰显科密规范市场的决心

2013年3月15日，科密北京分公司和北京市海淀区工商局联合对北京某办公设备经营中心的门店和仓库进行突击抽查，扣押所有被撕毁、被伪造条形码的碎纸机和点钞机，并对其实行巨额罚款，且保留移交公安机关的可能。北京某办公设备经营中心并非科密厂家在北京地区的合法授权代理商，该公司长期以来违规经营科密碎纸机和点钞机。2013年3月13日，科密北京分公司查处的其销售的型号为C−968的科密碎纸机产品与科密原装产品有诸多不同之处，经过科密北京分公司人员的仔细检查，发现所查处的型号为C−968的碎纸机的所有原装机器标示都被撕毁，外包装箱机身编号条形码、机器保修卡条形码与机身编号条形码和外包装箱物流条发货标示全部被违法更换成假冒的条码标示。此外，科密北京分公司通过调查还发现，机器上的全国统一售后电话竟然被印制上自己公司的联系电话，严重损害了科密厂家的合法权益。同时，因印有虚假条形码的产品无法获得科密的保修，将严重影响到广大消费者的合法权益。

根据《欺诈消费者行为处罚办法》第三条第（五）项的规定，该行为属于以虚假的商品说明、商品标准、实物样品等方式销售商品欺诈消费者的行为。依据《欺诈消费者行为处罚办法》第五条和《中华人民共和国消费者权益保护法》第五十条的规定，北京工商局海淀分局责令北京某办公设备经营中心停止此违法行为，并给予当事人徐某如下处罚：罚款10 000元，限其自收到处罚决定书之日起15日内到银行缴纳罚款，逾期不缴纳，将按罚款数额每日3%进行加处罚款。

资料来源：重击窜货彰显科密规范市场决心[EB/OL].（2013-05-15）[2014-05-11]. http：//oa.zol.com.cn/373/3732596.html.

10.4.3 渠道管理方法

生产厂家可以对其分销渠道实行3种不同程度的管理与控制，即高度控制、低度控制和渠道绩效评估。

1. 高度控制

生产企业能够选择负责其产品销售的营销中介的类型、数目和地理分布，并且能够支配这些营销中介的销售政策和价格政策，这样的控制称为高度控制。高度控制对某些类型的生产企业有着很大的益处，对特种商品来说，利用高度控制维持高价格可以维护其产品品质优良的形象，因为如果产品价格过低，会使消费者怀疑产品是品质低劣或即将被淘汰。另外，即使对一般产品，高度控制也可以防止价格竞争，保证良好的经济效益。

2. 低度控制

如果生产企业无力或不需要对整个渠道进行高度控制，企业往往可以通过对中间商提供具体的协助来影响营销中介。这种控制的程度是较低的，大多数企业的控制都属于这种方式。低度控制又可称为影响控制，包括如下内容。

（1）向中间商派驻代表。大型企业一般都派驻代表到经营其产品的营销中介中去亲自监督商品销售，生产企业人员也会给渠道成员提供一些具体帮助，如帮助中间商训练销售人员，组织销售活动和设计广告等，通过这些活动来掌握渠道成员的销售动态。生产企业也可以直接派人支援中间商，如目前流行的厂家专柜销售、店中店等形式，多数是由企业派人开设的。

（2）与中间商多方式合作。企业可以利用多种方法激励营销中介成员宣传商品。例如，与中介成员联合进行广告宣传，并由生产企业负担部分费用；支持中介成员开展营业推广、公关活动；对业绩突出的中介成员给予价格、交易条件上的优惠，向中间商传授推销、存货销售管理知识，提高其经营水平，等等。企业可以通过这些办法，调动营销中介成员推销产品的积极性，达到控制网络的目的。

同步提示

厂商要适度激励中间商

中间商是一个独立的经营者，而不是受雇于生产者，它与生产者所处的地位不同，考虑问题的角度也必然不同，产生渠道矛盾就在所难免。有效激励渠道成员，并处理渠道矛盾和冲突，是提高渠道效率的重要保障。

行之有效的激励措施主要有：①提供适销对路的优质产品；②共同搞好推销，如刊登广告，引导顾客去购买，举办商品展销，培训销售人员等；③商品数量充足、价格合理，必要时做适当的让利；④帮助中间商改进经营管理；⑤提供情报，将所获情报及时传递给中间商，定期或不定期地邀请中间商座谈，同时将企业的生产状况及生产计划告诉中间商，为中间商合理安排销售提供依据；⑥减少中间商的风险，如允许商品销售后付款，对不合格及残损商品予以退换，提供相应的维修、安装、使用服务等。

生产者必须尽量避免激励过分与激励不足两种情况的发生。所谓激励过分，就是生产者给予中间商的优惠条件超过了它取得合作与努力水平所需的条件，其结果是销售量提高，而利润量下降。所谓激励不足，就是生产者给予中间商的条件过于苛刻，以致不能调动中间商努力推销的积极性，其结果是销售量降低，利润量减少。

资料来源：中国营销网，http: //www.kizcn.com.

3. 渠道绩效评估

渠道绩效评估是指厂商通过系统化的手段或措施，对其营销渠道系统的效率和效果进行客观的考核和评价的活动过程。渠道绩效评估的对象既可以是渠道系统中某一层级的渠道成员，也可以是整个渠道系统。

在营销实践中，不少厂商同时对某个层级的渠道成员及整个渠道系统进行评估。尤其是在渠道扁平化的发展趋势下，厂商更多地加强了对渠道系统中具体渠道成员的绩效评估，以利于厂商决定是否对某些层级的渠道成员进行扁平化。下面从5个方面来阐述厂商对渠道系统的评估。

（1）渠道系统管理组织评估。渠道系统管理组织的评估包括两个方面的内容：一个是要考察渠道系统中销售经理的素质和能力；另一个是要考察厂商分支机构对零售终端的控制能力。例如，考察在厂商分支机构中是否有自控的零售终端，如果有，则该自控零售终端的销售额占厂商分支机构所在地销售的比例如何，比例越高，则表明该分支机构是在做市场，而不是在做销售。

（2）客户管理评估。这里的客户是相对而言的，客户管理评估包括3个方面的内容：一是最终客户，二是组织客户，或称商业客户，三是渠道成员的业务人员。

（3）渠道成员铺货管理评估。对渠道成员铺货管理的评估分为两个步骤。第一步是对构成渠道系统相关层级的渠道成员的信用状况进行评估，这一步至关重要，直接关系到后面的铺货风险问题，再根据对评估下来的渠道成员信用等级情况，确定是否铺货或铺多少货等。第二步是控制铺货金额。

（4）渠道成员沟通评估。渠道成员沟通评估主要通过厂商对渠道成员的培训来进行间接考察。在该项评估中，可以通过考察参加培训的渠道成员占厂商渠道系统所有渠道成员的比例、接受厂商规定的渠道成员占厂商渠道系统所有渠道成员的比例，以及参加厂商员工活动的渠道成员占厂商渠道系统所有渠道成员的比例3项指标来衡量。

（5）市场促销活动评估。无论是由厂商自身组织、渠道成员辅助实施，还是由渠道成员自身组织、厂商辅助实施的市场促销活动，通常情况下一般需要在如下4个方面，即促销目的、促销原则、促销中间环节及促销切入点达到一定的要求。

10.4.4 调整渠道成员

在渠道管理的过程中，由于情况的变化，有时需要增加或减少渠道成员，局部修正某些渠道或全面修正分销渠道系统。这种调整属于比较重大的决策，应慎重进行，通常是由企业的最高管理层做出。

在线链接

1. 中国营销渠道联盟网，http：//www.undao.com/
2. 渠道网，http：//www.qudao.com/

营销新观察

本土运动品牌渠道的调整与变革

2012年，“关店”成为运动品牌行业的关键词之一，包括匹克、安踏在内的多个运动品牌都在销售渠道上动了“手术”。

1. 渠道改革初见成效。

相关数据显示，截至2012年12月31日，匹克总门店数量仅为6 483家，相比2011年底的7 806家减少了1 300多家。这是因为2012年匹克着重进行了销售网络的调整和优化，其最终结果表现为门店数量的减少。但当年年报披露，匹克分销商数量从2011年的50个增加9个至2012年的59个。

匹克在其年报中称，2012年公司关闭了面积小及效率稍差的销售网点，开设更多面积较大、效率更高的销售网点，同时，积极调整并增加分销商的数目，鼓励现有分销商开设更多的匹克授权零售网点，并通过筛选，将部分符合条件的零售商直接提升为分销商。

除匹克之外，安踏在销售渠道方面也有所动作。相关数据显示，截至2012年，安踏旗下专业体育用品系列店铺及运动生活系列店铺的数量已经由2011年的8 665家减少至8 075家。与匹克类似的是，安踏通过严格控制新店开设、关闭效率低下的门店及优化现有门店形象等措施对销售渠道进行了调整。与此同时，出于对库存的考虑，安踏还在全国开设了更多的工厂店及折扣店。

在这一轮渠道改革的过程中，从调整力度来看，匹克无疑是最具代表性的一个品牌，而这一举措带来的成效已经开始初步显现。相关数据显示，匹克库存从2012年中期（截止2012年6月30日）的5.3亿元下降到2012年12月31日的3.9亿元，下降幅度达到26.9%。

2. 寻求新的增长模式。

知名鞋服行业专家马岗曾表示：“得渠道者得天下”。销售渠道的不断扩张使各个品牌的销量直线上涨，反映在其营业额及净利润上，也呈现持续增长的态势。

但从2012年的情况中不难分析出，门店规模的缩减导致销售量应声下跌，进而对企业的利润及盈利能力造成连锁反应，运动品牌依靠渠道扩张取得高速增长的时代已经一去不复返。一位行业内品牌管理资深人士表示，经历了粗放式的增长后，运动品牌应该将更多的目光转向精细化运作，包括产品、渠道、营销等各方面的细化。就渠道而言，运动品牌的目光应该更多地关注单店盈利能力的增长，在渠道规模增长遭遇瓶颈的情况下，通过单店质量的提升来弥补数量上的缺失。

匹克公关总监刘翔也曾透露匹克未来的打算："大部分主流品牌都在追求单店的效益，匹克也是如此，除此之外，在以篮球为主题的基础上，匹克还会丰富其他品类，如跑步系列、女子系列等，通过品类的不断丰富和增长来实现业绩的提升。"

资料来源：徐学成. 本土运动品牌：业绩全下滑，渠道需改革[EB/OL].（2013-03-12）[2014-05-11]. http：//epaper.nbd.com.cn/shtml/mrjjxw/20130312/119482.shtm.

实务演练

1. 演练内容

（1）浏览青岛海尔公司渠道建设方面的资料。

（2）结合所学知识，分析资料，为海尔制订出今后的营销渠道构建方案，并在此基础上进行中间商拜访模拟演练。

2. 演练目的

帮助学生学会分析影响企业渠道建设的因素，进而帮助学生学会应用渠道建设的步骤和方法，筛选和管理渠道成员，制定快捷便利的营销渠道策略。

3. 演练要求

（1）小组学习，共同关注、研讨，完成医药企业主流市场营销观念的分析报告。

（2）要求学生认真学习并明确影响企业渠道建设的因素。

（3）要求学生特别关注目前影响像青岛海尔这样的家电企业渠道建设的原因。

（4）要求学生运用市场营销相关基本原理，对青岛海尔目前的渠道建设情况进行分析，能够在此基础上制订出渠道开发计划。

（5）要求教师要在实战实施前给予必要的指导，并在学生相互交流的基础上给予点评。

4. 演练步骤

（1）把学生分成若干小组。

（2）案头搜索，收集青岛海尔公司渠道建设方面的相关资料，初步分析出海尔的营销渠道构建方案。

（3）根据企业渠道的建设，制订一份详细的海尔今后的渠道开发计划。

（4）以渠道开发计划为基础，进行中间商的拜访模拟演练。

5. 考核要点

（1）理念与技能

考察影响企业渠道建设的各种因素，企业渠道建设和筛选渠道成员的方法和步骤，当前市场环境下企业管理和激励中间商的策略。

（2）逻辑与规范性

逻辑顺畅，格式规范，版面、礼仪得体。

模块11

制定有效的整合营销沟通策略

为了赚钱而鼓励顾客多买商品，那你只是一个沿街叫卖的小贩，为顾客的利益而宣传商品，那你已是一个推销的行家。

——［美］齐格·齐格勒

学习目标

知识目标

- 领会选择整体促销组合的影响因素
- 学会制定有效的整合营销沟通方案
- 掌握保证整合营销沟通活动顺利实施的方法
- 学会评估传播的效果

素养目标

- 善于应用整合营销传播的各种手段，实现有效的信息沟通
- 树立在信息沟通的同时，不侵犯消费者权益的职业操守

技能目标

能在充分考虑促销组合影响因素的前提下，制定有效的整合营销传播方案，灵活运用促销的各种形式，保证传播活动的顺利实施，从而实现良好的沟通效果

模块引子

年末促销“烽烟再起”，线上线下形式多样

2013年末，家居行业的新一轮促销又上演了，各大卖场、品牌、家装公司都铆足了劲想在年底抓住消费者的口袋。值得注意的是，和往年圣诞、元旦才开始促销不同，2013年家居行业的促销提前来临了，而且借“双十二”之机，线上线下更多互动，促销形式也颇为丰富。业内人士分析，尽管刚需比较明显，但市场竞争激烈，提前促销也是未雨绸缪。

1. 线上线下多样互动。

除促销时间提前外，网络的参与也成为2013年底促销的一大亮点，其中“双十二”也引起了家居业不少卖场和品牌的兴趣。集美家居主推的活动便是“双十二”网络大促销，消费者在12月12日当天，通过在线整点抢购即可淘到特价家具建材商品；蓝景丽家家居广场也在蓝景丽城推出购券专题页面。蓝景丽家家居广场总经理尹勃表示，2013年年终促销的特色是通过微博、微信等多种线上媒介与消费者进行互动。

2. 品牌活动力度全年最大。

很多品牌到了年底，有清库存以便为来年上新货做准备的需要，有的品牌为了完成全年的销售目标，用薄利多销来冲年底业绩。在家具品牌一年的销售中，“五一”、“十一”这样的促销季都会有比较大力度的折扣。但是年底也历来是家具消费的旺季，这个时候很多家具品牌看中了消费者旺盛的刚性需求，折扣力度往往是全年度力度最大的，有的家具品牌甚至以成本价出售。据了解，不少家具品牌在年底都有自己大力度的折扣优惠活动，宜华、曲美、百强、顾家等家具品牌都为消费者推出了年终巨惠的活动方案。

资料来源：李玲. 年终促销提前“开战”[N/OL]. 新京报，(2013-12-12)[2014-05-11]. http://www.bjnews.com.cn/house/2013/12/12/297009.html.

想一想

1. 企业为什么要在年末进行促销？2013年促销时机提前的原因是什么？
2. 各大卖场和家具品牌企业可以选择的促销手段分别有哪些？2013年的促销模式与以往相比有哪些新的变化？为什么？
3. 如何为企业开展成功的信息传播和促销活动？

促销是指企业利用各种有效的方法和手段，使消费者了解和注意企业的产品，以激发消费者的购买欲望，并促使其实现最终的购买行为。中国台湾著名营销学专家樊志育教授认为：“从广义而言，凡是以创造消费者需要或欲望为目的，企业可从事的所有活动均属促销的范畴。”这些活动包括在企业营销过程中具有明显促销特征的相关活动及职能，如销售促进、人员推销、广告、公共关系和其他具有潜在促销作用的营销战略，如促销性的产品策略、价格策略、服务策略等。另外，随着科学技术的进步，互联网时代的到来，新的促销模式应运而生，网络促销、微博和微信促销等逐渐渗透到消费者的日常生活中。向采用更多样的媒体组合及传播途径的转变对企业而言是一种机遇和挑战。企业还必须向顾客传播其价值主张，有效地规划任何一次进行传播的机会，形成整合营销传播计划。

任务11.1 分析影响整合营销沟通的因素

任务引子

阿里巴巴借力"双十二"进军移动互联网

与"双十一"重视交易额、成交量不同的是，阿里巴巴集团于12月12日零点启动的"双十二"促销活动则把核心资源与营销重心放到互联网入口的争夺上。无论是3 500多万元包下双色球彩票池向淘宝网注册客户派发彩票，还是2 500万元的红包"摇一摇"豪送活动，阿里巴巴都前置了一个基本条件，即淘宝网注册用户必须事先安装其手机客户端，并通过手机客户端作为入口参与相关活动。

尽管目前无法得知淘宝网客户端及其重要支付平台支付宝手机客户端因这项活动的具体安装增长量，但仅在1分钟之内就派发出20多万注彩票、1个小时派发100多万注彩票的成绩来看，阿里巴巴在2013年岁末进行的移动互联网入口抢占战役中无疑是有成效的。因为按照阿里巴巴事先制定的规则，每个用户通过每部手机仅能抢到一注彩票，而这个活动还是在大部分客户都已熟睡的深夜零点开始的。这也意味着，阿里巴巴每派发出一注彩票都可能是一名"骨灰级"的互联网活跃用户。

有意思的是，阿里巴巴在制定彩票派发规则的时候，在手机客户端和淘宝网页面之间设计了一种强制链接，用户需要在两者之间建立起有效的关联才可能成功获取彩票。移动互联网专家认为，这可以看出成长于web 2.0时代的阿里巴巴急切要打通互联网桌面系统与移动互联网之间的"隔阂"，并形成紧密相倚关系。

比派发彩票更进一步的是，阿里巴巴在淘宝网推出2 500万元红包派发则完全摆脱了互联网桌面系统而独立在手机等移动终端运行，用户通过一次次摇动手机而获得抽奖的机会，并实时显示抽奖结果。两项活动一旦中奖，奖金都将在扣税之后直接转入阿里巴巴旗下另一个互联网产品"支付宝"账户中。

资料来源：侯大伟. 阿里巴巴借力"双十二"促销大力进军移动互联网[EB/OL]. (2013-12-14)[2014-05-11]. http://news.xinhuanet.com/newmedia/2013-12/14/c_125858202.htm.

任务认知

促销的实质是信息沟通，企业为了促进销售，把信息传递的一般原理运用于企业的促销活动中，使企业与中间商和消费者之间建立起稳定、有效的信息联系，实现有效的信息沟通。

在信息高速发展、网络不断普及的新时代，经济模式也发生了翻天覆地的变化，企业必须不断地丰富产品和服务，做好与消费者之间的信息沟通和交流。这就需要在原有促销组合的基础上开展整合营销传播，强调与顾客进行多方面的接触，向消费者传播一致、清晰的企业形象。这种接触小至产品包装的色彩大至企业的新闻发布会，每一次与消费者的接触都会影响到消费者对企业的认知程度，如果能传播相同的正向信息，就能将企业的传播影响力最大化。

11.1.1 促销组合

促销组合（promotion mix）是企业将广告、公共关系、营业推广、人员推销4种基本促销方式有机结合为一个策略系统，使企业的全部促销活动相互配合与协调，以最大限度地发挥促销的整体效果，顺利实现企业目标。每种促销工具都包括不同的方法，各种促销方式的优缺点比较，如表11.1所示。

表11.1 各种促销方式优缺点比较

促销方式	优 点	缺 点
人员推销	直接沟通信息，反馈及时，可当面促成交易	占用人员多，费用高，接触面窄
广告	传播面广，形象生动，节省人力	只针对一般消费者，难以立即成交
公共关系	影响面广，信任度高，可提高企业知名度	花费力量较大，效果难以控制
营业推广	吸引力大，激发购买欲望，可促成消费者及时冲动购买行动	接触面窄，有局限性，有时会降低商品价格

事实上，营销传播超越了这些具体的促销工具。产品的设计、价格、包装的形状和色彩、销售门店，都向消费者传递了企业信息。因此，尽管促销组合是公司的主要传播活动，但完整的营销组合（产品、价格、促销和产品）必须协调一致，以产生最佳的传播影响。

同步提示

营销传播环境的变化与思考

几个主要因素正在改变今天的营销传播面貌。

1. 消费者在改变。

在这个数字、无线的时代，消费者掌握更多的信息，并且能够接触更多的传播渠道。他们运用互联网或其他科技可以自主搜寻信息，而不是依赖营销者提供的信息。并且他们可以很容易的和其他消费者分享与品牌相关的信息，甚至去创造他们自己的营销信息。

2. 营销战略也在改变。

随着大众市场的分化，营销人员正在远离大众化营销。他们越来越多地采用聚焦营销方案，这些方案式的营销人员可以与顾客在更细微的细分市场中建立更紧密的关系。

3. 传播技术的全面改变正在引起公司与顾客交流方式的巨大改变。

数字时代滋生了一大批新的信息和传播工具，像智能手机、iPad、卫星、有线电视系统及互联网的诸多应用（如电子邮件、社交网络、网络视频、网上产品目录、博客、品牌网站等）。新的传播科技给公司提供了与目标顾客互动的新媒介。

在新的营销传播世界里，新技术使营销者可以通过互动、有趣的方式接触到更小的消费者群体，而不是像以前那样去打扰消费者，强迫他们接受大众传播信息。例如，当金佰利推出好奇纸尿裤产品线时，它有针对性地通过妈咪博客、网站、印刷和在线广告、电子邮件、店内促销和医院内的电视节目对孕妇推销，却完全忽略了电视台的广告。

尽管正在逐步向新的数字媒体转变，传统的大众媒体目前仍然占绝大多主要营销公司促销预算的最大份额，而这一现实短期内很难改变。旧的传播模型非但不会快速衰退，还会出现一个新旧媒体逐步整合的趋势。新的营销传播模型很可能是传统大众媒体和一系列令人兴奋、更具针对性、更个性化的新媒体的逐步融合。不管是传统媒体还是数字媒体，最关键的都是找到传播品牌信息和增强用户品牌体验的最佳媒体组合。

资料来源：阿姆斯特朗，科特勒. 市场营销学[M]. 11版. 赵占波，译. 北京：机械工业出版社，2013.

11.1.2 整合营销传播

整合营销传播（integrated marketing communication，IMC），是一个业务战略过程，是指制定、优化、执行并评价协调的、可测的、有说服力的品牌传播计划，这些活动的受众包括消费者、顾客、潜在顾客、内部和外部受众及其他目标。在这个概念指导下，企业会慎重整合和协调其传播渠道，传递关于企业及其产品的清晰、已知、令人信服的信息。

整合营销传播一方面把广告、促销、公关、直销、CI（corporate identity system）、包装、新闻媒体等一切传播活动都涵盖于营销活动的范围之内；另一方面则使企业能够将统一的传播资讯传达给顾客。其中心思想是以通过企业与顾客的沟通满足顾客需要的价值为取向，确定企业统一的促销策略，协调使用各种不同的传播手段，发挥不同传播工具的优势，从而使企业实现促销宣传的低成本化，以高强的冲击力形成促销高潮。

同步提示

营销传播组合的平台

营销传播组合（marketing communications mix）包括7个主要传播模式，如表11.2所示。

表11.2　营销传播平台

广　告	促　销	事件和体验	公共关系和公共宣传	直销和互动式营销	口碑营销	人员推销
印刷和广播； 外部包装； 说明书； 电影院； 宣传手册； 海报和传单；	竞赛、游戏； 抽奖、彩票； 优惠和赠品； 样品； 交易会和贸易战； 展览和演示；	体育； 娱乐； 节庆； 艺术； 公益； 参观工厂；	新闻发布会； 演讲； 讲座； 年报； 慈善捐赠； 出版物；	产品目录； 邮件； 电话销售； 电视购物； 传真； 电子邮件；	人对人； 聊天室； 博客	销售陈述； 销售会议； 激励计划； 样品； 交易会和贸易展

（续表）

广　告	促　销	事件和体验	公共关系和公共宣传	直销和互动式营销	口碑营销	人员推销
目录； 广告软文转载； 广告牌； 展示标志； 售点展示； DVD	优惠券； 返点； 低息融资； 抵换折让； 定期订货协议； 搭售	公司博物馆； 街头活动	社区关系； 游说； 身份媒介； 公司杂志	语音邮件； 公司博客； 网站		

资料来源：科特勒，凯勒. 营销管理［M］. 14版. 王永贵，泽. 上海：格致出版社，2012.

同步案例

整合营销，传播健康睡眠理念

慕思床垫通过娱乐营销将整合的健康睡眠理念广为传播，越来越多的人知道慕思并且接受慕思的理念，这些对于慕思床垫的发展来说是举足轻重的。

慕思床垫通过赞助罗志祥和刘德华的个人演唱会，得到了很明显的效果。专程为看罗志祥而赶来的大三学生小文，在演唱会现场看到了巨幅的慕思形象广告牌，他说："的确高端大气上档次，可惜我买不起。"也许慕思已经非常清楚，罗志祥的粉丝们并非它们产品的主力消费人群。"买不起并不影响慕思睡眠文化的传播，未来是他们的，我们的理念需要他们的认同。"慕思总裁姚吉庆说，慕思看到了更远的市场，"对于这次赞助，我们并非真正地谋求广告效益，而是在做一种尝试，找到品牌远见和产品利益的平衡。"这个平衡点便是从长远角度为慕思品牌埋下伏笔。而且，这些粉丝并非完全不是慕思的目标人群，"我们旗下的V6和爱迪奇这两个系列，就是针对'80后'和'90后'"。

尽管慕思没有把床垫搬到演唱会现场，但它还是找到了一个让所有观众都愿意接受的理由——"关注健康睡眠"。显然，"关注健康睡眠"比"来买我的床"更容易让人接受。这张牌几乎是"通杀"的，对看罗志祥演唱会的观众适用，"80后"、"90后"，无论是学业还是事业，都在压力期，"欠睡"如家常便饭；而对看刘德华演唱会的观众一样适用，三代粉丝也好，五代粉丝也罢，这年头谁没点压力呢？另外，慕思也从带动销售的本身做文章。罗志祥的海报贴满慕思分布于全国的每一家专营店，在演唱会一票难求的情况下，推出了"买慕思送门票"活动，且不说购买者们自己愿不愿意去看，至少送给家里的晚辈，不失为一件很好的礼物。慕思整合营销的节奏很紧凑，有了罗志祥演唱会这次试水，很快便与天王刘德华搭上了线，于是便有了2013年10月那两场"天王之夜"。相比罗志祥，刘德华的影响力又上了至少3个档次，粉丝的跨度也广了很多。

资料来源：慕思床垫赞助明星个唱整合营销传播健康睡眠理念［EB/OL］.（2013-12-09）［2014-05-11］. http://heihe.dbw.cn/system/2013/12/09/055317257.shtml.

11.1.3 分析影响整体促销组合的因素

整合营销传播的理念要求企业将促销工具小心地整合为协调一致的促销组合。影响整体促销组合决策的因素有很多，应主要考虑以下几个因素。

1. 促销目标

所谓促销目标，是指企业促销活动所要达到的目的。促销目标是影响促销组合决策的首要因素。每种促销工具，如广告、人员推销、销售促进和公共宣传等，都有各自独有的特性和成本。营销人员必须根据具体的促销目标选择合适的促销工具组合。

同步观察

美容院的促销目标

目标，往往是一次促销活动所追求的结果及衡量活动是否成功的最终标准。对于美容院来说，无目的、目标定得过高或与美容院的实际情况不一致，都会使促销活动的最后成果变得不值一提。每一次的促销活动都应该有明确的目标和针对性，只有这样的促销活动才有可能成功。

美容院促销的目标按活动的目的、针对对象及性质、意义的不同可以分为以增加新客人，促使老客人重复消费，增加销售额，提升美容院形象，改变美容院形象，新项目新产品宣传为主，让流失的客人重新回头为主，以吸引特定的顾客群、清理库存为主等，无论你选择了哪一个具体的促销目标，只要所有的工作都为实现这一目标而做，就可以大大增加促销活动成功的概率。

资料来源：如何做好美容院目标促销活动［EB/OL］.（2012-09-04）［2014-05-11］. http://www.138job.com/shtml/SPcollection/18209/72642.shtml.

2. 市场特点

除了考虑促销目标外，市场特点也是影响促销组合决策的重要因素。市场特点受每一地区的文化、风俗习惯、经济政治环境等的影响，促销工具在不同类型的市场上所起作用是不同的，因此，应该综合考虑市场和促销工具的特点，选择合适的促销工具，以达到最佳促销效果。

同步案例

小叮当童装消费市场的促销策略

调查表明，我国14岁以下的儿童约有2.6亿人，他们构成了一个庞大的社会群体。随着经济的发展，人们越来越注重对儿童消费的投入，我国40%的家庭总支出中有40%左右的资金花在了孩子身上。儿童是一个特殊年龄的消费群体，儿童消费品的营销宣传，不仅要考虑少年儿童自发的消费需要，还要充分注意儿童家长的思想意识、审美观和对子女的培养目标。北京小叮当品牌童装在进行促销组合设计时充分考虑到童装市场的特点，从而有针对性地组织促销策划，尤其在销售终端的现场促销活动做得非常到位。

小叮当童装在进行市场调查后发现，在信息的传递和沟通上，童装市场的特点表现在以下几个方面：受到媒体宣传和家长消费观念与行为的影响，对童装的色彩、款式等要求较高；儿童是特别好奇的消费群体，凡是好奇有趣的东西都能对他们产生强烈的诱惑力；稳定性差，儿童的消费纯属情感性的，对一种事物产生兴趣快、失去兴趣也快；极强的模仿性，小伙伴有什么，自己便想要什么。

基于以上特点，北京小叮当童装认为通常企业针对儿童市场主要以电视广告作为主要促销手段的方式对儿童市场而言效果并不明显。小叮当童装选择了更贴近儿童的促销方式：增强门店现场的互动和交流，虽然传播面小但沟通效果明显提高不少。一场现场促销活动虽然看似简单，其实里面却是要包含许多内涵的，小叮当童装巧妙地把产品的独特卖点、消费者利益、情感利益溶入到现场，使家长和儿童们在现场体验中获得其关注的信息及利益，从而顺利成为小叮当童装的稳定顾客。

资料来源：北京小叮当童装消费市场的促销策略研究[EB/OL].（2013-06-04）[2014-05-11]. http://chinanpn.com/article-726261-1.html.

3. 产品性质

由于产品性质的不同，消费者及用户具有不同的购买行为和购买习惯，因而企业所采取的促销组合也会有所差异，对不同性质的产品必须采用不同的促销组合和促销策略。一般来说，在消费者市场，因市场范围广而更多地采用拉式策略，尤其以广告和营业推广形式促销为多；在生产者市场，购买者购买批量较大，市场相对集中，因此以人员推销为主要形式。

同步案例

梦洁家纺：促销结合产品特点赢得市场

家纺产品作为日用消费品，促销旺季主要集中在劳动节、国庆节和新年前夕，然而此时正是购物、结婚、乔迁和日常更换的高峰期。梦洁家纺在品牌运作当中，从家纺企业促销的形式来看，多采用直接打折促销或买赠促销。例如，“全场7折优惠酬宾”、“买100送××”类似这样的促销手段几乎所有的家纺品牌都在模仿使用，这导致了促销活动面临同质化，而且也没有把促销的目的真正体现出来。因此，单纯通过价格吸引消费者，仅仅只能使一些低端产品的销量有所提升。

梦洁家纺注意到，目前专卖店的主要销售来自于促销打折、买赠活动，成交率提高的同时，客单价下降，专卖店的销售功能正在逐步弱化，而其更重要的功能是品牌展示和物流配送。在促销旺季，婚庆和乔迁产品的销售比重往往占到55%~70%，抓住这两部分客户源就等于抓住了销量。要提高正价品的销售量，大幅提升单店赢利率，必须提高婚庆、乔迁、送礼产品的比重，而这部分消费者购买的往往是家纺新品和高档品。

家纺新品和高档品的销售直接决定店铺的利润空间，因此，寻找目标中的高档客户非常重要。选择新的促销模式，如与家装公司及银行进行合作，开辟出专卖店以外的“第二战场”，对挖掘潜在客户十分重要。家装公司设计师的意见对消费者起到重要的引导作用，紧紧抓住家装设计师的心，利用这种口碑营销可以在装修过程中拦截客户，从而提高婚庆、乔迁产品的销售量。

资料来源：梦洁家纺：促销结合产品特点与品牌文化差异化赢得市场[EB/OL].（2011-11-16）[2014-05-11]. http://www.hometexnet.com/person/80549.html.

4. 产品生命周期

在整个产品的生命周期中，企业所应采取的促销组合依各个阶段的不同而有所不同（见表11.3）。总的来看，在导入期和成熟期，促销活动十分重要，而在成长期和衰退期，则可降低促销费用支出，缩小促销规模，以保证足够的利润收入。

表11.3 不同时期采取的不同促销方式

产品生命周期	促销重点目标	促销主要方式
介绍期	使消费者认识了解产品	各种介绍性广告、人员推销、导入CIS策略
成长期	提高产品的知名度	成熟期增加产品的信誉度改变广告形式（如形象广告）
衰退期	维持信任、偏爱	营业推广为主，辅以提醒性广告、减价等
市场生命周期各阶段	消除顾客的不满意感	改变广告内容，利用公共关系

5. "推式"策略和"拉式"策略

促销组合较大程度上受到公司选择"推式"策略或"拉式"策略的影响。推式策略是指利用推销人员与中间商促销而将产品推入渠道。拉式策略是指企业针对最后消费者，花费大量的资金进行广告及消费者促销活动，建立消费者的需求欲望，以增进产品的需求。两种策略的比较如图11.1所示。

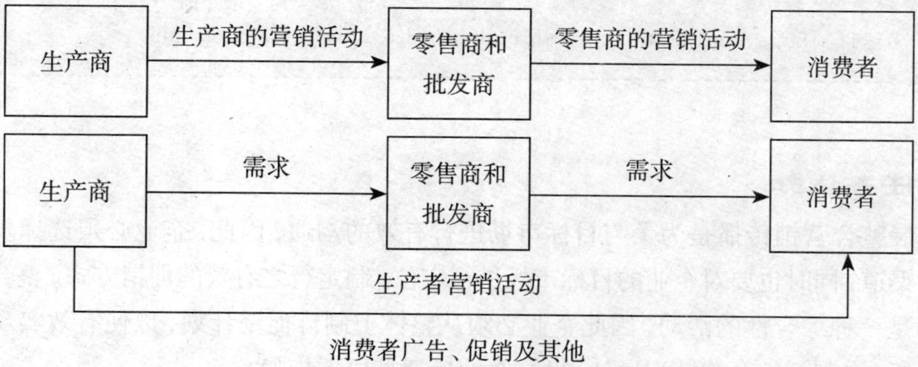

图11.1 "拉式"策略与"推式"策略

6. 经济前景

企业应随着经济前景的变化，及时改变促销组合。例如，在通货膨胀时期购买者对价格反应十分敏感。在这种情况下，企业至少可采取如下对策：①提高销售促销相对于广告的分量；②在促销中特别强调产品价值和价格；③通过传播各种信息告诉顾客在何处及如何明智地购买。

7. 其他营销因素

影响促销组合的因素是复杂的，除上述因素外，企业的营销风格、销售人员的素质、企业的整体发展战略、社会和竞争环境等都不同程度地影响着促销组合的决策。营销人员应审时度势，全面考虑，才能制定出有效的促销组合决策。

任务11.2 制定和实施整合营销沟通方案

任务引子

梧桐霖创意菜双微促销

梧桐霖自开店以来就一直想要在餐厅林立的中山公园商圈中脱颖而出，创意特色菜成为其突围的利器之一。梧桐霖没有很明确地限定自身的菜系标准，而是融合了多种菜系的特色，逐渐形成自己的美食理念：只要是好吃的菜，就到梧桐霖的碗里来！

但一家开张不久的新店，想要仅仅通过菜品的创新马上聚集大量的人气，在这个竞争不断激烈的餐饮市场，还需要较长一段时间的积累。梧桐霖尝试过优惠券、团购等营销方式，但效果仍然没有达到预期。

随着微信营销的不断兴起，梧桐霖创意菜嗅市场之先机，果断利用这种新兴的营销模式，携手上海传世，于2013年9月28日—2013年10月1日开展了"打折不打烊，梧桐霖2折优惠酬宾"双微营销活动，利用微博营销平台快速传播活动内容，利用上海传世微信聚财宝进行活动报名并聚集自身的客户资源。创意特色菜加上先进的营销手段，使此次活动取得了极大的成功，2013年9月28日开始梧桐霖中山公园店出现了期待已久的排队等位现象，翻台率与平日相比增加了近3倍。

梧桐霖店促销成功的因素是什么？它们利用了什么促销工具？

资料来源：打折不打烊，梧桐霖创意菜"两折"优惠引爆黄金周前夜[EB/OL].（2013-09-23）[2014-05-11]. http://mil.eastday.com/eastday/dfsh/node632254/u1a7675265.html.

任务认知

开展整合营销传播是为了与目标市场进行有效的沟通，因此，企业必须选择发布信息的各种渠道，同时也要对企业的目标市场进行定位，制定行之有效的促销方式。整合营销沟通活动是一种综合性的活动，因此企业必须从整体上制订促销计划，以便有效实现预期的促销目标。在制订整合营销沟通计划时，企业应遵循以下步骤。

11.2.1 明确目标市场

明确目标市场，其实就是确定产品或服务所针对的消费者。在潜在市场中，哪些人需要你的产品，哪些人在使用你的产品的过程中受益，那么这部分人就是你的目标市场所在。只有认准了潜在客户，企业才能采取最有效的促销手段，与他们进行营销沟通，并在沟通过程中传达最适合于他们的营销信息。

同步观察

橱柜“微营销”打造口碑传播、吸引潜在消费者

橱柜产品是耐用消费品，具有长期使用性，这就使其销售受到了一定的限制。一位消费者购买一组橱柜之后，通常要过好几年甚至更长时间，才有可能产生再次消费。因此，用户平时对橱柜产品的关注度不是很高，这也导致橱柜品牌在用户心中没有十分重要的印象和地位。已经购买过某品牌橱柜的消费者虽不能在短时间形成再次消费，但其口口相传的亲身经历却有可能为橱柜品牌带来潜在消费者。而在“微媒体”时代，这种口碑的传播就变得更为简单，橱柜企业需要运用微营销巩固和加强在行业中的地位。

“微媒体”时代的到来，已改变了很多人的生活习惯。相关数据显示，在使用微博、微信等微通讯之后，网民上网第一站登录微信息交通方式的比例达到将近50%，直逼即时通信工具和电子邮件。这种普及性已经使微营销具备了一定的用户基础，很多行业纷纷参与，橱柜行业也正在步入“微营销”时代。

微营销具有以下显著的特点。微信不但是信息发布的平台，更是预料企业和消费者沟通的平台。当橱柜企业拥有这些客户，就可以和客户进行一对一的交流，这种方式就是一对一营销，对于企业而言，可以通过多种形式与目标客户进行沟通，在用户选购橱柜产品的时候，可以做他们的家居顾问，当用户遇到问题的时候，可以帮忙解答。对于消费者而言，由于体验的是个性化和唯一化的服务，会感觉到更好的用户体验，从而转化为相对忠诚的用户群体。

资料来源：橱柜“微营销”打造口碑传播吸引潜在消费者[EB/OL]．(2013-10-16)[2014-05-11]. http://www.chinachugui.com/news/2013/1015/13101556843.shtml.

11.2.2 确定沟通目标

一般来说，企业可以通过整合营销沟通的相关促销手段来实现以下目标。

(1)销售产品或服务，告诉所有有关的产品或服务的信息。

(2)寻找潜在客户，使他们对产品或服务感兴趣。

(3)强化销售，提高销售额或销售量。

(4)打入某一特定的细分市场或区域市场。

(5)宣传新产品或新产品组合，增加特殊产品或服务的销售。

(6)使客户对企业产生意识或认知，提升企业知名度。

企业在确定具体的沟通目标时，要综合考虑其产品所处的生命周期及目标市场的特征，使促销目标具体化、清晰化。

11.2.3 设计整合营销沟通的信息

促销信息是企业在与目标市场沟通时，用以吸引目标市场所采用的文字和形象设计。企业在与目标市场进行促销沟通时，必须在促销信息中以充足的理由向潜在的客户表明：为什么他们应该对该促销信息做出反应，企业所提供的产品能够给用户带来的最大的益处是什么，这两点是促销信息中最关键的内容。

同步观察

促销怎样博得消费者青睐

很多高端白酒一般不会进行促销，如果企业要对这些产品进行促销就要尤为注意，因为高端白酒的目标人群不会轻易为促销品而改变消费习惯，因此，促销不当的话很有可能会导致大家会此产品失去信心，不仅浪费了资源，更加失去了终端竞争中的一个重要筹码。高端白酒促销一定要注意以下几点。

1. 身份匹配原则。

高端白酒做促销不仅要符合产品的品牌属性，还需要符合目标消费人群的生活或工作特点，同目标人群的身份与心态达成充分的匹配。

2. 品牌核心原则。

高端白酒所有的促销品必须遵循品牌固有的属性，不得逾越品牌自身所蕴含的理念。这样才不会给消费者造成有欺诈、欺骗的印象。

3. 物超所值的原则。

高端白酒的促销品，大多难以从感官上评判其价值或标价昂贵，但是通过集团采购或直接定做，实际价格会大大降低。因此，高端白酒的促销需要一些合适的附加品来展现产品物超所值的一面。

4. 地方文化原则。

高端白酒一般走的都是全国市场，而各地的文化传承及风俗习惯各不相同，因此，高端白酒的促销要结合当地的风土民情与民俗习惯来进行促销品牌的塑造及市场营销，得到消费者的心理认同与购买期待。

高端白酒品牌的促销过程就是一个十分复杂的策划过程，其实也就是资源整合的过程，只有把你所拥有的市场资源配置的更加科学、合理，才能赢得更多的市场主动权。

资料来源：袁野. 促销品怎样博得消费者青睐[EB/OL].（2012-10-12）[2014-05-11]. http://www.daili9.com/zxshow-12114.html.

11.2.4 选择整合营销沟通的手段

如今的消费者被各种不同来源的信息轰炸，采用更多样的媒体组合及传播途径对营销者而言势在必行。但是顾客并不会像营销者那样去分辨信息来源，在顾客心中，所有来自不同媒体、不同途径的营销信息，都将整合形成关于企业的信息，整合营销传播将所有的公司信息和形象捆绑在一起。企业的电视、印刷品广告与电子邮件和人员销售传递同样的信息；企业的公关材料和网站、社交网站或移动市场映射同样的企业形象。

同步观察

2014年多屏营销将占据主导

帮助客户打造强大品牌的全球领先企业Millward Brown在2013年12月12日发布了2014

年的数字与媒体预测报告。这份由世界各地Millward Brown专家撰写的报告指出，2014年的主要挑战就是营销人员需要更好地了解消费者在使用各种设备时的行为方式，并相应地调整其投资方向。

营销人员需要在受众规划方面获得更深入的洞察，借此了解不同的消费者何时、何地及如何使用不同的设备，以便在最便于浏览的屏幕上查看内容。他们还需要研究工具，以评估各个屏幕上的传播效果，这能帮助他们了解不同的屏幕在购买过程中所起到的作用。

这些信息将帮助营销人员充分扩大受众群体，在不以屏幕为转移的规划过程中以富有成本效益的方式触及各种设备，同时充满信心地根据新的消费者行为调整渠道计划。

Millward Brown预测，全球媒体界将发生下列显著变化：视频预算将继续从电视转向多屏渠道；移动媒体支出将大幅上升，特别是针对青少年的品牌；品牌将创造更多易于共享、能够在移动平台上传播的内容，很多人会尝试Vine等微视频平台。

我们生活中的各种屏幕越来越多，这将鼓励营销人员创造性地利用户外数字媒体或充分把握智能手表和谷歌眼镜等佩戴式屏幕所创造的新机会，借此尝试真正的突破性营销创举。

在各种设备上传递清晰、一致的信息，并牢牢把握住新的营销机会，这将成为企业赢得成功的关键。Millward Brown从数字展示广告中获得的眼动跟踪数据显示，在一系列快速刺激中，只要有一个有吸引力的画面就足以吸引眼球、抓住消费者，因此，营销方式更为简单而直接的品牌将实现更广泛的互动。

Millward Brown数字营销全球品牌主管Duncan Southgate称："2014年，我们将看到更多的营销人员设法通过有趣的方式，如带'主题标签'的电视广告在各种屏幕间建立互动。然而，最成功的营销者必然会在各种屏幕上展现出连贯一致、清晰明确的品牌信息和形象，并将广告支出与受众在每种设备上所花的时间紧密联系在一起。"

资料来源：MILLWARD BROWN. 2014年多屏营销将占据主导［EB/OL］.（2013-12-12）［2014-05-11］. http://www.yicai.com/news/2013/12/3214108.html.

作为信息的发送者，企业必须选择最有效的沟通手段，以便准确传达其营销信息。下面将对主要的沟通手段逐一进行分析。

1. 人员推销

（1）人员推销的概念。人员推销（staff selling）是指企业派出营销代表直接与中间商、现实或潜在顾客进行面对面地接触、洽商，通过双向的信息沟通和交流，促进商品和服务的销售，并且通过信息的反馈来发现和满足顾客需求的促销方式。与其他促销方式相比，人员推销在选择目标顾客的针对性和准确性、掌握顾客需求的灵活性、提供服务过程的完整性及与客户建立关系的情感性等方面具有明显的优势和特点。

目前，人员推销主要有上门推销、柜台推销、会议推销几种方式。

① 上门推销。上门推销是最常见的人员推销形式，是由推销人员携带产品的样品、说明书和订单等走访顾客，推销产品。

② 柜台推销。它又称门市推销，是指企业在适当的地点设置固定的门市，由营业员接待进入门市的顾客，推销产品。柜台推销适合于零星小商品、贵重商品和容易损坏的商品。

③ 会议推销。它是指利用各种会议向与会人员宣传和介绍产品，开展推销活动。例

如，在订货会、交易会、展览会、物资交流会等会议上推销产品等。这种推销形式接触面广，推销集中，可以同时向多个推销对象推销产品，成交额较大，推销效果较好。

同步提示

人员推销步骤

推销人员要首先明确推销是为顾客解决问题，而不是对顾客施加压力，应奉行以顾客为导向，而不是以交易为导向，只有以此为前提，才能使推销员从一个被动的订单接收者转变为一个积极的订单争取者。大多数有效的推销活动都要经过如下工作环节。

1）寻找潜在顾客和鉴定客户资格。通过一手和二手资料发现企业的潜在顾客并评估他们的利益和可能的财务支付能力。

2）接触前的准备。通过各种途径熟悉和了解目标顾客的个性特征，制定访问的具体策略。

3）与顾客接触。以适当的礼仪去接触顾客，为成交创造一个良好的开端。

4）讲解与示范。讲解与示范可通过产品样品或借助小册子、挂图、幻灯片、录像带等方式进行。

5）应付异议。当遇到异议时，推销员应采取积极的态度应对各种各样的顾客抵触情绪，这需要推销员有较强的谈判技巧。

6）达成交易。推销员必须善于从顾客的动作、语言中发现可以达成交易的信号，以尽快促成交易的实现。

7）跟进服务。跟进服务包括及时的安装服务、技术指导及后续的回访等，奉行顾客导向的推销员还应制定一个维护老客户、创造忠诚顾客的长远计划。

推销员在推销过程中需要具备一定的素质和技巧，以便更有效地开展推销。其中最重要的因素包括：事先准备与推销主题有关的知识；在压力和不确定的情况下迅速反应的思维能力，语言表达能力，倾听技术，判断能力和说服对方的能力和信心。

（2）人员推销策略。① 试探性策略。它也称“刺激-反应”策略，是在不了解顾客的情况下，推销人员运用刺激性手段引发顾客产生购买行为的一种策略。推销人员事先设计好能引起顾客兴趣、能刺激顾客购买欲望的推销语言，通过渗透性交谈进行刺激；在交谈中观察顾客的反应，然后根据其反应采取相应的对策，并选用得体的语言，再对顾客进行刺激，进一步观察顾客的反应，以了解顾客的真实需要，诱发其购买动机，引导其产生购买行为。

② 针对性策略。它是指推销人员在基本了解顾客某些情况的前提下，有针对性地对顾客进行宣传、介绍，以引起顾客的兴趣和好感，从而达到成交的目的。因为推销人员常常在事前已根据顾客的有关情况设计好了推销语言，这与医生对患者诊断后开处方类似，故又称针对性策略为“配方-成交”策略。

③ 诱导性策略。它是指推销人员运用能激起顾客某种需求的说服方法，诱发引导顾客产生购买行为。这种策略是一种创造性推销策略，它对推销人员要求较高，要求推销人员能因势利导，诱发、唤起顾客的需求，并能不失时机地宣传介绍和推荐其所推销的产品，以满

足顾客对产品的需求。因此，从这个意义上说，诱导性策略也可称“诱发-满足”策略。

同步辨析

先卖产品还是先卖自己

小李是一家规模小的调味品厂的业务经理，他的主要工作就是为产品找销路。小李很清楚，厂子的实力和团队是不可能直接做卖场的，要销量只有找经销商，才能做渠道和终端。他仔细分析了地区内的调味品代理商的情况，选定了铭新公司，找到铭新的业务经理，对方知道他的来意后不冷不热的，显然没多少兴趣。小李可是有备而来，他不慌不忙地与铭新的经理聊起了家常，说起新铭公司的发家史，铭新的经理可谓是洋洋得意，兴奋不已，小李边听边微笑点头。说完发家史，铭新的经理又不无发愁地说，公司发展很快，原来简单的管理方法跟不上了，在管人、管事、管钱等方面都遇到了瓶颈。小李心想机会来了，自己可是一直在琢磨经销商的内部管理问题，今天可派上用场了，从图表化管理到流程设计，从人员轮岗制度到预案计划，铭新的经理听得目瞪口呆，只管小李叫大哥。结果，小李不仅让厂里的产品以最好的条件跟铭新签了代理合同，还被铭新的老板聘为顾问，专门为他们的内部管理出谋划策。小李可没为卖产品花什么心事，他先成功地把自己卖出去了。

试想一下：小李是通过什么样的方式打开了销路？需要注意的问题是什么？推销人员在推销过程中应注意哪些问题？

资料来源：黄静. 先卖产品还是先卖自己[EB/OL].（2011-04-17）[2014-05-11]. http://www.yingxiao360.com/htm/2011417/3606.htm.

同步延伸

推销员要拘小节

俗语说：“人不跌于山，而跌于蚁冢。”推销员便是这样，只是多数人没有意识到而已。

有一位成功的推销员，每次去登门推销总是随身带着闹钟，交谈一开始，他便说：“我打扰您10分钟。”然后将闹钟调到10分钟的时间，时间一到闹钟便自动发出声响，这时他便起身告辞：“对不起，10分钟时间到了，我该告辞了。”如果双方商谈顺利，对方会建议继续谈下去，那么，他便说：“那好，我再打扰您10分钟。”于是闹钟又调了10分钟。

大部分顾客第一次听到闹钟的声音时，很是惊讶，他便和气地解释：“对不起，是闹钟声，我说好只打扰您10分钟，现在时间到了。”而顾客对此的反应是因人而异，仁者见仁，智者见智，绝大部分人会说：“嗯，你这人真讲信用。”也有人说：“咳，你这人真死脑筋，再谈会儿吧。”

推销员最重要的是赢得顾客的信赖，然而不管采用何种方法达到此目的，都离不开从一些微不足道的小事做起，守时只是其中一个小例子，这是推销员用自己的信用来赢得顾客的大信用。因为一开始答应会谈10分钟，到点便告辞，就表示你百分之百的信守诺言。

要想赢得顾客的认可和信赖并不是什么难事，只要在一些小事上用心，百分之百考虑顾客所关心的事情，然后加以满足便可以了，因为推销工作不像影视歌星一样，一出戏、一段台词、一首歌，便能打动广大的观众。推销员不仅需要雄辩的口才和演技，而且需要随时随地去揣摩顾客的心理，“唱独角戏”的人绝不能当推销员。

推销员赢得顾客的技巧不妨新奇，但无须过于好做惊人之举、好出惊人之语，否则会适得其反。只有在平凡的小事中表现出不平凡，才是真正伟大的推销员。

2. 广告

广告（advertising）是由明确的主办人发起，以付费方式进行的旨在将商品、服务或营销构思的有关信息传递给目标受众的一种大众传播行为。广告是一种经济有效的、应用频率最高的信息沟通和传播手段，它在沟通产销、激发需求、指导消费、增加效益、美化生活、促进文明等方面，都有着其他促销方式无法比拟的优势。

（1）广告目标。广告目标是指企业在特定时期内，针对特定的对象，通过广告活动所要达到的特定信息传播任务。广告目标必须符合先前制定的有关目标市场、市场定位和营销组合等决策。不同的企业在不同时期，其广告目标又各不相同，通常广告目标可分为告知、劝说、提示三大类。

① 告知性广告。告知性广告的目的是为产品创造最初的基本需求，常在产品的介绍期用来介绍新产品、开拓新市场，因此又称创牌广告或开拓性广告。

② 劝说性广告。劝说性广告是企业在市场激烈竞争阶段常用的有力武器，一般多用于处在成长期和成熟期的产品宣传，企业实行差异性营销策略时也使用劝说性广告。

③ 提示性广告。提示性广告在产品的成熟期非常有必要，其目的是使顾客保持对某企业品牌产品的记忆，巩固该企业已有的市场阵地，并在此基础上深入开发潜在市场和刺激购买需求。

同步观察

安尔乐：宝宝的奇幻囧途

2013年9月，安儿乐举办的第八届宝宝爬爬全国总动员大赛拉开帷幕，为配合此次活动宣传，安儿乐通过互动通发起了一场萌宝宝奇幻囧途的媒体传播活动。本次媒体传播活动以“宝宝的奇幻囧途”为主要诉求，通过互动游戏，用计算机键盘控制萌宝宝的爬行路线，生动活泼的展现出宝宝的俏皮萌态，借此引发受众关注度剧增，从而将宝宝爬行总动员的活动信息实现了更广泛的传播，让更多消费者由此加深对安儿乐产品的了解，同时强化其品牌印象，突出其产品的专业性与安全性，通过萌宝宝的快乐演绎展现安儿乐“让宝宝开心妈妈放心”的品牌理念。同时助力安儿乐纸尿裤品牌的宣传与曝光，最大程度地将受众与品牌紧密结合，帮助广告效果实现最大化。直观的画面展示给消费者切身的产品体验，很好地渲染了产品魅力，充分扩大了安儿乐在用户中的吸引力和诱惑力，同时激发了目标受众对品牌的全新认识，进一步深化品牌信息，加强品牌记忆。从2013年9月19日开始，投放23天，本次媒体传播活动共产生曝光量为13 410 402次，点击率为2.54%，有效到达率为2.87%，受众参与度较高。

资料来源：安尔乐：宝宝的奇幻囧途[EB/OL].（2013-10-18）[2014-05-11]. http://www.meihua.info/knowledge/case/1667.

（2）广告媒体的种类。

① 印刷媒体。它包括报纸广告、杂志广告、电话簿广告、画册广告和火车时刻表广告等。

② 视听媒体。它包括电视广告、电影广告、电台广播广告、电子显示大屏幕广告和网络广告等。

同步观察

网络广告2016市占率将升至27%，电视广告下滑

据英国《金融时报》报道，广告预算由电视"霸占"的现象正开始逐渐瓦解。预测显示，经过30年的增长后，电视在全球广告市场的占有率将达到巅峰。根据阳狮集团（Publicis）旗下实力媒体预测，在规模5 320亿美元的全球广告市场，2013年电视占40.2%的份额，2016年市占率将降至39.3%。

在数字媒体发生大变动的情况下，这项转变是数字媒体逐渐削弱电视霸主地位的结果。实力媒体预测，网络在广告市场占有率将由2013年的20.6%，提升到2016年的26.6%。2013—2016年属于网络一环的移动广告将以年均50%的速度增长，占额外广告支出的36%；电视将占新广告支出的34%；报纸和杂志则以一年平均1%、2%的比率减少。

近年来，营销企业把大笔资金投入数字广告，平面媒体成为主要受害者。电视不只站稳了脚步，并在营销企业寻求在广大观众眼前曝光下保持成长。不过，这项盛况已达顶峰。实力媒体预测部门主管巴纳德（Jonathan Barnard）表示，尽管电视广告开支仍会增长，不过数字媒体与在线影音的崛起才是广告预算"大饼"的真正竞争者。电视广告支出在过去至少35年相当稳定地成长后，未来10年将遇到许多干扰。

整体来说，2013年移动广告占全球广告总支出的2.7%，但可能在2016年之前增加到7.7%，取代广播、杂志及户外广告。

资料来源：傲云. 网络广告2016市占率将升至27%电视广告下滑[EB/OL].（2013-12-10）[2014-05-11]. http://www.cnsoftnews.com/html/2013/12/10/internet/7628.html.

③ 户外广告。它主要包括路牌广告（或称广告牌，它是户外广告的主要形式，除在铁皮、木板、铁板等耐用材料上绘制、张贴外，还包括广告柱、广告商亭、公路上的拱形广告牌等）、霓虹灯广告、灯箱广告、交通车厢广告、招贴广告（或称海报）、旗帜广告及气球广告等。

④ 邮寄广告。邮寄广告是广告主采用邮寄售货的方式，供应给消费者或用户其广告中所推销的商品。它包括商品目录、商品说明书、宣传小册子、明信片、挂历广告，以及样本、通知函、征订单、订货卡、定期或不定期的业务通信等。邮寄广告是广告媒体中最灵活的一种，也是最不稳定的一种。

⑤ POP广告。POP广告是英文point of purchasing advertising的缩写，译为售点广告，即售货点和购物场所的广告。世界各国广告业都把POP广告视为在一切购物场所场内场外所做广告的总和。POP广告的种类根据其外在形式的不同分为立式、悬挂式、墙壁式和柜台式4种；根据其内在性质的不同分为室内POP广告和室外POP广告两种。

⑥ 其他广告。其他广告是指除以上5种广告以外的媒体广告，如馈赠广告、赞助广告、体育广告，以及包装纸广告、购物袋广告、火柴盒广告、手提包广告等。

同步延伸

植入式广告

植入式广告（product placement）是指把产品及其服务具有代表性的视听品牌符号融入影视或舞台产品中的一种广告方式，给观众留下深刻的印象，以达到营销目的。植入式广告是随着电影、电视、游戏等的发展而兴起的一种广告形式，是在影视剧情、游戏中刻意插入商家的产品或表示，以达到潜移默化的宣传效果。由于受众对广告有天生的抵触心理，把商品融入这些娱乐方式的做法往往比硬性推销的效果好得多。

（3）广告媒体组合策略。广告媒体的选择策略通常有以下3种。

① 无差别策略。它又称无选择策略，即在目标消费者可能接触到的所有的媒体上同时展开立体广告攻势，而且不计时间段，甚至不计成本，旨在迅速地、全方位地打开和占领市场，也就是我们所说的地毯式广告轰炸，这种广告策略在保健品、医药行业中备受青睐。

② 差别策略。确定了符合企业的目标和任务、适合企业资源条件的细分目标市场后，企业有针对性地选择个别媒体做广告的媒体选择策略称为差别策略，其最终的目的是提高广告媒体的成本效益。

③ 动态策略。它是根据广告媒体的传播效果和企业达到目标市场的需求状态，来灵活选择广告媒体的策略。一种选择是先采用较多媒体进行大范围的广告宣传，掌握了各种媒体的反馈情况之后，再决定下一步的媒体选择目标，此为先宽后窄策略；另一种被称为先窄后宽策略，即先投入少量媒体广告以投石问路，然后再决定是启用更多的媒体同时展开广告攻势，还是另择其他媒体从头再来。在时间许可且竞争不足以构成威胁的前提下，这种策略有一定的灵活性，而且可以节省因盲目广告投入而增加的成本。

3. 营业推广

营业推广（sales promotion，SP）又称销售促进，是指企业运用各种短期诱因鼓励消费者和中间商购买、经销或代理本企业的产品或服务的促销活动。

（1）营业推广的作用。

① 有效刺激短期购买。当消费者对市场上的产品没有足够的了解和做出积极的反映时，通过营业推广的刺激，能够有效地激发他们的购买兴趣，形成购买行动，在短期内促成交易。

② 有效抵御竞争者。营业推广一般适用于打破顾客对竞争产品的长期偏好这一广告目标。当竞争者发起大规模的促销活动时，营业推广往往是企业在市场竞争中抵御和反击竞争者的有效武器。例如，使用免费赠送、试用、品尝等方式常常能够增强企业经营的同类产品对顾客的吸引力，从而稳定和扩大企业的顾客队伍，抵御竞争者的影响。

同步辨析

移动促销手段优惠老用户

从2013年10月开始，移动各营业厅纷纷提出了促销策略，大力回馈在网两年以上的用户，承诺在网两年以上的老用户，凭其身份证到营业厅可免费领取迷你手机一部，并且赠送新号，该手机的所有费用捆绑在原手机上。虽然3G智能手机很流行，功能也越来越高端，但携带也越来越不方便，而且耗电量极大。此活动一出，引发各移动用户的极大关注，纷纷去营业厅领取免费手机。

从此案例中可以看出移动公司的用意是什么？

③ 有效影响中间商。生产企业常常通过折扣、馈赠等营业推广手段，争取新的中间商，诱导原有中间商更多地进货和配销新产品，愿意与厂商保持稳定的合作关系，从而增强中间商的品牌忠诚度。

（2）营业推广的形式。营业推广主要作用于终端消费者和中间商，企业应根据市场情况、政策、法规、企业性质、商品特点等选择适当的营业推广方式。

① 向消费者推广的方式有以下几种。

- 赠送样品，即向消费者免费提供试用的产品，这种方式主要用于新产品推广阶段。
- 优惠券，即给予优惠券的持有者在特定的时间和地点购买某种指定商品时可以享受一定程度的优惠待遇的一种凭证。
- 现金折让退款，即消费者在购物完毕后，凭指定的购物证明就可获得厂家提供的按照约定的折让给予的现金返还。
- 特价包装，即以低于正常价格水平的价格，用特殊的包装方式向消费者销售产品的促销方法。可以采取小包装换大包装的经济包、精美包装换成简单包装的简易包、原来一件商品的钱可能买两件的减价包或将相关商品捆绑销售的组合包等方式。
- 赠送礼品，即以较低的代价或免费向消费者提供的以刺激消费者购买某一特定产品的物品。赠品可附在包装上或包装内赠送，也可让消费者凭特定购物凭证通过免费邮寄方式获得。
- 有奖销售，即采用发奖券或号码中奖的办法，使顾客在购买时不仅得到商品，而且有可能获得到额外的收获，以此刺激消费者的购买欲望。有奖销售通常是刺激终端消费者的一种比较有效的促销手段。
- 累计购买奖励，即消费者在购买某商品或光顾某商业场所的次数累计达到一定量时，厂商可以给予其一定比例的现金或其他形式的奖励，这通常是创造和维护忠诚顾客的一个有效手段。
- 产品保证，即企业对产品的质量做出达到一定标准的保证，并承诺在消费者购买后的相当时间内负责产品的使用、维修等方面的咨询服务。产品保证是附加在实体商品上的产品价值延伸，是非价格竞争的有效手段。
- 交叉推广，即两个或两个以上的非竞争品牌联合进行促销合作，共同把市场做大，各自品牌和产品的知名度和销售额都将从中得到相应的扩大。

- 售点陈列，即制造商提供极具感染力和说服力的售点陈列资料，供零售商在销售现场张贴、悬挂、陈列，以宣传和促进有关商品的销售。售点陈列的一个重要的发展趋势是，由于较优秀的现场陈列可以使企业的产品在成千上万种商品中脱颖而出，极有促销价值，因此售点现场的谈判主动权正在逐渐向零售商转移。

同步辨析

12月12日，集美家居发起年终“双十二”大促销。活动期间，集美家居大红门店、定慧桥店、北苑店、水屯店及燕郊店五大卖场联动，推出“双十二”年终网络大促销活动。消费者可通过网络在线抢购特惠商品，抢购成功后商品订单号将在24小时之内以短信形式发送，消费者凭短信（转发无效）在12月31日之前至集美家居各品牌店内即可以优惠价格购买。

12月14—15日，城外诚家居广场推出年底“终极抄底日”活动。活动期间，合同单首付20%以上，实付金额满3 000元即可参与终极厚礼抽奖，奖品包括5 000元免单、50英寸电视等。

12月12日，天盛装饰将与30多家材料商联合举行优惠活动，消费者到店可以享受精美礼品，并有机会获得设计费5折、500元购物券等优惠。

2013年12月21日—2014年1月3日，宜华家居举办“全家福”活动。据了解，活动期间，凡携家人亲临宜华家居商场，可免费拍摄全家福并赠送相框及照片。活动期间，关注宜华家居微信，即有机会参与“加微信，百万豪礼等你抽”活动。

以上信息分别采用了哪些营业推广方式？

资料来源：李玲. 年终促销提前“开战”[N/OL]. 新京报，(2013-12-12) [2014-05-11]. http://www.bjnews.com.cn/house/2013/12/12/297009.html.

② 向中间商推广的方式有以下几种。

- 商品交易会、展销会。举办交易会、展销会已经被贯以会展业成为前景非常广阔的一个朝阳行业，参展的厂商可充分利用这一与行业中产、供、销三方互通信息、互相交流的最佳场合，展示商品，宣传品牌。
- 销售竞赛，即由中间商和推销员参加的比赛，旨在刺激他们在某一段时间内增加销售量，成功者将会获得各种形式的奖励。
- 价格折扣，即在某特定销售季节，一般是在销售淡季，生产厂商通过鼓励中间商更多地进货或配销新产品的促销手段来达到一定的销售量。中间商往往可以从中获得具有相当诱惑的价格折扣。
- 促销资金。加大对中间商的资金扶持力意味着促销成本的大幅度上升，但在大势所趋的情况下，企业只能顺应趋势，况且建立与中间商的长期合作关系也是确保企业营销意图能够良好实现的根本途径。

同步提示

如何做好营业推广

营业推广是一种效果比较显著的促销方式，但倘若使用不当，不仅达不到促销目的，反而会影响产品销售，甚至损害企业的形象。企业进行营业推广时应考虑以下因素：目标、费用、对象、媒体、期限和效果。因此，企业在运用营业推广方式促销时，应做好以下几个方面的工作。

1. 选择适当的方式。

选择好的营业推广方式是促销获得成功的关键。一般来说，应结合产品的性质、不同方式的特点及消费者的接受习惯等因素选择合适的营业推广方式。

2. 确定合理的期限。

控制好营业推广的时间长短也是取得预期促销效果的重要一环。时间过长会使消费者感到习以为常，丧失需求刺激，甚至产生不信任感；反之，会使部分顾客来不及接受营业推广的好处，收不到最佳的促销效果。

3. 禁忌弄虚作假。

营业推广的主要对象是企业的潜在顾客，因此，一定要杜绝徇私舞弊的短视行为发生。企业的商业信誉是十分重要的竞争优势，企业没有理由自毁形象。本来营业推广这种促销方式就有贬低商品之意，如果再不严格约束企业行为，那将会产生失去企业长期利益的巨大风险。

4. 注重中后期宣传。

在营业推广的中后期，面临的十分重要的宣传内容是营业推广中的企业兑现行为。这是消费者验证企业推广行为是否具有可信任的重要信息源。因此，令消费者感到可信的企业兑现行为，一方面有利于唤起消费者的购买欲望；另一个更重要的方面是可以换来社会公众对企业的良好口碑，增强企业的良好形象。

资料来源：让人欢喜让人忧的促销策略[EB/OL].（2012-02-25）[2014-05-11]. http://news.enorth.com.cn/system/2012/02/25/008727934.shtml.

同步观察

“火”还是“货”

2013年“双十一”当天支付宝成交额总共350.19亿元，听到这个数字，在会场里冲锋的卖家大抵有两种结局，一种是大获全胜，欢呼雀跃；另一种是大量的货全剩下来了，也算是“大货全剩”吧。只有上过“双十一”，才知道库存才是卖家的死穴。

2014年卖家思维：每年都有很多活动，再次重申备货思维：第一，抛开节日和活动来备货，所备之货无论是否是节日都应该能很好卖掉；第二，紧接库存思维，极端的说法是宁可卖断货，不能压库存。最好是控制欲望，控制头脑，理性核算，使库存和销售紧接吻合。

资料来源：从“双十一”看2014年卖家思维[OL]. 中国罗麦微群，2013-11-19.

4. 公共关系

公共关系（public relations，PR）是指企业为改善与社会公众的关系，促进公众对企业的认识、理解及支持，达到树立良好组织形象、促进商品销售目的的一系列公共活动。公共关系是一种社会关系，但因为它有独特的特征，所以又不同于一般的社会关系，也不同于人际关系。

（1）公共关系的基本特征。公共关系的基本特征表现在以下几个方面。

① 公共关系是一定社会组织与其相关的社会公众之间的相互关系。

② 公共关系的目标是为企业广结良缘，在社会公众中创造良好的企业形象和社会声誉。

③ 公共关系的活动以真诚合作、平等互利、共同发展为基本原则。

④ 公共关系是一种信息沟通，是创造“人和”的艺术。

⑤ 公共关系是一种长期活动。企业要树立良好的社会形象和信誉，不能拘泥于一时一地的得失，而要追求长期的、稳定的战略性发展关系。

同步案例

2013年11月，吉林地区普降大雪，吉林市的环卫工人连日来都奋战在大街小巷进行清雪，非常辛苦。到午饭时间，家离工作点近的工人就回家吃饭，家离工作点远的工人就在附近食杂店买几个面包充饥。吉林市“90后”饭店女老板石金秋看到环卫工人扫雪很辛苦，特意将附近31名环卫工人请到自己的小菜馆，请他们免费吃肉丝热汤面。一开始很多环卫工人不敢相信，抱着试试看的心态走进了饭店，谁知饭店的老板和服务人员都非常热情地招待他们，吃完饭后还赠送给每名环卫工人一瓶热乎乎的花生露。环卫工人用自己的艰辛劳动，打造了城市的美丽，是值得所有人去尊重的。很多进店就餐的市民看到这一幕都非常感动，饭店女老板用自己行动，为环卫工人送去冬日里的温暖，但同时也赢得了很多人的尊重，使大家透过这个事情看到了美好的社会前景，无形中给自己的店面增加了正能量，树立了良好的形象。

资料来源：吉林“90后”美女老板请31环卫工人吃肉丝面[EB/OL].（2013-11-20）[2014-05-11]. http://news.xwh.cn/news/system/2013/11/20/010415898.shtml.

（2）公共关系决策。

① 建立公关目标。公共关系唯一的目标和宗旨，就是树立形象。具体而言，公关的目标可表现为以下几点。

- 建立知名度。
- 树立可信度。
- 刺激销售队伍和经销商。
- 创造和维护忠诚顾客。
- 问题解决和危机公关。

同步案例

从特斯拉起火事件中学习危机公关

2013年10月1日，一辆特斯拉Model S型豪华轿车在美国西雅图南部的公路上发生车祸起火，事故现场的图片迅速传遍网络，引发一片质疑。面对突如其来的危机，特斯拉第一时间由其全球公关总监在汽车起火发生当天的股市收盘之前发表了紧急声明，声明首先承认起火的是一辆特斯拉Model S轿车，同时解释，这辆车是在发生重大撞击之后才起火的，并不是自燃。公关总监的声明没能阻止股价的下跌，特斯拉股票在接下来的两天里累计下跌达10%，公司市值被削掉23亿美元，并且引发了媒体大量“特斯拉起火”的负面报道。在这种情况下，公司CEO马斯克在出事后3天公开发表博文，详细解释事情的前因后果，有事实、有数据对比，以及事件亲历者的“证词”，马斯克的声明马上就有了回响，投资者的信心又被找了回来，当天，特斯拉股价强劲反弹4.43%，收于180.98美元。

其实，特斯拉在事件发生的一开始也犯了一个错误，尽管公关总监在24小时内发表了一个声明，做到了危机处理快速反应的要求。但这个声明其实存在很多疑点没有说清楚，好在特斯拉CEO马斯克意识到了问题的严重性，迅速发表了公开声明，成功挽回了消费者的信心，成功将事件转危为机，反而增强了消费者和投资者对特斯拉的信心，相信特斯拉比普通燃油汽车更安全。

危机公关其实就是沟通，在产生负面影响后重新取得大家的信任。而要取得大家的信任有3个关键因素。

① 说这个话的人是为大家所信任的、所喜欢的，即便他说的是假话，大家也愿意相信，当然，假话只能说一次；在危机时刻，对企业来说，树立一个为公众所信任的领导人也是非常重要的一门公关课。

② 要坦承，如果犯错了就坦白地承认错误，如江淮在央视315曝光之后就承认了自己的错误，最终取得了大众谅解，没有对江淮穷追猛打。如果没有犯错，也要坦率地说明事情的前因后果，化解大众的疑惑。

③ 要及时，最好在事情发生后的24小时内给出合理说法，因为时间长了，在消费者心目中的不好印象都已经定形了，再解释都没有任何意义了。

资料来源：江南小宋. 特斯拉的危机公关示范课[EB/OL].（2013-10-08）[2014-05-11]. http://auto.sina.com.cn/car/2013-10-08/09361231330.shtml.

② 选择公关信息和载体。

- 公开出版物，如年度报告、小册子、文章、视听材料、杂志、企业的商业信件、电影、幻灯片、录像和录音等。
- 事件，包括新闻发布会、记者招待会、讲座、贸易展、讨论会、郊游、展览会、竞赛和周年庆祝活动等。
- 新闻，即发展或创造对企业、产品或企业员工有利的新闻。
- 演讲。越来越多的企业主管必须在贸易协会或销售会议上回答媒体提问或进行演讲，而这些行为可以帮助建立企业形象。
- 公益服务活动。企业通过将资金和时间投到好的公益活动以建立商誉。
- 形象识别媒体。企业需要一个公众力可识别的可视化形象，包括公司的商标、信纸、宣传册、符号、业务形式、名片、建筑物、制服及着装要求等。

③ 执行公关计划。要提高计划执行的成功率，就应有效排除实施过程中的各种障碍，因此，公关计划的执行关键是协调各方面的关系。在计划实施过程中，常遇到的障碍有：企业自身障碍、公共关系计划自设障碍和沟通障碍。

同步辨析

农夫山泉“标准门”事件该如何收场

“从现在起，每喝一瓶农夫山泉，你就为孩子们的渴望捐出了一分钱”，“农夫果园，喝前摇一摇”、“我们不生产水，我们只是大自然的搬运工”，“弱碱性水才健康”……

看了上面这些广告语，至少我们得承认农夫山泉在公关方面是非常有水准的。但在后面的时间里，农夫山泉先后被曝出喝出黑色不明物、棕色漂浮物及“水源地垃圾围城”等消息。号称“大自然的搬运工”的农夫山泉接二连三地陷入“质量门”，令消费者心头上蒙上了一层阴影。农夫山泉“标准门”事件因危机公关不当不断发酵，并在农夫山泉饮用天然水标准新闻发布会上达到新的高潮，在农夫山泉和京华时报相互质疑中形象双双折损，成为企业界与媒体界关系进入新低点的标志性事件。

实际上，农夫山泉在标准标识上并无法律上的瑕疵，其错误在于未能对危机予以及时并有效地应对，以开放、透明和包容的心态来消除社会公众的担心。不过，舆论界需要反思的是，为什么企业界与媒体的心理距离在不断地增加，敬而远之乃至拒绝沟通呢？面对媒体的质疑，农夫山泉的危机公关策略应对不仅不及时，甚至一错再错，其根源都在于没有抓住问题的本质，对媒体抱有敌意乃至误以为欲致其死地。

这种可持续性的品质保证源于透明度和公信力，而这正是农夫山泉迄今为止做得最不得力的地方，更是危机继续放大的原因。尽管农夫山泉已经公布了国内外机构的众多检测结果且指标都相当不错，以及在众多媒体上大量发布广告，但公众对农夫山泉依然没有释疑，因为这种单方面的做法依然没有解决透明度和公信力的问题，而赌气退出北京市场置10万消费者的感受于不顾，更是缺乏对消费者负责任的表现。

假如你是农夫山泉公关部经理，你将如何解决此次危机？通过以上案例，我们在广告、公关方面能得到什么启示？

资料来源：杨志荣. 农夫山泉“标准门”事件该如何收场[EB/OL].（2013-05-09）[2014-05-11]. http://www.cien.com.cn/html/Home/report/81898-1.htm.

④ 评估公关效果。企业公关活动是一个连续不断的过程，公关评估的目的是在总结经验、发现问题的基础上，为新的公关活动奠定良好的基础。评估过程包括：明确评估标准和衡量公共关系工作绩效。

5. 事件和体验

事件和体验（events and experiences）是企业赞助的活动和节目，旨在创造品牌与消费者之间日常的或特别的互动，包括体育、艺术、娱乐、公益事件及一些不太正式的活动。让事件和体验成为消费者的生活中关乎个人时刻的一部分，可以拓宽并加深企业或品牌与目标市场的关系。

同步提示

好的事件和体验应具有以下特征。

① 相关。一个适当的事件或体验应该是高度相关的，因为消费者能够置身其中。

② 参与。由于时间和体验的现场性和实时性，所以它们使消费者的参与度更高。

③ 含蓄。事件一般是间接的“软销售”。

资料来源：科特勒，凯勒. 营销管理[M]. 14版. 王永贵，译. 上海：格致出版社，2012.

（1）事件的目标。

① 定位一个特定的目标市场或生活方式。事件可以从地理、人口统计、心理或行为上对消费者进行定位。

② 增加企业或产品名称的显著性。赞助能为品牌提供持续的曝光，这是强化品牌显著性所需要的。

③ 创造或强化关键品牌形象联想的感知。事件本身的联想能够帮助创造或强化品牌联想。

④ 强化公司形象。赞助可以使企业令人喜爱和有声望的感知得到提升。

⑤ 创造体验并唤起情感。令人激动或有意义的事件产生的情感能够与品牌间接地联系在一起。

⑥ 表达对社区或社会问题的承诺。与公益相关的，可以赞助非营利组织和慈善机构。

⑦ 娱乐关键客户或奖励关键员工。事件既包括针对所有人的部分，也包括只针对赞助商及其客户的特别服务或活动。这些额外待遇能够带来商誉并建立有价值的商业联系。

⑧ 创造推销和促销的机会。很多营销者将竞赛或抽奖、店内推销、直接响应或其他营销活动与一个事件结合在一起。

同步案例

《赢在中国——蓝天碧水间》的整合效应

2013年9月16日晚22点，沉寂5年的《赢在中国》节目——《赢在中国——蓝天碧水间》（以下简称“新《赢在中国》”）在江苏卫视重新开启。从筹备、制作到播出，我们发现整合的身影无处不在，也正是恰当的资源整合行为使这个看起来很难达成的任务圆满完成了，不仅达到了节目的目标，同时也达成了投资人、评委、创业新星等更多角色的不同目标。正是资源整合使这种多赢的结局成为了可能。本次节目的评委团依旧是往期节目的老评委——柳传志、马云和王石。然而这3位商界大佬并不是那么容易邀请来的，他们之所以能再次参与节目，最重要的原因是这档节目能达到他们追寻的价值诉求。正是应用了“予人所需方能得我所想”的资源整合理念，该节目不仅请出了3位超级重量的评委，还顺带把1 000万巨额奖励基金的问题解决了。

节目的主角是12位商界创业新星。第一期节目一播出便可看出，其实节目的最大受益者，就是这12家企业的领头人。因为他们很快会发现自己的网页点击量在当天就有了实质性突破，公司接到的业务洽谈电话也明显增多了。这12个人分别来自12个不同的城市，因为进入这个舞台就等于进入了全国人民的视线，还有什么广告能比每周在这样一个强档节目中露脸更有渗透力呢？不管当初选择这12位采取的是哪种方式，都是人脉整合的一个过程，也是一个争先恐后地利用和被利用的过程。

表面上是新《赢在中国》整合了拥有娱乐人和商业人多重身份的汪小菲，增加了节目的娱乐性和广谱性，提高了收视率；但稍加留意就会发现，汪小菲也有意利用这档节目锐化自己的商人身份，提升自己的个人品牌形象，强化自己的企业品牌认知度。当观众在节目结束时，对汪小菲的印象已经从"京城四少"、"花花公子"、"明星大S的老公"，变成了合润麟公司的董事长，这就已经完成了他想要达成的目标。新《赢在中国》用汪小菲的品牌效应来吸引观众，汪小菲反过来用新《赢在中国》更多更深厚的品牌影响力来提升和强化自己的品牌。这种品牌之间的整合和互相扶持，最终达到了二者双赢的目标。最终，新《赢在中国》提供给了汪小菲更多的品牌资源和品牌影响力，这可能是双方在最开始都没有想到的。

而其他人也像汪小菲一样，可以享受同样的品牌影响力辐射，尤其在往后的每一期里，每个人都可以发布一项和自己企业相关的任务。特别是属于商业性架构中的袁岳、李想、田宁、王江等人，单就个人品牌来说，应该在普通群众当中是很微弱的，但他们的企业却都是小有品牌的。例如，58同城就被很多人所熟知，但是知道姚劲波的却很少；汽车之家网站或许是每个爱车人士的大爱，但可能没几个人知道这个网站的创始人是"80后"的李想……

参加这个节目的最大好处就是，这些默默无闻的知名企业领导人，可以在这个由无数品牌光环覆盖下的舞台上大显身手，把发布自己企业任务这个环节做成一个事件营销，依靠新《赢在中国》的品牌影响力，在提高企业品牌辨识度的同时，让自己的个人品牌形象和品牌影响力得到快速提升。

资料来源：翟睿. "赢在中国——蓝天碧水间"的重启与整合效应[EB/OL].（2013-09-25）[2014-05-11]. http://www.zhlm.com/news/detail/2349.

（2）事件的决策过程。

① 选择合适的事件。事件必须符合品牌的营销目标和传播策略；受众必须与目标市场相匹配；事件必须有充分的知晓度，形象符合要求，并能创造出期望的效果。

② 设计事件的方案。很多营销者相信，事件赞助能否成功最终由伴随它的营销计划决定。花在相关营销活动上的支出至少应该是赞助支出的二三倍。

③ 测量事件的效果。测量事件的效果是很难得到的。供给方测量法通过评估媒体覆盖的程度强调品牌的潜在曝光程度，需求方测量法强调消费者反映的曝光程度。

同步案例

"恒大冰泉事件"成事件营销教材

2013年11月9日，广州恒大在2013年亚冠决赛上击败韩国首尔FC成功夺冠，随后的庆典现场上，"恒大冰泉"的标识元素首次出现，几乎触目皆是，但恒大官方并未对此进行解释。11月10日，恒大集团召开新闻发布会，宣布推出一款高端矿泉水产品——"恒大冰泉"

长白山天然矿泉水。随着此次恒大冰泉新品发布会的召开，有关恒大冰泉的诸多疑问也都得到了解答。恒大采用了步步递进的悬念式营销策略，也将成为商业新品发布的一个经典案例。

借助2013年11月9日亚冠决赛这一重要节点，恒大冰泉正式亮相，产品推出市场后，进行了大规模的线上线下的产品推广营销活动，突出产品卖点，制造轰动效应。借势恒大亚冠夺冠这一亚洲、甚至全世界聚焦的重大品牌节点将产品推出市场，正式宣告恒大进军矿泉水行业，并立志打造中国饮用水领军企业的宏伟目标，为产品正式推出市场造势。

业内人士猜测此次恒大冰泉的线上推广和线下营销耗费将达十亿元，线上推广渠道包含了全媒体平台，可见此次恒大集团进军矿泉水领域的决心，同时再次凸显了恒大集团雄厚的资金实力、品牌优势及"要做就做最好"的恒大精神。

资料来源："恒大冰泉事件"成事件营销教材［N/OL］. 金陵晚报，（2013-11-15）［2014-05-11］. http://jlwb.njnews.cn/html/2013-11/15/content_1542397.htm.

6. 互动式营销

互联网和其他强大的新技术的广泛应用对买方和营销人员都产生了巨大的影响，也给企业和消费者之间的互动带来了更多的机会。互动式营销（interactive marketing）是设计用来吸引顾客或潜在顾客，并直接或间接提升产品和服务的知名度、形象或销售的在线活动和计划。互联网带来的"互动性"这一媒体形态变化是营销产业实现跳跃式发展的一个重要契机。

（1）互动式营销的组成部分。完整的互动式营销需要具备以下几个组成部分。

① 目标客户的精准定位。能够有效的通过对客户信息的分析，根据客户的消费需求与消费倾向，应用客户分群与客户分析技术，识别业务营销的目标客户，并且能够为合理的匹配客户以适合的产品提供支撑。

② 完备的客户信息数据。在强大的数据库的基础上能够把与客户接触信息历史进行有效的整合，并且基于客户反馈与客户接触的特征，为增强和完善客户接触记录提供建议，为新产品开发和新产品营销提供准确的信息。

③ 促进客户的重复购买。通过客户的消费行为，结合预测模型技术，有效地识别出潜在的营销机会，为促进客户重复购买的营销业务推广提供有价值的建议。

④ 有效地支撑关联销售。通过客户消费特征分析与消费倾向分析、产品组合分析，有效地为进行关联产品销售和客户价值提升提供主动营销建议。

⑤ 建立长期的客户忠诚。结合客户价值管理，整合客户接触策略与计划，为建立长期的客户忠诚提供信息支撑，同时能够有效的支撑客户维系营销活动的执行与管理。

⑥ 实现顾客利益的最大化。实现顾客利益的最大化，需要稳定、可靠、性价比高的产品，便捷、快速的物流系统支持、长期稳定的服务，以实现对顾客心灵的感化和关怀。顾客利益的最大化是互动营销设计的核心理念，欺骗、虚假等手段只能使企业的互动营销走向灭亡。

同步案例

啪啪携手OPPO N1打造互动营销新尝试

有声图片移动社区啪啪携手全球首款配备旋转摄像头的大屏智能手机OPPO N1共同进行互动营销的新尝试，打造为期9天主题为“一转倾心的邂逅”的移动社区互动营销活动。据了解，此次合作是OPPO首度与移动互联网尤其是移动社区合作。

啪啪凭借自身“图片+声音”的特点，使用户在参与活动时不仅可以拍照片还可以配上符合活动主题的声音演绎，大大超越传统“图片+文字”的形式，使内容更加丰满和生动。短短9天时间，啪啪上该话题下共产生内容12 000余条，总计播放量超过240万次。同时，用户借助啪啪内置的分享功能，将内容自主传播到新浪微博、QQ空间、人人网等其他社交平台，形成有效的二次传播。

啪啪与OPPO的合作再一次完美地诠释了啪啪所提出的互动营销理念：基于移动端的营销，是最能有效做到精准到达的，人与人之间的社交关系以圈层区分，啪啪尽可能地让每一条内容最直接有效的影响到期望影响的人群。

自从啪啪2.6版本更新、长音频功能开放以来，UGC和PGC这两种啪啪上共存的内容生产形态越发成熟和明显。凭借着啪啪两千万用户，基于这两种形态的互动营销模式逐渐稳定成型，社会化传播效果和口碑引导一次次被验证为有效精准。社会化媒体时代，每个人都将是传播的节点，移动社区的最大特点就是让每个参与者一同跨时空完成移动互联网的公共艺术。

资料来源：Ken. 啪啪携手OPPO N1打造互动营销新尝试[EB/OL].（2013-12-16）[2014-05-11]. http://www.pcpop.com/doc/0/971/971825.shtml.

（2）互动式营销的方式。

① 建立网站。对许多公司来说，开展互动式营销的第一步就是创建有吸引力的网站。

- 公司网站。这种网站不一定直接销售企业的产品，其目的在于让消费者对其产品产生好感，并且辅助其他的销售渠道。公司网站通常提供了丰富的信息和其他功能，以回答客户的问题，建立更加密切的客户关系，并吸引消费者对公司的关注。

同步观察

移动云网站创意工具箱让企业网站创意十足

随着互联网的快速发展与网民数量的急剧增加，各大企业及政府机构都开始建立网上展示平台，希望通过网络让更多的人了解自己。网站制作的技术手段也在互联网突飞猛进的发展过程中，发生着翻天覆地的变化。以前要做一个网站制作，制作周期长，费用高；其更新及修改网站内容均需要专业的技术人员进行代码修改，并且维护困难。于是很多企业为了避免麻烦、节省开支，经常不更新其网站内容。如此一来，失去了网站制作的意义，用户体验也很差。

2013年，犀牛云移动云网站彻底打破了传统网站制作的模式，成为企业及政府网站建设的新宠。创意工具箱移植了移动领域主题理念，突破传统网站网页改版、版块设计专业化的缺陷，风格创意自由切换，广告条可视化设计，头部底部控件操作修改简便，网站背景视觉更新快捷，导航更换自由。不仅在程序上符合人性化，设计上追求感官化，功能上也更加模块化，解决了每个用户都需要的网站制作前台界面个性化的需求。另外，移动云网站创意工具箱在实现PC端的风格创意外，还能让移动云网站的创意同步或异步匹配至移动终端，在移动互联网和云计算的产业变革下，创意工具箱展现了为移动而生的显著优势。

资料来源：Ken. 移动云网站创意工具箱让企业网站创意十足[EB/OL].（2013-12-12）[2014-05-11]. http://culture.gmw.cn/2013-12/12/content_9792848.htm.

- 营销网站。这种网站往往提供非常全面的、有用的信息和销售互动，使消费者更加贴近购买或实现其他营销目的。

同步观察

中国移动天猫官方旗舰店"双十二"交易额破千万元

2013年"双十二"网购节，中国移动天猫官方旗舰店在"双十一"战果显著的基础上再次发力，组织已入驻的26个省区市及终端公司加入"淘宝双十二购物节"，当天店铺交易额突破1 000万元，列三大运营商总店之首。

据了解，中国移动天猫官方旗舰店（139.tmall.com）于2013年9月30日试运营，目前由浙江移动电子渠道运营团队负责运营，已有浙江、上海、山东、辽宁、内蒙古、新疆、云南、广西等26个省区市移动公司的店铺上线。中国移动官方旗舰店可为这些省份的用户提供网上充话费、选号码、买手机、办套餐等服务。据介绍，实体店中可购买的产品与服务，90%都可以在网上实现。

试运营两个多月以来，中国移动天猫官方旗舰店在营销资源主要集中在淘宝中小卖家的情况下，积极争取了网厅主会场、聚划算、钻石展位、直通车等资源位，优化了充值系统功能，营造了较强的互联网销售氛围。此次该店"双12"营销活动延续了"双十一"以来的旺盛人气，为2014年中国移动全网外部电商拓展运营积累了宝贵经验。

资料来源：陈珊. 中国移动天猫官方旗舰店"双十二"交易额破千万元[N/OL]. 人民邮电报，（2013-12-16）[2014-05-11]. http://paper.cnii.com.cn/rmydb/html/2013-12/16/nw.D110000rmydb_20131216_3-01.htm? div=-1.

同步延伸

茅台网上商城、天猫茅台官方旗舰店等是正道

2013年12月，贵州茅台酒股份有限公司、贵州茅台酒销售有限公司为维护广大消费者的合法权益、规范市场秩序，发布了《关于茅台电商渠道的声明》，提醒消费者到正规授权网络电商平台购买茅台产品。声明强调，公司的全资子公司"仁怀国酒茅台电子商务有限公司"官方运营3个网络电商平台：茅台网上商城（http://www.emaotai.cn/）；天猫茅台官方旗舰店（http://maotai.tmall.com/）；国酒茅台阿里巴巴旗舰店（http://emaotai.1688.com/）。同时，公司授权北京酒仙电子商务有限公司、京东商城在其官网（http://www.jiuxian.com/、http://www.jd.com/）销售贵州茅台酒股份有限公司的产品。声明希望消费者谨慎选择渠道购买茅台产品，授权网络销售渠道如有变化，将及时公布相关信息；公司将加大电商平台推广力度，为消费者提供便捷的购物渠道、优质的产品及服务；通过其他网络渠道购买的贵州茅台酒及系列产品，公司不承担产品质量问题，不提供相应的服务。

资料来源：金锐杜涛. 网购茅台：茅台网上商城、天猫茅台官方旗舰店等是正道[N/OL]. 中国食品报，(2013-12-13)[2014-05-11]. http://www.cnfood.cn/dzb/shownews.php?id=17293.

② 电子邮件。电子邮件已经成为一种非常重要的网络营销手段，可以使企业向那些有需求的顾客发送高度目标性、个性化、关系导向性的信息。

但是，日益增长的电子邮件营销也有其弊端。垃圾邮件（不经同意发送到消费者邮箱中的商业电子邮件信息）的爆发已经引起了消费者的反感和愤怒。电子邮件营销人员在为消费者提供价值和冒犯消费者之间游走。

道德聚焦

多国向垃圾邮件宣战

垃圾邮件一直是IT安全行业"长盛不衰"的问题，中国12321网络不良与垃圾信息举报受理中心发布的调查显示，2013年一季度，我国电子邮箱用户平均每周收到垃圾邮件的数量为14.6封，所占比例为37.37%。以此推算，每个电子邮箱用户一年要收到750多封垃圾邮件。

自2012年以来，我国垃圾邮件占电子邮件比例就呈现上升态势。而在其他互联网较为发达的国家，垃圾邮件也成为一种网络顽疾，不仅对用户的生活造成困扰，还严重影响了互联网的环境与正常秩序。如今，这些国家正通过立法、互联网服务供应商自律等方式向垃圾邮件宣战。

在澳大利亚，垃圾邮件是指那些未经允许主动提供的、商业用途的电子信息。人们习惯上认为垃圾邮件是大量发送的。但根据澳大利亚的法律，符合上述3个条件即可被认定为垃圾短信，即便数量仅有一条。在打击垃圾邮件方面，澳大利亚在2003年就通过了《反垃圾邮件法》，对这一领域设立规范和行为准则。《反垃圾邮件法》认为，垃圾邮件威胁到电子介质信息的有效性和可行性，损害消费者的信心，对正常的商业活动造成障碍，还会增加电子箱用户人的费用。快餐业巨头麦当劳在澳大利亚就在这个问题上"翻过船"。麦当劳在其"快乐套餐"网站上有"发送给朋友"的功能，负责执行《反垃圾邮件法》的澳大利亚通信和媒体局认定，通过这一功能发送出去的邮件不能保证都得到了"朋友们"的许可。"这个案例可以警告商家在使用'朋友到朋友'的营销策略时需要考虑清楚，不能想当然地认为接收者已经同意了。"澳大利亚通信和媒体局主席克里斯·查普曼说。最终，麦当劳在澳大利亚取消了这一营销策略。

卡巴斯基实验室资深垃圾邮件分析师Tatyana Shcherbakova表示："在大多数情况下，大规模的带有恶意附件的垃圾邮件是针对用户的机密数据而来的，欺诈者寻找新方法欺骗用户，假借更多的知名企业之名，用于垃圾邮件欺诈。对于包含可执行.exe附件或ZIP档案文件的邮件，用户需要非常小心，要仔细查看邮件内容，如果被要求打开附件，请谨慎对待，至少应使用反病毒软件扫描附件。"

资料来源：胡隽欣. 多国向垃圾邮件宣战[EB/OL]. (2013-11-12)[2014-05-11]. http://news.hexun.com/2013-11-12/159605017.html.

③ 建立或参与网络社区。互联网的流行产生了一系列线上社交网站或网络社区。不计

其数的社交网站的产生使消费者能够在线上聚集、社交、交换观点和信息等。网络社区是指包括BBS（论坛）、贴吧、公告栏、群组讨论、在线聊天、交友、个人空间、无线增值服务等形式在内的网上交流空间，同一主题的网络社区集中了具有共同兴趣的访问者。越来越多的企业和营销人员开始借助于巨大的网络社区进行营销，他们可以加入已经存在的网络社区或自己建一个。

同步观察

联想是怎么在豆瓣“混”起来的

很多人都会把豆瓣当作一个与微博完全不同的“圣地”。相比鱼龙混杂的微博，豆瓣独特、有个性、充满文艺气息，网络深度用户更偏好豆瓣。在这里，你可以和一片有点才情的青年人或中年人闲聊，你总能发现有想法的文章、好看的图、有趣的事。一个重要的观点是：在豆瓣，品牌不再单纯地展示品牌内容，更要融入群体——我们称之为“混”。联想是怎么在豆瓣“混”起来的？

1. 让每一个话题都变得有趣。

2012年10月联想在为变形超级本Yoga的上市进行推广时，联想小站在豆瓣上发起“逆天自拍”活动。于是，怪兽级长舌、小丑妆、24颜表情、牛头梗Cos君等各式各样的照片收集到400多张，更是吸引到豆瓣“第一红人”福根儿倾情现出真容照。可见，是网友让话题变得更有趣。如何引导网友来创造呢？很简单，在这次自拍活动中，联想小站编辑现身，长舌君、牛头梗Cos君也都是活动幕后推手。

2. 线上线下一起玩乐，深度沟通。

每天有成百上千个线下活动在豆瓣同城发布，又有无数豆瓣er通过豆瓣同城发现展览、小剧场表演、听歌会、讲座、音乐节、快闪、观影会。作为豆瓣这么有利的O2O平台，联想当然不会错过。2012年8月，联想智能手机S880上市。品牌制定的手机推广主题是“让梦发生”，邀请了《那些年》的导演九把刀拍摄TVC，并为手机代言。通过前期对于青春、电影的话题引导铺垫，联想小站策划了一场线下活动。强大的嘉宾和有趣的话题吸引900多人报名参加，800多人对活动感兴趣。这场线下活动向网友征集到260多个问题。联想轮播的S880 TVC，多款产品展示并提供体验，这些都让联想获得直接曝光。

3. 只“混”豆瓣是不够的，跨平台才能扩大声量。

在联想变形超级本Yoga的推广中，联想豆瓣小站发起“YogaStyle换装趴”线下活动，征集网友在隐藏于北京胡同的1968书吧由知名摄影师编号223掌镜拍摄。联想在新浪微博、腾讯微博也发起换装的线上活动，征集网友更多自拍的换装照片。超过1 000万人看到了这条内容。而多家媒体，包括北京广播电台、MOGO潮流等传统媒体对活动也做了主动报道。

2013年，联想豆瓣小站重新出发，做了一件更加生猛的事——改版，“创业路6号”发起改版的一系列线上活动。其中，“重新自我介绍”环节在豆瓣发布之后，受到了网友的喜爱，大赞“联想不一样了！”。而在新浪微博上的推广也获得超过6 000次的转发，它的整体点击次数则超过了60万次。

资料来源：丁小绳，金鹏远. 联想是怎么在豆瓣混起来的[EB/OL]. (2013-03-25)[2014-05-11]. http://tech.qq.com/a/20130325/000117.htm.

④ 微营销。微营销是一个移动网络微系统，将线上、线下营销整合起来，线下引流到线上支付，线上引流到线下浏览。与传统的营销方式相比，微营销主张通过虚拟与现实的互动，达到以小搏大、以轻搏重的营销效果。微营销=微博+微视+个人微信+二维码+公众平台+公司微商城。微营销从操作理念上，更强调潜移默化、细节入微和精妙设计。它的基本模式是拉新（发展新客户）、顾旧（转化老客户）和结盟（建立客户联盟）。

- 微博营销，是指通过商家、个人微博平台开拓市场的一种网络营销方式，主要内容是微博认证、有效粉丝、微博话题、名微博、微刊、微活动、微公益、微博文、微图片、微群、微信等多个方面。优点是：营销目标精准，锁定目标粉丝、传播速度快，企业信息可瞬间传达给客户，有利于塑造良好的企业或个人形象，有利于与目标客户直接沟通交流，对配合其他网络营销活动有良好的辅助作用。缺点是：有效粉丝难以在短时间内聚集、微博内容更新过快，难以长时间保留。
- 微信，是网络经济时代营销模式的一个技术创新，支持发送语音短信、视频、图片和文字，可以群聊，可与周围同样注册的“朋友”形成一种联系，用户订阅自己所需的信息，商家通过提供用户需要的信息推广自己的产品，从而实现点对点的营销。微博的传播广度和速度惊人，但是传播深度及互动深度不及微信，微信具有很强的互动及时性，能够获取更加真实的客户群。

同步观察

快餐吉野家玩转微信O2O

即兴消费是快餐行业消费的一大特点，快餐行业的目标受众以年轻白领和学生群为主，消费者对于快餐品牌的选择有一部分是既定习惯，具有比较明确的偏好，但更多的是短决策：一个临时简单的念头就足以决定结果。吉野家结合当代年轻人爱自拍、爱打游戏的特点，并利用现下“白衬衣帅哥”这一社会热门话题，打造品牌营销。

1. 推广项目一（2013年8—9月）：“凭脸吃我”——凭自拍照折扣消费特定膳食。

2013年8—9月，吉野家推出新品“吉味米堡”，为配合宣传，吉野家发起“凭脸吃我”自拍折扣消费活动，抓住目标受众群爱自拍的特点，将此转化为个性化的微信优惠券，趣味性强又非常“接地气”，易于操作，容易引起消费者的兴趣、关注和参与。

2. 推广项目二（2013年9—10月）：“帅哥换帅锅”——“凭帅哥”换取特定。

想要在市场上琳琅满目的石锅拌饭中有辨识度，吉野家为自家的石锅拌饭取了个小名叫“大帅锅”，之后推出“帅哥换帅锅”系列活动（包括“疯狂帅锅”、“白衬衣帅哥日”、“任重表情包”），将“大帅锅”=“吉野家石锅拌饭”这个认知让消费者记住。

①APP互动游戏。在微信上开发具有互动性的食材游戏微信优惠券APP，让消费者在玩游戏的过程中对吉野家的某一类菜品有一个深层次认识。

②“帅哥换帅锅”之“吉野家白衬衣帅哥日”。吉野家石锅拌饭上市促销阶段（2013年10月13日至11月8日）策划了一个“白衬衣帅哥日”活动：每周四北京一家吉野家门店为前100位穿白衬衣的男士免费赠送一份石锅拌饭。

③疯狂表情——吉野家限量版“任重表情包”。为进一步调动众粉丝群的力量，吉野家制作了5款微信聊天“任重表情包”，增加任重粉丝与吉野家的粘稠度。

营销活动在线上线下都取得了良好的反响和互动，包括微博和微信APP都取得了不错的展示和推广，其官方微信粉丝在活动期间数量增长超过2万人，为将来建立微信用户关系管理体系打下了良好的基础。

资料来源：创意营销案例：餐饮快餐吉野家玩转微信O2O［EB/OL］.（2013-11-19）［2014-05-11］. http://www.pintu360.com/p/22085.html.

11.2.5 确定整合营销传播预算

促销方案的一个重要内容是编制整合营销沟通的预算。编制整合营销沟通活动的通常做法是在估算竞争对手预算的基础上来确定自己的预算。对竞争对手的整合营销沟通预算的评估的目的是以它为借鉴，在此基础上，根据具体情况，做出适合本企业实际的促销预算方案。

另一种更为准确的方法是先将企业计划采用的整合营销手段列出一份清单，暂时不考虑费用的问题，然后根据各个项目的收费标准，对清单列出所有项目总的预算，并根据实际情况对方案进行调整，直到调整的预算方案对自身的企业而言可以接受为止。

11.2.6 制订促销的实施、执行、监督方案

当以上内容确定下来以后，必须自始至终协调和整合总体方案中所采用的各种不同的促销手段，这一点对于实现预期促销目标来说非常重要。制订详细的实施、执行、监督方案，是保证整合营销沟通方案顺利实施的前提。实施、执行、监督方案是指确定整个整合营销方案中各个项目的执行方法、负责人、结果监督方法及监督人。

11.2.7 评估促销绩效

评估整合营销沟通绩效是对方案做出评估和调整，其目的不仅是调整那些效果不佳的促销手段，同时也是使以后的方案能够更有效地为实现整合营销目标服务。在制订方案时，企业要做出评估此次活动结果的方法，如总费用与因活动引起的销售量的比例，总费用所达到的宣传效果，总费用的执行情况等。

任务*11.3* 评估传播效果

任务引子

美的冰箱新春促销“让红包飞”

每年新春临近时，各个家电品牌都会使出浑身解数，开始五花八门的促销活动。而美的冰箱的2014年“让红包飞”活动更是奇峰独秀，惹人注目。之所以在众多促销活动当中，成功地夺得了更多的眼球关注，主要还是因为其创新的促销传播方式。

在美的冰箱的精心策划之下，2014年“让红包飞”促销活动盛大来袭。这一活动打破了传统的店铺打折、买赠活动，开始用一种全新的模式来发掘消费潜力。活动以美的冰箱和美的小冰柜为主角，以官方微博、个性化专属活动页面为主要媒介，以限时抢红包和跨年限时抢红包为主打活动，架设了品牌曝光、品牌个性互动、产品深度沟通3个营销渠道，整体设计新颖别致，切入契机恰到好处。此次活动是基于互联网的迅猛发展，和新春拜年的瞬间猛增的流量而设计的。相较于传统的促销活动，此次抢红包的时间非常短暂，以跨年限时抢红包为例，只有短短的一个小时可以进行红包领取，这肯定会导致在2014大年三十除夕夜跨年的一小时期间，美的冰箱官方微博流量暴增，也更会带来新一波的家电消费高潮。

消费者也针对此次活动发表了看法。资深网民陈小姐认为：“让红包飞”这种微博抢红包活动还是挺新鲜的，比起传统的促销方式对自己更有吸引力，而且也更加富于挑战性，自己肯定会准时参与。而喜爱网购的王先生则表示：这种方式挺不错的，不过自己归根到底想要的还是实惠，希望自己能够在抢红包的过程中，成为幸运儿，获得一部分高档奖品，也可以增加一些新年的喜气。

微博新春互动抢红包，无论对于企业还是消费者来说，都是一种相当有利的活动，消费者可以获取产品红包和折扣，企业能够获得优质粉丝，这是互惠互利的事情。美的冰箱“让红包飞”活动或许将带来微博互动营销的又一次高潮。

该促销方案为什么能够吸引消费者的广泛关注？据你分析，该促销方案能否成功？促销成功的关键是什么？

资料来源：刘枫. 美的冰箱新春送惊喜让红包飞钜惠来袭［EB/OL］.（2014-01-07）［2014-05-11］. http：//icebox.cheaa.com/2014/0107/392752.shtml.

任务认知

每一个整合营销沟通活动结束后，都应该进行效果评估，通过各种对促销活动准备、实施、控制和效果的信息反馈，评估该促销方案的可行性、执行力度、是否达到预期目标、费用是否超支、消费者反应等，发现存在的问题，总结经验，弥补差距，以不断提高促销方案的创意水平、执行能力和促销效果，实现销量和品牌价值的双重提升。促销效果评估是企业整合营销沟通工作的一项重要内容，它分为事前评估、事中和事后评估三部分。

1. 事前评估

所谓事前评估就是指在促销方案正式实施之前所进行的调查测定活动。其目的在于评估该方案的可行性和有效性，或在多个计划中确定出最佳的方案。事前评估的方法主要有征求意见法和试验法两种方法。

2. 事中评估

事中评估就是在促销活动进行过程中对促销效果进行评估。它实际上是一种消费者调查，调查内容一般包括3个方面：①促销活动进行期间消费者对促销活动的反应，可以通过现场记录来分析消费者参与的数量、购买量、重复购买率、购买量的增幅等；②参与活动的消费者结构，包括新、老消费者比例，新、老消费者的重复购买率，新消费者数量的增幅等；③消费者意见，包括消费者参与动机、态度、要求、评价等。综合上述几方面的分析，就可大致掌握消费者对促销活动的反应，客观评价促销活动的效果。

3. 事后评估

事后评估就是在促销活动告一段落或全部结束后对其产生的效果进行评估。常用的方法有比较法和调查法。

在线链接

1. 中国营销传播网，http://www.emkt.com.cn/
2. 销售与市场第一营销网，http://www.cmmo.cn/
3. 第一赢销网，http://www.yingxiao360.com/

营销新观察

关注可视化营销的商业价值

走进7天酒店，每层电梯停靠的门口都贴有这样的标语："自主电吹风，欢迎使用"、"7天酒店的早餐就是营养早餐"。推开房门，无论是洗手间还是卧室，温馨提示也随处可见，如"隔音升级的房间，让您睡得更香甜"、"十秒速热，恒温恒压，洗去身心疲倦"、"洁净毛巾，包包放心"、"荞麦加棉芯，天天睡好觉"。细致周到的可视化提醒服务无处不在，告诉顾客7天酒店在服务细节上的不断改进。

一家中式餐饮企业，通过一道技术含量并不高的焖菜，在短短不到10年的时间里，年收入达到20多亿元，成为这个细分品类的绝对王者。这家餐饮企业就是黄记煌。它成功的秘诀是什么？黄记煌三汁焖锅除了原料的选择与科学考究的搭配、营养均衡之外，可视化的吃法绝对是其成功的秘诀之一。视觉是人类的第一觉，做好"色"、"香"、"味"，"色"也是排在第一位的，换句话说，就是卖相。好吃不好看，就很难成名；好看不好吃，被吸引的倒是大有人在，人就是这么奇怪。黄记煌、海底捞、甘其食的包子，很多人都说成功的秘诀是去厨师化，产品标准化比较容易复制。其实这里面有一个重点，就是烹饪过程的可视化，可以看到整个食材变熟的过程，甚至顾客自己可以参与其中，吃的放心舒心，感觉也比较卫生。

2013年9月7日—10月15日，大雨和蝴蝶借助微信做"朋友圈"营销，实战30天，卖了38 988元的枸杞、3 600多元的蜂蜜，合计42 588元零售额。除了利用"朋友圈"这种传播模式，什么是最大的促销法宝？就是一张把黑枸杞泡在透明玻璃杯里面的图，整个水都变成了紫色或黑色。不但如此，它还要告诉你，如果水是碱性的，就偏紫；如果是偏酸性的，就偏黑。有一段时间，甚至还搭配了一些玻璃杯再卖。黑枸杞的功效大部分人可能看不进去，但是看到这样能泡出深颜色的产品，而且据说就是花青素，可能就会引起顾客的购买欲望了。因此，放下这个产品的功效先不说，仅可视化的营销就做得很好。

在眼球经济的时代里，企业要把自己的产品都做出可视化来，让大家能看到它的好，或者对比出它的好，会比其他说明要有效得多。例如，很糙的淘宝装修反而会让顾客信任，商店印刷精美的打折信息所产生的效果永远不如用毛笔在彩色纸上写的大大的"清仓打折"

来的有效。这些粗糙会给人一种真实的没有精心策划的感觉，而精心策划的东西，往往都会认为是陷阱。人的心理就是这么奇怪，企业需要好好地揣摩。

需要注意的是，可视化的东西表达出来的只是一种感觉或与众不同的地方，并不见得要和产品的功能相关。不管是什么样的产品，食品还是其他制造产品，如果你能做出可视化，那么就会先声夺人，后面的宣传也只不过是可视化的补充罢了，人们记得最清楚的还是他们看到的那些东西。这些事情如果说的是外观，大家都懂，佛靠金装么，但如果是产品，很多人就可能想不到了，这里要提醒大家的是，任何一个产品都有可能做到可视化的营销。

资料来源：宗宁. 营销的可视化[EB/OL].（2014-01-10）[2014-05-11]. http://www.huxiu.com/article/26240/1.html.

实务演练

1. 演练内容

（1）收集国产企业推出高价高端奶粉的事件，特别关注飞鹤奶粉的相关资料。

（2）根据你所收集的资料为飞鹤奶粉高端系列"飞帆"制订一份整合营销沟通计划。

2. 演练目的

帮助学生学会识别影响整合营销沟通的因素，进而帮助学生学会应用各种整合营销沟通的方式，指导整合营销沟通的有效开展。

（1）明确整合营销沟通的种类。

（2）分析影响整合营销沟通计划制订的各种因素。

（3）把握不同的整合营销沟通手段及适用范围。

（4）分析给出整合营销沟通计划和实施方案。

3. 演练要求

（1）小组学习，共同关注、研讨，完成高价高端奶粉的分析报告。

（2）要求学生认真学习并明确影响整合营销沟通的各种因素。

（3）要求学生运用整合营销沟通的各种方式，对企业营销传播活动中各种不同的促销形式进行分析，比较其出发点和优缺点，以及适用范围。

（4）要求教师在实战实施前给予必要的指导，并在学生相互交流的基础上给予点评。

4. 演练步骤

（1）把学生分成若干小组。

（2）案头搜索，浏览、关注葛兰素史克事件始末。

（3）到当地超市，实地调查高价高端奶粉的销售现状和消费者的反应。

（4）小组研讨，撰写考察报告，展示、陈述、答辩相关考察结论。

5. 演练考核

（1）理念与技能

考察整合营销沟通影响因素的完整性，不同整合营销沟通手段的出发点和优缺点，当前市场环境下营销传播和沟通的特点。

（2）逻辑与规范性

逻辑顺畅，格式规范，版面、礼仪得体。

参考文献

［1］科特勒，凯勒．营销管理［M］．14版．王永贵，译．上海：格致出版社，2012.

［2］特劳特．定位［M］．谢伟山，苑爱冬，译．北京：机械工业出版社，2013.

［3］阿姆斯特朗，科特勒．市场营销学［M］．11版．赵占波，译．北京：机械工业出版社，2013.

［4］博古斯基．自营销［M］．闫佳，译．杭州：浙江人民出版社，2012.

［5］舍恩伯格，等．大数据时代［M］．盛杨燕，周涛，译．杭州：浙江人民出版社，2013.

［6］科特勒，卡塔加雅，塞蒂亚万．营销革命3.0——从产品到顾客，再到人文精神［M］．毕崇毅，译．北京：机械工业出版社，2011.

［7］毕思勇．市场营销［M］．2版．北京：高等教育出版社，2012.

［8］张晋光，黄国辉．市场营销［M］．北京：机械工业出版社，2010.

［9］彭石普．市场营销——理论、实务、案例、实训［M］．大连：东北财经大学出版社，2010.

［10］孙景华．生活方式创造商业价值［M］．北京：机械工业出版社，2009.

［11］许春燕，孟泽云．新编市场营销［M］．北京：电子工业出版社，2009.

［12］销售与市场，2013.

［13］中国营销传播网，http：//www.emkt.com.cn.

［14］销售与市场第一营销网，http：//www.cmmo.cn.

［15］博锐管理在线，http：//www.boraid.com.

［16］新浪财经，http：//finance.sina.com.cn.

［17］世界经理人网，http：//forum.ceconline.com.

［18］全球品牌网，http：//www.globrand.com.

［19］中国新闻网，http：//www.chinanews.com.cn.

［20］价值中国网，http：//www.chinavalue.net.

［21］新华网，http：//news.xinhuanet.com.

［22］中国政府网，http：//www.gov.cn.

［23］中华人民共和国国家统计局，http：//www.stats.gov.cn.

［24］腾讯科技，http：//www.techweb.com.cn.

尊敬的老师：

您好。

请您认真、完全地填写以下表格的内容（务必填写每一项），索取相关图书的教学资源。

教学资源索取表

书　名		作者名	
姓　名		所在学校	
职　称		职　务	讲授课程
联系方式	电话：	E-mail：	
地址（含邮编）			
贵校已购本教材的数量（本）			
所需教学资源			
系／院主任姓名			

系／院主任：＿＿＿＿＿＿＿＿（签字）

（系／院办公室公章）

20＿＿年＿＿月＿＿日

注意：

① 本配套教学资源仅向购买了相关教材的学校老师免费提供。

② 请任课老师认真填写以上信息，并**请系／院加盖公章**，然后传真到（010）80115555转718438上索取配套教学资源。也可将加盖公章的文件扫描后，发送到fservice@126.com上索取教学资源。

電子工業出版社
PUBLISHING HOUSE OF ELECTRONICS INDUSTRY